中国共产党历次代表大会史丛书

第一辑

中共七大史

李　蓉
叶成林　著

中共党史出版社

图书在版编目（CIP）数据

中共七大史 / 李蓉，叶成林著 . -- 北京 : 中共党史出版社，2024.1

（中国共产党历次代表大会史丛书 . 第一辑）

ISBN 978-7-5098-6460-9

Ⅰ. ①中… Ⅱ. ①李… ②叶… Ⅲ. ①中共七大（1945）—史料 Ⅳ. ①D220

中国国家版本馆 CIP 数据核字（2023）第 247988 号

书　　名：中共七大史
作　　者：李蓉　叶成林

出版发行：中共党史出版社
责任编辑：申宁　陈海平
责任印制：段文超
社　　址：北京市海淀区芙蓉里南街 6 号院 1 号楼　**邮编：**100080
网　　址：www.dscbs.com
经　　销：新华书店
印　　刷：北京盛通印刷股份有限公司
开　　本：680mm × 960mm　1/16
字　　数：380 千字
印　　张：27.75
版　　次：2024 年 1 月第 1 版
印　　次：2024 年 1 月第 1 次印刷
书　　号：ISBN 978-7-5098-6460-9
定　　价：68.00 元

此书如有印装质量问题，请联系中共党史出版社读者服务部　电话：010-83072535

中共七大会场

目录 CONTENTS

序　中共七大与党领导的新民主主义革命

1945 年 4 月 24 日至 6 月 11 日，中国共产党在陕西延安召开了第七次全国代表大会。毛泽东称这次大会是“一个很好的大会”，“一个胜利的大会，一个团结的大会”①。邓小平称之为“建党以后民主革命时期我们党最重要的一次代表大会”②。这次大会后不到 5 年，中国共产党领导的新民主主义革命取得全国胜利，中华人民共和国如喷薄而出的红日，出现在世界的东方。中国革命的胜利，是无数革命先烈用生命和鲜血换来的，也是中国共产党坚持为中国人民谋幸福、为中华民族谋复兴的初心使命，领导全体党员、全国人民艰苦奋斗取得的伟大成就，同时也和中共七大的召开密切相关，是中共七大路线的伟大胜利。

中共七大是中国共产党百年历史上的一座丰碑，一个光辉的起点。这次大会回顾和总结了中国共产党成立 24 年来，特别是中共六大后 17 年党的各项工作和经验教训，分析和研究了世界和中国的发展趋势和潮流，考察了中国的基本国情，制定了一条马克思主义中国化的政治路线，这就是：放手发动群众，壮大人民力量，在我党的领导下，打败日本侵略者，建立一个新民主主义的新中国。中共七大为新民主主义革命在全国的胜利指出了前进的方向，使全党和全国人民明确近期的目标就是打败日本侵略者，建立新中国。办法就是放手发动群众，关键就是坚持中国共产党的领导。中共七大在新民主主义革命的历史上占有特别重要和特殊的地位。

---

①《毛泽东在七大的报告和讲话集》，中央文献出版社 1995 年版，第 234 页。

②《邓小平文选》第 3 卷，人民出版社 1993 年版，第 1 页。

同时，中共七大在百年党史中第一次确定以毛泽东思想为中国共产党的指导方针。用中国共产党领袖毛泽东的名字来命名的这个指导方针，是将马克思主义和中国革命实际相结合、集中了全党智慧的中国共产党的长期实践经验固化下来，将毛泽东思想作为一面鲜明的旗帜树立和高扬起来，实现了马克思主义中国化的第一次伟大飞跃。从此，中国共产党的思想理论指导，就是马克思列宁主义的基本原理和在中国土地上诞生的毛泽东思想。中国共产党有了对中国革命规律的科学认识，为新中国的诞生、社会主义革命和建设，奠定了坚实的思想理论基础。

中共七大是一次民主的大会，从代表的选举到文件起草征求、听取各方面意见，从讨论大会报告的代表畅所欲言到各代表团随时对大会提出建议意见，从民主酝酿到无记名的投票选举，产生了新一届中央委员会，正式形成了以毛泽东为核心、由五大书记所组成的领导集体。在坚持民主集中制原则基础上产生出来的中国共产党第七届中央委员会，是一个用科学理论武装起来，具有坚定理想信念，具有极其丰富革命斗争经验的成熟的领导集体。

值得一提的是，为筹备七大，中共中央还起草了《关于若干历史问题的决议》。因为考虑到七大上还有很多议程，如大会报告和选举等，所以将决议放在党的第六届七中全会上通过。决议“实事求是总结党的重大历史事件和重要经验教训，在重大历史关头统一了全党思想和行动，对推进党和人民事业发挥了重要引领作用，其基本论述和结论至今仍然适用”①。

总之，中共七大以中国共产党百年历史上的第一次“团结的大会，胜利的大会”载入史册。这次大会的成功，既是全体代表的共同努力，更是以毛泽东为代表的党中央审时度势，顺应时代的需要和历史发展的潮流，精细谋划，统筹兼顾，圆满完成了大会的各项使命，为全党鼓足了干劲，指明了继续奋斗的方向。这在中国共产党百年发展的历史上具有重要地位和作用，产生了极为深远的影响。

---

① 中共中央关于党的百年奋斗重大成就和历史经验的决议，2021 年 11 月 11 日中国共产党第十九届中央委员会第六次全体会议通过。

第一章　从中共六大到中共七大

自从1921年中国共产党宣告成立后，到1928年召开第六次全国代表大会，基本上都是按照二大党章及以后三次修正案即三大、四大、五大党章的规定，每年召开一次全国代表大会。这对党及时总结经验教训，领导革命斗争走向胜利十分必要。但中共六大后，因为国内外和党内的各种原因，中共七大没有能及时举行。到1945年在延安召开中共七大时，已经间隔了17年。

在这17年的峥嵘岁月里，世界形势和国内形势风云变幻，中国共产党也经历了许多坎坷曲折，从复兴中国革命，到实现中国革命从城市中心向农村中心的转移；从坚持以武装力量为支柱的革命根据地建设，到毛泽东领导地位的确立、红军长征的胜利；从瓦窑堡会议确定抗日统一战线方针到正式建立以国共合作为基础的抗日民族统一战线；从红军改编到国内革命战争向民族解放战争的转移；从制定全面抗战路线和持久抗战的战略方针实现对抗日战争的政治领导，到挺进敌后开展以抗日根据地为依托的游击战争；从改变土地政策到建设新民主主义的抗日根据地，奠定长期抗战的坚实基础；从中国共产党的思想建设、组织建设和作风建设积累丰富经验，到实现马列主义中国化的理论飞跃；从各抗日根据地先后实施局部反攻、世界反法西斯战争取得节节胜利，到人们普遍关心中国的未来。在中国面临两种命运、两种前途的关键性时刻，已经在抗日战争中成为领导中国人民夺取胜利的中流砥柱、已经成为一个成熟的马克思主义政党的中国共产党，召开了第七次全国代表大会，开启了新的伟大征程。

一、党的工作重点开始由城市转向农村

中国共产党成立后，开始用很大精力组织和开展工人运动，以后制定了反帝反封建的民主革命纲领，又和孙中山领导的中国国民党合作，建立了民主联合战线，掀起了中国大革命高潮，推动了北伐战争胜利进行。但由于代表大地主大资产阶级利益的国民党反动派的叛变，轰轰烈烈的大革命失败。国内政治形势发生了巨大的逆转，中国共产党和革命群众被屠杀和镇压，中国革命面临极为危险的境地。中国共产党人没有被极其严重的白色恐怖所吓倒，而是奋起抗争，召开八七会议，确定了继续进行革命斗争的正确方针，发动了多次武装起义，为了使革命走向复兴，党领导人民进行艰苦卓绝的斗争，中国革命进入土地革命战争时期。

为了总结大革命失败后的经验教训，中国共产党在共产国际的帮助下，于 1928 年 6 月在苏联莫斯科召开了第六次全国代表大会。这次大会认真地总结大革命失败以来的经验教训，对有关中国革命的一系列存在严重争论的根本问题，作出了基本正确的回答。大会正确地认识中国革命的性质，指出:“驱逐帝国主义者，完成中国的真正统一”；“澈底的平民式的推翻地主阶级私有土地的制度，实行土地革命”；“力争建立工农兵代表会议（苏维埃）的政权”，是当前中国革命的“中心任务”。根据全国的形势，大会制定了争取群众、准备暴动的正确方针。这“对各地启示非常之大”。[①]中共六大为中国革命的复兴和发展提供了可能。

六大后，全党贯彻执行六大路线，中国革命出现走向复兴和发展的局面。在国民党统治区，在国民党反动派严密控制的城市中，党中央加强了对秘密工作的指导，强调党的工作必须切实地深入群众，从下层做起；力求使秘密工作和公开工作结合起来；党的干部要做到“职业化”和“社会化”等。为加强中央对工人运动的领导，中共中央设立了以项英为书记的工人运动委员会，健全了中华全国总工会的领导机构。中央政治局将指导

---

① 中共中央党史研究室、中央档案馆编:《中国共产党第七次全国代表大会档案文献选编》，中共党史出版社 2015 年版，第 83 页。

上海工人运动作为自己的中心工作。在农村，各地党组织抓住国民党新军阀混战的有利时机，发动农民开展游击战争，实行土地革命，建立革命政权，红军和根据地不断巩固和扩大。其中影响最大的，首推毛泽东、朱德领导开辟的赣南、闽西根据地。其他地区的红军游击战争也进一步开展起来，农村根据地随之逐步扩大。

经过大革命失败后两年多的艰苦奋斗，中国共产党逐步从极其严重的困境中摆脱出来，革命事业开始走向复兴。在农村，红军和根据地进一步巩固与扩大。在城市，党的组织和党的工作也有了一定程度的恢复与发展。时任中央政治局常委、中央宣传部部长的李立三看到形势发生了一些有利于革命的变化，又受到共产国际的“左”倾指导思想的影响，头脑开始发热。这是毛泽东后来批评的“急性病”，“就是要工人暴动，城市起义，对搞大城市很积极，农民虽然也要，但是是附带的，它不注意去研究农民”。[①]

1930年6月，在周恩来赴苏联向共产国际汇报工作时，实际主持中央工作的李立三，制订了以武汉为中心的全国中心城市起义和集中全国红军攻打中心城市的冒险计划。7月间，重点部署了南京、上海、武汉等城市的暴动准备工作。同时规定红三军团进逼武汉；红一军团进取南昌、九江，掩护武汉的胜利；红二军团、红一军团相互配合进逼武汉；红七军团进攻柳州、桂林和广州。根据中央和军委的指示，各地红军立即采取军事行动。毛泽东和朱德在不得不执行中央攻打大城市的计划时，对中央的一些“左”的指示也进行过一定程度的抵制。他们采取措施，尽力使红军少受损失。李立三等在得到7月27日红三军团乘虚攻占长沙的消息后，认为“会师武汉”“饮马长江”，夺取全国胜利的目标很快就可以实现。于是在8月成立中央总行动委员会，作为领导武装暴动的最高指挥机关；停止党、团、工会的正常活动，把共产党、共青团和工会等的各级领导机关合并为各级行动委员会；并进一步提出准备发动武汉暴动、南京暴动、上海总同盟罢工，在武汉成立中央苏维埃政府和全国暴动的详细计划。还要求“苏联必

① 中共中央文献研究室编：《毛泽东在七大的报告和讲话集》，中央文献出版社1995年版，第110页。

须积极准备战争”，西伯利亚的数十万中国工人应迅速武装，“准备与日本帝国主义的作战”；蒙古在中国暴动胜利时，也应大批出兵进攻中国北方的反动派。

李立三“左”倾冒险错误，导致党和革命事业遭到严重的损失。在国民党统治区，满洲、顺直、河南、山西、陕西、山东、湖北、福建、浙江、广东、湖南等十几个省的党的秘密组织、机关被破坏，武汉、南京等城市的党组织几乎全部被瓦解。许多共产党员、共青团员和革命群众被敌人捕杀。在红军奉命进攻大城市的过程中，农村根据地有的缩小，有的丢失，红军也遭受不同程度的损失。

1930 年 8 月中下旬，周恩来和瞿秋白回国，开始采取措施，停止执行城市暴动和红军攻打大城市的冒险计划。9 月下旬，由瞿秋白和周恩来主持召开的六届三中全会，纠正了李立三“左”倾冒险错误。全会通过决议，批评李立三等对形势作了不切实际的估量，对革命形势发展的速度和革命力量的现状作了过高的估量，对不平衡发展的规律观察不清，不重视建立巩固的根据地和扩大红军，忽视对大城市和产业中心区更广大群众的发展与组织。全会后，各根据地贯彻会议精神，开始纠正一些过左的政策和做法。但是，党的工作重心仍然放在城市。

此时，以毛泽东为主要代表的中国共产党人，实际上已经提出把党的工作重心由城市转移到农村，在农村地区开展游击战争，深入进行土地革命，建立和发展红色政权，待条件成熟时再夺取全国政权的关于中国革命新道路的思想。这便是毛泽东在 1930 年 1 月在《星星之火，可以燎原》中深刻阐述的，坚持农村根据地斗争的意义重大，“必须这样，才能树立全国革命群众的信仰，如苏联之于全世界然。必须这样，才能给反动统治阶级以甚大的困难，动摇其基础而促进其内部的瓦解。也必须这样，才能真正地创造红军，成为将来大革命的主要工具。总而言之，必须这样，才能促进革命的高潮”。这是毛泽东在依靠群众，保存革命力量，建立工农红军和农村革命根据地，开展土地革命和游击战争的斗争实践中，逐渐认识到的。中国革命要从中国的实际情况出发，不能完全照搬照抬苏联十月革命的成功经验，不能走“城市中心”暴动的路。其实，毛泽东也是在实践中逐渐认识和解决以农村为工作中心问题的。中国革命的工作重心由城市向农村转移，经历了一个艰苦的过程。毛泽东成功地把党的工作重心由城市转入农村，独创性地开辟了农村包围城市、武装夺取政权的革命道路。这就为中国革命的胜利奠定了坚实的基础。

二、在农村建立根据地探索新道路

大革命失败后，中国共产党人先后领导南昌起义、秋收起义、广州起义和其他地方的武装起义。以毛泽东为代表的中国共产党人，逐步地把党的工作重点由城市转入农村，在农村建立根据地，开展土地革命，建立革命武装和工农政权，探索和开创出一条以农村包围城市，最后夺取全国胜利的革命道路。这一条适合中国实际的正确革命道路的开辟，依靠了党和人民的集体奋斗，凝聚了党和人民的集体智慧。而毛泽东则在这条道路的开辟过程中作出了最卓越的贡献。从 1927 年到 1934 年，中国共产党先后在农村创建了十几个革命根据地。

以农村包围城市、武装夺取政权道路的思想，也是毛泽东根据中国革命的具体实践和集中党的集体智慧而概括总结出来的，是对马克思列宁主义关于武装夺取政权学说的重大发展。它反映了中国革命发展的特殊规律，指明了中国革命走向胜利的唯一正确道路。但是，正确地认识中国革命的规律非常不容易，要按客观规律办事也不容易。规律是客观存在的，但是 20 世纪 20 年代后期和 30 年代前期，在国际共产主义运动中和中国共产党内盛行的把马克思主义教条化、把共产国际决议和俄国革命经验神圣化的错误倾向，严重地阻碍着中国共产党人对中国革命规律的认识。毛泽东提出的农村包围城市的观点，也受到教条主义者的批评。1930 年 5 月，中共中央理论刊物《红旗》就以“记者”名义发表文章，批评农村包围城市的观点违反了“无产阶级是革命的领导者，农民是无产阶级的同盟者”这个马克思主义原理。①

---

①　中共中央党史研究室：《中国共产党历史》第一卷（1921—1949）上册，中共党史出版社 2011 年版，第 297 页。

为了反对党和红军中的教条主义思想，毛泽东在1930年5月写下一篇题为《调查工作》的文章[①]，深刻地阐明坚持辩证唯物主义的思想路线、坚持理论与实际相结合原则的重要性。毛泽东强调指出，离开实际调查，就要产生唯心的阶级估量和唯心的工作指导，其结果不是机会主义，便是盲动主义。为了洗刷唯心精神，他提出“没有调查，没有发言权”的科学论断。毛泽东在这篇文章中阐明的也是中国共产党实事求是的思想路线。但这条正确思想路线要为全党理解和接受还有一个相当长的过程，还会有不少的曲折和坎坷。

中共六届三中全会后，李立三“左”倾冒险错误在实际工作中逐步得到纠正，各项工作逐步恢复正常。不久，共产国际又批评主持中共六届三中全会的同志抹杀国际路线和“立三路线”的原则区别，犯了“调和主义”错误。而王明等人知道共产国际对中共中央的批评后，乘机打起“拥护国际路线”“反对立三路线”“反对调和主义”的旗号，串联并鼓动一部分党员反对三中全会及其后的中央，要求彻底改造党的领导机关。在共产国际的压力和党内出现宗派活动、思想混乱的情况下，中共六届四中全会（扩大）于1931年1月7日在上海召开。出席会议的中央委员14人，候补中央委员8人，还有王明（陈绍禹）、博古（秦邦宪）等15人。在国际代表的竭力支持下，会议不仅补选没有实际工作经验的王明等为中央委员，还将王明直接选入了政治局，使其取得了在中共中央的领导地位[②]。自此，“左”倾教条主义在党内开始了长达4年的统治，使革命事业遭受了严重挫折。

向忠发在会上代表中共中央政治局向六届四中全会的报告中提出：“为要使国际路线在中国党内得到根本的巩固，党现在就应开始准备七次大会。”[③]全会通过决议案指出：“必须召集党的第七次全国大会，委托新的政

---

① 即《反对本本主义》。

② 中共中央文献研究室编、章学新主编：《任弼时传》上，中央文献出版社2014年版，第237—239页。

③ 中共中央文献研究室、中央档案馆编：《建党以来重要文献选编》第8册，中央文献出版社2011年版，第10页。

治局开始必须的准备工作，以保障这次大会要有各地党部的好的代表，要有对于苏维埃运动经验的郑重的总结的可能，要有对于工业中心党的工作经验的郑重的总结的可能，要通过党的党纲和其他文件。”①

六届四中全会后，中共中央派遣许多中央代表或“新的领导干部”到全国各地去，贯彻“左”倾教条主义方针，对革命根据地和国民党统治区的地方党组织进行所谓“改造”。他们动辄给怀疑、不满意或者不支持他们的同志扣上“右倾机会主义”“富农路线”等各种帽子，在党内进行“残酷斗争”，诬蔑和伤害了许多优秀的共产党员和干部，给党的事业造成了重大损失。

毛泽东、朱德领导下的赣南、闽西革命根据地，是全国各根据地中力量最强的，所以中共中央决定将苏区中央局和苏维埃中央政府设在赣南根据地。于是，人们又把红一方面军控制的赣南、闽西根据地称为中央根据地或中央苏区。这也是中国共产党在土地革命战争时期创建并领导的全国苏维埃运动的中心区域。从1930年冬到1931年秋，红一方面军在毛泽东、朱德指挥下进行了三次胜利的反“围剿”斗争，使赣南闽西根据地得到巩固和发展。与此同时，鄂豫皖、湘鄂西、湘赣、湘鄂赣等根据地也都发展到相当规模。中共中央决定以赣南、闽西根据地为依托，建立苏维埃中央政府。

1931年11月，中华苏维埃第一次全国代表大会在江西瑞金召开，来自闽西、赣东北、湘赣、湘鄂西、琼崖、中央等根据地的红军部队，以及在国民党统治区的全国总工会、全国海员总工会的610名代表出席了大会。毛泽东代表苏区中央局向大会作《政治问题报告》。大会通过根据临时中央有关宪法大纲的来电原则制定的《中华苏维埃共和国宪法大纲》，以及临时中央提供大会讨论的《中华苏维埃共和国土地法令》《中华苏维埃共和国劳动法》《中华苏维埃共和国关于经济政策的决定》等法律文件。大会选出63人组成的中央执行委员会，宣告了中华苏维埃共和国临时中央政府

① 中共中央文献研究室、中央档案馆编：《建党以来重要文献选编》第8册，中央文献出版社2011年版，第20页。

的成立。这是同国民党政权性质根本不同的工农民主专政的新型政权。毛泽东当选为中华苏维埃共和国临时中央政府主席。

这时的中央苏区，是中华苏维埃共和国临时中央政府所在地，而从1933年1月至1934年10月红军长征前，又是中共中央所在地，是全国苏维埃区域和红军的指挥中心。从中华苏维埃共和国成立，中国共产党实际上就在农村的环境里开始了局部执政。首先是制定了民主的政治制度。按照中华苏维埃共和国的宪法大纲规定："中国苏维埃政权所建设的是工人和农民的民主专政的国家。"苏维埃全部政权属于工人、农民、红军士兵及一切劳苦民众的。在苏维埃政权领域内，工人、农民、红军士兵及一切劳苦民众和他们的家属，不分男女民族和宗教信仰，在法律面前一律平等。苏维埃共和国实行各级工农兵代表大会制度。通过召开各级工农兵代表大会，吸收工农群众参加政权，行使自己的民主权利。这种制度，体现了人民群众的利益和要求。同时，苏维埃政府还重视地方政权建设、法律制定建设、作风建设，注重廉政建设，坚决反对根据地政权机关工作人员中存在的腐败现象。

苏维埃政权将发展革命战争、扩大与加强红军，作为一项主要的中心任务。因为只有革命战争取得胜利，才有苏维埃政权的存在和发展，否则一切无从谈起[①]。因此，在苏维埃区域，"一切工作是以战争为主体"的[②]。苏维埃政权还通过土地革命，帮助贫苦农民摆脱了封建生产关系的束缚和国民党各级政权统治下的种种盘剥，关心人民群众的疾苦，大力发展经济，使根据地的农业、工业、商业、交通、财政和金融等工作，得到一定的恢复和发展。还努力打破敌人的经济封锁，稳定并改善人民的生活，使人民群众的生活得到明显的改善。毛泽东还总结根据地经济建设的经验，阐述经济建设的方针、政策，对新民主主义经济思想的若干原则进行了论述。苏维埃政权还在极为简陋的物质条件下，克服困难，进行了文

① 毛泽东：《在第二次全国苏维埃代表大会的阅兵典礼上的讲话》和开幕词，1934年1月。

② 江西档案馆等编：《中央革命根据地史料选编》下册，江西人民出版社1982年版，第228页。

化教育建设，兴办学校，扫除文盲，提高人民的文化水平，取得了不小的成绩；还注意发展体育事业，增强人民的体质，等等。

中华苏维埃共和国临时中央政府的成立，对各根据地在一定程度上起到了加强中枢指挥的作用，在政治上也产生了很大的影响。而中央苏区的发展和进步，不仅对鼓舞革命群众的斗志，推动革命斗争的进程，产生了积极作用，而且也得到一些外国新闻媒体的关注和赞扬。如美国《新共和国周报》指出："苏维埃政权存在以后，实行了自己的货币制度，并且在人民教育方面得到了很大的成绩。在六年不断战争中，苏维埃证明了它是唯一的真正的中国人民政府"。① 毛泽东指出："党开辟了人民政权的道路，因此也就学会了治国安民的艺术。党创造了坚强的武装部队，因此也就学会了战争的艺术。所有这些，都是党的重大进步和重大成功。"②

在这一时期，党的建设也取得很大的进步。首先是各级党的领导机构的建立和健全，推动了根据地党的建设工作。同时，各级党组织大胆地选拔有坚定信仰、在实际斗争中积极勇敢并有工作能力的党员，到党的领导机关工作，党的干部队伍建设得到加强。基层党组织的健全，有利于发挥它们的作用。党员队伍有所发展。鉴于新党员大都是农民出身，各地党组织注意加强思想建设。广大党员干部艰苦奋斗，廉洁自律，带领群众克服困难，赢得了群众的拥护和爱戴。

由于党内"左"倾教条主义错误造成的困难局面，临时中央机关于1933年初被迫从上海转移到中央苏区。此后，党内的"左"倾教条主义错误更是给根据地建设造成直接的严重危害。如在查田运动中全面贯彻其"左"倾土地政策，使运动发生很大偏差，许多地方把大量中农特别是富裕中农错划为地主、富农而加以打击，发生严重侵犯中农利益、消灭富农经济的错误，破坏了农业生产，损伤了农民的生产积极性，造成根据地严重缺粮，扩大红军遇到困难，加重了根据地的困难局面。同时，"左"倾教条主义者还通过错误的党内斗争，打击一大批坚持正确意见、有实践经验的

---

① 转引自戴向青等著：《中央根据地史稿》，江西人民出版社1986年版，第6页。

② 毛泽东：《〈共产党人〉发刊词》，《毛泽东选集》第2卷，第611页。

领导干部，对根据地建设和反对国民党军队第五次“围剿”的斗争，产生了极为不利的影响。

在此期间，中共党内也有人提出，召开党的全国代表大会以解决党所面临的一些重大问题。如时任中共河北省委宣传部部长李铁夫，痛感“左”倾教条主义错误给党的事业造成的危害，从1933年冬至1934年春，在中共河北省委机关刊物《火线》上连续发表10多篇文章，提出党内的争论要在党的七大加以解决。他建议：“在可能范围内召集七次大会或五中全会（如果这些会议不可能的话，可召集临时扩大会议），根据各地的具体材料，彻底的检讨”[①]。李铁夫意见得到中共河北省委多数领导的赞同和支持。但临时中央却指示驻北方代表强行在河北党内开展所谓反“铁夫路线”的斗争，撤了李铁夫的职务并改组河北省委，正确意见受到压制。

三、毛泽东领导地位的确立和长征的胜利

正当国民党统治集团调动兵力大规模“围剿”红军的时候，日本帝国主义者于1931年9月发动了武装侵略中国东北的战争。这是日本政府长期以来推行对华侵略扩张政策的必然结果，是它企图变中国为其独占殖民地而采取的严重步骤。此时，“处在半殖民地半封建社会的黑暗境地”的中国，社会危机四伏，日军野蛮侵略，可“国民党反动派置民族危亡于不顾，向革命根据地连续发动大规模‘围剿’”。而由于冒险主义的错误领导，红军在第五次反“围剿”斗争中遭到空前严重的失败。朱德曾谈到主观主义在红军作战中的种种表现，“到1933年以后，李德不经过军委，直接指挥部队乱打。长征是一种搬家式的长征，在李德领导下，只是沿途逃跑，不敢打湖南军队。”[②] 当时大家都认为李德是共产国际执委会的代表，出于对共产国际的尊重，没有惩罚他。但认为应该在“七大召开前，必须对李德

---

① 李铁夫：《关于目前整顿组织的几个意见》，1933年12月。

② 中共中央文献研究室编：《朱德年谱（1886—1976）》（中），中央文献出版社2006年版，第1077页。

的问题进行专门的调查并作出决定”。[①]

1934年10月，中共中央率中央红军被迫实行战略大转移。其他各根据地的红军也先后进行战略转移。“长征途中，红军面临着凶恶残暴的追兵阻敌，面临着严酷恶劣的自然环境，还面临着同党内错误思想的激烈斗争。”“中国共产党和红军到了危急关头，中国革命到了危急关头，中华民族到了危急关头”。就在这危急关头，中共中央在红军长征途中，于1935年1月召开了遵义会议。这次会议纠正“左”倾错误，事实上确立了毛泽东同志在党中央和红军的领导地位，开始确立以毛泽东同志为主要代表的马克思主义正确路线在党中央的领导地位，开始形成以毛泽东同志为核心的第一代中央领导集体，开启了党独立自主解决中国革命实际问题新阶段，在最危急关头挽救了党，挽救了红军，挽救了中国革命。

但中央红军在四川西北地区和红四方面军会合后，张国焘先是赞成北上方针，后又提出南下方针。毛泽东、张闻天、周恩来、博古等在得知张国焘发出企图分裂和危害党中央的密电后，紧急磋商，为贯彻北上方针，避免红军内部可能发生的冲突，决定率右路军中的红一、红三军和军委纵队迅速转移，脱离险境，先行北上。随后，红军经过英勇战斗，攻克天险腊子口，越过岷山，翻过六盘山，于1935年10月19日抵达谢子长、刘志丹等领导红二十六军和红二十七军经过多年艰苦战斗创建的陕甘革命根据地的吴起镇。红一方面军历时一年、长驱二万五千里的艰苦转战胜利结束，完成了空前的战略大转移。

陕甘革命根据地是当时全国硕果仅存的革命根据地，为红军长征提供了落脚地。但由于受到“左”倾教条主义的影响，开展错误的肃反斗争，刘志丹等领导干部被逮捕，造成陕甘根据地的严重危机。中共中央到达陕甘根据地后，立即把被捕的刘志丹、高岗等释放出来，及时纠正了这个严重错误，从而使陕甘根据地转危为安。

张国焘反对党中央北上主张，在四川阿坝抗命南下，命令红四方面军从

---

① 中共中央党史研究室、中央档案馆编：《中国共产党第七次全国代表大会档案文献选编》，中共党史出版社2015年版，第25页。

草地折返后，于1935年10月，拥兵自重，另立“中央”“中央政府”“中央军委”。为了维护党的团结统一，此时已经率中央红军主力抵达陕甘地区的毛泽东，于1936年1月向张国焘提出：可以通过召开党的七大来“解决”“党内过去的争论”，“但组织上决不可逾越轨道，致自弃于党。”[①]历经艰辛穿越沙漠戈壁、从共产国际带回密电码等文件到陕北的张浩也以共产国际代表的身份说服教育张国焘，劝其放弃错误主张。中央政治局常委也于1936年1月17日召开会议决定：林育英（即张浩）到中央政治局工作。张浩坚决反对张国焘分裂主义的错误，在维护团结、反对张国焘分裂主义的斗争中，发挥了至关重要的作用。

张国焘率兵南下，初期取胜，半个月击溃川军6个旅。之后则遭遇不利，特别是百丈关战役伤亡近万人，后被迫撤出战场。在继续坚持南下已经走投无路的情况下，张国焘收到共产国际代表张浩电报，了解到共产国际完全同意中国党中央政治路线，他所成立的第二“中央”不可能得到共产国际承认。而且朱德、刘伯承等一直加以反对和抵制。在此情况下，张国焘被迫解散另立的“中央”，于1936年5月同意“原则上争论由国际或七次大会解决”[②]。6月，任弼时、贺龙率领的红二、红六军团抵达四川甘孜地区，在了解相关情况后，任弼时、贺龙和朱德、刘伯承等一起力争红二、红四方面军共同北上，从而促成了党内危机的解决，为党的团结统一作出了重要贡献。

可是，没有等到中共七大召开，张国焘便在1938年清明节借祭拜黄帝陵之机投奔国民党，自绝于共产党和人民。当张国焘投奔国民党时，他身边的工作人员连他的警卫员在内没有一个人追随他。可见，张国焘分裂主义不得人心。而在反对张国焘分裂主义的斗争中，党中央提议召开中共七大解决党内争论，也发挥了一定的积极作用。毛泽东曾说：“一九三四年至一九三六年，长江南北各地的红军主力，在我们党中央领导之下，经历了

---

① 中共中央文献研究室编：《毛泽东年谱（1893—1949）》中卷，人民出版社、中央文献出版社1993年版，第502页。

② 中共中央文献研究室编：《任弼时年谱》，中央文献出版社2004年版，第278页。

千辛万苦，移到了西北，并和西北红军汇合在一起。”① 1936 年 10 月红军三大主力在西北胜利会师，中国革命的新局面就开始了。

四、瓦窑堡会议确立抗日统一战线方针

1935 年，日本帝国主义加紧侵略中国，其势力从东北扩展到华北。民族危机日益深重，全国人民抗日救亡呼声越发强烈。在此情况下，根据国际形势和共产国际建立“反帝统一战线”的精神，中共驻共产国际代表团发表《中国苏维埃政府、中国共产党中央为抗日救国告全体同胞书》即八一宣言，呼吁全国“停止内战，以便集中一切国力（人力、物力、财力、武力等）去为抗日救国的神圣事业而奋斗”。②

12 月 17 日至 25 日，中共中央在瓦窑堡召开政治局扩大会议，毛泽东、周恩来、洛甫（张闻天）、博古、李维汉、王稼祥、刘少奇、邓发、凯丰、张浩、邓颖超、杨尚昆、郭洪涛等出席会议，张闻天主持。会议听取了刚从苏联回国的张浩（即林育英）传达共产国际关于建立反法西斯统一战线的指示和八一宣言精神，分析了国际国内形势的变化，确认了中国共产党建立广泛的抗日民族统一战线的政治路线；将苏维埃工农共和国改称为苏维埃人民共和国；主张成立国防政府与抗日联军；决定红军东征山西，以便直接对日作战。会议通过了《关于军事战略问题的决议》和《关于目前政治形势与党的任务决议》。

《决议》分析当时中国形势的特点，认为“日本帝国主义并吞东北四省之后，现在又并吞了整个华北，而且正准备并吞全中国，把全中国从各帝国主义的半殖民地，变为日本的殖民地。这是目前时局的最基本的特点”。“日本帝国主义吞并华北并准备吞并全中国的行动，向着四万万人的中华民族送来了亡国灭种的大祸，这个大祸就把一切不愿当亡国奴，不愿充汉奸卖国贼的中国人，迫得走上一条唯一的道路：向着日本帝国主义及其走狗

---

① 《毛泽东选集》第 3 卷，人民出版社 1991 年版，第 1036 页。

② 中共中央文献研究室、中央档案馆编：《建党以来重要文献选编》第 12 册，中央文献出版社 2011 年版，第 265 页。

汉奸卖国贼展开神圣的民族战争。一切爱国的中国人为保卫自己的国家而血战到底，这是日本帝国主义亡人之国灭人之种的冒险事业的前进路上必然得到的回答。”日本帝国主义吞并中国的行动，“重新推醒了全中国人民，懂得了亡国灭种大祸临头的危险形势，掀起了新的民族革命高潮。”“在全中国人民反对日本帝国主义的强盗吞并，挽救中国出于亡国灭种大祸的伟大力量中”，有着中国共产党和它领导的红军作为“铁一般的中坚力量”①。

瓦窑堡会议后，毛泽东根据会议精神，又于12月27日在党的活动分子会议上作了《论反对日本帝国主义的策略》的报告。报告分析了形势的基本特点及各阶级、各阶层在当时形势下的政治态度，特别是对于民族资产阶级的两面性和利用地主买办营垒内部矛盾的可能性，阐明了党在新的历史条件下建立抗日民族统一战线理论的策略方针。首先，阐明了建立抗日民族统一战线的可能性。毛泽东指出：在日本的侵略面前，中日的民族矛盾成为主要矛盾，国内阶级矛盾降到次要的地位，民族革命营垒的势力扩大了，民族反革命营垒的势力削弱了，这个特点使抗日民族统一战线成为可能。同时，抗日民族统一战线有其必要性。毛泽东指出：中国的和世界的革命力量现在比过去更加增强了，今后中国革命发展的速度，也一定会比过去快得多。但是“目前中国的和世界的反革命力量暂时还是大于革命力量”。“打倒日本帝国主义和中国反革命势力的事业，不是一天两天可以成功的，必须聚积雄厚的力量。”“中国革命战争还是持久战，帝国主义的力量和革命发展的不平衡，规定了这个持久战。”毛泽东清楚地看到，中国革命也好，抗日战争也好，中国共产党面临的是一场持久战，共产党必须联合各种力量，组织最广泛的统一战线。目前党的主要任务就是组织最广泛的抗日民族统一战线。毛泽东提出：“党的任务就是把红军的活动和全国的工人、农民、学生、小资产阶级、民族资产阶级的一切活动汇合起来，形成一个统一的民族革命战线。”②

---

① 中共中央文献研究室、中央档案馆编：《建党以来重要文献选编》第12册，中央文献出版社2011年版，第533页。

② 《毛泽东选集》第1卷，人民出版社1991年版，第151—153页。

为了结成广泛的抗日民族统一战线，毛泽东总结历史的经验教训，坚决地批评了党内长期存在的“左”倾关门主义，指出关门主义的策略是孤家寡人的策略，是“为渊驱鱼，为丛驱雀”。他号召共产党人，勇敢地抛弃关门主义，采取广泛的统一战线策略，去组织千千万万的民众和一切可能的革命友军，才能把日本帝国主义和汉奸卖国贼打垮。同时，为了适应建立广泛统一战线的要求，毛泽东还提出了将“工农共和国”改为“人民共和国”，并改变原来不适应抗日要求的部分政策。他指出，我们的政府不但是代表工农的，而且是代表民族的；在日本侵略的情况变动了中国的阶级关系，不但小资产阶级，而且民族资产阶级都有了参加抗日斗争的可能性。人民共和国首先保护工农群众的利益，同时又保护民族工商业的存在和发展。对于富农的土地和财产，除封建剥削部分外，都实行保护政策。其次，毛泽东提醒全党汲取历史上发生过的实行统一战线政策时右倾错误的教训，强调了党要担负起对抗日民族统一战线的领导责任。他指出，在目前的抗日民族统一战线中，共产党和红军不但要充当发起人，而且应当成为坚强的台柱子，从而使日本帝国主义者和蒋介石所使用的拆台政策不能达到最后的目的。“只要共产党和红军本身是存在的，发展的，那末，抗日民族统一战线必然也会是存在的，发展的。这就是共产党和红军在统一战线中的领导作用。共产党人现在已经不是小孩子了，他们能够善处自己，又能够善处同盟者。”毛泽东希望共产党人，认真地担负起“批评同盟者、揭破假革命、争取领导权的责任”①。

毛泽东在报告中阐述的关于建立抗日民族统一战线的理论和策略原则，以及在瓦窑堡会议上所通过的决议，解决了遵义会议没有来得及解决的党的政治路线问题，这对党倡导的抗日民族统一战线的建立，具有十分重要的指导意义。毛泽东曾说：“就在这两年，中国共产党适应新的情况，决定并执行了抗日民族统一战线的新的完整的政治路线，以团结抗日和建立新民主主义共和国为奋斗目标。”②

---

① 《毛泽东选集》第 1 卷，人民出版社 1991 年版，第 157、148 页。

② 《毛泽东选集》第 3 卷，人民出版社 1991 年版，第 1036 页。

瓦窑堡会议后，中共中央加强了对国民党东北军和西北军的统战工作，以尽快地建立抗日民族统一战线。1936年上半年，毛泽东等中共领导人以主要精力领导了统战工作。对国民党方面，中共中央经历了一个由抗日反蒋到逼蒋抗日，又由逼蒋抗日到联蒋抗日的政策调整变化过程。毛泽东还亲自组织、实施同国民党东北军、西北军将领的联系工作，秘密接触、签订秘密协定等等。经过多方努力，到西安事变前夕，红军与国民党东北军、西北军基本上实现了西北大联合，形成了三位一体的统一战线局面。与此同时，中共中央对当时在华北地区的地方实力派，如山西的阎锡山、平津的宋哲元、绥远的傅作义，还有山东的韩复榘、天津的张自忠和察哈尔的刘汝明、河南的商震等，也做了大量团结和争取的工作，力争使这些地方实力派参加抗日民族统一战线。

1936年12月12日，张学良、杨虎城发动了震惊中外的西安事变。事变发生后，张学良立即致电毛泽东、周恩来："吾等为中华民族及抗日前途利益计，不顾一切，今已将蒋等扣留，迫其释放爱国分子，改组联合政府。兄等有何高见，速复。"① 收到张、杨电报后，中共中央政治局于12月13日上午召开常委扩大会议，讨论处理西安事变的方针。与会者一致同意毛泽东的分析，认为西安事变是抗日的义举、革命的行动。中共中央应张学良要求派周恩来前往西安做工作。12月19日，中共中央召开政治局会议，讨论西安事变通电以及力争和平解决事变的有关问题。会议形成了两个文件：一个是中共中央《关于西安事变及我们的任务的指示》，指出西安事变是为了要求抗日救国而产生，是以西北的抗日统一战线去推动全国统一战线的开始，提出"主张南京与西安间在团结抗日的基础上，和平解决"②；一个是中华苏维埃中央政府和中共中央联名向南京、西安当局发出通电，重申和平解决西安事变的主张，并提出召开和平会议的具体建议。在中国共产党的努力下，西安事变终于和平解决。

---

① 中共中央文献研究室编：《毛泽东年谱》上卷，中央文献出版社1996年版，第620页。

② 中共中央文献研究室、中央档案馆编：《建党以来重要文献选编》第13册，中央文献出版社2011年版，第423页。

关于西安事变和平解决的意义，毛泽东认为："西安事变给国民党以大的刺激，成为它转变的关键，逼着它结束十年的错误政策，结束十年内战，而内战的结束也就是抗战的开始。西安事变促进了国共合作，是划时代的转变，是新阶段的开始"①。对西安事变，中国共产党"坚持了和平解决的方针"，并于1937年2月致电国民党三中全会，建议"停止一切内战，集中国力，一致对外"②。"西安事变的和平解决成了时局转换的枢纽"③。

五、由土地革命战争向国共合作抗战转变

西安事变后，虽然蒋介石已经同共产党进行和平谈判，但对共产党领导的南方各游击区仍进行疯狂的"清剿"。而南方各红军和游击队一方面对国民党军队的"清剿"继续进行有力的反击；另一方面经过中共中央和各地方党的领导人在谈判桌上同国民党进行复杂的政治斗争，迫使国民党军队逐步停止进攻。但在西安事变后，中国共产党领导的土地革命战争便开始向国共合作抗战转变。

在此过程中，中国共产党先后召开了苏区代表会议（后称为中国共产党全国代表会议）和白区代表会议，从而为土地革命战争向国共合作抗战转变作了重要的思想准备。1937年5月2日至14日，中共中央在延安中央大礼堂召开苏区代表会议。出席会议的有来自根据地、国民党统治区和红军中的党组织的正式代表218人，列席的有64人。会上，张闻天致开幕词，毛泽东作《中国共产党在抗日时期的任务》的报告和《为争取千百万群众进入抗日民族统一战线而斗争》的结论，博古作《组织问题》的报告，刘少奇、朱德等作专题发言。

毛泽东在开幕式上被推为大会主席团成员。他在会上作《中国共产党在抗日时期的任务》报告和《为争取千百万群众进入抗日民族统一战线而

① 中共中央文献研究室编：《毛泽东年谱》上卷，中央文献出版社1996年版，第631—632页。

② 中共中央文献研究室、中央档案馆编：《建党以来重要文献选编》第12册，中央文献出版社2011年版，第38页。

③《毛泽东选集》第3卷，人民出版社1991年版，第1037页。

斗争》的结论。毛泽东在5月3日和4日报告分析中日矛盾上升为主要矛盾，以及国民党的政策由内战、独裁和对日不抵抗开始向和平、民主和抗日转变的总形势，提出了巩固和平、争取民主和早日实现抗战的三位一体的任务。毛泽东指出：自1931年九一八事变特别是1935年华北事变以来国际关系和国内阶级关系的变化，规定了中国共产党在新时期的任务。由于中日矛盾成为主要的矛盾，国内矛盾降到次要和服从的地位，形成了目前形势的新的发展阶段。这个新时期的第一阶段从1935年一二九运动开始，主要任务是争取国内和平；1937年2月国民党三中全会开始了第二阶段，主要任务是争取民主。

毛泽东在报告中指出：争取政治上的民主和自由，成为保证抗战胜利的中心一环。没有民主自由，便不能巩固已经取得的国内和平，不能增强国内的团结；没有民主自由，便无从动员人民参加抗战。所以，中国必须立即开始实行下列两方面的民主改革：第一方面，将政治制度上国民党一党派一阶级的反动独裁政体，改变为各党派各阶级合作的民主政体；第二方面，保障人民的言论、集会、结社自由，包括释放政治犯、开放党禁等。

毛泽东在报告中强调了抗日民族统一战线中无产阶级领导权的重要性，指出：是无产阶级跟随资产阶级呢，还是资产阶级跟随无产阶级呢？这是中国革命领导责任的问题，是革命成败的关键。离开了无产阶级及其政党的政治领导，抗日民族统一战线就不能建立，和平、民主、抗战的目的就不能实现。无产阶级怎样通过它的政党实现政治领导呢？第一，根据历史发展行程，提出基本的政治口号和为实现政治口号的动员口号，作为全国人民一致行动的具体目标；第二，无产阶级及其政党发挥无限的积极性，成为实现政治口号所提出的任务的模范；第三，在不失掉确定的政治目标的原则上，建立、巩固和发展与同盟者的关系；第四，共产党队伍的发展，思想的统一性，纪律的严格性。

5月8日，毛泽东在中国共产党全国代表会议作题为《为争取千百万群众进入抗日民族统一战线而斗争》的结论。结论针对一些同志在“和平问题”“民主问题”“革命前途问题”上的不正确认识，作了明确的回答，进一步论述了当时的中心任务。关于和平问题，指出：我们说和平取得了，并不是说和平巩固了，相反，我们说它是不巩固的。在这种情况下，我们的结论不是回到“停止内战”或“争取和平”的旧口号去，而是前进一步，提出“争取民主”的新口号，只有这样才能巩固和平，才能实现抗战。我们提出“巩固和平”“争取民主”“实现抗战”这样三位一体的口号，是为了把革命车轮推进一步。

关于民主问题，毛泽东指出：那种认为“强调民主是错误，仅仅应该强调抗日”的看法，是不正确的。民主是新阶段中最本质的东西，为民主即为抗日。抗日与民主互为条件，民主是抗日的保证，抗日能给民主运动发展以有利条件。关于革命前途问题，指出：两篇文章，上篇与下篇，只有上篇做好，下篇才能做好。坚决地领导民主革命，是争取社会主义胜利的条件，我们是为着社会主义而斗争。我们是革命转变论者，主张民主革命转变到社会主义方向去，主张经过民主共和国的一切必要的阶段，到达于社会主义，既反对尾巴主义，又反对冒险主义和急性病。不流血的转变是我们所希望和力争的。

毛泽东在结论中强调：“指导伟大的革命，要有伟大的党，要有许多最好的干部”，我们党的组织要向全国发展，“要自觉地造就成万数的干部，要有几百个最好的群众领袖。这些干部和领袖懂得马克思列宁主义，有政治远见，有工作能力，富于牺牲精神，能独立解决问题，在困难中不动摇，忠心耿耿地为民族、为阶级、为党而工作。”

毛泽东还提出和阐述了党内民主问题。他认为，要达到更好地指导伟大革命的目的，“党内的民主是必要的。要党有力量，依靠实行党的民主集中制去发动全党的积极性。在反动和内战时期，集中制表现得多一些。在新时期，集中制应该密切联系于民主制。用民主制的实行，发挥全党的积极性。用发挥全党的积极性，锻炼出大批的干部，肃清宗派观念的残余，团结全党像钢铁一样。”

毛泽东不仅把党内民主的发扬和全党积极性的调动紧密地联系起来，

还把全党的团结当作“是当前民族和民主革命的最重要的基础”，提出，全党的团结可以为全阶级全民族的团结树立榜样。他指出：“只有经过共产党的团结，才能达到全阶级和全民族的团结，只有经过全阶级全民族的团结，才能战胜敌人，完成民族和民主革命的任务。”[①]所有这些，反映了中国共产党领导人对党的建设的重视和思考。张闻天在会议的报告中也提出，为了完成党的任务，必须加强党的领导。“巩固我们的党，现在成为一切工作的核心。”为此，必须加强党内马克思列宁主义的教育；发展党内民主与自我批评；彻底转变党的工作方式与群众工作方针；实行正确的干部政策，团结忠实于党、同群众有联系、有独立工作能力、能遵守纪律的干部[②]。

在全国代表会议上，刘少奇于5月7日在会上发言，强调争取全国民主统一与党在统一战线中的领导权，是国共合作新阶段中的中心问题。指出：“我党提出的抗日民族统一战线政策，是目前挽救中国、解放中国唯一正确的政策。”[③]

因为当时党在全国的地方组织遭到十分严重的破坏，举行党的全国代表大会还没有条件，所以只是举行了全国代表会议。按中国共产党党章规定，全国代表会议并不具备和行使党的最高权力。党的全国代表大会由全国各地党组织选派代表参加，则是党的最高权力机构。尽管如此，在全国抗战前夕召开的党的苏区代表会议和白区工作会议，在中国革命进程和国共关系即将发生重大变化的转折关头召开，对于全党明确认识当前的形势、任务以及党的政策、策略，做好迎接大转变的思想准备方面，发挥了重要作用。正如毛泽东所说：“在卢沟桥事变的前夜，即一九三七年五月，我们党召集了一个具有历史意义的全国代表会议，这个会议批准了党中央自一九三五年以来的新的政治路线。”[④]这对中国共产党抗战时期的发展壮大，具有重要意义。

---

① 《毛泽东选集》第1卷，人民出版社1991年版，第278页。

② 《张闻天选集》，人民出版社1985年版，第148页。

③ 中共中央党史和文献研究院编：《刘少奇年谱》增订本第1卷，中央文献出版社2018年版，第200—201页。

④ 《毛泽东选集》第3卷，人民出版社1991年版，第1037页。

六、制定全面抗战路线和持久抗战的战略方针

1937年7月全民族抗战爆发后，国共两党第二次合作的谈判加紧进行，全国出现团结御侮、全民族抗战的大好局面。在这种情况下，中国共产党召开洛川会议，制定了全面抗战路线和持久抗战的战略方针，对实现中国共产党对抗日战争的政治领导具有极为重要的意义，为争取抗战胜利指明了方向，同时也为中共七大的召开做好了政治准备。

1937年8月22日至25日，中共中央政治局在陕北洛川县冯家村召开扩大会议。张闻天、毛泽东、周恩来、朱德、秦邦宪、任弼时等22人出席了会议。毛泽东在会上作了关于战争和国共关系问题的报告，张闻天、周恩来等作了形势和任务等问题的报告，毛泽东作总结。洛川会议分析全国抗战的形势，指出中国的抗战是一场艰苦的持久战，认为目前的形势已经不是应否抗战的问题，而是如何争取抗战胜利的问题。争取抗战胜利的关键，在使已经发动的抗战发展为全面的全民族的抗战，这就要克服国民党的片面抗战路线，实行共产党的全面抗战路线。

中共提出实现全面的全民族的抗战，主要是针对国民党政府把抗战仅仅看作政府的事情，限制人民参战、不给人民以抗日救国的民主自由权利、不愿改革政治机构、不关心人民生活的错误而言。不实行全民族的抗战，中国的抗战就不能取得最后胜利。会议决定：必须坚持抗日战争中的无产阶级领导权；红军的基本任务是创建敌后抗日根据地，其基本战略方针是独立自主的敌后游击战；在国民党统治区发动群众抗日，争取人民的基本民主权利；以减租减息作为抗日战争时期解决农民问题的基本政策。

会议制定了中国共产党的全面抗战路线，通过了《关于目前形势与党的任务的决定》和《抗日救国十大纲领》。中国共产党的全面抗战路线，集中体现在《抗日救国十大纲领》中，其主要内容是：（1）打倒日本帝国主义；（2）全国军事的总动员；（3）全国人民的总动员，"全国人民除汉奸外，都有抗日救国的言论，出版，集会，结社，及武装抗敌之自由。废除一切束缚人民爱国运动的旧法令，颁布革命的新法令。释放一切爱国的革

命的政治犯，开放党禁。全国人民动员起来武装起来，参加抗战，实行有力出力，有钱出钱，有枪出枪，有知识出知识。动员蒙民回民及其他少数民族，在民族自决和民族自治的原则下，共同抗日”；（4）“改革政治机构：召集真正人民代表的国民大会，通过真正的民主宪法，决定抗日救国方针，选举国民政府。国民政府必须吸收各党各派及人民团体中的革命分子，驱逐亲日分子。国民政府采取民主集中制，它是民主的，但又是集中的。国民政府执行抗日救国的革命政策。实行地方自治，铲除贪官污吏，建立廉洁政府。”没有内政的民主改革，要想建立完全适合抗战需要的政府是不可能的；（5）抗日的外交政策；（6）战时的财政经济政策；（7）改良人民生活；（8）抗日的教育政策；（9）肃清汉奸卖国贼亲日派，巩固后方；（10）抗日的民族团结。这个纲领把实行抗日同争取民主紧密地结合起来，争取抗日民族解放战争朝着有利于人民胜利结局的方向发展。

在洛川会议上，关于共产党领导的人民武装的战略任务和作战方针，毛泽东指出：作战方针是独立自主的山地游击战，包括在有利条件下集中兵力消灭敌人兵团，以及向平原发展游击战争。周恩来也指出：对形势要有持久战的估计，要继续推动国民党抗战，加强全国群众运动的发动。周恩来还赞成红军的作战方针是运动游击战的提法，强调对制定的军事战略方针必须绝对遵守，使国民党的战略不至束缚共产党的战略方针。朱德在洛川会议上也多次发言，主张早上前线，谨慎用兵，发动游击战争。他认为：八路军出动不能停顿太久，不要等国民党都败了才出动，那样不好。在国民党还能抵抗时，及早布置工作，这样，即使友军都退下来，我们也能在华北支持。还认为：持久战，主要是发动广大群众，军事上是发动广大游击战争。华北方面，地势上也有可能发展游击战争。

洛川会议上，对如何实行运动战和游击战有不同意见。有人提出想多打大仗。以后，在太原的华北局负责人主张八路军应分散打游击，发动群众，认为反正太原是保不住的。另一些领导人则在军分会的训令中批评这是宿命论，主张八路军还是要在保卫太原中配合友军作战。这些不同意见都是认识问题。随着华北游击战争的开展，全党对抗日游击战争的战略地位有了更明确的认识。

洛川会议后，中国共产党始终坚持全面抗战路线和持久战方针，广泛动员和组织不愿当亡国奴的中国人投身抗日战争，开展各种形式的抗日游击战，使日本侵略者陷入了人民战争的汪洋大海。在东北、华北、华中、华南广大地区，都有中国共产党领导的抗日武装和人民群众，建立抗日民主根据地，最终形成中国共产党领导的、同国民党正面战场密切配合、互相声援的敌后战场。灵活机动的抗日游击战打击敌人、牵制敌人，使日本如临大敌，惶惶不可终日，使敌后抗战在中国抗战发挥了重要作用，也使中国抗战在世界反法西斯战争中发挥了重要作用，在打击和牵制日本侵略者、粉碎其制造所谓大东亚共荣圈，进而称霸世界企图方面，作出了重要的贡献。中国共产党领导的抗日力量也得到不断发展壮大。

中国共产党始终坚持抗日民族统一战线。还在 1932 年 1 月上海抗战后，毛泽东就起草了中国共产党对日本宣战的声明，4 月公开发表。随即，中国共产党于 1933 年 1 月提出，中国工农红军准备在三个条件下同任何武装部队订立共同对日作战的协定。到 1935 年又发出八一宣言，呼吁全国各党派、各军队、各界同胞，不论过去和现在有任何政见和利害的不同，有任何敌对行动，都应当停止内战，集中一切国力去为抗日而奋斗。到 1936 年，中国共产党同进攻红军的国民党东北军、西北军停止内战，建成三位一体的西北统一战线。到 1936 年底西安事变发生，中国共产党倡导和平解决的方针，从而结束了国内的内战局面，开始了国共第二次合作谈判。1937 年 7 月全国抗日战争爆发，中国共产党中央委员会在卢沟桥事变的第二天便向全国发出通电，呼吁全国同胞、政府和军队团结起来，筑成民族统一战线的坚固长城，抵抗日本的侵略，国共两党合作抵抗日本的新进攻。终于，国民党顺应抗战局势和人民呼声，发表《中共中央为公布国共合作宣言》，国共第二次合作正式开始。以国共合作为基础的抗日民族统一战线，成为中国人民争取抗日战争胜利的坚实基础和重要保障。

中国共产党倡导和坚持的抗日民族统一战线，不仅以国共两党合作为中心，而且还包括中国各族人民、各民主党派、各爱国军队、各阶层爱国人士以及海外华侨，真正形成了万众一心、众志成城的抗战局面。中国共产党相信，“历史的车轮将经过这个统一战线，把中国革命带到一个崭新的阶段上去。”为了维护和巩固抗日民族统一战线，中国共产党提出了发展进步势力，争取中间势力，孤立顽固势力的正确方针。在和顽固势力作斗争时，也坚持“利用矛盾，争取多数，反对少数，各个击破”和“有理、有利、有节”的策略原则。即使在遇到晋西事变、皖南事变这样的严重摩擦，抗日民族统一战线面临严重挑战的情况下，中国共产党也在坚持独立自主的前提下，一如既往，争取民族的团结，最终化解危机。统一战线，是中国共产党克敌制胜的三大法宝之一。

中国共产党始终坚持抗战、团结和进步的方针，在努力开辟敌后战场、沉重打击侵略者的同时，还创造具有新民主主义性质的抗日根据地。在抗日根据地中，领导建立抗日民主政权，实行三三制原则，吸收各阶层爱国人士参加，同时实行减租减息，既承认地主原有的土地所有，又减轻人民群众的负担，尽力发展经济，推动生产；还发展面向广大工农兵的进步文化、抗战文化运动，使根据地的社会风气发生巨大变化，文化教育卫生事业都有长足进步。中国共产党也在抗日根据地积累局部执政、治国理政的宝贵经验。同时，中国共产党还大力支持、援助国民党区域、大后方的民主运动，支持广大爱国民主人士反对国民党顽固派在全国抗战进入战略相持阶段后的消极抗战、积极反共，破坏团结、制造分裂，实行一党独裁专制的正义斗争。

七、红军改编挺进敌后开展抗日游击战争

1937 年 8 月 13 日，淞沪抗战开始。驻上海日军万余人向江湾、闸北中国驻军进攻，中国军队奋起抵抗。周恩来、朱德、叶剑英当天就同国民党谈判，建议中央：努力抗战，巩固蒋介石的抗战决心；红军立即改编，争取开动；力争发表《中共中央为公布国共合作宣言》；催促发表正副总指挥；等等。在此期间，周恩来等同何应钦商谈南方红军游击队改编问题，何应钦答应中共可派人到南方各游击区，传达中共指示和协助红军游击队

改编。8 月 22 日，南京国民政府军事委员会发布红军改编的命令，并任命朱德、彭德怀为正、副总指挥。8 月 25 日，中共中央革命军事委员会主席毛泽东、副主席朱德、周恩来发布《关于红军改编为国民革命军第八路军的命令》。

八路军不等改编就绪，就开始出动。8 月 22 日，原红一方面军为主编成的八路军第 115 师主力，作为抗日的先遣队，第一批从陕西三原出发，经韩城县芝川镇渡黄河，沿同蒲路北上。八路军开赴抗日前线前夕，朱德和彭德怀发表《抗日人民红军留别西北同胞书》《为东下抗日告同胞书》："为了国家，为了民族，为了使西北兄弟姊妹不作亡国奴，敝军要走上抗日前线去。要以我们的头颅和热血把日本强盗赶出中国，把汉奸铲除干净，那时我们再回来与我们亲爱的父老兄弟姊妹相见，过快活的太平日子。"这是八路军将士的心声。"我们改名为国民革命军，受命上前线去。我们抱定了最大的决心，要为民族的生存流到最后一滴血，不把日本帝国主义赶出中国，不把汉奸卖国贼完全肃清，决不停止。"这是中华儿女的决心。还发表《告抗日友军将士书》："我们和你们同是黄帝子孙，同是中华军人，同是患难中的朋友。我们的敌人只有一个——日本帝国主义。我们要胜利，要不做亡国奴，只有亲密团结起来，结成铁的长城。"①

8 月 25 日，中共中央军委发布命令，中国红军改编为八路军，朱德任总指挥，彭德怀任副总指挥，叶剑英任参谋长，左权任副参谋长，任弼时任政治部主任，邓小平任政治部副主任。下辖第 115 师、第 120 师、第 129 师共 3 个师，全军编制共 4.5 万余人。9 月 12 日，国民政府军事委员会将八路军番号改为第 18 集团军，但习惯上仍称八路军。10 月，中共中央决定恢复政治委员制度，并将师政训处改称政治部。

9 月 6 日，八路军总部在陕西泾阳云阳镇召开出师抗日誓师大会。八路军总政治部副主任邓小平主持会议，总司令朱德领诵《八路军出师抗日誓词》："日本帝国主义，是中华民族的死敌，它要亡我国家，灭我种

① 中共中央文献研究室编:《朱德年谱（1886—1976）》新编本（中），中央文献出版社 2006 年版，第 659 页。

族，杀害我们父母兄弟，奸淫我们母妻姐妹，烧我们的庄稼房屋，毁我们的耕具牲口。为了民族，为了国家，为了同胞，为了子孙，我们只有抗战到底”。万众齐声，地动山摇。《誓词》震撼着原野，激动着每个战士的心，也激动着会场周围抗日群众的心。任弼时宣布八路军“三大纪律”“八项注意”。誓师大会结束后，朱德随八路军总部向华北前线挺进。毛泽东则坐镇延安，指挥全局。

八路军东征抗日前线，开始主要是直接在战役上配合国民党军作战，以少部兵力进行发动群众和组织群众武装的工作。1937 年 9 月 25 日，八路军第 115 师一部在晋东北平型关附近伏击日军，歼灭日军 1000 余人，击毁汽车 100 余辆，取得抗战以来中国军队的第一次胜利，粉碎了日军不可战胜的神话，极大地振奋了全国军民的精神和抗战信心，提高了共产党和八路军的威望。接着，八路军又配合国民党军进行了忻口战役。

按照中共中央的部署，到 11 月 8 日太原失守前后，八路军第 115 师依托五台山建立了晋东北的战略支点；八路军第 120 师依托管涔山建立了晋西北的战略支点；八路军第 129 师依托太行山建立了晋东南的战略支点。到 1938 年春，八路军第 115 师一部又依托吕梁山建立了晋西南的战略支点。这样，八路军就在山西四角为开创华北敌后游击战争，建立抗日根据地创造了前进阵地，实现了从运动战向游击战的战略转变。

八路军鏖战华北之时，新四军也在华中抗战的烽火中诞生。全国抗战开始后，中共中央于 1937 年 8 月 1 日发出《关于南方游击区域工作的指示》，分析了抗日战争开始以后的国内形势，对取消苏维埃制度、停止没收地主土地、改变红军番号和加强党的组织与群众工作等作了原则说明，要求红军和游击队中较大的部队与就近的国民党政府驻军或地方政府进行合作谈判。项英根据中央指示，将赣粤边的红军游击队改名为赣南人民抗日义勇军并开始与国民党地方当局接洽谈判。8 月中旬，国民党答应中共可派人到南方各游击区传达中共中央的指示和协助红军游击队改编。周恩来等中共代表在南京同国民党代表谈判中达成协议，改编南方湘、赣、闽、粤、浙、鄂、豫、皖 8 省 13 个地区的红军和游击队（不含海南岛琼崖地区）。改编后的南方游击队编为国民革命军新编第四军，简称新四军。

9月28日，国民政府军事委员会铨叙厅发出通报："任命叶挺为新编第四军军长。"后经中共中央提名，国民政府军事委员会核定，先后任命项英为新四军副军长，袁国平为政治部主任，周子昆为副参谋长，邓子恢为政治部副主任。南方红军改编为新四军后，中共中央决定成立中共中央军委新四军分会，负责领导新四军的事务，并任命项英为书记、陈毅为副书记。叶挺被任命为新四军军长前，周恩来曾征求他的意见。被任命为军长后，叶挺到延安同毛泽东等商议具体改编事宜。毛泽东在抗大礼堂主持了欢迎叶挺的大会并讲话，称叶挺为"北伐名将"，"他愿意担任我们新四军军长，因为他赞成我党的抗日民族统一战线的政策，所以我们欢迎他"。叶挺也表示要"遵照党所指示的道路走，在党和毛主席正确领导下，坚持抗战到底"。

12月25日，新四军干部大会在汉口召开，标志着新四军军部的成立。次年初，新四军军部迁往南昌三眼井。项英和陈毅、张云逸、曾山等分头同各游击区联络，传达中共中央关于国共合作抗日和部队组编工作的指示，动员各部队迅速集结。实施编组后的南方各省红军游击队编为新四军的4个支队，10个团，1个特务营，共1.03万余人，6200多支枪。新四军人数虽然不多，装备落后，但绝大部分人员是南方三年游击战争中保存下来的精华，还有一部分是中央派来的长征干部。1938年三四月，新四军第1、第2、第3支队先后到达皖南歙县岩寺集中，第4支队东进到达安徽立煌县（今金寨县）流波疃地区集中。各支队迅速完成集中整训，随即分别向苏南、皖南、皖中敌后挺进，在长江南北敌后地区开展游击战争，建立抗日根据地。新四军在抗日战争的烽火中由小到大，从弱到强，逐步发展成为华中地区坚持敌后抗战的主力军。

在中国抗战的战略防御阶段，中国共产党领导的八路军、新四军，以及全国各界民众组织的抗日自卫武装等，对抵抗日军的侵略起了重要作用。由于中国人民团结抗战，英勇抗战，日军"速战速决"灭亡中国的计划被粉碎。1938年10月，日军占领广州、武汉以后，其人力、物力、财力不足的弱点更加暴露，对中国的大规模战略进攻开始停滞，中国人民的抗日战争逐渐转入战略相持阶段。

中国抗日战争进入相持阶段以后，日本侵略者把恢复和确保占领地区的治安作为主要任务之一，对共产党领导的抗日根据地实行严密封锁，企图切断它同外界的联系，并通过大规模的军事进攻，消灭抗日根据地和抗日力量。敌后军民坚持广泛的抗日游击战争，同日本侵略者进行了坚决的斗争。

1938 年 9 月 29 日至 11 月 6 日，中共扩大的六届六中全会在延安召开。全会总结全国抗战以来的经验教训，确定党在抗战新阶段的基本方针和任务，统一全党的认识和步调，提出了“巩固华北，发展华中”的战略部署。中共中央军委根据这一部署和华北、华中敌后的新形势，决定八路军第 115 师主力挺进山东，八路军第 120 师主力进入冀中，八路军第 129 师主力进入冀南、冀鲁豫等平原地区，帮助和配合地方党组织，放手发动群众，实行军民结合，广泛深入地开展群众性游击战争，大力发展人民抗日力量，扩大和巩固抗日民主根据地。中共领导的华北抗日游击战争开始从山区向平原发展。到 1938 年底，八路军已在华北地区完成战略展开，创建了晋察冀、晋西北、晋冀豫、晋西南、冀鲁边、山东、冀鲁豫等抗日根据地。

1939 年 4 月 21 日，中共中央作出《关于发展华中武装力量的指示》，指出华中在战略上联系华北和华南的枢纽，华中的游击战争和群众武装力量有广阔的发展余地，对于整个抗战前途关系甚大 。“新四军在江北指挥部应成为华中我武装力量之领导中心，除指挥我原有武装外，更有建立及发展新的队伍之任务”。[①]1940 年 2 月 10 日，中共中央和中央军委指示八路军、新四军的战略任务是：粉碎敌人的“扫荡”，坚持游击战争，打退投降派和顽固派的进攻，将华北、华中连接起来，建设民主的抗日根据地，巩固全国统一战线，争取时局好转。

---

① 中国人民解放军历史资料丛书编审委员会编：《新四军 · 文献》(1)，解放军出版社 1994 年版，第 127 页。

到 1940 年底，新四军在两年多的敌后抗日游击战中，展开于南京、上海、武汉、徐州、开封外围，直接威胁敌人的统治中心地区；共对日、伪军作战 2700 次，毙伤俘敌 5.5 万人，缴获大批武器、装备；在华中建立了皖东、豫皖苏、皖东北、苏北等抗日民主根据地，扩大了苏南、皖中抗日根据地，沟通了华北与华中抗日根据地的联系，新四军主力部队发展到近 9 万人，地方武装和不脱产的地方武装数十万人。

在华南，日军于 1938 年 10 月侵占广州，华南沿海地区相继沦陷。广东人民为了抵抗日军侵略，在中国共产党领导下，相继成立了广东人民抗日游击队东江纵队、琼崖抗日独立游击纵队、珠江纵队、韩江纵队、粤中抗日人民解放军、南路人民抗日游击队等，统称华南抗日游击队。这些游击队，在广东省及海南岛的广大地区进行游击战争，机动灵活地打击敌人，抗击着敌人 1 个师团、1 个旅团和广东伪绥靖军 5 个师及海南岛的全部伪军，控制了数百里的海岸线，威胁着敌人占领的香港、广州等重要城市，活跃在华南抗日战场上，构成了中国共产党领导的敌后战场的重要组成部分。

在东北，中国共产党在九一八事变后即号召东北人民起来同日本侵略者斗争。到 1933 年初，中国共产党领导下的东北抗日武装，成为东北抗日游击战争的核心力量。虽然中国共产党直接领导的东北抗日游击队，开始组建时武装装备和物质条件很差，人员也不多，但却有着明确的政治纲领，有集中统一的领导，有良好的群众关系；战士们大多数出身工农，政治觉悟较高，组织纪律性较强，英勇善战，给日、伪军以沉重的打击。1936 年 1 月，东北抗日联军正式成立，先后成立抗日联军 11 个军。中共直接领导的是第 1 军至第 7 军；第 8 军至第 11 军，是接受中共领导的统一战线性质的部队。

为适应抗日游击战争发展的需要，东北抗联以后组建成三路军即 3 个游击集团，分别活动在以长白山为中心、从长春到图门的京图路以南，南满路以东的南满地区；以完达山脉为中心、京图路以北，松花江左岸、乌苏里江右岸的吉东地区；以东、西兴安岭为依托、松花江右岸，黑龙江和嫩江平原的北满地区。北满地区辽阔，日伪统治建立较迟，成为抗日游击队伍最活跃的所在。到 1937 年秋季，东北抗联全军已达 3 万余人，控制了大片地区。东北抗日联军成立后，继续给日本侵略者以沉重打击。由于敌人残酷地推行“集团部落”和“三光政策”，东北抗日联军指战员在缺衣少食的条件下，与超过自己几十倍的敌人作战，困难日益加重。1940 年 11 月后，东北抗联部队大部相继进入中苏边境的苏联一侧整训，并于 1942 年正式组成东北抗日联军教导旅。他们不时派小分队回国执行侦察和作战任务。留在东北的抗联指战员，顽强地坚持东北抗日游击战。东北抗日游击战是中国共产党领导的敌后战场的重要组成部分。

敌后游击战争成为中国抗日战争的基本形态。在中国共产党领导敌后军民创造的敌后战场，人民群众广泛参加的游击战，成为打击敌人的有力形式。在华北的平原和山区，广大军民创造了地道战、地雷战和麻雀战等战法。在华中的水网地带，抗日军民利用河湖港汊，广泛展开水上游击战。抗日军民还在游击区开展了激烈的反“扫荡”、反“蚕食”斗争。在敌后建立灵活机动的武工队，是坚持抗日游击战争的一个新创造。在敌后军民的艰苦抗战中，涌现出马本斋、狼牙山五壮士等无数的民族英雄。中国共产党领导的抗日游击战争普遍展开，抗日民主根据地不断巩固和扩大，这就在战略上造成对日、伪重点占领的城市和交通线的反包围态势，形成犬牙交错的战争形态。同时也从抗战的全局上构成了和正面战场相对应，在战略上互相支持、互相配合、互相策应的，独立的、广大的敌后战场，从而为抗日战争胜利、世界反法西斯战争的胜利打下了基础。

八、建设新民主主义的抗日根据地

中国共产党坚持全面抗战路线，分兵发动群众，组织动员广大群众参加抗战，开展独立自主的敌后游击战争，收复被国民党军队丢失的大片国土，整顿社会秩序，恢复和发展党的组织，建立抗日民主政权。到 1938 年底，八路军已在华北地区完成战略展开，创建了晋察冀、晋西北和大青山抗日根据地，以及晋冀豫、晋西南、冀鲁边、山东、冀鲁豫等抗日根据地。这些抗日根据地的开辟和巩固，奠定了中国长期抗战的坚实基础，也使敌后抗战的指挥中心和大后方陕甘宁边区得到进一步巩固。

抗日根据地的建设首先是抗日民主政权的建设。抗日根据地都尽力建立完全民选的、没有任何投降反共分子参加的抗日民主政权。这种“抗日民主政权在其阶级成份上，工农小资产阶级是主要的，然而应当吸收进步的中产阶级分子及进步士绅加入，拒绝他们参加政权，对我们对抗日都是不利的”①。1940 年 3 月 6 日，中共中央指示：共产党在华北、华中等地建立的抗日民主政权，是统一战线性质的政权，即几个革命阶级联合起来对汉奸和反动派的民主专政。指示明确规定，在政权工作人员中，共产党员、非党的左派进步分子和中间派应各占三分之一，实行“三三制”。为了保证共产党在政权中领导地位，“必须使占三分之一的共产党员在质量上具有优越的条件”。其施政方针“应以反对日本帝国主义，保护抗日的人民，调节各抗日阶层的利益，改良工农的生活和镇压汉奸、反动派为基本出发点”②。各根据地根据中共中央的指示，在动员群众的基础上，普遍进行民主选举，规定选举不分阶级、党派、民族、信仰、男女、文化程度、居住年限，均有选举权和被选举权。通过选举，建立了临时参议会和政府机关。同时，在工作中坚持为人民服务的观念，发扬民主作风，防止包办代替，关心群众生活，为群众排忧解难，等等。

抗日根据地的经济建设是支撑根据地的基础。各抗日根据地改变过去革命根据地没收地主土地的政策，实行减租减息政策，既团结了愿意抗战的地主和开明绅士，也减轻了农民的地租负担和所受的高利贷剥削，调动了农民群众的生产积极性和抗日情绪，使根据地更为巩固。毛泽东指出，“在抗日期间，减租减息及其他一切民主改革是为着抗日的。为了减少地主对于抗日的阻力，只实行减租减息，不取消地主的土地所有权，同时又奖

---

① 中共中央文献研究室、中央档案馆编：《建党以来重要文献选编》第 17 册，中央文献出版社 2011 年版，第 118 页。

② 《毛泽东选集》第 2 卷，人民出版社 1991 年版，第 743 页。

励地主的资财向工业方面转移”[①]。同时，部队、机关也参加大生产运动，这样既减轻了人民群众的负担，又改善了自己的生活。在领导根据地经济建设的伟大实践中，中国共产党人积累了领导经济建设方面的初步的却较为丰富的经验。如1943年7月2日，延安《解放日报》发表太行分局书记邓小平题为《太行区的经济建设》的文章，总结了太行抗日根据地进行经济建设工作的基本经验。这就是：第一，敌后的一切离不开对敌的尖锐斗争；第二，制定以人民福利和抗战需要为出发点的经济政策；第三，任何一个经济建设事业，都离不开广大人民自愿的积极的参加；第四，一大批得力干部是经济建设的保障。

各抗日根据地还注意文化建设，重视文化教育，重视知识分子，开办学校，消除文盲，还通过办报纸、剧社等，努力提高人民群众的文化水平，活跃和丰富群众的文化生活。以陕甘宁边区为例。这里的文化事业空前繁荣，吸引了相当一批理论家、教育家、文学家和文艺工作者。边区成立了30多个学术团体，如哲学研究会、政治经济学研究会、自然科学研究会、抗日问题研究会、时事研究会和文化研究会等。这些研究会经常进行学术讨论和交流，研究探讨抗日战争和中国革命的理论和实际问题。同时也研究探讨经济、文化及自然科学领域的问题。还出版30多种报刊杂志，有《红色中华报》《新中华报》《边区群众报》《八路军军政杂志》《中国文化》《中国青年》《中国妇女》等。出版发行马恩列斯著作50多种；还出版大量其他社会科学书籍，印刷、发行了数十万册中小学教材。边区的文艺工作也很活跃。

特别是1942年5月召开延安文艺座谈会，指出革命文艺为人民群众，首先是为工农兵服务的根本方向以后，“艺术家和作家，对文艺座谈会这样的方法也赞成，从前他们不知道怎样做，我们党给他们指出方针，向他们进行教育工作，不是命令主义，而是逐渐使他们自觉，这就很有成效”[②]。文

① 《毛泽东选集》第3卷，人民出版社1991年版，第1076页。

② 中共中央文献研究室编：《毛泽东在七大的报告和讲话集》，中央文献出版社1995年版，第121页。

艺工作者面向广大工农兵，面向人民群众，创作大量歌颂人民、鞭挞敌人的优秀作品。边区的文艺园地，百花盛开，姹紫嫣红，许多作品成为中国现代文艺史上的珍品和奇葩。

1941 年至 1942 年，日本对华北、华中敌后抗日根据地大肆进行“扫荡”“清乡”，所用兵力之多，次数之频繁，手段之残暴，在中国近代历史上都是罕见的。由于日军的残酷进攻，加上华北连年的自然灾害，共产党领导的抗日根据地出现严重的困难局面。部队战斗频繁，伤亡重。到 1942 年，八路军、新四军由 50 万人减为约 40 万人。一些抗日民主政权被摧毁，根据地面积缩小，根据地变成游击区。全国抗日根据地的总人口由 1 亿人减少到 5000 万人以下。根据地的生产遭到严重破坏，财政经济情况极端困难。有些地方抗日军民几乎到了没有衣穿，没有油用，没有菜吃，战士没有鞋袜，工作人员在冬天没有被盖的地步。

面对敌后抗战的严重困难局面，中国共产党领导根据地人民坚持独立自主，自力更生，充分发动群众，依靠广大根据地军民，展开了艰苦的反“扫荡”、反“蚕食”斗争，并对日、伪军进行分化瓦解工作。同时采取巩固抗日根据地的各项政策和措施，加强政权建设，增进党政军民团结，进行精兵简政，开展大生产运动和经济建设，在全党进行整风运动，终于克服了严重困难，从 1943 年开始逐步扭转困难局面，在一些地区还开始了对日、伪军的攻势作战。

1944 年，共产党领导的敌后军民在华北、华中、华南地区，对日、伪军普遍发起局部反攻。由于敌强我弱的态势还没有根本改变，这些局部反攻是以集中适当兵力作战与分散的群众性游击战争相结合、军事攻势与政治攻势相结合进行的。在可能的条件下，攻占沦陷区城市，拔除日、伪军在抗日根据地周围的据点，大量消灭敌军，使沦陷区变成抗日根据地。

九、中国共产党的自身建设积累了丰富经验

中国共产党人历来重视总结历史经验，加强党的自身建设。自中共六大召开后，中国共产党土地革命战争时期在加强党的思想建设、组织建设

和作风建设等方面了有长足的进步。进入全国抗日战争后，毛泽东提出党的建设是一项伟大的工程，对党的自身建设更是高度重视，提到了前所未有的高度。

（一）在党的思想理论建设方面

着重提高干部的马克思列宁主义水平。毛泽东结合中国革命遇到的重大问题，运用马克思主义观点，撰写了一系列著作，加以理论性的阐释和说明。从《井冈山的斗争》《中国的红色政权为什么会存在》到《古田会议决议》《星星之火，可以燎原》，从《反对本本主义》到《论反对日本帝国主义的策略》等，对中国共产党人能够在复杂的环境中，正确地解决各种问题，具有重要理论指导作用。毛泽东在注意用马克思列宁主义的基本原理和中国革命的具体实践相结合的思想武装全党的同时，重视清除主观主义特别是教条主义的影响。在《古田会议决议》中，毛泽东提出思想建党的原则，提出要教育党员使党员的思想和党内的生活都政治化、科学化，纠正党内的种种不正确思想①。在《反对本本主义》中提出了"中国革命斗争的胜利要靠中国同志了解中国情况"②的重要观点。他指出，我们需要本本，但又要反对本本主义。意思是说，中国共产党人需要马克思主义的科学理论武装，但又不能采取教条主义的态度，迷信本本，搞本本至上。这些观点的提出，对加强党的思想建设发挥了重要作用。

长征到达陕北延安后，毛泽东更是致力于理论研究工作，着重从思想路线的高度总结党的历史经验。1936 年底至 1937 年夏，毛泽东先后写出《中国革命战争的战略问题》《实践论》《矛盾论》③等重要论著，并就其内容在红军大学④作了一系列讲演。毛泽东在反对"左"倾和右倾错误的斗争中，集中全党智慧，发展了适合于中国具体情况的革命的理论和政策；正

---

① 《毛泽东文集》第 1 卷，人民出版社 1997 年版，第 78、84 页。

② 《毛泽东选集》第 1 卷，人民出版社 1991 年版，第 111—115 页。

③ 《实践论》《矛盾论》是毛泽东结合中国革命实际讲授哲学问题的两篇讲稿，当时没有公开发表，后来在 1951 年经过修改和补充收入《毛泽东选集》第 1 卷。

④ 红军大学，1937 年 1 月改称为中国人民抗日军事政治大学。

确地解决了抗日民族统一战线的政治路线问题；进一步发展人民战争的思想，阐明了党的正确的军事路线；反对教条主义和经验主义，系统地论述了党的辩证唯物主义的思想路线，等等。这是党的思想理论建设的重要成果，对于武装全党思想，提高党的思想理论水平，具有重要意义。

1936 年 12 月，毛泽东为总结土地革命战争的经验所写的《中国革命战争的战略问题》，以辩证唯物主义和历史唯物主义的基本原理为指导，从中国社会和敌我双方的基本情况出发，系统地阐明了中国革命战争的特点和规律。毛泽东指出，中国是一个政治经济发展不平衡的半殖民地的大国，又经过 1924 年到 1927 年的大革命，敌人强大，红军弱小，有共产党的领导和实行了土地革命。这些特点既规定了中国红军可能发展和胜利，又规定了它不可能很快发展和胜利，战争是持久的。战争形式主要是“围剿”和反“围剿”、进攻和防御的长期反复。只有在反“围剿”中不断消灭敌人的有生力量，发展红军，才能最后取得胜利。依据这些特点，红军的战略战术原则应该是：在战略上，采取积极防御的方针；在作战上，当强大的敌人进攻时，一般应实行战略退却，保存实力，准备反攻；在战略反攻中，要慎重初战，战则必胜，并不失时机，连续再战；要集中兵力，以运动战为基本作战形式，力求打歼灭战；实行战略上的持久战与战役战斗上的速决战，等等。

毛泽东把辩证唯物主义运用于军事科学，他指出，军事家必须认识客观实际中的发展规律，并按照这些规律去决定自己的行动，战胜当前的敌人。战争的胜败既决定于作战双方的军事、政治、经济、自然等条件，又决定于作战双方主观指导的能力。他还强调研究和掌握特殊的战争规律的重要性，认为任何一个指导中国革命战争的人，必须懂得中国革命的特点和特殊规律，懂得从这些特点产生出来的中国革命战争的战略战术。而那些“左”倾教条主义者把红军对国民党军队的作战，看作与一般战争或与苏联内战相同，机械地照搬一般战争经验和苏联军事指导原则，所以招致了中央红军第五次反“围剿”的失败。毛泽东以中国无产阶级领导的农民战争的战略思想，丰富和发展了马克思主义的军事科学。同时，他结合战争胜败的经验，对于主观和客观的关系、一般规律和特殊规律的关系、战争的攻守和进退等种种辩证规律的论述，又超越军事科学范围，具有认识论和方法论的意义。所以，《中国革命战争的战略问题》是一部通过军事科学的论述而深入到哲学领域的马克思主义哲学著作。

毛泽东在《实践论》中着重从辩证唯物主义的认识论方面，彻底批判党内长期存在的主观主义特别是教条主义，揭露其对中国革命事业造成的危害。毛泽东根据人类的生产实践、阶级斗争实践，特别是中国革命斗争实践的事实，系统地阐明人的认识对社会实践的依赖关系；指出辩证唯物主义的认识论“把实践提到第一的地位”，认为只有人们的社会实践，才是人们对外界认识的真理性的标准，除此以外，再没有第二个标准。毛泽东深刻地论证了辩证唯物主义的认识路线，提出：“我们的结论是主观和客观、理论和实践、知和行的具体的历史的统一，反对一切离开具体历史的‘左’的或右的错误思想。”右倾机会主义和“左”倾冒险主义虽然表现形式不同，但它们在认识论上却有相同之处，“都是以主观和客观相分裂，以认识和实践相脱离为特征的”。

在《矛盾论》一文中，毛泽东全面地论述了唯物辩证法的最根本的法则——对立统一法则。他根据自然界和人类社会的一切事物运动发展的内在规律，结合党在北伐战争和土地革命战争中的两次胜利、两次失败的经验教训，逐一地论述了矛盾的普遍性和特殊性、主要的矛盾和主要的矛盾方面、矛盾诸方面的同一性和斗争性、对抗在矛盾中的地位等问题。毛泽东在阐述矛盾的普遍性之后，着重研究和阐述了矛盾的特殊性。他指出：很多同志，特别是教条主义者不懂得矛盾的普遍性寓于矛盾的特殊性之中，不懂得“用不同的方法去解决不同的矛盾，这是马克思列宁主义者必须严格地遵守的一个原则”。教条主义者对具体事物不作艰苦的认真的调查研究，不懂得中国革命的特殊性，而把一般真理变成纯粹抽象的公式，到处硬套，结果就不能不摔跤。

毛泽东的《实践论》和《矛盾论》两篇著作，对辩证唯物主义的认识论和唯物辩证法的核心——对立统一规律，作了系统的精辟的发挥，科学地论述了无产阶级的世界观、认识论和方法论。这既是对中国革命艰苦卓绝的斗争实践经验的哲学概括，又是对中国共产党批判“左”、右倾错误，特别是“左”倾教条主义错误的哲学总结。它在中国共产党历史上第一次深刻地系统地论述了党内同志犯错误的思想认识根源。这对于提高党的干部的思想理论水平起了重大的作用，对马克思主义哲学的发展也是一个杰出贡献。

毛泽东还注意总结土地革命战争时期党的建设经验和教训。他指出：“十年土地革命战争时期的伟大的组织工作，不论是军事建设工作也好，政府工作也好，民众工作也好，党的建设工作也好，是有大的成绩的，没有这种组织工作和前线的英勇战斗相配合，要支持当时的残酷的反对蒋介石的斗争是不可能的”。但同时也提到，在“党的干部政策和组织政策方面，是犯了严重的原则性的错误的，这表现在宗派倾向、惩办主义和思想斗争中的过火政策”。①

在1938年10月的《论新阶段》报告中，毛泽东提出“中国共产党在民族战争中处于何种地位的问题，这就是共产党员应该怎样认识自己、加强自己、团结自己，才能领导这次战争达到胜利而不致失败的问题。”毛泽东指出：“我们的战争，是在困难环境之中进行的。广大人民群众的民族觉悟、民族自尊心和自信心的不足，大多数民众的无组织，军力的不坚强，经济的落后，政治的不民主，腐败现象和悲观情绪的存在，统一战线内部的不团结、不巩固等等，形成了这种困难环境。因此，共产党员不能不自觉地担负起团结全国人民克服各种不良现象的重大的责任。”

毛泽东强调共产党员“应在各方面起其先锋的模范的作用”。共产党员的先锋的模范的作用表现在多个方面。首先是在八路军和新四军的作战中、执行命令中、遵守纪律中、政治工作中、内部团结中；同时表现在和友党友军的关系中、政府工作中。毛泽东指出：“共产党员在八路军和新四军中，应该成为英勇作战的模范，执行命令的模范，遵守纪律的模范，政治

① 《毛泽东选集》第2卷，人民出版社1991年版，第531页。

工作的模范和内部团结统一的模范。共产党员在和友党友军发生关系的时候，应该坚持团结抗日的立场，坚持统一战线的纲领，成为实行抗战任务的模范；应该言必信，行必果，不傲慢，诚心诚意地和友党友军商量问题，协同工作，成为统一战线中各党相互关系的模范。共产党员在政府工作中，应该是十分廉洁、不用私人、多做工作、少取报酬的模范。共产党员在民众运动中，应该是民众的朋友，而不是民众的上司，是诲人不倦的教师，而不是官僚主义的政客。”[①] 这期间在党的思想理论建设方面最有成效的是延安整风运动。

毛泽东的《新民主主义论》，以其丰富的内涵和理论深度，成为毛泽东思想的经典性著作之一。1940 年 1 月，毛泽东为了解除全国人民的疑虑，回答中国向何处去这样一个重大的问题，同时也在维护团结抗日大局的前提下，反击国民党顽固派的攻势，针对所谓“共产主义不适合中国国情”“一切革命都包括在三民主义之中”的叫嚣，在陕甘宁边区文化协会第一次代表大会上作讲演，后经补充、修改发表，2 月 20 日在《解放》周刊改题为《新民主主义论》发表。文章系统地回答了中国将向何处去、中国革命的性质和前途是什么、怎样争取中国革命的胜利、中国抗日战争胜利后要建立什么样的国家等问题，科学地论证了新民主主义革命的基本理论，阐述了中国民主革命的特点和规律。毛泽东曾指出:《新民主主义论》是“一篇理论性质的东西，目的主要是为驳顽固派”[②]。《新民主主义论》的发表，有力地驳斥了“一个主义”等独裁论调，成为中国共产党同国民党顽固派斗争的思想武器。

毛泽东提出的新民主主义，分析中国社会的历史特点和俄国十月革命后的国际新环境，指出五四运动开启了中国新民主主义革命的序幕。新民主主义革命是无产阶级领导的人民大众的反帝反封建的革命，并据此提出了新民主主义的政治、经济、文化纲领，勾勒了新民主主义社会的蓝图。新民主主义共和国的国体是无产阶级领导的各革命阶级的联合专政，政体

① 《毛泽东选集》第 2 卷，人民出版社 1991 年版，第 521—522 页。
② 《毛泽东书信选集》，人民出版社 1983 年版，第 160 页。

是民主集中制。新民主主义的经济实行大银行、大工业、大商业归国家所有，走“节制资本”和“平均地权”的路。新民主主义的文化则是无产阶级领导的人民大众的反帝反封建的文化，即“民族的科学的大众的文化”。新民主主义社会的进一步发展是走向社会主义。

中国共产党领导新民主主义革命的基本经验是：统一战线，武装斗争，党的建设。毛泽东指出：这是中国共产党在中国革命中战胜敌人的三个主要法宝。“统一战线和武装斗争，是战胜敌人的两个基本武器。统一战线，是实行武装斗争的统一战线。而党的组织，则是掌握统一战线和武装斗争这两个武器以实行对敌冲锋陷阵的英勇战士”。

以毛泽东为主要代表的中国共产党人创造的新民主主义理论，是马克思列宁主义同中国革命实际相结合的产物，是中国革命特别是建党以来历史经验的全面总结，是毛泽东思想在抗战时期最重大的理论成果。它的提出，使全党和全国人民对中国现阶段革命的性质、内容、领导权和发展前途等有了一个明确而完整的认识，对中国革命的胜利发展具有重大的指导作用。《新民主主义论》和在此前后发表《〈共产党人〉发刊词》《中国革命和中国共产党》等一起被认为是毛泽东思想成熟的重要标志，也是中国共产党人在思想理论建设方面取得的突出成就。

（二）在党的组织建设方面

从数量到质量扩大党的队伍，在统一战线中坚持党的独立性。还在土地革命战争时期，古田会议决议就专门论述了“党的组织问题”，阐述了“党的组织路线”，针对“党的组织松懈问题”，提出解决办法。[①]1938 年初，根据全国抗战的局面和党的组织状况，中国共产党提出“共产党必须扩大自己的组织，向着真诚革命、信仰党的主义、拥护党的政策、并愿意服从纪律、努力工作的广大工人、农民和青年积极分子开门，使党成为一个伟大的群众性的党。在这里，关门主义倾向是不能容许的。”[②] 在这一要求

① 《毛泽东文集》第 1 卷，人民出版社 1997 年版，第 88—89 页。
② 《毛泽东选集》第 2 卷，人民出版社 1991 年版，第 523—524 页。

下，党员人数有了大量的发展。在党员人数增加之后，又提出“质量的发展重于数量的发展”[①]，巩固党的要求。在以国共合作为基础建立抗日民族统一战线的情况下，毛泽东特意提出“必须保持加入统一战线中的任何党派在思想上、政治上和组织上的独立性”[②]。这也是事关中国共产党建设的一个基本原则。不能因为建立了抗日民族统一战线，就放弃或忽略共产党的组织独立性。

毛泽东还强调党的组织建设中一个至关重要的干部队伍问题。他指出：“中国共产党是在一个几万万人的大民族中领导伟大革命斗争的党，没有多数才德兼备的领导干部，是不能完成其历史任务的。十七年来，我们党已经培养了不少的领导人材，军事、政治、文化、党务、民运各方面，都有了我们的骨干，这是党的光荣，也是全民族的光荣。但是，现有的骨干还不足以支撑斗争的大厦，还须广大地培养人材。”“因此，有计划地培养大批的新干部，就是我们的战斗任务。”为此，还要执行正确的干部政策，如善于识别干部、善于合作干部、善于爱护干部，等等。

党的纪律是保证党的使命完成的重要保证。毛泽东强调：“必须重申党的纪律：（一）个人服从组织；（二）少数服从多数；（三）下级服从上级；（四）全党服从中央。谁破坏了这些纪律，谁就破坏了党的统一。”同时，还要发扬党的民主，“处在伟大斗争面前的中国共产党，要求整个党的领导机关，全党的党员和干部，高度地发挥其积极性，才能取得胜利”。而且，“扩大党内民主，应看作是巩固党和发展党的必要的步骤，是使党在伟大斗争中生动活跃，胜任愉快，生长新的力量，突破战争难关的一个重要的武器。”[③]这些都是毛泽东论述的关于党的建设的重要思想。

1939年10月，毛泽东在《〈共产党人〉发刊词》中提出要“建设一个全国范围的、广大群众性的、思想上政治上组织上完全巩固的布尔什维克

① 《陈云文集》第1卷，中央文献出版社2005年版，第295页。
② 《毛泽东选集》第2卷，人民出版社1991年版，第524页。
③ 《毛泽东选集》第2卷，人民出版社1991年版，第526—529页。

化的中国共产党”的任务[①]。他总结了中国共产党创立以来的历史经验，指出：“统一战线问题，武装斗争问题，党的建设问题，是我们党在中国革命中的三个基本问题。正确地理解了这三个问题及其相互关系，就等于正确地领导了全部中国革命。”“十八年的经验，已使我们懂得：统一战线，武装斗争，党的建设，是中国共产党在中国革命中战胜敌人的三个法宝，三个主要的法宝。”[②]

（三）在党的作风建设方面

提出理论和实际相结合，密切联系群众，全心全意为人民服务等要求。1938 年 10 月 14 日，毛泽东在六届六中全会上的报告中提出马克思主义中国化问题，其实质就是要把理论和实践相结合，树立实事求是的思想作风，也可以说是工作作风、领导作风。毛泽东提出：“共产党员无论何时何地都不应以个人利益放在第一位，而应以个人利益服从于民族的和人民群众的利益。因此，自私自利，消极怠工，贪污腐化，风头主义等等，是最可鄙的；而大公无私，积极努力，克己奉公，埋头苦干的精神，才是可尊敬的”。这里所说的把民族和人民群众的利益放在首位，也是共产党人应有的作风。而自私自利、消极怠工、贪污腐化等则是应当反对和抵制的腐朽作风。

毛泽东强调树立实事求是、谦虚谨慎的作风。“共产党员应是实事求是的模范，又是具有远见卓识的模范。因为只有实事求是，才能完成确定的任务；只有远见卓识，才能不失前进的方向。因此，共产党员又应成为学习的模范，他们每天都是民众的教师，但又每天都是民众的学生。只有向民众学习，向环境学习，向友党友军学习，了解了他们，才能对于工作实事求是，对于前途有远见卓识。”[③]毛泽东关于共产党员的先锋作用和模范作用的重要论述，是关于中国共产党建设的重要准则和标准，也是中国共产

---

① 《毛泽东选集》第 2 卷，人民出版社 1991 年版，第 602 页。
② 《毛泽东选集》第 2 卷，人民出版社 1991 年版，第 605—606 页。
③ 《毛泽东选集》第 2 卷，人民出版社 1991 年版，第 522—523 页。

党对党员党性、作风的要求。只有按照这个要求去做，中国共产党在民族战争中的地位才能得到确立和实现。

陈云从1937年11月底至1944年3月在延安担任中共中央组织部部长，他以极大的精力从事党的组织建设和思想建设工作。他把“经常地巩固同群众的联系，适时反映出群众的要求与需要”①作为党员的一项义务。还特别强调要讲真理，不要讲面子。讲真理，这也是实事求是的作风。他提倡谦虚谨慎的作风，批评党内一部分干部的骄气。

1942年毛泽东提出要整顿党内的不正之风。1944年9月，毛泽东发表《为人民服务》的演讲，提出共产党和共产党的队伍要全心全意为人民服务。这也是共产党人应有的作风。1944年10月9日，中央组织部副部长、中央副秘书长李富春在一篇文章中强调，改造作风过程，要学习毛泽东的作风。李富春认为，毛泽东的作风是什么？毛泽东的作风体现在五个方面：一是“对中国无产阶级革命事业无限忠心，无限信任，百折不挠，坚忍不拔，为无产阶级的革命利益，坚决反对党外的敌人和党内的机会主义者”。二是“对党的任何工作有无限的责任心，实事求是，调查研究，深思熟虑，贯彻到底，总结经验，推动前进，创造将来”。三是“对群众的密切联系，从群众中来，到群众中去，向群众学习，甘当小学生，一切从群众的利益出发”。四是“是自我批评和遵守纪律的模范，不掩蔽自己的缺点，不容忍同志的原则错误，服从党的纪律，服从中央，服从大多数，遵守决议、制度与法令”。李富春认为，这“仅仅是介绍毛泽东作风方面的重要点”。要成为一个好党员，就要向毛主席学习，当毛主席的小学生②。从李富春的介绍中，可以看到当时党的作风建设所包涵的丰富内容。

十、延安整风收到巨大成效

延安整风运动为七大的召开做好了思想准备。从1939年底到1941年初，各地选出的七大代表陆续抵达延安。因为大会延期，便把他们组织起

① 《陈云文集》第1卷，中央文献出版社2005年版，第293页。

② 房维中、金冲及主编：《李富春传》，中央文献出版社2001年版，第286页。

来学习并参加随后的整风运动。这对提高代表们的思想觉悟，统一他们对若干重大问题的认识，产生了积极而重要的作用。更为重要的是需要肃清党内的错误思想特别是主观主义、教条主义。因此，党的高级干部的整风、全党范围的整风运动就成为必然。

（一）延安整风运动的准备

抗日战争时期，中国共产党肩负着领导全国人民争取民族独立解放、争取抗日战争胜利的重大责任，军事和政治等方面的斗争十分尖锐、激烈。为什么在抗日战争后期，中国共产党要开展整风运动？为什么要总结历史经验？要起草关于若干历史问题的决议？总的来说，就是加强党的自身建设的要求，统一全党思想认识的要求，也是为党的七大召开所做的思想准备。

1935 年长征途中召开的遵义会议，是中国共产党和人民军队一个生死攸关的历史转移点。会议结束了“左”倾路线在党内的统治地位，开始确立以毛泽东为主要代表的马克思主义正确路线在党中央的领导地位，但对“左”倾的错误路线并没有进行全面的清算，也没有全面而深刻地分析错误路线在哪些地方错了、错的原因何在，等等。因为对党内“左”倾错误路线没有全面清算，给党的事业留下了很大的隐患，也容易使一些党员产生模糊认识，分辨不清大是大非，甚至重蹈错误覆辙。抗日战争时期共产党的队伍大发展，增加了大批新党员，必须加强对他们的教育，使他们正确地系统地了解党的历史，才能更好地吸取经验教训，保证党的各项任务顺利进行。而此时的王明，于 1940 年 3 月再版他的“左”倾错误的代表作《两条路线》，继续宣传和扩大其错误影响。这就把加强党的思想理论建设，清算党内“左”倾错误路线，提高党员觉悟，纠正和克服党内的各种错误思想特别是主观主义的任务提上了重要日程。

从 1939 年底到 1941 年初，各地选出的七大代表陆续抵达延安。到 1941 年 3 月，各地选出的 340 名代表已有 306 名到达延安[①]。他们到延安

① 中共中央党史研究室编:《杨尚昆年谱》上卷，中共党史出版社 2007 年版，第 473 页。

后，得到中央组织部同志的热情接待，并按照中央组织部规定，填写登记表，写自传和自己工作地区的工作报告，经中央组织部审阅研究后送交中央保存。同时，中央机关有关部门的领导还分别找代表了解工作情况。因为大会延期，代表们被安排到延安的中央党校特别班学习。在中央党校学习期间，他们建立了中共独立支部。不久，中央组织部又把他们转到马列主义学院（后改为马列主义研究院、中央研究院）学习，搬到后山住。在这里，他们学习了中国近代史和其他一些课程，并且听了一些领导同志的报告。

1941 年 1 月，皖南事变发生后，毛泽东在 1 月 15 日的中共中央政治局会议上发言：皖南新四军的失败，从我们自己方面来说，首先是由于新四军的领导项英、袁国平等没有反磨擦的思想准备，其次便是指挥上的错误。对项、袁的错误须立即宣布，如何处置交七大解决。会议通过了由毛泽东起草的《中央关于项袁错误的决定》，这个决定发到各中央局高级干部。[①] 以后召开七大时，皖南新四军领导人叶挺被捕，项英、周子昆等被叛徒杀害，袁国平在战斗中牺牲，皖南事变中新四军领导人的错误便没有单独进行处置。同年 3 月，毛泽东决定出版《农村调查》一书，并为本书写了序言和跋。

（二）高级干部的整风

1941 年 5 月 19 日，毛泽东向在延安的高级干部作了《改造我们的学习》的报告，毛泽东在《改造我们的学习》的报告中突出地强调了“实事求是”的重要性，号召全党注重调查研究，树立理论和实际相统一的马克思主义作风。同时尖锐地批评了理论脱离实际的主观主义，特别是教条主义，提出了改造全党学习方法和学习制度的任务。这被认为是延安整风运动的开端。而延安高级干部的整风又为全党整风做了准备。在延安的七大代表也学习了毛泽东这个报告。

---

① 中共中央文献研究室编：《毛泽东年谱》中卷，人民出版社、中央文献出版社 1993 年版，第 256 页。

7月1日，中共中央做出增强党性的决定，要求把反对教条主义、改变党内理论脱离实际的状况提到党性的高度来认识。“全党党员和党的各个组成部分都在统一意志、统一行动和统一纪律下面，团结起来，成为有机的整体”，以意志、行动、纪律的三个“统一”，纠正某些党员在政治上、组织上、思想意识上的违反党性的倾向，如“个人主义”“英雄主义”“无组织状态”“独立主义”“反集中的分散主义”等。8月1日，中共中央发出毛泽东起草的《关于调查研究的决定》，批评党内“粗枝大叶，不求甚解，自以为是，主观主义，形式主义的作风”。指出，“主观主义作风是党性不纯的第一个表现”，“实事求是，理论与实际密切联系”，“是一个党性坚强的党员的起码态度”。因此，增强党性，必须反对主观主义。号召全体党员和干部开展调查研究，坚持实事求是的原则，遵守党的纪律，加强党的团结，从思想上、政治上、组织上克服各种不良倾向和作风。

1941年9月10日至10月22日，中共中央政治局召开扩大会议，组织高级领导干部总结历史经验。这是为准备整风召开的一次重要会议。会议着重讨论党在十年内战后期的领导路线问题。毛泽东在中央政治局扩大会议上作关于反对主观主义和宗派主义的报告，指出苏维埃运动后期的“左”倾机会主义是主观主义的统治。遵义会议后，实际上变更了一条政治路线。过去的路线在政治上、军事上、组织上都不能起作用了，但在思想上的主观主义的遗毒仍然存在。六届六中全会对主观主义作了斗争，但主观主义仍表现在延安的各项工作中。毛泽东分析了主观主义的根源和遗毒，提出了克服主观主义和宗派主义等不正之风的办法。强调“要分清创造性的马克思主义和教条式的马克思主义”，“宣传创造性的马克思主义”，“使中国革命丰富的实际马克思主义化”。①

参加这次会议的，除了毛泽东，还有当时在延安的政治局委员任弼时、王稼祥、王明、洛甫（张闻天）、陈云、凯丰，参加会议的还有朱德、康生、博古、邓发、李富春、杨尚昆、罗迈、陈伯达、高岗、林伯渠、叶剑

---

①《毛泽东文集》第2卷，人民出版社1993年版，第373—374页。

英、王若飞。王首道、胡乔木做记录。毛泽东作报告后，张闻天在会上第一个就过去的错误作检讨，认为“毛泽东的报告，对党的路线的彻底转变有极大意义。过去我们对苏维埃后期的错误没有清算，这是欠的老账，现在必须偿还。”“反对主观主义，要作彻底的清算”。[①]

朱德也在会上谈到主观主义在红军作战中的种种表现，指出：到1933年以后，李德不经过军委，直接指挥部队乱打。随便组织新部队，这种新部队不能打仗，过去所谓扩大百万红军，到长征时大多数在路上散掉了。长征是一种搬家式的长征，在李德领导下，只是沿途逃跑，不敢打湖南军队。朱德还分析了主观主义的来源：党的领导机关中，许多青年学生同志，对中国社会不满，要求什么都要干得彻底，而对于实际工作，什么也不懂。一些有教条主义思想的人拿着马列主义做招牌，随便批评人家，常常用革命的词句来打击人家。

在谈到与张国焘的斗争时，朱德说：长征中，我与张国焘争论时，他说党的委员会的委员要服从书记，就是说中央西北局委员要服从张国焘，我便说明书记要服从委员会的决议，否则书记便要取消资格。在谈到抗日战争时期宗派主义在军队中的表现时，朱德指出：军队干部对什么人都看不起，不敢用新干部，对于知识分子最多只让他们做文书、教员一类工作，不打破宗派主义，部队是得不到发展的，对党的统一战线政策、三三制政权都无法实行。[②]

在这次政治局召开扩大会议的5次会议上共有28人发言，都表示拥护毛泽东的报告[③]，认为在中央内部开展反对主观主义和宗派主义的斗争，对于党的路线的彻底转变有极大的意义。大家列举主观主义和宗派主义的种种表现和危害，认真地、尖锐地开展了批评和自我批评。但王明两次发言，不仅没有作自我批评，反而将错误诿于他人。

---

① 中共中央党史研究室张闻天选集传记组编、张培森主编：《张闻天年谱》上卷（1900—1941），中共党史出版社2000年版，第658页。

② 中共中央文献研究室编：《朱德年谱（1886—1976）》（中），中央文献出版社2006年版，第1077页。

③ 《胡乔木回忆毛泽东》，人民出版社1994年版，第195页。

为此，毛泽东和王稼祥、任弼时找他谈话，王明仍不认识错误，反而攻击抗战以来中央的方针政策太“左”了，目前应当以国民党为主，建议中央发表声明不实行新民主主义，同蒋介石妥协，并表示决心与中央争论到底，到共产国际去打官司。因为王明提出许多和目前形势和政策相关的原则性问题，毛泽东建议，暂时停止讨论十年内战后期错误问题而集中讨论抗战以来的中央的政治路线。但王明却称病不肯出席会议。以后也长期称病，拒绝参加中央的整风会议。但中央领导层还是基本取得共识，初步统一了思想，为下一步的整风奠定了认识上的前提。会议决定在高级干部中开展整风，用理论与实践统一的方法，研究马克思列宁主义的思想方法和党的历史，以克服错误思想，提高党的高级干部的理论水平。毛泽东反对主观主义和宗派主义的报告为以后整风运动的全面展开定下了基调。①

9 月 26 日，中共中央决定成立中央学习研究组，毛泽东任组长，王稼祥任副组长，组织在延安的高级干部学习马克思列宁主义理论，总结党的历史经验。同时决定成立各地高级学习组，颁发高级学习组的组织条例。按照中央的决定，延安和各根据地积极筹备成立高级学习组。学习的内容主要是阅读六大以来党的历史文件，研究六大以来的历史，学习、研究马克思列宁主义的思想方法论。为此，中共中央书记处编印了《马恩列斯思想方法论》和《六大以来》等学习文件。这样，就为全党普遍整风做了重要的准备。

10 月 6 日，中共中央书记处工作会议决定，根据文化水平、党龄、工作关系三个条件，将延安高级研究组扩大到 250 人②。中央秘书长任弼时和副秘书长李富春等共同确定了延安高级研究组的名单。成立高级研究组的目的，一方面是为了提高党内高级干部的理论水平，另一方面是为了总结

① 房维中、金冲及主编：《李富春传》，中央文献出版社 2001 年版，第 279—280 页。

② 中共中央文献研究室编：《毛泽东年谱》中卷，人民出版社、中央文献出版社 1993 年版，第 330 页。

党的历史经验[①]。北方局书记杨尚昆，1940 年 11 月从华北前线回来后住在杨家岭，他和中央政治局的同志一起学习。平常就是读书，看文件，也开小组会。他回忆说，在这段时间内，他确实读了不少书，马列的和毛主席的不必说，刘少奇的《论共产党员的修养》，陈云的《怎样做一个共产党员》也是必读的。

10 月 13 日，中央书记处会议决定组织清算过去历史委员会，以毛泽东为首，委托王稼祥起草文件。保存下来的《关于四中全会以来中央领导路线问题结论草案》，有毛泽东的修改，封面上有毛泽东写的“历史草案〈密〉”几个字。这个文件虽然当时没有由中央政治局正式讨论通过而被搁置起来，但反映了当时中央对历史问题的反思。其中许多重要内容和思想观点，保存在后来通过的《决议》中。

这份草案对第三次“左”倾路线作了这样的概括：“这条路线的主要负责人是王明同志与博古同志，这条路线的性质是‘左’倾机会主义的，而在形态的完备上，在时间的长久上，在结果的严重上，则超过了陈独秀、李立三两次的错误路线。”草案中分析第三次“左”倾路线在思想上、政治上、军事上、组织上所犯的严重原则错误，指出：思想方面，犯了主观主义与形式主义的错误；政治方面，在形势估计上，在策略任务的提出与实施上，在对中国革命许多根本问题的解决上，都犯了过“左”的错误；军事方面，犯了从攻打大城市中的军事冒险主义到第五次反“围剿”中的军事保守主义，最后在长征中转到完全的逃跑主义的错误；组织方面，犯了宗派主义的错误。

该草案还指出了“左”倾错误产生的社会根源：“主要的是小资产阶级思想在无产阶级队伍中的反映。中国极其广大的生活痛苦的小资产阶级群众的存在，是我们党内右的、而特别是‘左’的错误思想的来源”。该草案还指出，遵义会议“实际上克服了当作路线的‘左’倾机会主义”，解决了当时最主要的问题——错误的军事路线、错误的领导方式和错误的干部

① 房维中、金冲及主编：《李富春传》，中央文献出版社 2001 年版，第 280—281 页。

政策，“实质上完成了由一个路线到另一个路线的转变，即是说克服了错误路线，恢复了正确路线”。①

12 月 17 日，中共中央政治局通过《中共中央关于延安干部学校的决定》，批评“目前延安干部学校的基本缺点，在于理论与实际、所学与所用的脱节，存在着主观主义与教条主义的严重的毛病”。“为了纠正这种毛病，必须强调学习马列主义的理论的目的是为了使学生能够正确地应用这种理论去解决中国革命的实际问题，而不是为了书本上各项原则的死记与背诵。”② 毛泽东在修改这个决定时加写两段话：“关于马列主义的教授与学习，应坚决纠正过去不注重领会其实质而注重了解其形式，不注重应用而注重死读的错误方向。必须用全力使学者由领会马列主义实质到把它具体应用于中国环境。”“本决定适用于延安，但一切基本原则不但适用于延安，同样亦适用于其他地方。”③

同日，中央还决定将军政学院合并于中央党校，将现在在延安的七大代表编入中央党校，从中央机关选调一些高级干部入中央党校学习，明年 1 月开学。也是在同年 12 月，由毛泽东主持编辑的党内重要秘密文件汇集《六大以来》正式印制完成并准备送给在前线的彭德怀等人④。编入的文件从 1928 年 7 月至 1941 年 11 月，共 500 余件。这是整风运动中高级干部学习党史的主要材料。⑤

（三）全党范围的整风运动

毛泽东曾在 1945 年 4 月讲到普遍整风运动的重要性。他认为，“带普

---

① 冯蕙：《毛泽东领导起草〈关于若干历史问题的决议〉的经过》，《文献和研究》1986 年第 2 期。

② 中共中央组织部等编：《中国共产党组织史资料》第 8 卷，文献选编，上册（1921.7—1949.9），中共党史出版社 2000 年版，第 583 页。

③ 中共中央文献研究室编：《毛泽东年谱》中卷，人民出版社、中央文献出版社 1993 年版，第 346 页。

④ 中共中央党史研究室编：《杨尚昆年谱》上卷，中共党史出版社 2007 年版，第 490 页。

⑤ 中共中央文献研究室编：《毛泽东年谱》中卷，人民出版社、中央文献出版社 1993 年版，第 348 页。

遍性的整风运动和生产运动，曾经分别地在精神生活方面和物质生活方面起了和正在起着决定性的作用。这两个环子，如果不在适当的时机抓住它们，我们就无法抓住整个的革命链条，而我们的斗争也就不能继续前进。”具体来说就是“如果不进行一个普遍的马克思主义的教育运动，即整风运动”，不解决党内无产阶级思想和非无产阶级思想之间的矛盾，“即马克思主义思想和非马克思主义思想之间的矛盾”，党就不能顺利地前进。而通过整风运动，“我们的党就能够在思想上、政治上、组织上空前统一地（不是完全统一地）大踏步地但又是稳步地前进了”①。

1942 年 2 月，毛泽东作《整顿党的作风》和《反对党八股》的报告，标志着延安整风运动开始普遍进行，又称为全党整风阶段。从此时至 1943 年 10 月，全党整风又可以分为普遍发动阶段、学风学习阶段、党风学习阶段、文风学习阶段和总结阶段五个阶段。

毛泽东在《整顿党的作风》报告中，把党的作风分为学风、党风、文风三个方面，认为所谓学风不正，就是有主观主义的毛病；所谓党风不正，就是有宗派主义的毛病；所谓文风不正，就是有党八股的毛病。毛泽东指出：主观主义有两种，一种是教条主义，一种是经验主义。两种主观主义中，教条主义更为危险。他强调指出：“对于马克思主义的理论，要能够精通它、应用它，精通的目的全在于应用。”“马克思列宁主义理论和中国革命实际，怎样互相联系呢？拿一句通俗的话来讲，就是‘有的放矢’。”“马克思列宁主义和中国革命的关系，就是箭和靶的关系。”毛泽东还对什么是真正的理论、什么是理论家作出说明。他认为：“真正的理论在世界上只有一种，就是从客观实际抽出来又在客观实际中得到了证明的理论，没有任何别的东西可以称得起我们所讲的理论。”“我们所要的理论家是什么样的人呢？是要这样的理论家，他们能够依据马克思列宁主义的立场、观点和方法，正确地解释历史中和革命中所发生的实际问题，能够在中国的经济、政治、军事、文化种种问题上给予科学的解释，给予理论的说明。”

① 《毛泽东选集》第 3 卷，人民出版社 1991 年版，第 1108 页。

毛泽东指出了党内存在的三种不正之风对于党的建设的危害性，并提出反对主观主义、宗派主义、党八股，必须注意两条宗旨：第一是“惩前毖后”，第二是“治病救人”[①]。毛泽东曾说明：整顿三风，是进行党内教育，是根据抗战以前和抗战以后新老党员的情况提出的。新党员没有受过马列主义的教育，有的只是民族斗争中的教育，老党员中的一些人是从遵义会议以后才纠正了过去的许多缺点，但许多人又增长了新的缺点，如自由主义、教条主义等[②]。2 月 8 日，毛泽东在延安干部会上发表演讲《反对党八股》。

毛泽东关于整风运动的主要著述，便是《改造我们的学习》《整顿党的作风》《反对党八股》这三篇文章，其中确定了整风运动的指导思想、目的、任务和方法。毛泽东在讲话中，从思想的高度总结了过去的党内路线斗争，分析了党内的小资产阶级思想作风。他指出：“有许多党员，在组织上入了党，思想上并没有入党，甚至完全没有入党。这种思想上没有入党的人，头脑里还装着许多剥削阶级的脏东西，根本不知道什么是无产阶级思想，什么是共产主义，什么是党。”“因此我们党、我们的队伍，虽然其中大部分是纯洁的，但是为要领导革命运动更好地发展，更快地完成，就必须从思想组织上认真地整顿一番。而为要从组织上整顿，首先需要在思想上整顿，需要展开一个无产阶级对非无产阶级的思想斗争。”[③]这就是整风的任务。毛泽东在整顿三风的报告中还一再强调整风是为了分清路线是非，澄清问题，端正思想路线和工作作风，而不是为了整某个人，追究什么人的个人责任。

3 月 30 日，毛泽东在中央学习组作《如何研究中共党史》的报告。他说：把党的路线政策的历史发展搞清楚，“这对研究今天的路线政策，加强党内教育，推进各方面的工作，都是必要的”。“这个工作我们过去没有做过，现在正在开始做。”“我们是用整个党的发展过程做我们研究的对

---

① 《毛泽东选集》第 3 卷，人民出版社 1991 年版，第 815—823 页。

② 中共中央党史研究室第一研究部编：《七大代表忆七大》上册，上海人民出版社 2006 年版，第 627—628 页。

③ 《毛泽东著作选读》下册，人民出版社 1986 年版，第 553 页。

象。”[①]4月3日，中共中央书记处工作会议，通过经毛泽东修改的《关于在延安讨论中央决定及毛泽东同志整顿三风报告的决定》，并决定成立5个系统的学习委员会并专人负责：中央直属系统由康生、李富春负责；军委直属系统由王稼祥、陈云负责；中央党校由毛泽东负责；各学校（军事学校除外）由何凯丰负责；陕甘宁边区系统由任弼时、高岗负责。各系统学习委员会分组学习，但人员会有调整。以后又成立了毛泽东负总责的中央总学习委员会。并决定以后中央总学习委员会和中央书记处工作会议合并举行，有关整风学习的决定以中央总学习委员会名义公布。[②]

4月16日，中共中央宣传部发出《关于增加整风学习材料及学习时间的通知》，将4月3日决定中规定的整风学习文件，由18个增加到22个[③]。4月20日，毛泽东在中央学习组作关于整顿三风的报告。报告指出：今年明年是最困难的两年，所以要加强内部教育。现在中央已经下了决心反对主观主义，反对宗派主义，反对党八股，改变我们的学风、党风、文风。要搞彻底，来一个彻底的思想转变。[④]6月8日，中共中央宣传部发出《关于在全党进行整顿三风学习运动的指示》，决定全党均应进行整顿三风的学习运动，各地各级党委各级宣传部及原有的高级学习组均应按照中央指定的22个文件，有计划地领导这一运动。学习时期规定为4个月到5个月，起止时间由各地自行决定。

整风运动开始后，大家先是阅读、学习文件。这是学习阶段。各部门各个人拟定了自己的党风学习计划。每发一份文件，就学习一段时间。为方便代表们学习，还发过《整风文献》（订正本），其中列入总目录的文章有24篇。七大代表们非常珍惜学习机会，学习态度十分认真。有的七大代

---

① 中共中央文献研究室编：《毛泽东年谱》中卷，人民出版社、中央文献出版社1993年版，第371页。

② 房维中、金冲及主编：《李富春传》，中央文献出版社2001年版，第282—283页。

③ 中共中央文献研究室编：《陈云年谱》修订本，上卷，中央文献出版社2015年版，第411页。

④ 中共中央文献研究室编：《毛泽东年谱》中卷，人民出版社、中央文献出版社1993年版，第376页。

表将文件名填在目录上，并将文件重新做了装订，改用线装，封面底面都用了硬纸板，用刀切裁整齐。虽然延安当时用自己造的马兰草纸显得粗糙，但装订起来的文件俨然像一本精装书。只是从它发黄的颜色和被磨损的布面书脊上，可以看出它历尽沧桑。这本亲手装订的文献，跟着文献的主人行军、打仗，从延安挺进东北，无时不随身携带。以致于战友、同志、亲朋好友见了无不为之惊叹，称为历史的珍藏。

整风学习中，主要是要让大家分析，哪些是正确的，哪些是错误的，从而提高思想认识水平。因为这些文件决议和指示都是经过了实践的检验，正确与否很容易看出来；哪些人的主张是正确的，哪些人的主张是错误的，当然也很容易看出来，实践是检验真理的标准。如国民党反动派对苏区进行的五次“围剿”，为什么前四次我们都能粉碎得了，第五次“围剿”没能粉碎呢？按道理讲，经过前四次反“围剿”，红军的作战经验更丰富了，红军力量更强大了，苏区地域更广了，一句话，就是客观条件更好了，胜利更有把握了，结果为什么第五次“围剿”不但未能粉碎，反而被迫进行了二万五千里长征呢？在长征初期又犯了逃跑主义错误，红军损失惨重，给中国革命造成了极大的损失。而且，白区即国民党统治区的党组织也差不多全部破坏。

七大代表一边认真地阅读、学习整风文件，领会文件的精神和实质，一边思考，并且和同志们讨论。1942 年 6 月 24 日到 7 月 4 日，在学习文件告一段落后，进行了考试。考试题目是经过毛泽东修改过的。考试题目有：什么是党的学风中的教条主义？你所见到的党的学风中的教条主义最严重的表现是哪些？你自己在学习和工作中曾否犯过教条主义错误？如果犯过，表现在哪些方面？已经改正了多少？什么是党的学风中的经验主义？你在工作中经验主义偏向具体表现在哪些方面？已改正否？今后将如何改正？你接到中央关于调查研究的决定后，怎样根据它来检查并改造或准备改造你的工作？[①] 对这些问题，大家都十分认真地联系自己思

① 中共中央党史研究室第一研究部编：《七大代表忆七大》上册，上海人民出版社 2006 年版，第 626—627 页。

想的实际、工作的实际，检讨自己的言行，做了认真的回答。通过学习，结合党的历史，进一步认识到教条主义、宗派主义、形式主义对革命的危害。

中央党校整风运动中，还有一个阶段是根据共产国际领导人季米特洛夫提出的干部四条标准来对照检查自己：一是看对于党、对于工人阶级事业是否抱无限忠心？二是看与群众是否有密切联系？三是看在复杂的环境中能否独立决定方向并不怕负责任解决问题？四是要守纪律。[①] 代表们都结合自己的思想和工作实际进行对照检查，审视自己对党的事业是否忠诚，同人民群众联系是否紧密，工作是否具有高度的责任心，是否严守党的纪律。对照检查的过程，实际上也是一个自我剖析、自我批评的过程，提高党性修养，树立优良作风的过程。

在整风学习大会上，许多学员自觉深刻地检查自己，对自己的错误思想和行为，包括内心曾经有过动摇，私生活上的问题，甚至有过自杀的念头等，都敢于暴露出来，严格地进行自我解剖、分析、批判。同志们对他们的自我暴露都给予欢迎鼓励，自我批评越是严格，越是深刻，越受到尊重，认为这是对党忠诚，是进步的表现。对此，大家争相学习，相互鼓励，形成一股浓厚的自我批评、自我改造的风气。

在此基础上，每个同志都写出思想总结，并在集体帮助下，反复进行修改。代表们对自己历史思想进行反省，并写出自传，可以说是第一步。第二步则是自传写出后在支部内进行报告，并解答大家提出的问题。大家提出的问题有的非常细致，如看过什么书？什么时间？什么人引导？村中情形如何？有无斗争？家中人被捕经过，当时在思想上有什么变化？当时对九一八、一二八的印象，在思想上有什么变化？对旧社会不满从什么时候开始，当时受了什么事物刺激？所在县还有其他什么党派？个人的中心思想及其变化情况，等等。参加者要对所提问题逐一作出回答。

在对个人自传没有什么意见后，便由党小组作审查结论。审查结论一

---

① 中共中央党史研究室第一研究部编：《七大代表忆七大》上册，上海人民出版社2006年版，第627页。

般包括整风人员的历史和思想两个部分。审查参加整风人员的历史部分非常详细，具体包括何地人，家庭出身，本人出身，读书情况，文化水平，年龄大小，何年何月经何人介绍入党，担任过哪些职务，何时被选为七大代表，到中央党校学习。参加革命后是否被捕，又是如何被救，以证明这段历史有无问题。

结论是该同志自参加革命后是否脱离过党的领导，是否经内战、抗战十余年的考验，是否历史清楚、政治坚定。接着，对该同志的工作加以审查，说明对党有哪些功劳，在斗争中表现是否勇敢，在群众中的信仰是否很好，组织观念如何，生活是否艰苦朴素，工作是否积极负责，有无埋头苦干的精神等。缺点方面，指出思想上是否有“左”的倾向，对党的政策的认识和应用情况。关于整风运动中的表现，也是看在进党校整风后，对自己的思想和工作的检讨有没有系统的总结，参加审查干部工作是否表现积极，学习路线的态度是否正确。这些意见经支部党小组全体通过后交本人阅看。有的小组意见非常详细，对一个人的结论达 1000 多字。

在小组审查的基础上，党支部对被审查者进行历史思想总结。这个总结包括三方面具体内容：一是历史政治审查，包括个人及家庭简况、参加革命以来的任职情况和历史政治审查的结果：历史是否清楚，政治是否坚定，党性是否强。具体地包括：是一位什么样的干部，是否经过艰苦困难环境锻炼，工作是否一贯积极负责，作战是否勇敢坚决，是否有工作能力、工作经验，作战中负伤情况，能否完成上级交给的任务。工作的错误和缺点，以及因何原因受过行政处分和党内处分，这个处分是否适当。二是关于整风学习的表现，包括对整风认识是否很好，是否能够对自己在过去工作中的错误和缺点进行深刻的反省，能否积极帮助其他同志反省，在整风中表现是否很积极等方面的内容。三是总体评价，主要是准确地指出其优缺点。优点又分两个方面：一方面是一贯的表现，如经过长征，政治上很坚定，党性强，工作积极负责，有工作经验及能力，作战勇敢；另一方面是在整风中的表现，如是否能深刻反省自己，又能帮助别人，理论文化水平提高了，还克服了过去一些缺点。缺点包括在处理个人利益与党的利益关系时存在的问题，如分析其根源是由于农民小资产阶级的残余思想中没有干净除掉；在生活方面，在某些环境中还不够朴素；个人修养方面存在的问题，在某些小问题上影响团结，等等。这样的总结都是由支部会议通过、支部成员署名，并经本人签字同意。

通过上述过程，提高党员认识，改进思想和工作作风。再从检查个人到对自己所在地区和部门的工作，进而研究各个根据地的革命斗争历史；研究讨论党的20多年历史，特别是对“左”倾错误统治时期的历史。这就彻底地分清了是非，分清了功过，分清了党的历史上正确与错误路线之间的根本对立，从而大大提高了学习者的思想水平和认识水平，为六届七中全会通过历史决议和党的七大的召开，“做了重要准备”①。

除了学习、讨论和自我检查，在整风运动期间，在中央党校第一部学习的七大代表还旁听了中共中央西北局高干会。这是一次十分重要的整风会，也是工作会。西北局高干会从1942年10月19日开始，到1943年1月14日结束，历时88天，近3个月。会议着重解决陕甘宁边区党的历史经验问题。通过这次高干会，统一了对党的领导的认识，纠正了闹独立性的现象；反对了地方工作中的官僚主义和军队工作中的军阀主义倾向；分析了边区内外环境和党风状况；确定了当前西北工作的任务。旁听这次会议的学员们认真听取毛泽东在会上的报告、朱德的讲话等等，并做了详细的记录。通过参加会议，对七大代表是很好的学习和教育。他们认识到这次整风运动真是十分必要、十分重要，澄清了人们思想上的许多糊涂观念，使实事求是的思想路线深入人心。这对代表们的教育是极其深刻的，对他们以后工作的影响也是十分深远的。

1943年3月20日，中央总学委发出《关于整风学习总结计划》，规定中央各部委和军委直属各机关的学习文件与工作检查4月底结束，审查干部可转入学习结束后之下一阶段，作为今年一年的中心工作之一。学校系

① 延安中央党校整风运动编写组编:《延安中央党校的整风学习》第2集，中共中央党校出版社1989年版，第11页。

统的学习文件、检查工作、审查干部6月底初步结束。[①]

同年3月，中央规定中央党校归政治局及书记处之下的宣传委员会管理，毛泽东负责宣传委员会并兼任中央党校校长。中央党校改组后设两个部，第一部学员为地委、旅级以上干部和少数地委以下的七大代表，军事学院高级班全部合到第一部；第二部学员为县团级干部。5月4日，中共中央研究院并入党校，为党校的第三部。该部学员多是知识分子、文化界人员。同时成立的第四部，学员多是文化水平较低的地委、旅级以上的干部。1944年初，中央又决定将西北局党校并入中共中央党校，成为中共中央党校的第五部、第六部。第五部学员以陕甘宁边区的县、区级干部为主，也有部分经过长征的团营级干部。第六部学员是从敌后和国民党统治区来的区县级干部和青年知识分子。所以，在中央党校学习的七大代表多在第一部。

1943年4月3日，中共中央发布《关于继续开展整风运动的决定》，指出：从此时到1944年4月3日，"继续开展整风运动"。"整风的主要斗争目标，是纠正干部中的非无产阶级思想（封建阶级思想、资产阶级思想、小资产阶级思想）与肃清党内暗藏的反革命分子。"毛泽东曾说，"整风是思想上的清党"，而肃奸运动即当时提出的审查干部工作，"是组织上的清党"。[②]延安是当时全国革命的中心，大家都来自四面八方，绝大多数是怀着一腔热血来投身革命的。但革命浪潮当头，也难免有时会鱼龙混杂。在整风过程中开展的审干工作，也确实查出了个别的特务、反革命分子。但是，负责这方面工作的康生别有用心地夸大敌情，制造声势。1943年7月15日，康生在中直机关大会作《抢救失足者》的报告后，各地相当普遍地大搞"逼供信"，搞得特务如麻，涉及面明显扩大化。审干工作偏离了正确轨道。时间不长，情况反映到毛泽东那里，毛泽东要求立即纠正并甄别平反，对没有根据的事、查无实据的案，坚决予以否定。

---

① 中共中央文献研究室编：《毛泽东年谱》中卷，人民出版社、中央文献出版社1993年版，第431页。

② 房维中、金冲及主编：《李富春传》，中央文献出版社2001年版，第286页。

1943年8月15日，中共中央作出《关于审查干部的决定》，正式公布毛泽东关于审查干部和肃清内奸的九条工作方针。决定指出："这一次我党在整风中审查干部，并准备进一步审查一切人员，不称为肃反，不采取将一切特务分子和可疑分子均交保卫机关处理的方针，而采取首长负责，自己动手，领导骨干与广大群众相结合，一般号召与个别指导相结合，调查研究，分清是非轻重，争取失足者，培养干部，教育群众的方针"。[①] 同年底，审查干部工作转入甄别阶段，纠正审干中出现的偏差。甄别干部，主要是对1943年7月"抢救运动"中错审和未查清楚的代表和学员进行甄别，作出正式的结论。这件事给七大代表留下了深刻印象。党中央坚持实事求是的、严谨的工作作风，为后来的工作树立了良好的风范。凡在党校一部学习的七大代表都经过审查和甄别，作出了正式的结论。这样就为七大代表的资格审查奠定了基础。

在普遍整风阶段，各地的整风运动开始的有先有后．时间有短有长，但都是按照中央要求，组织学习22个整风文件，领会精神，提高对整风的目的、内容、任务、方法、意义等问题的认识，以端正整风的态度，启发参加整风的自觉性和积极性。这实际上是思想发动阶段。第二阶段是精读文件。联系实际，普遍进行三风检查阶段，即对照22个整风文件精神，联系自己在思想、工作、作风方面存在的问题，进行深刻的检查，摆问题、挖根源、找危害，开展认真的批评与自我批评，把自我反省与互相帮助结合起来，促进每个人的自我革命。这是思想斗争最为激烈也是整风学习极为重要的阶段。第三阶段为深入学习文件，集中进行整风，系统反省阶段。

驻在战时陪都重庆的中共南方局，在周恩来精心计划、统筹安排下，大家按整顿学风、整顿党风、整顿文风三个方面，分三个阶段，边学习、边讨论、边对照检查，使学习有条有理，步步深入。周恩来还紧密联系自己的思想实际，带头开展自我批评，严于解剖自己，发挥了领导者的表率

---

① 中共中央文献研究室编：《毛泽东年谱》中卷，人民出版社、中央文献出版社1993年版，第465—466页。

作用，体现了共产党人宽阔的胸怀和无私的道德品质，起到了很好的表率作用。

（四）总结党的历史经验

1943年9月开始，中共中央政治局接连召开会议，深入讨论党的历史问题。参会的有毛泽东、刘少奇、任弼时、周恩来等11位政治局委员或候补委员，还有李富春、杨尚昆、林伯渠等19人列席会议。9月30日中共中央书记处会议，决定从10月起5个月内组织在延安高级干部及七大代表二三百人，讨论党史文件和《联共党史》。[①] 从1943年10月起，延安整风运动开始转入总结党的历史经验时期，到1945年4月20日中共扩大的六届七中全会原则通过《关于若干历史问题的决议》，是总结党的历史经验阶段。以《关于若干历史问题的决议》的原则通过为标志，延安整风运动胜利结束。[②]

在这期间，毛泽东主持编辑、中共中央书记处编印的《两条路线》（上、下）于1943年10月成书。这部书是延安整风运动中党的高级干部研究和总结党的历史经验的主要的党的文件集。所收文件起自1922年党的二大宣言，迄至1943年10月《解放日报》发表的毛泽东《在延安文艺座谈会上的讲话》，共137篇。

在1943年9月的中共中央政治局会议上，除了与会同志作一般性发言外，主要由犯过错误的同志进行整风检查，其他同志帮助犯错误的同志提高认识，并批评王明的错误。由于王明没有到会，李富春代表中共中央同王明谈话，转告会议情况，并告诉他即将召开党的七大，中央正组织七大代表和各级干部700人学习党史。同时，中央政治局在开会，讨论六大以来党的路线问题，特别是教条主义宗派的错误，包括王明的错误，希望他

① 中共中央文献研究室编：《毛泽东年谱》中卷，人民出版社、中央文献出版社1993年版，第471页。

② 中央党校彭真传记编写组：《延安整风运动和延安审干运动的联系与区别》，《中共党史研究》2000年第3期。

认真作出检讨。12 月 1 日，王明由夫人孟庆树代笔，王明签名，给毛泽东和中共中央写了一封信，承认 1941 年 9 月底 10 月初同毛泽东讲的意见是错误的。愿意做一个毛主席的小学生，重新学起，改造自己的思想意识，纠正自己的教条宗派主义错误，克服自己的弱点。[①]

有七大代表回忆，审查工作结束后，便进行中共党史的学习。那时党中央专门编印了《六大以来》《两条路线》，包括党的早期领导人陈独秀的文章，以及党的六大前后文件等。其中，《六大以来》是毛泽东为了帮助大家学习党史，花了很大力气编出来的一本“党书”。1941 年 12 月正式印制，全书共 280 多万字，汇集了从 1928 年到 1941 年党的重要文件和党的领导人的重要言论和文章，共 518 篇。同年 12 月 30 日，毛泽东同王稼祥致电周恩来：“中共党史的学习请先从讨论《六大以来》的文件入手。”[②] 通过党史学习，可以提高思想认识，增进党的团结。《六大以前》是 1942 年 10 月在延安出版，收录中国共产党、共产国际及苏联领导人在 1921 年 3 月至 1928 年 6 月有关中国革命问题的部分文献、资料 198 篇。此书和《六大以来》在延安整风中对于全党统一思想，认清王明“左”倾错误路线具有重要意义。

整风运动是一次深刻的马克思主义思想教育运动，收到了巨大的成效。整风运动坚持马克思主义和中国实际相结合的正确方向，使实事求是的思想路线在全党范围内深入人心。这是加强党的建设伟大工程的一大创造。通过整风运动，实现了在以毛泽东同志为核心的中共中央领导下全党新的团结和统一，为抗日战争的胜利和新民主主义革命在全国的胜利，奠定了重要的思想政治基础。

延安整风运动期间，共产国际于 1943 年 6 月解散，这有利于中国共产党彻底纠正以王明为代表的把马克思主义教条化、把苏联经验和共产国际指示神圣化的错误倾向，有利于根据中国国情独立自主地解决中国革命的

---

① 房维中、金冲及主编：《李富春传》，中央文献出版社 2001 年版，第 295 页。

② 中共中央文献研究室编：《毛泽东年谱》中卷，人民出版社、中央文献出版社 1993 年版，第 348 页。

问题。

延安整风运动所积累的经验对党的建设具有重大而深远的意义。

经过整风，或叫路线学习，再经过六届七中全会《关于若干历史问题的决议》，为七大在思想上、组织上做了充分的准备。在深入研究党的历史、认清路线是非的基础上，经过一年半的讨论，在党的六届七中全会对党的历史上若干重大问题作出正式结论后，整风运动胜利结束。七大代表也受到一次深刻的思想洗礼。据 1944 年统计，在中央党校学习的陕甘宁晋绥联防军和其他地区七大代表人数为 343 人，因工作需要调出 22 人。

在参加延安整风运动的同时，七大代表还参加了大生产运动。这被毛泽东誉为克服严重困难的精神和物质的两个轮子，没有这两个轮子，就无法克服当时共产党人所面临的严重困难。毛泽东提出两条出路，一条是散伙，一条是自己动手，克服困难。第一条路不能走，也不应该走，而且谁也不赞成，那只有走第二条路。自己动手，克服困难。七大代表们积极响应。来自晋察冀农民出身的七大代表姜占春，一年一个人收了 700 多斤北瓜、土豆。有的代表在自己住的窑洞门口种瓜，种玉米、西红柿。往往是春节前后，就开始开荒、积肥、植树、种地。为了积肥，晚间起夜的人，无论冬夏都去山坡的厕所。收获的玉米、土豆、西红柿、大葱、西瓜等，除了按规定送给食堂，还可以送给同乡、战友。

中央对七大代表的生活给予了适当照顾，为了保证大家学习好，生产劳动的任务都给得不多。有的代表回忆，当时规定的任务是，男同志要上山割足可编 12 把扫帚的扫帚草，种土豆 100 斤。女同志每年要打毛衣 12 件，或做短裤 120 条，或纺线 12 斤。除开荒种地外，还纺纱、纺毛线。经过努力，不少人学会了纺羊毛和棉花线，还为自己织毛衣、毛裤过冬。有的人手巧，纺线质量最好，能纺缝衣机用的线，还可以得到不菲的报酬。来自大后方的七大女代表苏惠参加了妇女生产合作社，做几个孩子用的围嘴和绣花，每个月可多领几个钱改善生活。

来自新四军的段焕竞和妻女是穿过敌占区千里迢迢到达延安，后被分配在中央党校学习。段焕竞几乎是“赤手空拳”。10月的延安天气已经很凉了，公家只发给一床薄薄的棉被和一套准备穿三年的棉衣棉裤。段焕竞响应毛泽东自己动手、丰衣足食的号召，一面学习，一面参加劳动。除了参加党支部统一组织大家到远处开荒，还自己到小砭沟的山上开荒种土豆和南瓜。1944年秋，段焕竞不但按规定上交了120斤南瓜、120斤干草，自己和家人也经常有甜甜的南瓜饼吃。他还种了些烟叶，以便“提高学习情绪”。参加大生产运动，不仅使许多代表经受了劳动锻炼，改善了生活条件，减轻了组织负担，还帮助他们牢固树立自力更生的思想。

十一、实现马克思主义中国化的第一次历史性飞跃

中国共产党从成立起就将马克思主义作为自己的指导思想。“我们的党从它一开始，就是一个以马克思列宁主义的理论为基础的党，这是因为这个主义是全世界无产阶级的最正确最革命的科学思想的结晶。马克思列宁主义的普遍真理一经和中国革命的具体实践相结合，就使中国革命的面目为之一新，产生了新民主主义的整个历史阶段。”① 以毛泽东为代表的中国共产党人在长期的革命斗争实践中，深切地认识到马克思主义必须和中国具体实际相结合。正如蔡和森在1926年所指出：“马克思列宁主义对世界各国共产党是一致的，但当应用到各国去，应用到实际上去才行的。要在自己的争斗中把列宁主义形成自己的理论武器，即以马克思列宁主义的精神来定出适合宏观情形的策略和组织才行。”②

运用马克思列宁主义的基本原理，研究和解决中国革命的问题，需要具有在实践中进行理论创造的胆识和魄力。在中国这样一个半殖民地半封建的东方大国进行革命，必然遇到许多特殊的复杂问题。靠背诵马克思列宁主义的一般原理和照搬外国经验，不可能解决这些问题。但是，在20世纪20年代后期和20世纪30年代前期，在国际共产主义运动中和中国共产党内部，存在把马克思主义教条化、把共产国际决议和苏联经验神圣化的

---

① 《毛泽东选集》第3卷，人民出版社1991年版，第1093—1094页。

② 中央档案馆编：《中共党史报告选编》，中共中央党校出版社1982年版，第24页。

错误倾向。毛泽东思想就是在同这种错误倾向作斗争并深刻总结这方面的历史经验的过程中，逐渐形成和发展起来的。它在土地革命战争后期和抗日战争时期得到系统总结和多方面展开而达到成熟。

毛泽东从1930年提出“没有调查，没有发言权”①。我们需要本本，即马克思主义理论的指导，但必须反对本本主义即教条主义。1938年的六届六中全会上，毛泽东进一步提出马列主义中国化问题。他指出：马克思、恩格斯、列宁、斯大林的理论，是“放之四海而皆准”的理论。“不应当把他们的理论当作教条看待，而应当看作行动的指南”。“马克思主义必须和我国的具体特点相结合并通过一定的民族形式才能实现。马克思列宁主义的伟大力量，就在于它是和各个国家具体的革命实践相联系的。对于中国共产党说来，就是要学会把马克思列宁主义的理论应用于中国的具体的环境。成为伟大中华民族的一部分而和这个民族血肉相连的共产党员，离开中国特点来谈马克思主义，只是抽象的空洞的马克思主义。因此，使马克思主义在中国具体化，使之在其每一表现中带着必须有的中国的特性，即是说，按照中国的特点去应用它，成为全党亟待了解并亟须解决的问题。”②毛泽东以后曾更清楚地指出：“所谓马列主义中国化，就是马克思主义的普遍真理跟中国革命具体实践的统一，一个普遍一个具体，两个东西的统一就叫中国化。”③

1941年3月，当时担任党的理论工作的张如心在3月20日发表于《共产党人》杂志第16期的文章中，首次使用了“毛泽东同志的思想”这一概念。他指出，我们的教育人才，首先一条“应该是忠实于列宁、斯大林的思想，忠实于毛泽东同志的思想”，这是“毛泽东思想”这一科学概念形成过程中的最初萌芽。此后不久，他又发表《理论与实践的统一，干部修养问题之一》一文，称毛泽东的言论和著作，“是马列主义理论与中国革命实践结合典型的结晶体”。同年4月，张如心又在《解放》周刊发表了

---

① 《毛泽东选集》第1卷，人民出版社1991年版，第109、111页。
② 《毛泽东选集》第2卷，人民出版社1991年版，第533、534页。
③ 转引自鲁振祥：《〈论党〉对马克思主义中国化的重要贡献》，《党的文献》2005年第3期。

《在毛泽东同志的旗帜下前进》的文章，进一步明确地写道："创造性马克思主义在中国问题上的发展，最主要、最典型的代表，应指出的是我们党的领袖毛泽东同志。"张如心1926年到苏联莫斯科中山大学学习，1929年回国后从事革命文化工作，担任社会科学家联盟研究部部长。1931年加入中国共产党。同年到中央苏区，参加中国工农红军，任红军总政治部主办的《红军报》主编、中央军事政治学校政治教员。参加红军长征到达陕北，先后担任八路军军政学院教育长、中央研究院中国政治研究室主任、中共中央党校三部副主任、延安大学副校长等职。1945年作为中直、军直代表团成员参加中共七大。

在张如心采用"毛泽东同志的思想"的提法后，中共中央北方局、八路军野战政治部于1941年6月发出指示：要宣传"我党领袖毛泽东同志发展了马列主义的关于中国革命的各项学说和主张"；要"介绍我党领袖——中国最伟大的革命家、天才的理论家、政治家、战略家毛泽东同志，列举他的生平、他的奋斗的历史、他对中国革命的贡献、他的学问人格"[①]。9月，中央政治局召开的扩大会议进一步肯定了毛泽东关于中国革命的理论。1942年2月28日、29日，《解放日报》连续刊载了张如心《学习和掌握毛泽东的理论和策略》的文章，他把毛泽东的理论和策略划分为思想路线、政治路线和军事路线三个组成部分，指出"这三个部分内在有机的统一便构成毛泽东的理论和策略的体系"。7月1日，朱德发表文章指出："我们党已经积累下了丰富的斗争经验，正确的掌握了马列主义的理论，并且在中国革命的实践中创造了指导中国革命的中国化的马列主义的理论"[②]。陈毅也在同日发表文章，论述党运用马克思主义解决中国革命问题的新创造，毛泽东在革命实践中创立了"正确的思想体系"[③]。

1943年7月5日，王稼祥在《中国共产党与中国民族解放的道路》一

---

① 中国人民解放军历史资料丛书编审委员会：《八路军 · 文献》，解放军出版社1994年版，第650页。

② 朱德：《纪念党的二十一周年》，《解放日报》1942年7月1日。

③ 陈毅：《伟大的二十一年——建党感言》，《盐阜报》1942年7月1日。

文中，首先使用“毛泽东思想”这个概念，并指出“毛泽东思想就是中国的马克思列宁主义”[①]。与此同时，刘少奇号召全党“用毛泽东的思想来武装自己”，把毛泽东同志的指导贯彻到一切工作环节和部门中去，用毛泽东同志的思想体系去清算党内机会主义思想[②]。1943年8月，由重庆返回延安的周恩来在中央办公厅举行的欢迎会上指出：我们党在这三年中做了比过去20年还要伟大、还有更多成就的工作，这是全党团结在毛泽东同志领导之下得到的。“我们党二十二年的历史证明：毛泽东同志的意见，是贯串着整个党的历史时期，发展成为一条马列主义中国化，也就是中国共产主义的路线！”[③]

毛泽东思想这个科学概念提出后，逐步为党内许多同志所接受。在各抗日根据地和党的一些文件、一些负责同志的讲话里，也愈来愈多地使用和论述了。1943年8月，晋察冀边区在《一年来宣传工作的检查和目前党的中心任务》的文件中，指出我们不但要以马列主义理论为依据，而且要以中国的共产主义——毛泽东思想作我们思想建设的指南 。12月，北方局代理书记邓小平在北方局党校整风运动会上的讲话：“遵义会议之后，在以毛泽东为首的党中央领导之下，彻底克服了党内的‘左’右倾机会主义，一扫主观主义、宗派主义和党八股的气氛，把党的事业完全放在中国化的马列主义，即毛泽东思想的指导之下。”[④]

1944年1月10日，中共中央在对晋察冀分局筹备召开的干部扩大会议的指示中指出，要把整风的重点放在干部的思想改造上[⑤]。在干部特别是高级干部中“建设正确的思想——毛泽东同志的思想，以达到统一党的思想。”[⑥]2月17日，中央党校副校长彭真在延安中央党校第一部整风学习与审查干部的总结中提出了“毛主席的中国化的马列主义”[⑦]这一概念，讲到

① 《解放日报》，1943年7月8日。《王稼祥选集》，人民出版社1989年版，第350页。
② 刘少奇：《清算党内的孟什维克思想》，《解放日报》1943年7月6日。
③ 《周恩来选集》上卷，人民出版社1980年版，第138页。
④ 《邓小平文选》第1卷，人民出版社1994年版，第88页。
⑤ 《晋察冀抗日根据地》第3册（大事记），中共党史资料出版社1991年版，第233页。
⑥ 转引自《关于建国以来党的若干历史问题的决议注释本》（修订），第505页。
⑦ 《彭真传》编写组编：《彭真年谱》上卷，中央文献出版社2002年版，第238页。

要在毛泽东的中国化的马列主义的思想基础上，建立思想上、政治上、组织上完全巩固的中国共产党。7月，中共中央山东分局书记罗荣桓在为纪念党的23周年而写的《学习毛泽东的思想》一文中说："毛泽东同志的思想是从马列主义的普遍真理与中国革命具体实践日益互相结合上发展起来，继承了中国革命百年来的历史传统而民族化了的思想"；我们党"是以毛泽东思想为遵循的方向"。在第一次大革命失败后，在民族抗战阶段，毛泽东同志思想，已成为全党所公认，是代表着党的正确方向，马列主义的方向，胜利的旗帜①。

正确认识和确立毛泽东的历史地位和毛泽东思想的指导作用，是中国共产党人和中国人民在长期奋斗中的巨大收获。正是在这样的基础上，中共七大正式将中国共产党20多年理论探索的成果确定为"毛泽东思想"。1945年3月，陈毅在谈到毛泽东实事求是的马列主义的创造精神时说：毛泽东"反对了一部分同志立脚农村却不研究农村脚踏实地地从发展农村出发，而天天幻想城市，把城市工作方法强迫移用于农村环境；反对了一部分同志立脚中国却不研究中国社会情形，一切不从中国人民的利益出发，而机械地把外国革命规模移用于中国环境"。毛泽东是"一切从人民利益出发，一切从中国的实际出发"②。4月20日党的六届七中全会上通过的《关于若干历史问题的决议》指出："中国共产党自一九二一年产生以来，就以马克思列宁主义的普遍真理和中国革命的具体实践相结合为自己一切工作的指针，毛泽东同志关于中国革命的理论和实践便是此种结合的代表。"③2021年11月11日党的十九届六中全会通过的第三个历史决议进一步指出：毛泽东思想"是马克思主义中国化的第一次历史性飞跃。"④

---

①《罗荣桓传》编写组：《罗荣桓军事文选》，解放军出版社1997年版，第231页。

② 中共中央党史研究室、中央档案馆编：《中国共产党第七次全国代表大会档案文献选编》，中共党史出版社2015年版，第83页。

③《毛泽东选集》第3卷，人民出版社1991年版，第952页。

④《中共中央关于党的百年奋斗重大成就和历史经验的决议》，人民出版社2021年版，第13页。

十二、世界反法西斯战争和中国抗战的胜利前夜

1943 年 2 月斯大林格勒保卫战的胜利，标志着世界反法西斯战争发生了重大的历史转折。7 月 25 日，意大利法西斯头目墨索里尼倒台。9 月 8 日，意大利政府宣布无条件投降。德、意、日三国组成的轴心国瓦解，猖狂和喧嚣一时的法西斯主义日趋没落，中国的抗日战争处在更为有利的国际环境之中。1944 年，世界反法西斯战争的形势进一步发展。盟军在诺曼底登陆，成功开辟西欧第二战场。苏联军队乘胜追击，收复全部国土，并把战争推向德国及其占领区内。苏联军队的节节胜利和盟军第二战场的开辟，使欧洲反法西斯战争进入决战阶段。太平洋战场上，自 1942 年 6 月中途岛海战和随后瓜达尔卡纳尔岛争夺战结束，太平洋战场的战略态势出现根本转折。随后，盟军加强攻势作战，日军完全丧失战略上的主动地位。中国战场的抗日军民在有利的国际形势下，积极开展对日军的局部反攻，决心早日收复沦陷区，把侵略者赶出去。

1945 年初，世界反法西斯战争胜利发展。苏联军队在欧洲战场上从北起波罗的海、南至喀尔巴阡山的 1200 公里长的战线上，向德军发动了强大的攻势，展开了全面的进攻。2 月，苏军进抵奥得河，3 月 12 日陷科斯钦。至 3 月底，苏军共歼灭德军 60 个师。4 月 19 日，苏军又从奥得河开始发动全面攻势。美、英军队从 2 月下旬起，也从莱茵河地区向德国腹地展开进攻。3 月 23 日，美、英军队强渡莱茵河。德国法西斯已是穷途末路，只剩东方的法西斯日本孤军作战。

为了彻底打败德、日两国的法西斯势力，苏、美、英三国首脑斯大林、罗斯福、丘吉尔于 1945 年 2 月 4 日至 11 日，在苏联克里米亚半岛的雅尔塔举行会议，讨论了彻底击败法西斯德国，铲除德国军国主义和纳粹主义，分区占领德国和柏林，战后世界安排等问题，发表了《克里米亚会议公报》。同时，会议还就苏联参加对日本作战问题进行磋商。2 月 8 日下午 3 时半，罗斯福在美国驻苏大使哈里曼和翻译波伦的陪同下，单独会见斯大林和莫洛托夫，讨论了远东问题。罗斯福当时迫切需要促使苏联参加对日作

战，因为据美国军事专家估计，打败日本尚需要美军付出100万人的伤亡和1年半时间。2月10日下午，罗斯福、哈里曼再次同斯大林、莫洛托夫单独会晤，达成协定，并邀请丘吉尔签订协定。苏联政府同意在打败德国后两个月或三个月内参加同盟国方面对日作战，但提出了参战条件。美国为促使苏联早日参战，减少美军伤亡，背着中国答应了有损中国主权的条件。

2月11日，苏、美、英三国代表秘密签订了《苏美英三国关于日本的协定》（又称《雅尔塔协定》）。具体内容如下："苏美英三强领袖同意，在德国投降及欧洲战争结束后两个月或三个月内，苏联将参加同盟国方面对日作战"，其条件是维持外蒙现状、恢复俄国权益、千岛群岛须交苏联等三项。经谅解，有关外蒙古和中国的港口、铁路的协定，尚须征得蒋介石的同意。根据斯大林的提议，美国总统将采取步骤以取得该项同意。苏、美、英三国同意，苏联的三项要求必须"在击败日本后毫无问题地予以实现"①。这样，美、英就以牺牲中国主权为代价，达成了苏联在战胜德国两三个月后参加对日作战的协定。雅尔塔会议在没有中国参加的情况下，签订了有损中国主权和利益的雅尔塔协定并不及时通知中国。②这充分反映了少数大国主宰世界，推行强权政治的大国沙文主义。

雅尔塔会议也反映了世界各国人民渴望早日结束战争，实现世界和平的愿望，协调了苏、美、英三国最后打败德日法西斯的战略计划，对尽早结束反法西斯战争起了重要的推动作用。在《雅尔塔协定》中，"苏联本身表示准备和中国国民政府签订一项苏中友好同盟协定俾以其武力协助中国达成自日本枷锁下解放中国之目的"③。美国对此表示支持。这样，中苏之间就签订同盟条约问题举行谈判。4月5日，苏联通知日本政府，废除1941年签订的《苏日中立条约》。

日本侵略军在亚洲、太平洋战场，遭到世界反法西斯同盟国军队的沉

① 《苏美英三国关于日本的协定》（又称《雅尔塔协定》），1945年2月11日。

② 1945年6月14日，杜鲁门才指示美国驻华大使赫尔利把《雅尔塔协定》内容通知中国政府。

③ 《苏美英三国关于日本的协定》（又称《雅尔塔协定》），1945年2月11日。

重打击。英、澳等同盟国军队在当地人民的支援下，继续向在缅甸和印度尼西亚残存的日军发起进攻。美军在攻占所罗门群岛、吉尔伯特群岛以后，又于1945年2月至3月攻克靠近日本的重要军事基地硫黄岛，并于4月1日追近日本的南部屏障冲绳岛。与此同时，反法西斯同盟国军队对日本本土的压力日益增加，主要表现在对日本本土的轰炸和对日本海上运输线的封锁日益加强。从1945年的元旦开始，美国空军拉开了对日本战略轰炸的战幕。东京、川崎、名古屋、大阪、横滨、神户6个大工业城市和其他许多城市遭到轮番轰炸，受到严重破坏，有的甚至被炸成一片废墟。日本完全丧失了制空权。日本的海上交通线几乎被截断，有的船队被迫停航，有的船队十之七八被击沉。

1945年，正面战场的中国军队对日军的进攻实行抵抗，在桂、湘、赣等省区还随着日军的撤退紧紧跟进追击，造成了日军较大的伤亡。1月20日，日本大本营制定《陆海军今后作战计划大纲》，决定一面加强日本南部诸岛和中国东南沿海的兵力，阻止美军进攻；一面加强本土防卫，建立以本土为中心的防御体系。据此，日军发动了粤汉线作战。1月27日日军占领广东韶关，后又占领惠州等地。2月初，日军占领粤赣边境的遂川、新城、赣州、南雄等飞机场。3月21日，日军开始向豫西南阳及鄂北老河口蠢动。中国守军浴血奋战，屡挫敌锋。但由于武器简陋、地势平坦，不能有效抵御日军的坦克进攻和重炮炮击，南阳和老河口相继失陷。4月5日，日军进攻豫西重阳店，妄图威胁陕西。中国守军坚决固守，给敌以沉重打击，日军退去。同日，中国军队包围西峡口的日军。战至7日晚，日军拼命突围，中国军队乘势进入。中国军队以野战重炮、山炮猛烈炮击日军，造成其严重伤亡。经过20多天的激战，日军被迫停止进攻。日军策应豫中作战的鄂北会战也以失败告终。日军在豫西、鄂北会战中损失近1.6万人。中国空军出动各型飞机1047架次，阻止日军前进，并对日军后方的新乡、郑州、许昌、南阳一带进行攻击，对其交通线给予极大破坏，配合了陆军的作战。1945年4月中旬，抗战后期正面战场上规模最大的一次战役——湘西战役开始。日军企图侵占中国湖南芷江的空军基地，以掩护湘桂、粤汉两铁路交通线。中国方面先后投入30余万兵力于此次战役。中国陆、空军协同作战，给日军以有力打击。

中国军队还取得缅北、滇西反攻战的胜利。1943年10月末，根据日军在太平洋地区已被迫转入防御的态势，中国军事委员会与盟军联合参谋部一再协调，协定由中国驻印军主力和英、美军一部，向缅甸北部推进。10月下旬，中国驻印军联合美、英军一部，向缅北实施反攻。计划夺取缅北的孟拱、密支那要点，然后经八莫，向曼德勒前进，将敌压迫于曼德勒附近地区，包围而歼灭之。在收复缅北的同时，新建一条由印度经缅北到达中国云南畹町的公路和一条输油管道，以便大量运送至缅北和援华的作战物资。为策应中国驻印军攻击密支那，打通中印公路，驻在滇西的中国远征军利用日军重兵在英帕尔进攻受挫的机会，于1944年5月开始对怒江以西的日军发动反攻。中国远征军先后攻克腾冲、龙陵、芒市、遮放等地。1945年1月19日，占领了日军在中缅边境的最后据点畹町。日军向南溃退。中国军队随即越过中缅边境，向日军追击前进。1月27日，中国远征军与驻印军会师于缅甸芒市，中印公路完全打通。1月28日，中美高级将领在畹町举行会师典礼。3月，中国驻印军攻占腊戍，缅北滇西作战至此结束。

历时一年半的缅北滇西作战，歼灭和消耗了侵缅日军的重要力量，对瓦解日本侵略者在缅甸的殖民统治起到了重要作用，为英军在印度英帕尔地区的作战及整个缅甸战场的胜利创造了有利条件，减轻了美国进攻太平洋的侧面压力，提高了中国的国际影响；打破了日本妄想打通贯通南北直达南洋的陆上通道的计划，使同盟国大批援华物资在陆地运输中断了3年后，重新源源运到中国内地，为国内的反攻作出了贡献，大大增强了全国抗战军民坚持抗战胜利的信心。

在正面战场上中国军队已经开始准备反攻的同时，敌后战场中国共产党领导解放区军民在度过了抗战最艰苦的日子之后，恢复、发展了抗日民主根据地，并开始反攻。1945年，共产党领导的解放区抗日军民发起春季攻势，歼灭和牵制了大量的日伪军，收复了大量失地，把日、伪军压缩到了主要城市、交通线和沿海地区，使日军的处境越来越困难。在华北，冀中军区部队从4月13日起向日军发动春季攻势战役。在晋冀鲁豫，太行、太岳、冀鲁豫军区和地方武装于1月至4月，先后发动了道（口）清（化）、豫北、南乐等战役。道清战役歼敌2500余人，缴获枪支2000余支，拔除据点30余个。豫北战役毙伤敌军2800余人，俘伪军1700多人，拔除据点30余个，收复除济源、沁阳、孟县县城以外的广大乡村。南乐战役毙伤俘敌3300多人，拔除据点32个，收复南乐县城。晋绥军区部队发起春季攻势战役，共作战537次，毙伤敌军1590余人，俘810人，拔除据点54个，收复3座县城，扩大解放区340余平方公里，解放人口9.4万余人。在山东，1945年1月至4月，滨海、鲁南、胶东、鲁中、渤海等军区部队发动了诸城东、赣榆城郊等一系列战役战斗，其中仅讨伐伪军赵保原部战役就歼灭了伪军1.1万余人。在华中，新四军从1945年春起向日、伪军连续进行反攻，在苏北歼灭伪军1200余人，解放灌河以北广大地区。4月发起阜宁战役，歼灭伪军2400多人，并乘胜发展攻势，先后攻克据点20余处，解放盐城、阜宁以东全部地区。在华南，抗日游击队也纷纷展开攻势作战，巩固了华南抗日根据地。敌人被进一步压缩到大中城市和交通要道上，许多解放区之间的联系被打通。人民军队开始实现由游击战向运动战的转变。

在接二连三的军事失败打击下，日本法西斯势力日薄西山，一方面在太平洋战场上已处于被动挨打的局面，一方面陷在中国战场上动弹不得。日本军队的士气普遍低落，士兵逃亡、自杀和携械投降的事件越来越多。国内的反战、厌战情绪也越来越高涨，饥饿和疾病笼罩着日本，工人罢工、怠工，农民抗交粮税的事件不断发生，国内政局动荡。四面楚歌之中，日本首相小矶企图促进对中国的所谓和平工作，借以缓和战局。但中国决不会接受日本的所谓和平。小矶失望之余，小矶内阁以对战争指导已无能为力为由，于4月4日辞职，日本政府陷入危机。

德国法西斯的崩溃，日本在太平洋战争中连遭惨败，中国抗日战争胜利在望。日本的军事、政治、经济面临绝境，中国抗日力量极大增强。连年的浴血奋战，中国人民面前终于展现出令人振奋的光明前景。中国共产党选择了这样的有利时机召开七大，根据新形势提出新的目标和任务。

十三、人们普遍关注中国的未来

中国抗战即将胜利，世界反法西斯战争即将胜利。中国向何处去？中国共产党的立场是清楚的，那就是要争取中国光明的前途和人民的幸福。因此，中国共产党在 1944 年提出建立民主联合政府的主张。从 1944 年 5 月 4 日起，中共代表林伯渠和国民党代表张治中等，先后在西安、重庆举行多次谈判。因国民党无诚意，谈判毫无结果。这时，在日本为挽救失败局面发动以打通大陆交通线为主要目标的豫湘桂战役中，国民党军队在军事上连连失利，8 个月内共丢失 146 座城市、120 万平方公里的国土，日军直抵贵州独山，重庆哗然，全国震动。国民党统治区出现了“抗战以来空前未有的军事、政治、经济、文化各方面的严重危机”[①]。而国民党则有恃无恐，虽然重新提出要准备实施宪政，但实际上却始终是停留于口头，并不肯放弃独裁专政，还在组织上加强法西斯统治，采取强化蒋介石个人权力的措施。同时，国民党顽固派压制其他党派、团体及广大群众的民主呼声和合理要求。

在国民党统治区的爱国民主运动空前高涨的情况下，中共中央适时地提出废止国民党一党专政、建立民主联合政府的主张。1944 年 9 月 1 日，毛泽东谈到中国共产党的主张是：“召集各党派代表会，成立联合政府，共同抗日将来建国”。并说：“联合政府，三条政纲，可在答复张、王[②]时提出。”董必武等按照毛泽东的指示，事先和民盟主席张澜、秘书长左舜生等就各党派联合政府一事有过商谈[③]。同时，周恩来又致电董必武等，要求了解中共如提议要求提前召集各党派及各界团体代表会议，改组政府，是否

① 中共中央文献研究室编：《周恩来传（1898—1949）》修订本，中央文献出版社 1998 年版，第 699 页。

② 张、王，这里指国民党谈判代表张治中、王世杰。

③ 中共中央文献研究室、中央档案馆编：《建党以来重要文献选编》第 21 册，中央文献出版社 2011 年版，第 488 页。

可能引起大后方响应，尤其小党派、各地方实力派的同情。

9月4日，林伯渠等向中央电告与各民主党派商量的结果：民主党派赞成林伯渠在参政会的报告中顺便提出改组政府的主张。同日，中共中央认为："目前我党向国民党及国内外提出改组政府主张的时机已经成熟，其方案为要求国民政府立即召集各党、各派、各军、各地方政府、各民众团体代表，开国事会议，改组中央政府，废除一党统治。然后，由新政府召开国民大会，实施宪政，贯彻抗战国策实行反攻"。

9月5日至18日，国民参政会三届三次会在重庆召开，到会参政员164人。在国民参政会的开幕式上，蒋介石还大肆鼓吹一切统一于国民党，并声称："我可以保证军事根本没有危险，因为危险早已过去了。""敌人所加于我们的危险，到今天实在已成过去了"。何应钦也在9月5日下午的军事报告中掩饰军事危机，说"各战场攻守兼论，随时予敌以严重消耗"。事实上当时国民党军队正在广西战场上继续败退。了解战况的参政员对此极为愤慨。由河南沦陷区来的参政员报告中原战场情景时，悲痛得语不成声。有位参政员提出要求枪毙汤恩伯，表示愿和汤恩伯同死。蒋介石极力庇护汤恩伯，以致这位参政员当即交出国民党党证，表示不要这个党籍了。会上还有国民党政府所作的经济、粮政、财政、内政、交通、社会行政、司法行政、教育、外交等报告，参政员们多有质询。面对国民党的倒行逆施，共产党人痛切地感到："一切枝枝节节、敷敷衍衍的办法都不足以挽救今日的危局，因此，必须根据客观要求提出新的政策。"正如董必武所说："国民党不愿放弃他一党专政，我们既然反对一党专政，自然便要建立多党联合的政府，这是逻辑发展的必然结论。"①

9月15日，中共方面林伯渠、国民党方面张治中分别报告国共谈判经过。林伯渠在报告中根据中共中央的指示，公开提出改组国民党一党专政的独裁政府，召开国是会议，成立民主联合政府的主张。中国共产党认为，造成抗战后期中国正面战场和大后方"严重危机的最根本原因，就

① 中共中央统战部等编：《中共中央抗日民族统一战线文件选编》下册，档案出版社1986年版，第767—768页。

是由于在一党独裁制度下完全没有民主”[①]。要挽救时局，克服危机，唯一的办法就是废除国民党独裁统治，实行民主。而建立民主联合政府的主张，是挽救时局，克服危机的迫切需要。中国共产党适时地提出了建立民主联合政府的主张，是抗日战争后期中国政治舞台上的一件大事，得到了民主党派和地方实力派的拥护和支持，成为了大后方民主运动明确的奋斗目标。

建立民主联合政府主张提出，说明了以中国共产党为代表的抗日、民主力量迅速发展壮大。中国共产党已逐渐成为大后方民主运动的公开领导者和组织者。在争取建立民主联合政府的过程中，中国共产党和各民主党派互相支持、互相配合，奠定了以后共产党领导的多党合作政治格局的基础。毛泽东在 1945 年 2 月 3 日党的六届七中全会主席团会议上，充分肯定了提出建立联合政府口号的意义。他说：去年 9 月提出联合政府的主张是正确的。这是一个原则的转变，以前是你的政府，我要人民，9 月以后是改组政府，我可参加。虽然联合政府仍然是蒋介石的政府，不过我们入了股，造成一种条件。为着大局，可能还要忍耐一点。为了抗日民族统一战线的团结，中共当时力争国民党能参加联合政府。

林伯渠提出建立民主联合政府主张后，国民参政会决定组织一个“延安视察团”赴延安视察，并于返渝后向政府提出关于“加强全国统一团结之建议”。9 月 16 日，蒋介石报告目前军事、外交、经济等情况，改变了此前的武断结论，承认中国战场处在最艰危的时期，声称将考虑提早结束训政时期。10 月 3 日，林伯渠致函张治中、王世杰，要求国民党政府按照中共所提方案，立即结束一党专政，成立民主联合政府，实行新政策；并请张、王二人到延安一行，以便国共两党就联合政府问题进行谈判。由此，国共两党围绕是否建立民主联合政府展开了新的交锋。

国民党政府顽固坚持一党专政，拒绝接受中共的联合政府主张。在重庆 10 月 4 日召开的外国记者招待会上，当有记者问到政府对设立“联合政

---

① 林伯渠 1944 年 10 月 13 日致国民党代表信。

府”意见时，国民党动员委员会秘书长张平群答称：此说不值讨论，吾人亦不拟讨论。

10月10日，周恩来在延安发表《如何解决》的演讲，进一步阐明成立联合政府的具体步骤和方法。第一，由各抗日党派、各抗日军队、各民众团体自己推选代表人数，就根据各方所代表的实际力量按比例规定；第二，国民政府于最近召开国是会议；第三，在国是会议上根据革命的三民主义的原则，通过切合时要、挽救危机的施政纲要；第四，在各方代表制定的共同施政纲领的基础上，成立各党派的联合政府；第五，联合政府有权改组统帅部，延纳各主要军队代表，成立联合统帅部；第六，在联合政府成立后，即着手筹备真正由人民普选的国民大会，实施宪政。周恩来认为，成立各党各派联合政府“是挽救目前危机切合时要的唯一正确方案”。他认为，中国共产党6月4日的12条意见与委托林伯渠口头提出的8条意见，“仍应成为今后国共谈判的根据”。他希望国民党谈判代表能到延安视察和谈判。

与此同时，国民党当局加紧对大后方民主运动的控制。重庆警察局10月11日重新宣布“结社须得社会局许可”，举行时事讨论及含有政治目的之集会须事先呈报当地警察机关，领取许可证后方得举行，否则警察局可以随时禁止或解散之。警察局还向各团体发出威吓性警告：凡借给开会地址，出了问题要由各团体负责。11月20日，国民党召开中央临时常会及国防最高委员会常会决定实行党政机关的一系列人事变动。实际上是换汤不换药，作出个“改革”的样子，以抵制共产党及人民群众要求改革政治机构、建立联合政府的主张。

中国共产党提出的建立民主联合政府的主张，得到了人民的拥护，在国内外引起强烈反响，各民主党派、各界民主人士纷纷表示赞同。中国共产党在国民党统治区域人民中的威信也以现在为最高①。中国民主同盟发表《对抗战最后阶段的政治主张》，宣布要为“立即结束国民党一党专政，建

① 中共中央文献研究室、中央档案馆编：《建党以来重要文献选编》第21册，中央文献出版社2011年版，第129页。

立各党派之联合政权，实行民主政治”而斗争[①]。中国共产党提出的建立民主联合政府主张，“振奋了全国的民主运动”[②]，将大后方的民主运动推向了一个崭新的迅猛发展的阶段，为大后方乃至全国人民的爱国民主运动，指明了奋斗目标。救国会、第三党、职教社等领导人纷纷献言献词响应联合政府号召。重庆、成都、昆明等地文化界、妇女界，美洲十大华侨报要求建立联合政府的通电、宣言此起彼伏。

1945 年春，国民党统治区爆发了工人、市民的反独裁示威。2 月，又在大后方的政治、经济、文化中心重庆爆发了一场大规模的、以工人为主体的反对特务迫害、争取民主的胡世合运动。重庆电力公司用户股的外勤电工胡世合，被持枪行凶的国民党特务在光天化日之下加以杀害。中共南方局在王若飞等人领导下，组织动员全市工人、群众和各界人士反对国民党特务统治，保障人权，调动广大群众的积极性，迫使国民党惩办凶手，有力地打击了国民党的嚣张气焰。

中国共产党提出建立民主联合政府主张，得到国际舆论特别是美国的支持。1944 年 11 月，美国总统罗斯福的私人代表赫尔利在延安同中国共产党进行的会谈中，也表示同意中共提出的废除国民党一党专政，成立民主联合政府的方针，并同中共签订了关于建立民主联合政府、联合军事统帅部及承认中共之合法地位的五项协议。苏联也支持中国成立民主联合政府。

自从提出建立民主联合政府主张后，中共对大后方民主运动更加重视和支持。1944 年 11 月，周恩来分析当时民主运动有五个特点：一是强调联合政府；二是具有广泛性；三是全国要求的一致性；四是有盟国赞成；五是两种力量极大变化之时。1944 年年底，毛泽东强调，建立民主联合政府主张“应成为今后中国人民中的政治斗争目标”。

1945 年 2 月 25 日，中共中央指示南方局负责人王若飞：“国共谈判也不能望其速成，而只能运用公开谈判的形式，以援助大后方民主运动的发

---

① 《中国民主同盟历史文献》，文史出版社 1983 年版，第 32 页。
② 《周恩来选集》上卷，人民出版社 1980 年版，第 204 页。

展。"共产党通过建立民主联合政府的谈判，对大后方民主运动给予了极大的支持和援助。在国共谈判中，共产党充分肯定了大后方民主党派的地位和作用。中共先是提出由各抗日党派、各抗日军队、各民众团体自己推选代表召开国是会议。后又建议在重庆召开由国民党、共产党、民主政团同盟三方参加的国是会议预备会议、党派会议，这就明确把中国民主同盟置于与国共两党同等的地位，充分肯定了大后方民主党派在国家政治生活中特别是在未来联合政府中不可缺少的地位和作用。

同时，中国共产党在谈判中注意听取民主党派的意见，宣传共产党的主张，为民主运动提出更加明确的斗争目标。在此之前，民主运动虽在开展，却缺乏共同的目标。中共关于联合政府的主张，完全突破了国民党训政约法的框子，开辟了实现民主的新途径，使全国人民争取民主有了明确的方向和目标。中共与各界人士广泛接触，商讨国内时局，听取他们对国共谈判的意见，动员和组织社会各界民主人士，与中共的谈判斗争互相配合，共同争取联合政府的实现。

其次，通过谈判，教育和鼓舞大后方民主人士。大后方的一些民主党派、民主人士原来对国共谈判寄予了太多的幻想，对中国共产党的一些方针政策不太理解。通过国共谈判，他们看到中国共产党为实现联合政府主张而坚持不懈、多方努力，看到了中国共产党建立联合政府的诚意，从而增进了他们对共产党的了解和对国民党本质的认识，提高了他们为民主而斗争的勇气和信心，同时也增强了和中国共产党合作的愿望。

由于蒋介石拒绝接受成立联合政府的建议，中共六届七中全会及其主席团曾多次举行会议，准备组织解放区联合会，作为尔后组成独立政府的初步步骤；并且成立了由周恩来、林伯渠、李鼎铭、续范亭等 19 人共同组成的筹备委员会。毛泽东会见美军观察组的包瑞德时，也通报了准备成立解放区联合委员会的想法。后来，中央全会反复讨论，决定还是暂缓成立解放区联合委员会，明确肯定现在全国总的任务是建立统一中国一切力量的民主联合政府，其他的不提，即将召开的中共七大也要采取这种态度。

十四、中国共产党的力量空前发展

1937 年，十二月会议决定准备召集中国共产党第七次全国代表大会时，“当时党员全部只有五六万人，八路军、新四军合起来不超过十万人，根据地只有陕甘宁边区和冀察晋边区初具规模，其余的均在创造的开始。现在党员有百二十余万，军队近百万，人口近万万，政策是正确的，经过锻炼，已成为全国政治的决定因素。”七大是在这样的基础上开的，其意义与作用是非常伟大的。[①]

中国共产党经过土地革命战争时期的考验和锻炼，经历了两次历史性的转变。一次是由北伐战争的失败到土地革命战争的兴起；一次是由第五次反“围剿”的失败到抗日战争的兴起。中国共产党在极端艰难曲折的斗争中发展并逐渐成熟。全国抗战爆发后，中共中央确定了驱逐日本帝国主义出中国的方针。为了实行这个方针，中国共产党采取了“发展自己”和“团结友军”的方法。“发展自己”，就是发展党的组织，发展党领导的人民抗日武装，发展党领导下的抗日民主政权，发展党领导下的人民力量，发展党领导下的抗日民主根据地。“团结友军”，就是团结一切抗日武装、抗日力量，结成广泛的抗日民族统一战线。

全国抗日战争时期，中国共产党的发展主要经过了三个阶段。第一阶段是 1937 年至 1940 年，是党的力量上升的阶段。主要是通过发展抗日游击战争，采用“麻雀满天飞”的办法到处发展。第二阶段是 1941 年至 1942 年，是党的力量下降的阶段。第三阶段是 1943 年以后，是党的力量再上升的阶段。毛泽东形象地把中国共产党领导的抗日军队和抗日根据地发展的三个阶段比喻为：第一个阶段好比是伸开的手掌，第二个阶段是缩回的拳头，第三个阶段是再伸出强有力的拳头[②]。1944 年 10 月 25 日，毛泽东在中央党校大礼堂对即将去前线的干部作报告时指出：我们要尽量发展

---

① 中共中央党史研究室、中央档案馆编：《中国共产党第七次全国代表大会档案文献选编》，中共党史出版社 2015 年版，第 131 页。

② 中共中央文献研究室编：《毛泽东年谱》中卷，中央文献出版社 1996 年版，第 508 页。

自己的力量，抗战以来，中央就是这个政策。从现在的环境看，还需要大大的发展，广东、湖南、河南都可以大发展[①]。"发展力量是解决一切问题的决定因素"。发展力量有三个方面，一是巩固扩大自己的力量，二是瓦解争取敌方的力量，三是扶助争取同盟者。主要是巩固扩大自己的力量[②]。根据党的发展政策，抗日战争时期，党的各级组织以及党领导的抗日民主政权、人民抗日军队和各群众团体组织，都得到了空前的大发展，从而为贯彻党的思想、政治、军事路线，夺取抗日战争的胜利，从组织上提供了保证。具体体现在以下方面：

1. 党组织得到空前发展。全国抗战时期，中国共产党的发展有着十分有利的条件。由于日本帝国主义发动对中国的侵略战争，由于中国共产党提出的抗日民族统一战线政策和全国抗战路线在人民群众中的影响，大批进步、革命分子要求加入中国共产党。同时，为了担负起扩大和巩固抗日民族统一战线以彻底战胜日本帝国主义的需要，强大的党组织是十分必要的。抗战以前，因为过去敌强我弱加上犯的"左"倾错误，党的力量受到很大的挫折和损失，党的组织力量还远远落后于党的政治影响，许多重要的地区还没有党的组织。因此，大量的发展党员，是党要代表人民和民族利益，担当领导责任，必不可少的组织保证。中国共产党是没有一党私利的党，它全心全意为人民服务，以争取民族独立和解放为目的。它的发展，也是为着更好地服务于中国人民，更好地领导全国抗战走向胜利。所以，中国共产党组织由小到大，不断发展壮大，正是适应了这个需要。适应着这个需要，从 1937 年到 1945 年抗日战争胜利时，共产党员由 4 万名发展到 120 万名，中共中央派出机构由 2 个增加到 8 个，省（区）委由 17 个发展到 30 多个，地、县委和基层组织遍及全国大部分地区。

2. 党领导的人民军队发展壮大。党代表人民的意志，从人民军队创建时就给它规定了"为人民服务、保卫祖国的神圣任务，以民族解放和人民

---

① 中共中央文献研究室编：《毛泽东年谱》中卷，中央文献出版社 1996 年版，第 553 页。
② 《任弼时选集》，人民出版社 1987 年版，第 388 页。

解放为它的奋斗目标”[①]。抗战初期，日本以主力对付国民党，国民党也比较有朝气，国共关系比较好，共产党采取了游击战的方针，发展了军队，建立了敌后根据地。对运动战还是游击战的问题，党内也发生过争论，但是还是执行了以游击战为主的正确战略方针。特别是向敌后挺进，牵制敌人，建立战略根据地，创造解放区，从精神上振奋了全国人民抗战的意志，在事实上证明人民战争必然获得最后的胜利。人民军队在最困难的条件下长期坚持下来，把黑暗的广大沦陷地区收复过来，变成了光明的广大解放区。八路军、新四军、华南抗日纵队与一切抗日的友军，协同保卫祖国，“和敌人进行了空前英勇的、残酷的、可歌可泣的胜利战争，成为中国抗战的中流砥柱”[②]。在军事组织方面，中共中央派出机构同级的大战略区一级军区从无发展到 5 个，各一级军区和八路军、新四军各师之下新建与省、区委同级的二级军区发展到 26 个，与地、县委同级的军分区、县游击大队在抗日根据地、游击区普遍建立，八路军、新四军、东北抗日联军、华南抗日游击纵队，由建军时的数万人发展到 120 万人，民兵发展到 220 万人。

3. 党领导的抗日民主政权得到发展。抗战初期中国共产党就领导着统一战线的民主政权的创建工作。在陕甘宁边区、晋察冀抗日根据地以及其他各个抗日民主根据地，建立了通过民主选举产生的民主政府。民主政府的主要任务是：大量武装人民、动员人民参加抗日斗争；下令保障人民民主权利；实行减租减息政策，改善人民生活等等。在党的领导下，抗日民主政权实行“三三制”原则，注意吸收党外人士参加政权，还注意通过参议会和开明士绅座谈会等，将党的政策向各阶层人民作解释，消除了中上层人士的怀疑和恐惧[③]。抗日民主政权注重组织经济建设，努力改善人民生活，提出了“适当地改善工人生活和不妨碍资本主义经济正当发展的两重性的”劳动政策，“要求地主减租减息又规定农民部分地交租交息的两重性

① 《朱德选集》，人民出版社 1983 年版，第 143 页。
② 《朱德选集》，人民出版社 1983 年版，第 144、137 页。
③ 《刘少奇选集》上卷，人民出版社 1981 年版，第 283 页。

的”土地政策，推广“公私兼顾”、有利于资本主义的经济成分发展的社会经济政策等，调动了各方面积极性，使抗日民主根据地的经济建设、文化建设得到发展，根据地也更加稳固。1938 年 10 月，晋察冀地区建立了 2 个政治主任公署、3 个专员公署、72 个抗日县政府，居民约 1200 万人。到 1945 年春，党领导的地方政权，仅华北地区就有 438 个县、65 个专署、9 个战略区的边区政府。中共中央派出机构同级的边区政府由 1 个发展到 5 个，与省（区）委同级的政权组织发展到 26 个，与地、县委同级的行政督察专员公署、县抗日民主政府在各抗日根据地普遍建立健全起来，辖区近 100 万平方公里，人口近 1 亿人。

4. 党领导的人民力量得到空前发展。为了发动人民群众参加抗日，中国共产党在重视建立抗日民主政权的同时，也重视建立工会、农会及青年、妇女、儿童等各种群众团体。先是成立筹备委员会，起草有关章程，提出适合当地工农群众各种要求的纲领，并组织群众要求改善生活待遇的斗争；同时训练工会、农会工作干部，派人到各区各村，成立区村的工会、农会，动员群众参加自卫队、游击队以及政府各方面的工作。各种群众团体一般来说代表着不同的群众，是党同群众密切联系的重要渠道。通过群众团体将不同特点的群众广泛发动和组织起来，参加抗日斗争，具有十分重要的意义。同时，通过群众斗争，可以发现积极分子，吸收其中的先进分子加入中国共产党。所以，党领导下的群众团体是党开展群众工作的重要桥梁。各种群众团体将群众团结在抗日民主政府周围，成为推动抗日斗争发展的重要动力，在实现党的全面抗战路线方面发挥了重要作用。党领导下的群众团体组织，各级人民武装抗日委员会和工人、农民、青年、妇女、文化界抗日救国联合会等抗日群众组织在各抗日根据地乃至游击区都普遍建立起来。

正如周恩来在七大开幕式中所说：“从我党第六次大会到今天，我们经过了十七个年头。在这两个大会之间，我们的党经历了国际、国内和党内的许多重大变化、重大事故。我们党走过了千辛万苦、艰难曲折的道路，终于把我们的党锻炼成为不仅是中国，而且是全世界的一个强大的有能力的党。我们党现在有了一百二十一万党员，比之六次大会时算起来差不多已经大了三十多倍。现在我们全国重要地区都有了组织，在全国有了很多报纸，和群众有了密切联系。这样有群众的共产党，我们可以说是中国有历史以来没有过的，这是我们最大的成功。”

同时，“我们党现在领导了中国解放区的九十一万多正规军队，二百二十多万民兵，上千万的人民自卫军”，这与六大时相比有很大不同，那时我们仅有散在各地的几万农民游击队，但是经过十七年的战争。“我们已经给中国人民锻炼出了一支永远打不败的人民的军队。我们党现在在敌后建立了十八个解放区，加上陕甘宁边区已经有十九个解放区，解放了九千五百五十多万人口，组织了九百多县人民自己选举出的民主政权。”这和六大时，我们仅有很少数的几个工农兵苏维埃地方政权相比也有很大的不同。“经过十七年的奋斗，我们已经给全国人民，在中国大块土地上，建立了永远推翻不了的人民政府。”①

中国抗日战争后期的形势令人鼓舞，一方面是欧洲反法西斯战场和中国抗日战争即将胜利，另一方面是中国共产党已经获得空前发展。“中国共产党从来没有现在这样强大过，革命根据地从来没有现在这样多的人口和这样大的军队，中国共产党在日本和国民党统治区域的人民中的威信也以现在为最高，苏联和各国人民的革命力量现在也是最大的。在这些条件下，打败侵略者，建设新中国，应当说是完全可能的”②。

---

① 中共中央党史研究室、中央档案馆编：《中国共产党第七次全国代表大会档案文献选编》，中共党史出版社 2015 年版，第 166—167 页。

② 《毛泽东在七大的报告和讲话集》，中央文献出版社 1995 年版，第 16 页。

第二章　中共七大的筹备

在大力倡导抗日民族统一战线、大力发展敌后抗日游击战争，创建抗日民主根据地的同时，中国共产党也始终没有放弃中共七大的筹备工作，直到 1945 年七大的召开。

一、组织准备

党的全国代表大会的筹备是一个系统工程，涉及代表的产生、集中，大会的议程、文件的准备，会务的安排，保卫工作、后勤工作等等。不仅要有硬件，还要有软件，不仅要有政治准备、思想理论准备，还要有组织、会务等准备。尤其是在抗日战争期间，中国共产党先后建立了 19 块抗日根据地，其中绝大多数都在敌人后方。因此，和中共中央所在地的陕西延安在信息的沟通、人员的往来等方面都困难重重，不仅受河流山川的阻隔，还受到敌人的重重封锁。这也是 1937 年后，召开七大工作屡次启动，又屡次拖延的客观原因。因为处在战争期间，要成功召开一次全国性的重要会议，没有充分的组织准备也是不可能的。

（一）组织准备的具体展开

中共七大的具体筹备工作，是从全国抗战初期正式成立相应的组织机构而开始的。自从建立相应的组织机构以后，七大的筹备工作便得以具体展开。

1. 通过召开七大决议和设立准备委员会

1937 年 10 月 21 日，原中共驻共产国际代表王明和康生准备回国，他们写信给斯大林恳请接见并希望得到他“对一系列重大问题的建议”[①]。11月11日，斯大林同共产国际领导人季米特洛夫在克里姆林宫接见了王明、康生和王稼祥。据季米特洛夫日记，斯大林在谈到中国共产党的代表大会时，认为大会上“不宜进行理论上的争论。理论问题应该［放到］较晚时期，等到战争结束之后”。同时，“与过去相比，现在很少有机会谈论中国非资本主义发展道路的问题。(要知道，资本主义在中国已经在发展！)”[②]11月29日，此前作为中共驻共产国际代表团的王明和康生从苏联乘飞机回到延安。

12月9日至14日中共中央为听取共产国际的指示和总结党的工作，召开政治局会议，史称十二月政治局会议。并于12月13日通过关于准备召集七大的决议。决议指出：“政治局认为在最近时期内召集党的第七次全国代表大会，对于全中国人民解放斗争和党的工作，均有最严重的意义。”“党的第七次全国代表大会的中心任务，在于讨论和规定如何在巩固和扩大以国共合作为基础的抗日民族统一战线总方针下，组织和保障全中国人民取得对日抗战的最后胜利；同时，党七次大会应当对于自党六次大会以来的革命斗争经验作一个基本的总结。”“中国共产党第七次全国代表大会准备期限不能过长，应尽可能地在较短时期内召集大会。”

同时，决议还对“党七次代表大会的主要议事日程”，暂提议为下列各项：一是十年奋斗的基本总结和当前奋斗的基本方针；二是如何组织和保障全中国人民对日抗战的胜利；三是动员工人阶级积极参加对日抗战工作；四是在新工作条件下的党的建设问题；五是改选党的中央领导机关。“此大会议程应交六中全会审核及第七次全国代表大会最后决定。”[③]

决议还规定：“为了有系统地进行一切有关于召集七次大会的准备工

---

① 《共产国际、联共（布）与中国革命档案资料丛书》第18卷，中央文献出版社2012年版，第12页。

② 《共产国际、联共（布）与中国革命档案资料丛书》第18卷，中央文献出版社2012年版，第15页。

③ 中共中央党史研究室、中央档案馆编：《中国共产党第七次全国代表大会档案文献选编》，中共党史出版社2015年版，第3—4页。

作，政治局决定成立一个准备召集中国共产党第七次全国代表大会委员会决定成立由25人组成的中共七大准备委员会。”[①]准备委员会的成员是：毛泽东、王明、朱德、周恩来、项英、张闻天、张国焘、秦邦宪（博古）、赵容（康生）、廖陈云（陈云）、王稼祥、彭德怀、任弼时、邓发、刘少奇、何克全（凯丰）、林祖涵（林伯渠）、吴玉章、董必武、徐特立、曾山、张鼎丞、陈毅、杨靖宇、高岗。第七次全国代表大会准备委员会，以毛泽东为主席、王明为书记[②]。

在这个准备委员会下，设立了秘书处，由毛泽东、张闻天、康生、陈云、王明5人组成。七大准备委员会和秘书处的工作，包括拟定“各级党部对大会之施行具体准备工作”，起草给地方党组织的筹备七大的通知交政治局批准后通知全党、征求各方面对七大筹备工作的意见，等等。

七大的准备委员会中，毛泽东和王明都担任重要职务。毛泽东从1935年1月遵义会议后已经成为全党的领导人。而王明1931年1月被共产国际代表米夫扶植担任了中共中央负责人后，很快就去了苏联，直到1937年11月29日回到延安，并传达苏联、共产国际方面对中国共产党工作的意见。因此，七大准备委员会由毛泽东任主席、王明任书记，可以说旗鼓相当，足以说明两人在党内的地位和作用。在25人组成的七大准备委员会中，还可以看到作为东北抗日联军的代表杨靖宇的名字。

1937年12月13日，南京沦陷。当时的武汉成为国民党统治区政治中心。十二月会议后，周恩来、王明、博古等即离开延安前往武汉，为了同国民党协商国共合作事宜并准备成立中共中央长江局。12月29日，周恩来等致电中央书记处：“请起草和发表准备召集第七次全国党代表大会，告全党同志书及地方党部应如何准备七次大会问题的指示，以便动员全党开始实际准备大会工作。”

1938年1月3日，陈绍禹（王明）等又致电书记处：“因此地不知全

---

① 中共中央党史研究室、中央档案馆编：《中国共产党第七次全国代表大会档案文献选编》，中共党史出版社2015年版，第4页。

② 《解放》周刊，第28期。

国党的状况和常委会主席与秘书处绝大多数同志集中在书记处，加之王明很忙，特决定仍请你们起草各种有关于准备召集七次大会的文件。”①

1月20日，中共七大准备委员会秘书处从延安发出关于地方党筹备七大工作的通知第一号。通知指出：“为使党中央政治局关于召集七次全国代表大会的决议能够具体实现，各地方党必须立即进行下列工作：（一）在口头上文字上宣传七大召集对于争取抗战胜利的重要性和意义。（二）努力在争取抗战最后胜利的斗争中建立与扩大全国地方党的组织。（三）选拔培养与训练党的优秀干部准备为出席大会代表的候选人。（四）准备好大会的意见和提案。（五）如何选举大会代表问题，以后另行通知。”②1月21日，秘书处以毛泽东、陈云、康生、张闻天的名义致电时在武汉的王明，征求对通知内容的意见，要求“有何意见请即告”。

2月2日，随同王明、康生到延安的苏联代表安德里阿诺夫同中共中央负责人张闻天谈话。张闻天提出：“我们建议在延安（肤施）召开党的第七次代表大会”③。这也是中国共产党第一次明确提出召开七大的地点在延安。2月4日，王明等来电提出关于七大通知的补充意见，认为“应加地方党应讨论的政治问题目录、代表产生原则及比例、代表人选的政治标准和选择。此外，现在即应在党的各种刊物上，作政治动员和政治讨论工作”等④。

2月15日，王明等联名电告中共中央书记处并任弼时、凯丰、朱德、彭德怀，提议在即将召开的政治局会议上，一是“讨论目前抗战形势与如何保障继续抗战和取得抗战最后胜利问题”；二是“七次大会的具体准备工作问题”。⑤如果还有其他问题也可以增加，但要立即开始准备工作，以

---

① 中共中央党史研究室、中央档案馆编：《中国共产党第七次全国代表大会档案文献选编》，中共党史出版社2015年版，第5页。

② 中共中央党史研究室、中央档案馆编：《中国共产党第七次全国代表大会档案文献选编》，中共党史出版社2015年版，第6页。

③《共产国际、联共（布）与中国革命档案资料丛书》第18卷，中央文献出版社2012年版，第26页。

④ 中共中央党史研究室、中央档案馆编：《中国共产党第七次全国代表大会档案文献选编》，中共党史出版社2015年版，第7页。

⑤ 中共中央党史研究室、中央档案馆编：《中国共产党第七次全国代表大会档案文献选编》，中共党史出版社2015年版，第8页。

便节省开会时间。

2. 三月会议讨论七大筹备工作

1938年2月27日至3月1日，中共中央政治局在延安召开会议，又称三月政治局会议或三月会议。会议主要讨论抗战形势、国共关系和抗日军事问题，同时也讨论了召集党的七大的准备工作。王明在会上先后两次发言，认为他在十二月政治局会议上的观点是正确的，但没有写成一个决议，是政治上的损失，继续坚持和发挥他在抗日民族统一战线问题上的右倾主张。毛泽东、张闻天、任弼时等发言抵制了王明的错误主张。关于七大的准备工作，王明在三月政治局会议的总结中指出，1937年的十二月会议通过在最近期内召集党的七次全国代表大会的决议，三月会议又讨论了进一步具体准备七大的工作问题，“这对于全中国人民的抗日救亡工作，对于党的本身工作，都有最严重的意义，是非常正确的。全党同志现在应该努力进行七次大会的具体准备工作。”①

王明认为，在关于七大议程各问题的讨论中，任何一个同志都有权利明确详尽地发表他对于中国革命全部问题特别是抗战和争取抗战胜利问题的意见。通过这种讨论，教育全党同志学习过去革命的经验教训和研究现在如何战胜日寇以便建立独立自由幸福新中国的基本问题；使这种讨论不仅成为搜集全党同志对大会意见的有效办法，而且成为用严格自我批评方法检讨我们过去和现在工作的各种错误和缺点，以及找出改正和补救这些错误和缺点的有力工具；使这种讨论，不仅成为准备大会的最重要的基本工作，而且成为在政治上组织上教育党巩固党和扩大党的重要武器；使这种讨论的结果，不仅成为共产党本身一个大的政治上和组织上的进步，而且成为对全国同胞的抗日救国团体大事业的新的有力贡献②。

同时，王明还就大会在政治上、组织上的准备和报告人等问题提出他

---

① 中共中央党史研究室、中央档案馆编：《中国共产党第七次全国代表大会档案文献选编》，中共党史出版社2015年版，第11页。

② 王明：《目前抗战形势与如何继续抗战和争取抗战胜利》，1938年3月11日。

的意见。一是关于政治上的准备。包括：由毛泽东写一个关于十年来党奋斗的提纲；由王明写一个统一战线提纲；洛甫（张闻天）写准备召集七大告全党同志书；凯丰写告全国同胞书。准备分配给各部门写的有关于职工、农民、青年运动的论文。二是关于组织上的准备。包括：王明写一个给地方党的指示；规定代表的数目、成分、男女、各种工作、各个地区，布置大会代表的交通网，专人负责（由康生计划）。三是关于报告人的准备。四是准备在党报等发表各种论文。

毛泽东对七大的准备工作也发表了意见。一是七大开会的时间，须看战争的形势来决定；地点也要看形势的发展；人数决定于党的发展。二是同意进行政治、组织上的准备工作，并提出七大的代表人数暂定500人。三是关于报告的准备人，十年结论由洛甫（张闻天）、王明、毛泽东、张国焘准备；统一战线由王明、毛泽东、周恩来、任弼时准备；军事（副报告）由朱德、毛泽东准备；职工运动由康生、张国焘、王明准备；组织报告由周恩来、博古、董必武准备。以上五个报告的报告人暂不决定。①

毛泽东和王明提出的意见有很大的不同。毛泽东提出的七大召开时间、地点、人数，这些都是大会召开的基本要素。毛泽东参加过中共一大、三大、五大，参会经验较丰富。同时，毛泽东强调从实际出发，或由形势决定，或要看形势发展，或由党的发展决定。三是注意七大报告的准备要发挥集体的力量，每个报告都增加了起草人员，如十年结论的报告和统一战线提纲都由1人加为4人，职工报告由3人准备，组织工作单独列出，也由3人参加，加上军事报告2人参加。这都是非常重要的带根本性的原则问题。

毛泽东的意见和王明的区别，是对七大的准备工作采取了更为审慎的态度。这样可以根据战争形势和其他条件，做好七大在政治上、组织上的充分准备；同时可以充分发挥集体的智慧和力量来准备大会的报告；三是可以等待共产国际提出意见。因为三月会议决定派任弼时到莫斯科向共产国际说明中国抗战情况、国共两党关系、中共七大等问题。四是王明回国

---

① 中共中央党史研究室、中央档案馆编：《中国共产党第七次全国代表大会档案文献选编》，中共党史出版社2015年版，第8页。

后对党的工作特别统一战线工作提出不少意见，需要时间来统一领导层的认识。所以，在七大的准备问题上，毛泽东明显和王明的主张有所不同，考虑问题更加细致、周全。

尽管准备委员会主席毛泽东和书记王明的意见并不完全一致，但并不影响三月会议决定中央应“立刻进行具体准备”召开七大。需要准备的文件大致有三类：一是为召集七大告全党同志书和告全国同胞书；二是给地方党部发出关于七大准备工作的指示；三是成立大会四个主要议程的报告草案委员会，责成政治局及中央同志分别起草大会第一、第二（即十年结论、统一战线）两个议程的政治提纲，以及写关于第三、第四（即职工运动、组织报告）两个议程的论文和其他专门问题的论文。这些提纲和论文将不仅作为地方党部和全党同志讨论和研究大会问题的材料，而且作为一切对中共七次大会愿意发表意见和提出建议的人士的参考。

张闻天按照三月会议提出的要求，很快起草和完成了《中共中央为召集中共第七次全国代表大会告全党同志书》。《告全党同志书》指出：“我们现在是处于神圣的民族抗战的大时代，这大时代在中国共产党前面提出了争取民族抗战最后胜利的神圣的任务！”任何敌人“都不能屈服正在迅速觉醒着的中华民族！在全国人民的心中，现在只有一个思想，一个希望，一个要求，一个目标，这就是战胜日寇，驱逐日寇出中国，求得中华民族的独立解放！”

张闻天指出：“我们的党在执行争取民族抗战最后胜利的任务上，已经尽了很大的努力。我们的党提出了抗日民族统一战线的基本方针，这个方针，已经获得了全中国人民的拥护与实行。我们的同志在前线上，在后方，在各个战线上，都能同全国人民在一起，为中华民族的独立解放而牺牲奋斗。他们在神圣的民族抗战中，表现出了自己是全中国人民的先锋与模范。这是先进阶级、先进政党的中国共产党的光荣。”

“中共第七次全国代表大会，就是动员全国人民为争取民族抗战最后胜利的大会、这个大会将在全国人民前面提出争取民族抗战最后胜利的正确道路与光明的前途，将巩固全国人民以团结统一，以持久抗战去战胜日寇与克服一切困难的决心，将给全国人力、物力、财力的总动员以新的有力的推动。这个大会，无疑的，是全国人民的大会，它必将得到全国人民的拥护。"

"中共第七次全国代表大会，同时，将动员全党同志在神圣的民族抗战中发挥先进阶级先进政党的先锋的模范的作用，使全党同志充分的了解，使中国共产党在民族抗战的大时代中成为全国人民的先锋队，正是马克思列宁主义所给与我们的指示。正是马克思列宁主义指示出为民族统一战线，为中华民族的独立解放，为革命的三民主义的彻底实现而奋斗，是中国共产党在中国目前的具体历史环境中最中心的任务。"

"我们相信，有了强大的统一战线，有了强大的党，我们就能更有力量去展开全民族抗战的雄伟阵容，能更快的取得民族抗战的最后胜利！这是我们今天的责任，也就是我们对于本党七次全国代表大会的实际准备"①。

此份文告充分说明中国共产党筹备召开七大的目的和任务，主要是为着全民族抗战的胜利。争取抗战胜利，也是七大的主题。

在国共第二次合作、全民族同仇敌忾抗击日本侵略者的情况下，中共七大的筹备工作似乎并没有保守秘密，因而也引起了国内包括香港记者的兴趣和关注。1938 年 2 月下旬的一天晚上，毛泽东会见从国民党统治区和香港来延安访问的五位青年记者，同他们进行了两小时的谈话，其中也包括回答有关中共七大的问题。

3. 任弼时向共产国际报告七大筹备情况

共产国际一直关注中共七大的召开。还在中共六大召开后不久，1928 年 10 月，时任共产国际东方部副部长、参与中共六大指导工作的米夫撰写了《中国共产党第六次代表大会》一文。其中提到：中共"第六次代表大

---

① 张闻天：《中共中央为召集中共第七次全国代表大会告全党同志书》，1938 年 3 月 10 日。见中共中央党史研究室、中央档案馆编：《中国共产党第七次全国代表大会档案文献选编》，中共党史出版社 2015 年版，第 9—10 页。

会并未准备通过党纲。因此它做出了一项决议，委托新选出的中央委员会拟定中国共产党纲领草案，以便经地方组织事先讨论后，提请第七次代表大会审查和批准。”[①] 米夫将拟定中国共产党纲领草案作为中共七大的一项重要任务提了出来。

11 月 12 日，共产国际东方书记处成立了一个常设的中国委员会，其具体使命是具体指导中国工作。该委员会担负的任务要求是：“预先仔细研究与中国工作有关的材料，以便于共产国际对中国共产党进行经常性的、定期的和系统的指导”，其中包括了“制定中国共产党纲领草案，研究关于民族问题的材料，以便在以后的中国共产党第七次代表大会上提出这个问题”[②]。这说明，有关七大的一些准备工作实际上是从六大以后就开始了。

1928 年年底，在莫斯科召开的中国共青团五大上当选为中央委员的陆定一，从中国赴莫斯科，担任中国共青团驻少共国际代表、中共驻共产国际代表团成员。他回忆说，1929 年 7 月，“中共中央鉴于国内形势发展的需要，准备在 1930 年内召开七大，写信给代表团，指定在莫斯科的同志负责起草党纲”。党纲起草委员会由瞿秋白、张国焘、余茂松、陆定一、王若飞、蔡和森组成，以瞿秋白为书记。邓中夏因为要回国，中央没有要他参加。起草工作限 3 个月完成。6 个月送到国内。苏联同志由谁参加，中央要代表团和国际东方部商定。这封信辗转到年底中共代表团才收到。瞿秋白的意见，中国方面参加的人应少一些，苏联同志多一些。他提议由莫洛托夫、库西宁、米夫、沙发洛夫、瞿秋白、邓中夏、张国焘组成起草委员会。邓中夏当时已暂不回国。国际东方部的意见是暂定 1930 年七八月间仍然在莫斯科召开[③]，请中共中央考虑决定。这个时候代表团的处境已经很困难，这件事情也就没有认真进行。[④] 从这里可见，共产国际东方部曾考虑中

① 摘自《米夫关于中国革命言论》，人民出版社 1986 年版；《共产国际、联共（布）与中国革命文献资料选辑》（1927—1931）上，第 11 卷，中央文献出版社 2002 年版，第 188 页。

② 《联共（布）、共产国际与中国苏维埃运动》（1927—1931）第 8 卷，中央文献出版社 2002 年版，第 38 页。

③ 指中共七大——笔者注。

④ 《陆定一与共产国际》，《人物》1997 年第 3 期。

共七大也和六大一样在莫斯科举行，并对开会时间、文件起草等有关问题有所谋划。但因为各方面的原因，1930 年召开中共七大的事情拖延下来，试图启动的起草七大党纲的工作也没有结果。

1938 年 4 月，任弼时受中共中央委托到苏联莫斯科，向共产国际交涉“军事、政治、经济、技术人才”等问题①。4 月 14 日，任弼时向共产国际提交书面报告，其中关于七大的内容有：中共中央决定于“近半年内召集党的第七次代表大会”。政治局已拟定大会的议事日程：（1）十年斗争的基本总结和当前斗争的基本方针；（2）如何组织和保障全中国人民对日抗战的胜利；（3）动员工人阶级积极参加对日抗战工作；（4）在新工作条件下党的建设问题；（5）改选党的中央领导机关。任弼时还报告说，为着系统地进行七次大会准备工作，中共中央已成立 25 人的准备委员会和各主要议程的报告草案委员会，并且发布告全党党员和国民书。大会规定出席代表人数 500 人。现在全党正在进行七次大会的动员与准备工作。中共中央要求国际对第七次大会给以指示，并派代表指导七次大会工作②。

5 月 17 日，任弼时和原驻共产国际的中共代表团代表王稼祥在莫斯科出席共产国际执行委员会主席团会议。任弼时作《中国的抗战形势及中共的工作和任务》报告，作为此前的书面报告的口头说明和补充。他指出：“报告的基本内容已经以书面形式阐述过了”，所以他只谈谈几个主要的问题，其中就包括“中国共产党在党建方面的任务”。为了对最近 10 年来的工作和斗争作出总结并保证党在抗日民族解放战争中的领导，中国共产党决定在近期召开党的第七次代表大会。大会议程上提出了以下问题：1. 十年来斗争的基本总结和目前斗争的主要任务；2. 如何组织和保证中国人民在抗日民族解放战争中的胜利；3. 动员工人阶级积极参加对日抗战工作。4. 在新工作条件下党的建设问题。5. 选举党的领导机构问题。任弼时报告还指出：“目前党正在进行召开第七次代表大会的筹备工作。中共中央请求共产国际执委会给予党的第七次代表大会以指导和指示，并派代表参加代

---

① 中共中央文献研究室编：《任弼时年谱》，中央文献出版社 2004 年版，第 369 页。

② 《文献和研究》1985 年第 4 期，第 31 页。

表大会的领导工作。”[①] 这份报告和收入《任弼时选集》时文字略有区别，但没有本质区别。“为着总结过去十年的工作，和保证党对抗日战争的领导，中国党决定最近召集党的第七次大会，现在全党正在进行准备工作”[②]。

从上可见，中共中央在筹备期间对大会议程的初步考虑，其重点是如何组织和保证抗战胜利、如何加强党的建设等问题。

6月11日，共产国际执行委员会主席团就中共中央代表的报告通过的决议，肯定中共的政治路线是正确的。在用来加强和扩大抗日民族统一战线进一步贯彻这一正确路线的情况下，强调了在筹备即将召开的党的第七次代表大会的情况下，必须注意的几个问题：一是抗日民族统一战线不是也不能限制参加这一战线的政党在政治上组织上的独立性。二是共产党应在建立新的军队、动员全国人民参战、加强部队军事技术训练、提高军队的政治觉悟和纪律等方面给予国民政府以帮助；进一步开展敌后的游击运动等。三是促进国防工业发展，改善工人的物质状况。四是要在坚决进行自卫战争方面支持国民政府和蒋介石；五是同国民党的合作必须在三民主义和共同抗日的基础上；六是发展统一战线“首先要求全面地在政治上和组织上加强共产党本身”。“中国共产党应该不断加强党的政治、思想和组织上的统一以及自己队伍内的铁的纪律”，“刻不容缓的任务是”“加强对党的干部和党员的教育工作”。“共产国际执委会相信，英雄的中国共产党一定能完成自己的历史任务，中共第七次代表大会将会为开展党的整个工作提供新的动力，从而在中国人民战胜日本侵略者的斗争中起着光荣的作用”。[③] 通过中共七大为党的工作提供新动力，也是共产国际的希望。

任弼时向共产国际的汇报有了反馈和结果。正是在这样的背景下，王稼祥由苏联回国，带回了共产国际关于中共的政治路线是正确的，中共“要在毛泽东为首的领导下解决”中央领导问题的指示。共产国际执行委

① 《共产国际、联共（布）与中国革命档案资料丛书》第18卷，中央文献出版社2012年版，第86页。

② 《任弼时选集》，人民出版社1987年版，第207页。

③ 《共产国际、联共（布）与中国革命档案资料丛书》第18卷，中央文献出版社2012年版，第97—101页。

员会总书记季米特洛夫在王稼祥回国前，于7月初同王稼祥、任弼时谈话。季米特洛夫说：应该告诉大家，应该支持毛泽东为中国共产党的领导人，他是在实际斗争中锻炼出来的。其他人，如王明，不要再去竞争当领导人了。8月初，王稼祥抵达延安，8月3日出席中共中央政治局常委会议，会议决定9月召开中共中央政治局扩大会议。

4. 六届六中全会推进七大筹备工作

1938年中共六届六中全会再次通过决议，指出七大的中心任务是讨论坚持抗战、争取和保证抗日战争的最后胜利等问题。六中全会对推进七大筹备工作发挥了重要作用。

（1）王稼祥传达共产国际意见

1938年9月14日至27日，中共中央政治局召开会议，王稼祥在会上正式传达了共产国际的指示和季米特洛夫的意见。在政治方面，共产国际认为中共一年来建立了抗日民族统一战线，尤其是朱德、毛泽东等领导八路军执行了党的新政策，政治路线是正确的，中共在复杂的环境和困难的条件下真正运用了马列主义。在组织方面，共产国际指示，中共中央领导机关要以毛泽东为首统一解决，领导机关要有亲密团结的空气。共产国际对召开七大的指示是："中共七次大会要着重于实际问题，主要着重于抗战中的许多实际问题，不应花很久时间去争论过去十年内战中的问题。关于总结十年经验，国际认为要特别慎重。七大决议要特别注意短期的、实际的东西。七大要吸引许多新的干部。"[①] 共产国际的指示解决了中国共产党当时最迫切需要解决的两个重要问题：一是政治路线何去何从的问题，二是中央领导层以谁为核心的问题；同时，也为七大召开提出了原则性的指导意见。

9月24日，毛泽东在会上作长篇发言，他指出，共产国际的指示是这次政治局会议成功的保证，同时又是中共六届六中全会和第七次全国代表大会的指导原则，指示的最主要点是强调党内团结。毛泽东认为共产国际

---

① 《王稼祥选集》，人民出版社1989年版，第141页。

指示的最主要点是强调党内团结。这个理解对以后制定七大工作方针有着直接的影响。这次政治局会议决定接着召开中共中央扩大的六届六中全会，并通过了全会的议程，决定由毛泽东代表中央向全会作政治报告。

（2）六中全会上毛泽东关于七大的讲话

1938年9月29日至11月6日，中共扩大的六届六中全会在延安召开。这是一次非常重要的会议。全会正确地分析了抗日战争的形势，规定了党在抗战新阶段的任务，为实现党对抗日战争的领导进行了全面的战略规划。会议基本上克服了党内以王明为代表的右倾错误，进一步确定了毛泽东在全党的领导地位，统一了全党的步调，推动了各项工作的迅速发展。

10月12日至14日，毛泽东代表中央在会上作《论新阶段》的政治报告。报告第八部分标题为"召集党的七次代表大会"。毛泽东指出："本来第七次全国代表大会准备在本年召集的，因为战争紧张的原故，不得不把'七大'推迟到明年，而当前时局向我们提出了许多的问题，必须作明确的解决，以便争取抗战的胜利，所以召集了这次扩大的中央全会。"① 毛泽东还指出："我们党的全国代表大会，自从一九二八年开过第六次代表大会以来，由于环境的原因，已有十年没有开大会了。"这是漫长的10年。虽然党经过艰苦的磨难仍然不屈不挠，党的事业得到发展，但没有按党章规定及时召开全国代表大会总是一个缺憾。因此，毛泽东提出要创造条件，加紧准备工作，以便在条件成熟时召开七大。

毛泽东指出：党的七大政治意义重大，内容丰富。"它将总结过去的经验，主要的是全国抗战与抗日民族统一战线的经验。讨论国内国际的政治形势。讨论如何进一步的团结全民族，团结国共两党及其他党派，进一步的巩固与扩大抗日民族统一战线。讨论如何在长期战争与长期合作中争取抗战最后胜利的方针方法与计划。讨论如何动员全国工人阶级及劳动人民更积极的参加抗战。并应讨论党在新的情况下如何进一步的团结自己，加强自己，巩固自己与国民党、其他党派及全国人民的联系，以便顺利地执

---

① 中共中央文献研究室、中央档案馆编：《建党以来重要文献选编》第15册，中央文献出版社2011年版，第574页。

行抗日民族统一战线的总方针。”此外，“七次大会应该选举新的中央委员会，将全党中最有威信的许多领导同志选进中央委员会来，加强对于全党工作的领导”。既然“这次大会的意义如此重大”，所以更要做好筹备工作。

党的全国代表大会，当然要选出最优秀、最能代表广大党员意愿、为广大党员所信任的代表参会。而按照民主的方法选举产生代表，是保证党的全国代表大会成功所必须。根据共产国际关于“七大要吸引许多新的干部”的精神，毛泽东在会上提出希望：“诸位同志回到各地工作，便应在努力发展党与巩固党的基础之上，依照民主的方法，适时地进行选举，使那些最优秀的最为党员群众所信托的干部与党员有机会当选为大会的代表，使七次大会能够集全党优秀代表于一堂，保证大会的成功。”

毛泽东对大会的成功和中国抗日战争的胜利充满了信心。他表示：“我们相信，这次全国代表大会一定能够成功，一定能够给日本帝国主义的侵略战争以最庄严的最有力量的回答，让日本帝国主义在我们的全国代表大会面前发起抖来，滚到东洋大海里去，中华民族是一定要胜利的”①。张闻天也在10月15日的报告中提出了关于七大准备工作的意见。他提出，中央应负责起草新党章，在七大上通过。

六届六中全会讨论了七大准备委员会提交的《关于中共七次大会准备工作》的报告。这份报告指出：自1937年12月中央政治局会议决定召集七大后，在9个月中，党在政治上和组织发展上取得了新的成绩，党的组织由10万人发展到25万人。共产国际指示要使中共成为群众的党基本上已经完成了，在斗争中增加了许多新的干部。但是，有关七大会议本身的具体准备工作及技术的准备工作，还没有具体进行。所以，七大准备委员会提请六中全会讨论决定以下几项具体问题：一是大会的会期：决定明年即1939年五一节开会。二是大会的议程：原决定的第一项议程（十年斗争的总结）与第二项议程（统一战线）合并。三是重新决定议程与分配报告人。具体分配如下：政治报告，毛泽东；组织报告，王明；军事报告，朱

---

① 中共中央文献研究室、中央档案馆编：《建党以来重要文献选编》第15册，中央文献出版社2011年版，第654页。

德；工运报告，刘少奇；青年报告，冯文彬；妇女报告，邓颖超；国共关系报告，周恩来。四是参加大会的代表人数，决定 260 人。五是会议形式，秘密的，不要外党及记者参加。会期亦须保密，对外公布为七七（即 7 月 7 日）开。六是大会的经费，决定提出 1.5 万元作保证金。七是其他具体问题由准备委员会决定。

（3）六中全会做出召集七大的决议

六届六中全会经过讨论，于 1938 年 11 月 6 日通过了《关于召集第七次全国代表大会的决议》。这也是继 1931 年六届四中全会后关于召集七大的第三个决议。这个决议强调，召集七大“对于全中华民族进行长期持久的民族自卫战争，争取对日抗战最后胜利，以谋中国的独立自由解放的神圣事业上，对于巩固扩大抗日民族统一战线，全民团结国共长期合作的事业上，对于党的工作更加进步和发展上，均有严重的历史意义”[①]。

六届六中全会批准了中央政治局在 1937 年 12 月关于召集党的七大的决议，并同意准备委员会向全会提出的报告。全会进一步明确七大的中心任务是：讨论和规定在坚持抗战、坚持持久战、坚持巩固和扩大以国共合作为基础的抗日民族统一战线的总方针下，动员全民族的一切生动力量，团结起来，克服当前的困难，进行伟大的抗日战争，争取和保证抗日战争最后的胜利。

六届六中全会还提出要求：七大要以“党的统一与团结为全民团结的模范”；七大的“一切工作要实事求是的解答今天克服困难争取抗战胜利的一切主要问题”。全会确定中共七大的主要议事日程为以下四项：（1）团结全民族一切生动力量，争取全中国人民对日抗战的最后胜利。（2）动员工人阶级积极参加对日抗战工作。（3）在新条件下党的建设问题。（4）改选党的中央领导机关。

为了能够在较短期内召集七大，全会要求“具体的加紧完成准备召集七次全国代表大会的一切准备工作”。各地参加代表大会的名额，按照各地

① 中共中央文献研究室、中央档案馆编：《建党以来重要文献选编》第 15 册，中央文献出版社 2011 年版，第 574 页。

党员的数量、质量和各地在抗日战争作用的重要性分配之。关于七大代表的产生，全会提出，除了某些因环境关系不能进行民主选举的地区外，必须尽可能做到由民主方法选举产生。各地代表由各地省的或区的代表大会选出。八路军、新四军的代表应由师的党的代表大会或支队党的代表大会选出，在特殊条件下按实际情况酌定。各地应按照上述要求，“迅即向全党党员解释七次大会的重大意义，动员全党在坚决执行六中全会决议的实际行动中，努力在政治上、组织上、技术上进行大会的准备工作，以保证大会胜利的成功。”①

六届六中全会确定的七大代表的名额，最初方案为 260 人，后增加 90 人，最后定为 350 人。七大代表名额分配的情况是：北方局 63 人，南方局 46 人，八路军 65 人，新四军、东南局 47 人，中原局 35 人，边区 56 人，陕西、甘肃、四川 20 人，东北三省 8 人，华侨 5 人，共计 345 人，另外 5 人作机动准备。这是中共七大筹备以来第一次将代表名额具体分配到各地。全会所定的总的代表人数为 350 人，这同三月会议以及任弼时向共产国际报告的大会规模 500 人相差了 150 人。或许是只确定了正式代表的人数，或许是考虑到召开大会要受到的条件限制。总之，各地都按照全会要求，加紧选拔七大代表。

（4）中央决定七大延期并继续准备

当时，中国武汉、广州相继失陷，中国抗战进入相持阶段。全国抗战初期积极抗战的国民党当局转向消极抗战，国共关系比较紧张，华北、华中国民党顽固派制造的磨擦加剧，而党内对国共两党的关系出现了一些模糊认识。如何处理华北、华中的磨擦问题，党内出现不同意见。在此情况下，中央书记处会议指出，要国民党进步不斗争不行。对党内教育，必须注重斗争教育，为此还提议设立干部教育部。1939 年 2 月 8 日，中共中央书记处决定，原计划五一节召开的七大延期。

但七大的准备工作并没有停止。1939 年 2 月 14 日，八路军第 115 师

① 中共中央文献研究室、中央档案馆编：《建党以来重要文献选编》（1921—1949）第 15 册，中央文献出版社 2011 年版，第 778 页。

师长、在延安的中国人民抗日军事政治大学校长林彪到莫斯科治病，给共产国际带去了中共六届六中全会材料，其中说到“中共七大预定5月召开”，但实际上时间已经推迟了。中共中央组织部仍在做着七大准备工作。4月19日，中共中央书记处召开会议，听取和讨论中央组织部部长陈云关于该部的工作报告。陈云介绍了两年多来中组部工作情况，特别说明组织部今后的任务是做好全国性工作和准备党的七大。这从一个侧面说明，七大虽然延期，但准备工作仍被列为中组部的工作议程。6月14日，中央根据各地的要求，决定增加100名七大代表，连同六届六中全会批准的350人，共为450人；代表选自的地区和单位为北方局、八路军、南方局、新四军、陕甘宁（包括中央直属及留守兵团在内）、中原局、陕西省、东北、华侨、新疆、兰州。[①]

6月25日这天，中共中央书记处致电共产国际季米特洛夫和曼努伊尔斯基，报告中共七大筹备情况。这封电报于6月28日由季米特洛夫送给任弼时阅看。其中包括大会召开的时间、代表的选举、代表人数、产生地区、代表组成等各方面的内容，反映了六届六中全会后关于七大筹备工作的新进展。

关于代表大会召开的时间，报告指出，“代表大会将于今年10月召开”，其代表的选举工作不会早于8月1日结束。[②]关于代表的人数，“根据六中全会的决议，代表人数共350人，而现在由于地方党组织的发展，已增加到450人”。关于代表的产生，“各地区的代表人数是根据党员的数量和质量条件、局势以及与相应地区相联系的条件决定的。代表选自华北、东南、华南、华中地区、山西、陕甘宁特区、满洲和海外以及八路军和第四军的党组织”。[③]这和1939年6月14日中共中央对国内的指示所列的单位和地区，北方局、八路军、南方局、新四军、陕甘宁（包括中央直属及

① 中共中央党史研究室、中央档案馆编:《中国共产党第七次全国代表大会档案文献选编》，中共党史出版社2015年版，第17—18页。

② 中共中央党史研究室第一研究部译:《共产国际、联共（布）与中国革命档案资料丛书》第18卷，中央文献出版社2012年版，第151页。

③ 中共中央党史研究室第一研究部译:《共产国际、联共（布）与中国革命运动丛书》第18卷，中央文献出版社2012年版，第151页。

留守兵团在内）、中原局、陕西省、东北、华侨、新疆、兰州有不同，没有提到新疆、兰州，华侨也改为海外。

关于代表的组成和要求，中共中央的报告提出了相应的比例和条件：代表应有工人20%，妇女和青年各10%。“所有的代表都应该是政治上忠诚、党龄不少于一年、能够代表相应地区组织和工作的干部”。“所有党组织都应该保证代表的好名声，不让阶级敌人”参加代表大会。最后，报告还“请共产国际执委会书记处给我们作出指示”①。这反映了中共筹备七大工作的进一步推进和深入。

5. 七大准备工作进入一个新阶段

1943年，随着各抗日根据地克服最严重的困难，整个抗战形势发生很大变化之时，中共七大的准备工作进入新阶段。1943年3月16日至20日，中共中央在延安召开政治局会议，调整了中央领导机构。参加会议的有毛泽东、刘少奇、任弼时、朱德、康生、张闻天、博古、邓发、何克全、杨尚昆、彭真、高岗、叶剑英。任弼时在会上报告了中央机构调整与精简草案，会议通过决定：毛泽东为中央政治局主席和中央书记处主席；毛泽东、刘少奇、任弼时组成中央书记处，根据中央政治局决定的方针处理日常工作；中央书记处讨论问题，主席有最后决定权；刘少奇参加中共中央军委并任军委副主席。同时设立中央宣传委员会（毛泽东兼书记、王稼祥任副书记）和组织委员会（刘少奇兼书记），作为中央政治局和中央书记处的助理机关。中央组织机构的调整，为正在进行的全党整风和七大的准备工作，提供了更有力的组织保证。

同年5月15日，共产国际执行委员会主席团作出《关于提议解散共产国际的决定》。5月26日，中共中央作出决定，完全同意解散共产国际。同时指出：中国共产党曾经得到共产国际的许多帮助，但“很久以来，中国共产党人即已能够完全独立地根据自己民族的具体情况和特殊条件，决

---

① 中共中央党史研究室第一研究部译：《共产国际、联共（布）与中国革命运动丛书》第18卷，中央文献出版社2012年版，第151—152页。

定自己的政治方针、政策和行动”。“共产国际的解散，将使中国共产党人的自信心与创造性更加加强，将使党与中国人民的联系更加巩固，将使党的战斗力量更加提高”。[①] 以后召开的中国共产党第七次全国代表大会，也是中国共产党第一次独立自主召开、没有共产国际指导的大会。国民党顽固派则借共产国际宣布解散之机，企图又一次掀起反共高潮。中国共产党予以坚决反击使其没能得逞。

1943 年，各抗日民主根据地经历了最困难时期后逐渐恢复和发展，全党普遍的整风运动已快要告一段落。6 月，周恩来从重庆回到延安。此前刘少奇已经于 1942 年底回到延安。这样，中共中央主要领导人齐聚延安，满足了七大召开的一个重要条件。于是，1943 年 7 月以后，七大的准备工作进入一个新的阶段。据胡乔木回忆说：“又一次讨论召开七大，是在 1943 年 7 月 17 日的书记处会议上”[②]。

这天召开的中央书记处会议向政治局提议：在八至九个月内召开七大，并指定各主要抗日根据地的一些负责人如彭德怀、聂荣臻、薄一波、吕正操、朱瑞等来延安参加；由中央宣传部选定一批历史文件，指定几本马列书籍，准备于 9 月起在七大代表及延安高级干部中进行研究[③]。7 月 30 日，毛泽东指示彭德怀：周恩来、林彪返延，七大准备开会，请你及罗瑞卿、薄一波、聂荣臻、吕正操来延参加大会，希预为布置。太行、太岳、北岳各区须重选代表若干，中央另有通知。

8 月 1 日，中央政治局对北方局、太行分局、晋察冀分局、山东分局、冀鲁豫区党委、冀中区党委发出《关于七大代表赴延安出席大会的指示》，明确宣布党的第七次全国代表大会将“在年底举行”，“决定彭德怀、罗瑞卿、蔡树藩、薄一波、聂荣臻、吕正操、朱瑞、苏振华诸同志来延出席大会”。彭、罗、蔡、聂来延期间“由邓小平代理北局书记，以宋任穷为八路军

① 中共中央文献研究室、中央档案馆编：《建党以来重要文献选编》（1921—1949）第 20 册，中央文献出版社 2011 年版，第 317—318 页。

② 《胡乔木回忆毛泽东》，人民出版社 1994 年版，第 364 页。

③ 中共中央党史和文献研究院编：《刘少奇年谱》增订本第 2 卷，中央文献出版社 2018 年版，第 23 页。

第一二九师副政委并代理政治部主任，以程子华代理晋察冀分局书记及军区政委，以萧克代理军区司令员，以刘澜涛为军区副政委，薄一波职务由北局指定人代理。山东分局书记由罗荣桓代理，苏振华职务由黄敬代理。来延诸人交代职务后即行动身。近者九月内，远者十月内，到达延安参加预备会。”

6. 六届七中全会的召开

六届七中全会为七大的召开做好了组织上的最后准备。1944 年 5 月 21 日至 1945 年 4 月 20 日，中共中央在延安杨家坪举行扩大的六届七中全会。出席这次全会的中央委员和候补中央委员共 17 人，列席会议的各中央局、分局和其他方面的负责人 12 人。会议选举毛泽东、朱德、刘少奇、任弼时、周恩来组成主席团，毛泽东为主席团主席；通过了刘少奇提出的以原中央政治局主席毛泽东为中央委员会主席的提议；还决定，全会期间由主席团处理中央日常工作，书记处和政治局停止行使职权。

这次全会认真深入地讨论了七大的各项准备工作，通过了七大的议事日程和报告负责人，决定除毛泽东的政治报告由主席团和全会讨论外，其他如军事报告、修改党章的报告、党的历史问题报告、统一战线报告等，分别成立委员会起草。

这次全会后期，讨论通过了准备提交七大的政治报告、军事报告和党章草案、七大主席团名单草案、代表资格审查委员会候选人名单和会场规则草案等。全会还讨论通过了毛泽东起草的《中共中央关于城市工作的指示》等文件。这次全会的主要内容和最重要的成果，是在 1945 年 4 月 20 日原则通过了《关于若干历史问题的决议》。

中共扩大的六届七中全会，于 1944 年 5 月 21 日下午 2 时至 8 时召开了第一次会议。毛泽东在会上谈到七大议程的变化。他指出，1937 年 12 月中央政治局会议指定了一个准备委员会，并安排了一些议事日程。在六届六中全会上对十二月会议的决定作了一些改变，将王明作政治报告、毛泽东作工作报告，改为毛泽东作政治报告，王明作组织报告，不作工作报告了。到 1940 年，又根据季米特洛夫的意见，决定周恩来作组织报告，最后又改为刘少奇作组织报告。他还说，目前各个报告准备委员会已经组成，即将开始工作。六届七中全会通过七大议事日程和报告负责人，决定除毛泽东的政治报告由主席团和全会讨论外，其他报告如军事报告、修改党章、党的历史问题、统战工作，分别成立 4 个委员会进行起草。

6 月 5 日，六届七中全会举行第二次会议。会议的中心议题是讨论城市工作。会议通过了毛泽东起草的有关指示；决定组织以彭真为主任的城市工作委员会；并建议七大议程增加城市工作一项。以后由于情况变化，这项议程被取消。但全会关于城市工作重要性的认识却为新中国成立前后的城市接管工作打下了一定的思想基础。

9 月初，六届七中全会主席团会议讨论了关于提议召开各党派会议成立联合政府问题。9 月 15 日，林伯渠代表中国共产党在国民参政会上公开提出了成立民主联合政府的主张，得到全国人民的热烈拥护。

在此期间，七大的各种文件、材料的准备工作仍在加紧进行。根据国际国内形势的发展变化，毛泽东对七大的议程也有一些新的考虑。9 月 22 日，他在六届七中全会主席团会议上提出："历史问题不在七大讨论，七中全会讨论写一决议，再由大会通过，七大则只搞政策、纲领，七大变成团结的会"。

1945 年 3 月 16 日，中共六届七中全会主席团召开会议，讨论七大准备工作。会议决定大会正式议程为 6 项：（1）毛泽东作政治报告。（2）朱德作军事问题报告；然后大会发言。重要发言有：周恩来报告统战问题，彭德怀报告华北情况，陈毅报告华中情况，高岗报告陕甘宁情况。（3）党章问题报告及讨论，报告人刘少奇。（4）党的历史问题报告及讨论，报告人任弼时。（5）通过各种问题决议及通电。（6）选举中央委员会。

3 月 31 日，六届七中全会会议决定，为着使七大集中力量讨论当前的政治、军事、组织问题，在取得各代表团同意后，准备将若干历史问题的议案提交七中全会解决比较好。七大的方针是解决已经成熟的问题。这样，七大议事日程最后取消了历史问题的报告和讨论。4 月 20 日六届七中全会最后一次会议，讨论通过了七大议事日程等。至此，中共七大在组织方面的筹备工作基本结束。

（二）七大代表的选举和产生

选好出席七大的代表，既是召开七大最重要的组织准备之一，也是保证大会成功的重要环节。把优秀的党员推选成为党的代表大会代表，是党的组织部门的一项重要任务。1937 年十二月会议决定召开七大，选举代表的工作便正式提上议事日程。总的来看，七大代表的产生，前后大致分了三批，即 1939 年、1943 年、1945 年初，都是根据中央提出的代表要求，由各地通过民主选举或指定产生。

1. 七大代表的选举

为了做好召开七大的准备，出席七大代表的选举是重要一环。为此，中共中央对大会代表的选举提出了具体要求。各地按照中央要求进行落实。

（1）中央要求造出优秀代表

1938 年 1 月 20 日，中共七大准备委员会秘书处发出地方党筹备七大工作的第一号通知，要求各地要“选拔培养与训练党的优秀干部准备为出席大会代表的候选人”[①]。10 月，毛泽东在六届六中全会上指出：“扩大的六中全会闭幕之后，诸位同志回到各地工作，便应在努力发展党与巩固党的基础之上，依照民主的方法，适时地进行选举，使那些最优秀的最为党员群众所信托的干部与党员有机会当选为大会的代表，使七次大会能够集全党优秀代表于一堂，保证大会的成功”[②]。

11 月 6 日，六届六中全会通过的召集七大的决议还规定：“各地参加大会代表的名额，依各地党员的数量，质量，和各地在抗日战争中作用的重要性分配之。代表的产出，除了某些因环境关系不能进行民主选举的地

① 李忠杰，李明华主编：《中国共产党第七次全国代表大会档案文献选编》，中共党史出版社 2015 年版，第 6 页。

② 中共中央党史研究室、中央档案馆编：《中国共产党第七次全国代表大会档案文献选编》，中共党史出版社 2015 年版，第 15 页。

区外，须尽可能作到用民主方法选举代表”[①]。

1939 年 6 月 14 日中央书记处发出关于第七次全国代表大会的第二号通知，对代表资格的要求和各地区代表名额的分配，作了明确的规定：“代表质量要慎重选择：政治上绝对可靠、一年以上的正式党员、真正能代表该地组织、反映该地工作的各级干部、代表年龄一般的为二十岁以上。”“选举或指定代表时，要加紧提高警惕性，精密的考查人选”。“代表成份依照六中全会之决定，尽可能求得工人百分之二十，妇女、青年百分之十，工人成份尽可能求得其中有大城市、大产业、铁路、海员、矿山等工人参加，但必须注意代表质量和当地党的具体情况，郑重选择，不得滥竽充数”。[②]

根据中央的要求，6 月 25 日，时任中共中央军委副主席、军委总政治部主任兼代八路军总政治部主任王稼祥、中央军委总政治部副主任谭政致电各兵团政治机关并请集总转刘师军区转萧克，对党的七大选举工作作出指示，并规定了各部队的代表名额分配。“(一）选举手续依情况规定旅或师为选举单位，由支部直接选出代表出席旅的代表会，再由旅选出全国大会的代表。(二）代表分配如下：(1）一一五师十九名，(2）一二〇师十九名，(3）一二九师二十名，(4）晋察冀二十名，(5）山东纵队七名，(6）总部十名。(三）代表质量要慎重选择政治上绝对可靠，一年党龄以上的正式党员，真能代表所属组织及反映各部工作，领导正确，具有威望的各级干部，并尽可能求得百分之二十的工人成份和适当数量的下级干部，并须精密考查严防奸细叛徒混入。(四）现在中央委员由所在地单位选出。(五）上述各选举单位包括其直属与附属单位。华北抗大的分校归入所在地单位。(六）华中部队之代表数目由中原局分配，新四军由东南局分配。”

关于“各单位之代表大会的工作”，指示也有明确要求：“(1）深入中

---

① 中共中央组织部等编：《中国共产党组织史资料》第 8 卷，中共党史出版社 2000 年版，第 516 页。

② 中共中央党史研究室、中央档案馆编：《中国共产党第七次全国代表大会档案文献选编》，中共党史出版社 2015 年版，第 18 页。

央决议的讨论，保证代表大会成为政治动员思想准备的有力步骤，着重指出克服投降危险，克服困难，进行艰苦持久巩固党的坚定性。（2）举行党的工作的大检查，自下而上与自上而下的发展自我批评，发扬成绩，纠正缺点，总结经验，规定方针，发扬党员的积极心责任心使党的工作向前推进一步。（3）依照前电责成主力兵团帮助新的部队的工作，巩固党在这些部队中的领导基础。（4）发动党内党外拥护七次大会的运动，扩大党的影响提高党的威信。（5）以师及军区为单位准备提案付讨论并在九月一号以前选举完毕，代表集中师部待命。（6）提案及总结报告交代表带来总政治部。”[①] 从这份关于党的七大选举工作的指示中，可以看出部队系统对选举七大代表的高度重视，对召开代表大会的若干具体要求。

7 月 21 日，中共中央又发出第三号通知——关于选举问题的决定，要求：“各地选举代表除应注意中央第二号通知之原则外，同时应注意选举当地有信仰的党与群众领袖。”这里强调的代表是“有信仰的党与群众领袖”，这“有信仰”和“领袖”几个字，特别引人注目。这是中国共产党成立后，首次提出要把有信仰和威望作为当选党代表的标准。共产党员是有信仰的，这就是以共产主义为远大理想，脚踏实地的为实现党在不同时期的具体纲领而奋斗。同时，作为党的全国代表大会代表，还必须在党组织和群众中发挥领袖的作用，能够带领群众前进。可见，中国共产党对信仰问题历来重视，对党代表不同寻常的先锋模范作用历来重视。对代表的素质要求，关系到党代会是否顺利、成功。

通知还第一次规定选举候补代表，这在党的历史上也是第一次。“各地除照数选举正式代表外，并应选出三分之一的候补代表（总数为一百五十人）。遇正式代表因工作不能出席时，候补代表可按次递补为正式代表，在未得补为正式代表之候补代表亦可出席大会，但无表决权。”候补代表，在以前的历届党代会上都没有正式选举过，有关权利也没有那么明确规定过。如 1928 年召开的中共六大，出席的 142 名代表，是分为正式代表和指定及

---

① 中共中央党史研究室、中央档案馆编：《中国共产党第七次全国代表大会档案文献选编》，中共党史出版社 2015 年版，第 20 页。

旁听代表。指定及旁听代表有发言权但没选举权，也没有递补资格。选举七大候补代表，也说明党的全国代表大会具有严肃性和权威性，即使是候补代表，也不是随意产生的。

关于选举代表的时间，“因各地选举工作迟缓，现改为九月一号前选举代表完毕待命，各地应严格遵守，不再推迟。”从这里也可以看出，七大延期的一个重要原因是选举代表工作迟缓，没能按期完成。

同时还规定，上一届中央委员会成员的代表资格，也要通过选举产生。“全体中央委员分配在各地选出，其名额不在各地原定代表的名额数目之内。”[①] 因此在下发的通知中列出了上届中央委员名单，要求他们的代表资格由所在工作区域党组织选举。换句话说，上届中央委员不具有天然代表资格，还必须经过选举程序，看上届中委是否符合代表资格。当然他们并不占各地的代表名额。这项规定，在中国共产党的历史上还是第一次。

中央委员分配当选区域为：新四军党大会须选项英、邓发为七大代表；东南局党大会须选陈绍禹、任弼时为七大代表；八路军党大会须选朱德、彭德怀、毛泽东、王稼祥为七大代表；冀晋豫区党大会须选洛甫、杨尚昆为七大代表；冀察晋边区党大会须选陈云、关向应为七大代表；南方局所属于各局须选周恩来、博古、凯丰、吴玉章为七大代表；中原局所属各省党大会须选刘少奇、董必武为七大代表；山东党大会须选康生为七大代表；陕西省党大会须选李富春为七大代表；边区即陕甘宁边区党大会须选林伯渠、罗迈、张浩为七大代表；冀鲁豫边区党大会须选陈铁铮为七大代表。[②]

中央决定七大代表名额的原则系“按照各地党员的数量，质量，环境，交通等条件”。据任弼时在七大预备会议上所介绍的《中央决定代表名额之原则》，1939 年时，北方局有 20.2 万名党员，选代表 74 名；华中局有 4.67 万名党员，选代表 50 名；陕甘宁有 5.6 万余名党员，选代表 100 名；八路

① 中共中央党史研究室、中央档案馆编：《中国共产党第七次全国代表大会档案文献选编》，中共党史出版社 2015 年版，第 21 页。

② 中共中央党史研究室、中央档案馆编：《中国共产党第七次全国代表大会档案文献选编》，中共党史出版社 2015 年版，第 38 页。

军有9万名党员，选代表95名；新四军有1万名党员，选代表50名。[①]

在选举代表的过程中，各地纷纷要求增加代表名额。这一要求很快反映到了中共中央。1939年6月14日，张闻天主持中央书记处会议，讨论召开党的七大等问题。[②]考虑到各地希望增加代表名额的要求，更主要是党组织发展、党员人数有所增加的情况，会议根据六中全会可以临时增加代表的决定，在原定代表350人的基础上，增加100人。之后，各地代表也有了相应的增加：中共中央北方局增加11人，达74人；八路军增加30人，达95人；新四军增加3人，达50人；南方局（四川在内）增加10人，达56人；陕甘宁边区（中央机关、留守兵团在内）增加44人，达100人；中原局增加15人，达50人；陕西省15人；东北原定8人，暂减5人；华侨原定5人，减2人（减下3人改为特别旁听）；新疆、兰州4人，共计450人。从代表名额增加的绝对数来看，陕甘宁边区最多，其次为八路军，分别增加44人和30人。而这里的450人和向共产国际报告时提到的500人比较接近，但还不完全相同。

按照中共中央的上述文件精神，各地应选出七大正式代表450人，候补代表150人，共600人。加上分配到各地选举的上届中央委员和候补中央委员，共627人。中央书记处及时发出选举问题的通知，解决各地选举中遇到的问题，指导各地党组织更顺利地进行代表的选举。各地对选举代表工作非常重视，但因为大多处于战争环境，在选举完成的时间上难免有所拖延。对此，中共中央严加督促，要求各地严格遵守时间，在1939年9月1日前选举完毕待命，不再推迟。

（2）七大代表的选举

根据中共中央的通知精神，各地党组织从1939年开始认真地、慎重地进行七大代表的选举或推选工作。这是当时各地党组织的一项重要的任务。

---

① 中共中央党史研究室、中央档案馆编：《中国共产党第七次全国代表大会档案文献选编》，中共党史出版社2015年版，第130页。

② 中共中央党史研究室张闻天选集传记组编、张培森主编：《张闻天年谱》上卷（1900—1941），中共党史出版社2000年版，第607页。

代表标准按中央的要求，选择政治上绝对可靠、一年以上的正式党员、真正能代表该地组织、反映该地工作的各级干部，代表年龄一般的为20岁以上，特别是要有信仰和威望的优秀党员。按照这样质量要求选举出来的代表大多是各级领导干部和来自基层的优秀党员。

各地产生七大代表的方式，在有条件的地区，通常都是召开党的代表大会，采取民主的方法进行选举。在地方，由各地省或区代表大会选出；在部队，由八路军、新四军师的党的代表大会或支队党的代表大会选出。召开地区或部队党代会选举产生代表的，有陕甘宁边区、陕西省、冀鲁豫、山东、新四军，等等。

当环境关系不能召集各种代表会议，不能进行民主选举的地区，则可以按照中央要求，由各地中央局或各军队的最高党部按照代表标准，指定代表参加。在战争条件和环境下，指定代表肯定要比民主选举简单得多。因为民主选举代表，就要按组织程序，层层选举，这就需要更多的时间和条件。因为各抗日根据地和国民党统治的党组织所处的环境差异很大，所以选举的方式和方法也不一样。代表产生主要还是民主选举和推选两种方式。

据当年在部队参加过选举七大代表的老同志回忆，他所在的山东部队选举七大代表时十分严格、十分民主。代表的首要条件是作战勇敢、工作先进，能起模范带头作用，等等。他所在支部选出的代表有一位叫朱广泉，山东滕县人，1920年生，幼时家庭生活艰辛，小学读书时经老师介绍，开始阅读进步书籍。后考入滕县滕文中学，1937年4月加入中国共产党。全国抗战爆发后，在党组织的领导下，参加抗日游击队，先后任鲁南人民抗日义勇队的班、排政治战士，后参加中共山东省委党校第一期学习。1938年12月担任八路军山东纵队第19团第3营副教导员兼党总支宣传委员。1939年8月朱广泉在全团党小组长以上的党员大会上，被选为七大正式代表，后来他作为山东纵队的7名代表之一到延安出席了七大。朱广泉回忆说：当时部队的党组织有了很大发展。1939年9月全团指战员共900余人，约有党员250余人。党员分布比较均衡，党的组织系统也比较完整，排有党小组，连有支部，营有分支部，团有总支部。在赴延安之前，他还参加了在沂水县岸堤镇召开的第一区党委代表大会。①

朱广泉的战友杨斯德，谈到当年七大代表的选举赞口不绝。他所在的党小组选出的朱广泉，参加七大后欲回山东，途中奉命转赴东北，随后参加了辽沈战役、平津战役，并南下广州，后在海军部门任职。始终兢兢业业地为党工作，从不计较个人得失。直到病重期间，仍不允许家属向组织提出任何要求。这就是当年选出的七大代表、优秀的共产党员。

朱春和当时是山东纵队第一支队政治部组织科科长。他是在支队的党代表大会上当选的七大代表。他们支队选了两名代表，一位是他，一位是基层战斗部队的同志，连指导员张次宾。他回忆说，当时山东纵队有5个支队，每个支队都选了七大代表。②

按照中央对代表年龄的要求，被选为代表的一般都在20岁以上。但朱广泉当选代表时没有满20岁。1923年出生的方朗，在当选代表时都才17岁。方朗是大后方代表团的女代表，由中共闽粤赣特委选举产生。当时中央给闽粤赣边区10个代表名额，其中，指定叶剑英、边章伍、方方为正式代表。叶剑英，时任第十八集团军和军委参谋长，中共中央南方局委员；边章伍，时任第十八集团军驻第一战区高级联络参谋；方方，时任中共闽粤赣特委书记。按规定，本地区的代表、青年、妇女代表要占一定比例；正式代表要有实际斗争经验，等等。

1939年11月，中共闽粤赣特委在广东梅县松源召开闽粤赣边区各县代表会议，参加会议的有特委、各中心县委及各县代表共几十人，传达和学习中央有关决定，选举参加七大代表。除了中央指定的3名代表，留下3名为部队名额，会上选举了王维、苏惠、伍洪祥、谢南石为正式代表，分别为梅县代表、妇女代表、青年代表、工人代表。还有两个候补代表名

---

① 中共中央党史研究室第一研究部编：《七大代表忆七大》下册，上海人民出版社2006年版，第934页。

② 中共中央党史研究室第一研究部编：《七大代表忆七大》，上海人民出版社2006年版，第859页。

额。经方方提议，会议通过，决定乌湫、方朗为候补代表[①]。到1945年七大召开时，方朗作为大后方代表团的团员参会，时年23岁[②]。她是出席七大代表中最年轻的一位。

山东代表团的王枫，当选为七大候补代表时也刚满17周岁。王枫，1922年生，河北省新河县人。小学毕业后考入本县简易师范学校。卢沟桥事变后，日军飞机在中国土地上狂轰滥炸，新河县城也不例外。学校被迫停课。无学可上的王枫参加了"战地动员委员会"，不久又加入了中华民族解放先锋队。1938年5月，王枫加入中国共产党。不久，她被送到中共冀南区党委党校学习。她学习努力，表现好。学习结束后被派到山东定陶县鲁西区党委工作。在区委的干部中，她虽然年纪最小，但所做的工作可不少，既管文件、图书的发行，还担任机关勤杂人员、警卫人员的文化教员。每天早晨还要吹哨集合机关全体人员上早操、跑步，等等。因为工作繁忙，她有时连吃饭都顾不上。尽管如此，她仍然坚持读书学习，有问题就虚心向其他同志请教。[③]因为表现突出，年轻的王枫被推选为七大的候补代表。

在当选的七大代表中，除了相当负责的干部，也有来自基层的优秀干部、优秀党员。赖伟雄，1909年生，湖南平江人。1928年参加革命，1930年参加红军，同年加入共青团，1932年转为中共党员。参加中央苏区五次反"围剿"。担任红3军团连指导员时，所在连为"巩固部队模范连"，本人被授予"模范指导员"的称号。参加中央红军长征，攻打遵义城、娄山关，在四川黑水芦花作战负过伤，参加直罗镇战役等。后担任中央总后勤部卫生部政治部宣传科科长、八路军总部特务团总支书记、晋察冀第二分区第六大队政治委员、分区政治部组织科科长、八路军教导第二旅卫生部

---

① 中共中央党史研究室第一研究部编:《七大代表忆七大》，上海人民出版社2006年版，第1282页。

② 中共中央党史研究室第一研究部编:《中国共产党第七次全国代表大会代表名录》，中共党史出版社、上海人民出版社2005年版，第783页。

③ 中共中央党史研究室第一研究部编:《七大代表忆七大》，上海人民出版社2006年版，第953—955页。

政治委员等，当选中共七大代表，作为晋察冀代表团成员参加中共七大。后奔赴东北，参加四平保卫战，攻打锦州和辽沈战役、平津战役。新中国成立后在湖南省任职。

尹宝鼎，七大候补代表。他生于1910年，河北永清人。1938年3月参加革命，同年10月加入中国共产党。1943年任八路军第120师暨晋绥军区直属军分区第27团战士、驻津办事处股长、科长、副处长等职。1944年被晋绥军区授予“家务建设模范”荣誉称号，出席了晋绥军区第四届群英会和晋绥边区劳模大会。后作为晋绥代表团的候补代表出席七大。全国解放后，在西北煤矿部门工作。

罗福伟，七大晋冀鲁豫代表团成员。生于1903年，陕西宁强人。出生贫苦，靠给地主打短工、当佃户度日。1935年2月参加红军，同年8月加入中国共产党。先后任红军打旗员、班长、排长。全国抗日战争爆发后，先后担任八路军第129师连指导员、营教导员、团供给处主任。1940年当选为七大代表。1941年到延安，先后在军政学院和中央党校第一部学习。参加七大后，留陕甘宁边区工作，参加激战皋兰山等解放西北的战役、战斗。战争年代多次负伤，后任兰州军区团政治委员。离职休养后回到原籍，任陕西省汉中市政协常委。荣获三级八一勋章、三级独立自由勋章、三级解放勋章以及金质红星勋章等共七枚，92岁高龄逝世。

1939年6月4日，新四军第二支队第一次党代表大会致中央电，说明他们“在军分委指示下，准备选出全党第七次代表大会代表”。在5月20日召开的全体党代表大会上，“全体代表热烈表示对全党的路线拥护和坚决执行并以布尔什维克的精神，发扬过去斗争经验，克服目前困难，争取最大胜利，实现党六中全会对加强新四军和发展华北之决议，拥护党全国七次代表大会的成功和胜利，拥护党中央和感谢诸同志之领导”。①

7月21日至30日，中共浙江省委根据中共中央东南局的指示，在全省各县委、特委召开代表大会选出代表的基础上，在浙南平阳县凤卧乡冠

① 中共中央党史研究室、中央档案馆编:《中国共产党第七次全国代表大会档案文献选编》，中共党史出版社2015年版，第17页。

尖山村和马头岗村两地召开了浙江省党的第一次代表大会。出席会议的代表 26 人，列席代表 9 人，代表全省近 2 万名党员[①]。省委书记刘英代表省委致开幕词，说明浙江同志听到召开七大的消息“都兴高采烈的预祝其顺利与胜利的完成”[②]。并代表省委作《关于浙江形势和党的任务》的报告和两年来浙江工作的书面总结。选举产生新的浙江省委，刘英任书记，大会还选举刘英等 12 人为浙江省出席党的第七次全国代表大会的正式代表，3 人为候补代表。他们是刘英、龙跃、汪光焕、张麒麟、顾玉良、林一心、郑丹甫、杨思一、丁魁梅、林辉山、孙绍奎、刘发羡和肖岗（候补代表）等。当时同属中共中央东南局的江西、福建等省大体上也是经过这样的程序产生的。

有的同志被选为七大代表，却因为工作需要离不开，没有能出席大会。中共浙江省委书记刘英当选为七大代表，并且已经在前往延安的路上。因为工作需要，他又回到浙江。1942 年 2 月因叛徒出卖在温州被捕，后英勇牺牲。中共闽浙边委书记张麒麟，江西横峰人，贫农家庭出身，15 岁参加儿童团，18 岁参加红军、加入中国共产党。曾任红军北上抗日先遣队连政治指导员、红军独立营营长兼政委、县委书记、浙西南特委书记。1939 年当选为中共七大代表。1942 年 5 月，张麒麟在遂昌遭敌包围袭击，英勇牺牲。曾任中共广东省委书记、南方工委书记的张文彬也当选为七大代表。他是湖南平江人，不满 18 岁就参加革命，参加了中国共产党。参加过平江起义和井冈山斗争，是经过长征的红军干部。七大代表从广东出发时，他还传达了中央有关七大代表赴延安的指示。考虑到路上的安全问题，决定南方几省的七大代表从新四军的战区北上，代表们还可以一路走，一路看看各根据地的情况，借此机会锻炼锻炼。张文彬和方方两人则按中央的要求暂留南方坚持工作，以应付突然事变。后因叛徒出卖，南委机关被破坏，

---

① 中共浙江省委党史研究室编：《浙江党史图览》(1919-1949)，浙江科学技术出版社 2011 年版，第 74 页。

② 中共中央党史研究室、中央档案馆编：《中国共产党第七次全国代表大会档案文献选编》，中共党史出版社 2015 年版，第 21 页。

张文彬被国民党顽固派逮捕，受尽折磨，1944 年在监狱中牺牲。还有的代表已经到了延安，但因会议延期、工作需要又离开延安，如李大钊的长子李葆华。所以，七大开幕式上彭真在报告代表资格审查问题时说："原已被选而未出席代表"有 224 名，"这些代表或因工作不能离开，或因病，或已牺牲"[①]。

2. 七大代表的增选

在筹备七大召开的过程中，中共中央根据各地的情况特别是党员的变化情况，对七大代表的名额进行过多次调整和增加。主要是党组织在发展，党员人数在增加，各地要求增选代表的要求络绎不绝。所以七大的名额由最初的 500 名，增加到 600 名，1943 年 8 月增加到 720 名，1945 年春七大召开前夕增加为 809 名。但因各种原因，实际到会的代表为 755 名。

从 1939 年各地选派七大代表开始，代表数量就一直在增加。1941 年 3 月 12 日，中共中央政治局会议讨论时局及党的七大的准备工作时，确定补充黄火青、陈潭秋、蔡畅、李延禄为代表，并决定由任弼时、陈云、李富春商议一个 150 名旁听代表的名单，提交中央政治局批准[②]。

1943 年 8 月中共中央决定增加 120 名七大代表名额，主要分配给太行、太岳、冀察晋边区、山东、冀南、晋绥、陕甘宁等地区。8 月 1 日，中共中央给北方局、太行分局、冀察晋分局、山东分局，冀鲁豫区党委、冀中区党委发出电报，明确了各地的名额，要求"太行、太岳、冀察晋各再推选代表十人至十五人，山东、冀鲁豫、冀中、冀南各再推选代表五人至十人来延出席大会。"并说明各根据地再推选的代表，由北方局及各分局决定分配及推选，不必召集大会选举。同时，"各地代表须各区党委或地委或部队的负责同志，但任何有政治问题的人均不得为代表。""出席大会代表须于最近期间启程来延"。"来延诸人不得携带任何秘密文件。"[③]

---

① 中共中央党史研究室、中央档案馆编:《中国共产党第七次全国代表大会档案文献选编》，中共党史出版社 2015 年版，第 176 页。

② 中共中央党史研究室编:《杨尚昆年谱》上卷，中共党史出版社 2007 年版，第 473 页。

③ 中共中央党史研究室、中央档案馆编:《中国共产党第七次全国代表大会档案文献选编》，中共党史出版社 2015 年版，第 60 页。

上述指示，在较大范围内，主要是对华北各地党和军队领导人进行了调配和安排，主要目的是既保证七大的召开，又保证各地工作的正常进行。这样大规模干部调度和安排，说明了中央下决心抽调主要干部到延安参加七大，同时也不影响各根据地的工作。

1943 年 8 月 2 日，中央政治局会议同意书记处会议的建议，准备于 1944 年二三月间举行七大，迅速进行各项准备工作，由中央书记处通知华北、华中各根据地，将选出的和指定的代表送到延安[①]。按照这个时间安排，还有半年左右的准备。

对一些敌后抗日根据地的主要领导人，毛泽东和中央分别致电动员他们来延安开会，或者直接提出到会的要求。1943 年 8 月 11 日，毛泽东为刘伯承参加七大事致彭德怀电，“来有利，由邓（小平）代理”。8 月 16 日，中央书记处致电陈毅、饶漱石：要求华中各师抽 10 人至 20 人到延安参加七大。9 月 2 日，毛泽东、刘少奇对陈毅、饶漱石关于整风情况及参加七大人选问题的请示给予答复。

这次推选七大代表除了不必召集大会选举外，还有一点和以往不同的是：完全按地区产生，没有再分地方和部队系统。1945 年出席七大的 8 个代表团，除中直、军直外，也主要是按地区，分为陕甘宁、晋察冀、晋绥、晋冀鲁豫、山东、华中、大后方等代表团。同时，在一些代表团中保留了一些部队系统的小组，如陕甘宁边区代表团的晋绥联防军组、晋冀鲁豫代表团的前总组等，更多的情况则是部队和地方党组织的代表混合编组。

这种变化的发生，同 1942 年后强调党的一元化领导有一定关系。1942 年 9 月，中央政治局发出《关于统一抗日根据地党的领导及调整各组织间关系的决定》，规定各地党委为各地区最高领导机关，主力军必须接受所在地区党委的一元化领导。所以，就出现了这样的情况，1943 年 8 月增加的七大代表名额没有再单列八路军、新四军，而是由各中央分局具体负责分配给各部队。

---

① 中共中央文献研究室编：《任弼时年谱》，中央文献出版社 2004 年版，第 448 页。

中共中央于1943年8月发出华北各根据地各增加代表5人至15人，具体名额分配由北方局决定的指示后，有的地方来电询问有关增选代表情况。如8月9日冀中分局询问出席七大代表的条件。12日，中央书记处为冀中电复电晋冀察分局，说明七大代表的条件是质量好，能回去传达大会精神的。

中共中央北方局直接领导的太行、太岳、冀南和冀鲁豫四个区委，经过紧张而细致的推选工作，分别落实了新增代表名额。10月9日，毛泽东从延安致电北方局代书记邓小平等，询问增派七大代表情况。10月23日，邓小平回电：冀鲁豫8人由崔天民率领，22日已由太行动身，还有杨得志等二人尚未到太行；太行10人赵武城等均已先后动身；刘志坚、鲁大东、陈达等亦已先后动身；太岳决定10人，大约与彭德怀、薄一波一起动身，各代表最近才经太岳赴延安的，估计路程时间还需1个月。

邓小平亲自落实七大代表的增补工作，取得很大成效。出席七大的晋冀鲁豫代表团的105名代表，其中有45%以上是在邓小平主持北方局后推选产生的[①]。中央分配给各地的名额，许多代表团都有缺额。所以，预定的809名七大代表实际上没有到齐，差54名。但是，晋冀鲁豫代表团却是一个都不差，十分圆满地完成了推选代表的任务。这和邓小平的重视与努力有很大关系。

1945年春，党中央又增补了一批七大代表。一方面是党员人数增加，所以又增加了部分代表名额；一方面则是因为原来选举的一些代表，或因工作离不开，没有能到延安，或是工作需要离开了延安，或是牺牲、去世，或是代表资格审查没有通过等等，分配给各地的代表名额有空缺。

为了保证大会的顺利召开，必须在短时间内加以补充。因为大会召开在即，再由各地区党组织召集代表大会选举，或推举代表来延安，几乎不大可能；如果完全由各代表团从在延安的干部中指定，则有些地区指定的代表数额比例过大，会成为一个缺点。所以，中共中央最后决定：由各代表团在延安的干部中提出候选名单，用电报报告所代表的地区，由那里的

① 李蓉：《邓小平和中共七大》，见《“老一辈革命家与中共七大——马克思主义中国化和中共七大召开75周年”理论研讨会论文集》，中央文献出版社2021年版，第492页。

党委批准，作为代表。

这样的代表产生办法收到很好的效果，既经过了各地党委的审查，保证了代表的质量；同时又得到了各地党委对大会的了解和支持。各代表团选举的候选名单，报告各地党委后，基本上都复电照准。在增补代表的过程中，各选举单位又有调整，原来单独组团的陕西和八路军总部两个单位，按中央分配名额增补代表以后，分别合并到陕甘宁边区代表团和晋冀鲁豫代表团。

增选的七大代表同样具有广泛的代表性。从部队代表来看，按照总政的要求，既有“领导正确，具有威望的各级干部”，也有“适当数量的下级干部”，还有一些表现优秀的普通战士。1945 年春补为七大候补代表的晋绥代表团成员尹宝鼎，是晋绥军区第二军分区第 5 团战士，积极参加大生产运动中的“为革命当家”的活动，1944 年被晋绥军区授予“家务建设模范”的荣誉称号，并出席该军区第四届群英会[①]。同年，被晋绥军区授予荣誉称号并出席该军区第四届群英会的还有两名部队的七大代表，即被授予“模范工作者”荣誉称号的刘笃庆、张兰明。两人在 1939 年 10 月的中共晋西北区第一次代表大会上被选为代表。

1945 年春增补的七大代表共 246 人，主要是候补代表。如中直、军直代表团没有增补一名正式代表，但增补了 26 名候补代表。陕甘宁代表团是唯一的没有增补或补选代表的代表团。因为这个代表团得天独厚，就在大会召开的所在地，所以组建起来也比其他根据地的代表团要容易得多。有七大代表回忆，七大召开前夕，陆续发现有部队代表郭化若、农民代表吴满有等 10 人没有选出，于是提出请边区政府补选。这个回忆不一定准确。实际上许多人早就当选了代表，只是没有集中到党校学习罢了。

七大召开时，原来选出的但未能出席大会的代表共有 224 人。这些名额有的便由候补代表递补或增补代表。因为时间和距离问题，不少增补的代表是从自敌后抗日根据地送到延安工作学习的党员中择优产生，再经过当地党组织认可批准，最后参加大会。来自华中抗日根据地的新四军代表

① 兰州军区编：《兰州军区英模谱 · 2》附录，第 845—847 页。

左英便属于这种情况。她是新四军的一名大夫，1942 年到延安学习。到延安后，因为中央医院缺乏技术人员，中央卫生处把她调到医院内科作临床医生。1944 年她被评为模范医生，参加了陕甘宁边区劳模大会。因为表现突出，她于 1945 年 2 月被增选为七大候补代表，3 月便集中到中央党校一部学习。随后参加华中代表团出席七大。李士英 1939 年曾护送周恩来到莫斯科治伤。1941 年苏联卫国战争爆发后辗转从蒙古乌兰巴托回国。一路历经艰险，穿过沙漠，回到延安。后被增补为七大代表。

在最后一批增补代表的过程中，许多代表由候补代表转为正式代表，但也有个别人由正式代表调整为候补代表。凡是由候补转为正式代表的，往往都是当选代表的时间比较长，经过了较长时间的考验；而由正式代表变为候补代表的，往往都是在审查代表资格时发现有些问题，但不严重。凡是问题严重的，都被取消了代表资格。这也是为了保证代表的政治质量。

3. 主动要求旁听大会的人员

一些在延安的外籍共产党员和从事华侨工作的共产党员也要求参加七大。1945 年 3 月 14 日，当时在中央党校第二部第四支部学习的洪水致信周恩来并转毛泽东和中央书记处，请求参加七大。

洪水，越南北安省人。曾在黄埔军校第四期学习。1927 年加入中国共产党。参加过广州起义。后参加中国工农红军第十一军，任连政治委员、党支部书记、团政治委员等职。后到中央苏区任红军中央军事政治学校宣传科科长、师政治部主任。出席中华苏维埃第二次全国代表大会并被选为大会主席团成员和中华苏维埃共和国中央执行委员会执行委员。后任中共晋东北地委副书记兼宣传部部长，中国人民抗日军政大学第二分校科长、中国人民抗日军政大学第二分校科长等职。①

1945 年，越南共产党邀洪水回越南参加抗法战争。洪水在信中写到：在我回国以前（这是组织上已经允许的），我向中央要求或出席或列席或

① 中共中央党史研究室第一研究部编：《中国共产党第七次全国代表大会代表名录》，中共党史出版社、上海人民出版社 2005 年版，第 871 页。

旁听七大。一是因为我个人参加中国革命运动是六大以后，所经历、所听闻的，虽然经过在党校疏略地学习了两条路线，但实须得到党七大的正式结论才能作为武器回去工作。二是经过整风，总结过自己的思想方法、思想意识，但还是有很多不够的地方，为了亟须在最近期间内回去，那么在会上得到多少教育做多少工作，到底回去还得要向国内的同志当小学生，就要是能当好这个小学生。那么，我自己也就可以不至于违背党和中央的精神的。“至于我自己的历史则中央的同志很清楚的。自1926年在广州与蔡大姐认识，一直到东江、闽西、中央苏区、长征，迄今则许多首长都清楚的。党是相信得过的。”这是我个人根据自己所能考虑到的理由和情形向党中央提出以供参考。如果能允许的话我是充分准备接受党所予的严重任务的。反之，如果我还未考虑到之处而产生错误的话，也等候党的指责、教育以得新进步的。①

23日，来自泰国的华侨陈子广也致信冈野进，信中写到：“七大会议快开了，我们南洋党没有正式选举代表参加这个胜大的会议，殊为可惜！我提议：南洋党的干部，具有如下条件者，请批准参加旁听，未知是否适当？”陈子广还“提出三个条件：1.政治上坚定的干部；2.与当地党与群众有密切联系的干部；3.组织观念好的干部。够以上三个条件的干部，每个地区挑选出一人或二人参加七大旁听。这样对南洋党的帮助上是很大的”，陈子广征求冈野进意见，希望他能“转达中央”。②

陈子广，海南琼山县人。1928年旅居泰国，投身革命，加入中国共产党。1929年初被任命为中共旅泰特委书记。后因叛徒告密被泰国当局逮捕入狱。1938年被泰国当局驱逐出境，在党组织的安排下到延安，并入中共中央党校二部学习。任党校二部党支部书记。③

① 中共中央党史研究室、中央档案馆编：《中国共产党第七次全国代表大会档案文献选编》，中共党史出版社2015年版，第98页。

② 中共中央党史研究室、中央档案馆编：《中国共产党第七次全国代表大会档案文献选编》，中共党史出版社2015年版，第99—100页。

③ 中共中央党史研究室第一研究部编：《中国共产党第七次全国代表人会代表名录》，中共党史出版社、上海人民出版社2005年版，第870页。

冈野进赞成陈子广的意见，当日便致信中共七大秘书长任弼时，提出："第七次代表大会，能否允许下列外国共产主义者和华侨党员出席旁听？如果可能的话，对他们是一个很大的教育。（一）日本人共产主义同盟盟员中，派遣两个领导分子轮流出席旁听（如果不可能的话，那么让一个日本共产党员旁听一两次）。（二）朝鲜人的中国党员中，派遣两个领导分子轮流出席旁听。（三）附上陈子广同志的书面意见一纸，请你们考虑一下。"①

关于中共七大是否允许外国共产主义者和华侨党员出席旁听的问题，1939 年分配七大代表名额时，中共中央就考虑过华侨代表的"特别旁听"问题。因此，他们的要求得到了满足。在中共七大召开时，共有 15 名来自苏联、日本、朝鲜、越南、马来亚、泰国等地的共产党员旁听了中共七大。

（三）代表的集中和审查

中共七大在陕西延安召开，分散在全国各抗日根据地的七大代表必须到延安才能参加大会。同时，到达延安后，还要接受组织上对代表资格的审查。这也是召开七大的组织准备和必备条件。

1. 七大代表从各地汇集延安

到延安，是许多七大代表梦寐以求的宿愿。怀着对延安的向往，七大代表从全国各地踏上了前往延安之路。中直、军直单位本身在延安，陕甘宁边区和晋绥抗日根据地或是在本地或是在邻近地区，他们的代表到延安相对容易。而大后方的代表路途最远，华中代表到延安也有上千里的路程。即使离延安距离并不算太远的华北晋察冀、山东等地，要冲破敌人的重重封锁，也是困难重重。

（1）冀南代表赴延安

1939 年 9 月 8 日，冀南的七大代表统一换上了八路军军服，在冀南军区武装部队护送下，步行着向延安进发。出发的头一天，时任冀南区委民

---

① 中共中央党史研究室、中央档案馆编：《中国共产党第七次全国代表大会档案文献选编》，中共党史出版社 2015 年版，第 99 页。

运部部长王从吾在日记中写道：离开这长时间活动的一望无际的平原，经过高山峻岭，汾水黄河，直赴世界闻名的陕甘宁，这是一生的头一次，又是个人早已盼望的，的确值得高兴。但是，在敌人的分割盘踞封锁下，从敌后冀南到延安去的路程，是十分艰险的。出发这天，每个人配给 3 天的口粮。6 匹大马满驮着西去的衣被、零用品，各个人穿着军衣，挎着饭包，威风凛凛，准备登程。临行前，冀南军区司令员宋任穷作了简短的讲话。大家便按照预定的方向浩浩荡荡地出发了。

由于战争环境，要尽可能的夜间行军，白天休息。10 月份的一个夜里，冀南团由内丘县境过平汉铁路，不料被敌人发觉，又遭遇封建会道门“六离会”的骚扰，未能通过封锁线，不得不退回巨鹿县西部。代表团原准备研究好对策再度前进，忽然接到中央通知，让暂缓到延安。于是代表团又返回根据地。11 月底，代表们又接到命令，再次出发。代表团在部队的掩护下，昼宿夜行，披星戴月，于夜半在内丘县北、尧山（隆尧）县西横穿平汉铁路敌人封锁线。过了平汉铁路，告别了华北大平原，眼前呈现连绵不断的山地。在平原地区长大的牟海波，听当地人说“过岗”，以为就是越过一个小山岗。哪知这“岗”，少则得走上半小时，多则一小时不止。山连山，岗连岗，使人望不到尽头。进入山区，景色全变，行军路线与平原地区大不相同，不走直线向前方，而总是曲曲转转，不是上山，就是下山。他们翻山越岭，风餐露宿，向延安进发。

因为日军对太行区封锁很严，冀南代表团和山东、晋东南的代表团会合后，一起暂时进了北方局党校学习。1940 年 5 月下旬，他们又随晋察冀部队跨过正太铁路，来到晋察冀边区的平山、阜平住了 3 个多月。直到 8 月百团大战开始后，聂荣臻司令员派晋察冀骑兵团护送，他们才和后到的华中、大后方代表团一行 100 余人，从阜平出发，经过五台山，从崞县越过同蒲路。

穿过同蒲铁路后，代表团趁着月色急行军，奔上吕梁山。天刚亮，敌人的飞机又在天空盘旋扫射轰炸，他们就地卧倒隐蔽在吕梁山的草窝里。太阳晒，蚊虫咬，啃干粮，没水喝，等到太阳落山，敌机不再袭扰，他们才又起身行军。沿途奔波劳累，人疲马乏，但是想起奔向延安，大家就振奋起精神继续前进。

为了掩护七大代表能平安抵达目的地，晋察冀边区骑兵团在同敌人的交火中牺牲了十几名战士，冀南代表陈化争也被子弹击中负伤。八路军第120师师长贺龙派部队前来救援。代表们一行穿过敌占区，涉水渡过汾河，来到晋西北抗日根据地的娄烦镇第120师兵站，然后到兴县县城。这时正是中秋节，贺龙师长、林枫前来看望大家并设宴招待。停留数日，他们从黑峪口渡过黄河，进入陕甘宁边区。经佳县、米脂、绥德、清涧等地，于1940年10月10日到达延安。

他们到延安时，朱德总司令骑着马到路上来欢迎。中央在延安杨家岭召开欢迎会，欢迎从敌后来的七大代表。他们还见到了毛泽东等中央领导。王稼祥还同部队的代表们一起吃了一顿饭。[①] 这是当年亲历者留下的日记，对后人了解七大代表奔赴延安的过程很有帮助。仅从王从吾的回忆，就可以看出，冀南的代表从1939年9月出发，到1940年10月抵达延安，耗时整整一年。其间还退回冀南等待时机再出发。而在太行地区相遇的山东代表团，也是1939年10月从山东出发的。因为日军封锁，冀南代表和山东以及晋东南的代表在太行山区的北方局党校驻足。1940年5月又在晋察冀边区住了3个月，最后才抵达目的地。

（2）山东代表赴延安

山东代表赴延安是在1939年底，大约是十一二月。山东军队的代表有山东纵队的司令员张经武，地方党的有山东分局书记郭洪涛，他们带着山东代表团三四十个人，向延安出发。这时是战争环境，一路上通过敌人的封锁线，过微山湖时，还和日军打了一仗。因为路途中的不顺利，胶东代表准备带到延安送给七大的绸帐都弄掉了。为此，中共中央北方局书记杨尚昆曾于12月24日致电中央，说明山东、冀东代表均已经到达北方局；胶东代表曾带有送给此次大会的绸帐，上面写有七次代表大会的字样，但

① 中共中央党史研究室第一研究部编：《七大代表忆七大》，上海人民出版社2006年版，第621—624页。

是在途中遗失，我们已经通知去延安的代表，禁止带有此类东西。[①]可见山东代表此时已经在部队的护送下，过了平汉路，来到晋东南，到达了北方局。因为山东派有一个连的部队护送，所以山东代表还是比较安全的。也因为山东有护送部队，所以山东代表到冀南后，冀南的代表团也跟山东代表一起到延安。但他们一行正赶上阎锡山搞反共磨擦即十二月事变，交通阻隔，他们就在北方局党校学习。这也是杨尚昆给中央的电报所说："拟留此一段时间，利用此机会，给他们训练后，再来延安"[②]。当时北方局党校设在山西武乡王家峪，八路军前方指挥部和中共中央北方局也在这里。山东和冀南的七大代表在山西武乡迎来了 1940 年。从晋东南不能直接到延安，他们又随聂荣臻，到了彭真、聂荣臻领导的晋察冀边区。直到 1940 年秋天，才又出发到延安。从山东出发，他们路上走了将近一年。

（3）晋察冀代表赴延安

在战火纷飞的年代，到延安的路上充满了困难和艰险，甚至还要付出生命和鲜血。1940 年 4 月，晋察冀的 100 多名七大代表在河北阜平县集中，准备赴延安参加大会。据中共北方分局委员、晋察冀边区农会副主任姜占春回忆，他是 1939 年 10 月被选为七大代表，1940 年 4 月起身去延安。和他同行的有李葆华、阎达开、阮泊生、吴德、孟庆山、谷云亭等同志。当时把代表分成了两个大队。军队代表是第一大队，孟庆山任队长，代表中有冀中军区的政治部主任孙志远、抗大第二分校校长陈伯钧等；地方代表是第二大队，姜占春任队长。为了便于领导和行动，在大队上面成立了指挥部，由地方和部队党组织的代表李葆华、吴德、申力生等负责，还带了一个警卫连负责安全工作。

吴德、阎达开和谷云亭是冀东指定的七大代表。因为他们在天津，而天津的党组织有电台，能够同中央和中央分局进行联系。所以，他们知道要开七大了，便从天津出发，先到了平西抗日根据地，也就是冀热察挺进军所在地，住了一段时期，然后继续前进，于 1940 年四五月到达晋察冀中

① 中共中央党史研究室编：《杨尚昆年谱》上卷，中共党史出版社 2007 年版，第 404 页。
② 中共中央党史研究室编：《杨尚昆年谱》上卷，中共党史出版社 2007 年版，第 404 页。

央分局。他们向分局领导彭真、姚依林等人汇报工作后，便随晋察冀代表团前往延安。

在晋察冀前往延安的途中，敌人设置了重重封锁线，代表们只能走山路、走小路。代表们不怕苦，不怕累，一天走六七十里。路上吃饭、住宿都有部队安排。走到太原以北阳曲县地界准备过敌人封锁线时，代表们在山里休息了一天，弄点干粮，每人半斤炒米。大家情绪很高。按照行军计划，队伍计划在太原市西南、阳曲以北的白水镇过同蒲路。5 月 26 日傍晚，队伍下山走到同蒲路的铁道边，天黑了。前边走的是李葆华、栗再温等人，姜占春是第五个。过路很平安，没有动静。又走了十来里路，刚一进山，就遭到敌人袭击。

枪声响时，吴德和冀中区党委副书记鲁贲在大队后边走，两人都牵着马，一个人带两个警卫员。他们一边走，一边聊。忽然听到前边轰的一声响，鲁贲就喊："前边可能出事了！"说着便骑上马往前冲去。敌人把前后路都封锁住了。前进过不去，退也退不回来。警卫连战士冲上去阻击敌人，鲁贲带头从山侧跳崖，姜占春也跟着跳了下去，但到半腰碰到石棱把他架住了。这时，从上面又跳下一个人撞在他身上，他们一起滚到了沟底，姜占春的左肩被摔成骨折。当时天很黑，敌人到了崖头，拿机枪扫了一阵子就走了。虽然膀子很疼，姜占春仍然坚持着追赶队伍。[①]

在这场遭遇战中，冀中区党委副书记兼民运部部长鲁贲、第四地委书记吴健民牺牲，不少同志负伤。如果不是因为天黑敌人摸不清情况没有追击，否则损失还会更大。突围出来的队伍过了汾河，到了晋西北抗日根据地，贺龙亲自接见，给他们配备马匹、服装，给姜占春的肩膀作了包扎治疗。1940 年 6 月 18 日，他们到达延安。在各地赴延安的七大代表中，他们可能是最早到达的一批。

鲁贲当选为七大代表，妻子安建平为他感到骄傲和自豪。临出发前，安建平将衣服洗补得干干净净，将别人送的一直没舍得吃的肉干给鲁贲装

---

① 中共中央党史研究室第一研究部编：《七大代表忆七大》，上海人民出版社 2006 年版，第 416—419 页。

进口袋，依依不舍地为他送别。没想到，10 多天就传来鲁贲牺牲的噩耗。安建平顿时觉得天旋地转。他们结婚近 10 年，夫妻恩爱，为了不影响工作，多为革命作出贡献，他们约定暂时不要孩子。她陷入深深的悲痛和愧疚中。从此，她化悲痛为力量，为冀中地区干部队伍建设做了大量的工作。1943 年，她在参加冀中反“扫荡”斗争中冲锋陷阵，掩护群众转移，不幸身负重伤。1944 年初，党组织安排她到延安就医。同年 5 月，她进入中共中央党校一部学习。1945 年初，她被补选为晋察冀的七大代表，出席了中共七大。她是既高兴又不安，高兴的是，鲁贲虽然未能参加七大，她可以参加并替鲁贲听取毛泽东、朱德、刘少奇等领导人的报告，听取七大号召。不安的是，她做了她应该做的一点工作，就受到如此殊荣。七大期间，党中央在延安为烈士们举行了隆重的追悼大会。① 安建平以后更是兢兢业业，努力工作。中华人民共和国成立后，先后担任中央直属机关党委副书记、民政部政治部副主任、中央纪律检查委员会委员等职，为党和人民的事业贡献了一生。

晋察冀代表在赴延安途中遭遇敌人袭击、造成伤亡的事故发生后，毛泽东、朱德、王稼祥等领导人非常重视，立即为此事致电山东、八路军第 115 师、第 129 师、冀南、彭雪枫，说明此次晋察冀代表过同蒲路时损失大，虽配有部队护送，但还重视不够。此后，各地采取各种措施，保证代表赴延安途中的安全。主要是调集足够的部队，实行武装护送。7 月 15 日，正在华中的刘少奇致电彭雪枫、黄克诚并报中央：请彭雪枫、黄克诚立即派出 2 个团（最好 3 个团）到皖东北与张爱萍会合，以坚持皖东北阵地；另外再派一个团到津浦路东，接七大代表到路西去，因为路西部队少，要在过路东之后，送代表过路西，再回路东。②

当时日本侵略者在华北地区为加强统治，切断太行山区和冀鲁豫平原

① 侯振龙主编：《团结的大会 胜利的大会——记中国共产党第七次全国代表大会》，中国社会出版社 2018 年版，第 114 页。

② 中共江苏省委党史资料征集委员会苏北领导小组编：《苏北抗日历史资料》（2）（1940 年 1 月—12 月），第 36 页。马京波、王翠主编：《刘少奇生平研究资料》，中央文献出版社 2013 年版，第 301 页。

的联系，对平汉等铁路线的控制和封锁特别严密，在铁路两侧各挖了宽 4 米、深 3 米的封锁沟。为了护送华中代表越过平汉铁路，冀南军区特派出部队。华中代表越过平汉线到达冀西后，邓小平等听取了代表们关于路上情况、前进日程和路线的汇报，也派出部队护送他们继续前进。

由于各地想方设法完成护送七大代表的任务，保证万无一失，像晋察冀代表在途中遭遇敌人袭击伤亡惨重的事故再也没有发生。赴延安的华中代表团的代表回忆，沿途经过皖中、皖东北、山东沂蒙山区（八路军第 115 师师部）、鲁西南、冀南、晋冀鲁豫（太行山八路军总部）、晋西北，一般都有部队护送。有的地方军事首长还在现场指挥，确保通过封锁线时的安全①。这也是用生命和鲜血换来的教训。

（4）华中代表团赴延安

华中代表团主要是由上海、江苏、浙江等和新四军各部队的七大代表所组成。1939 年 9 月 6 日，浙江省的七大代表离开温州平阳县的冠尖、马头岗，向延安出发。这支队伍行经浙江、安徽、江苏、山东、河北、山西、陕西 7 个省，途中渡过严密封锁的长江，越过崎岖的太行、吕梁，闯过了敌人道道封锁线，跨过波涛滚滚的黄河，经受了种种考验。途经山东时，七大代表刘先得了伤寒病，发高烧，病得头发一把一把地掉。林辉山代替了他的班长职务，还热情地照顾病员。团部特地向当地老百姓雇来毛驴让刘先骑上。到达鲁中时，遇到在这里检查工作的徐向前，他一听代表团里有人患病，特地派医务人员前来看望，并拿出当时最珍贵的“盘尼西林”针剂，一连打了 6 针，才使刘先的高烧逐渐减退。这支队伍徒步行程 1 万余里，历时 15 个月。

1939 年 11 月，中共江苏省委从上海派到延安参加中共七大的代表小组共 7 个人，6 男 1 女，有人戏称是“七君子”。6 位男同志，一位是沪东日商纱厂的代表张妙根，一位是工委的代表卢离堂，一位是职员代表卢伯明，一位是学委代表王明远，一位是郊县工作的代表顾炳章，一位是在无

① 中共中央党史研究室第一研究部编：《七大代表忆七大》下，上海人民出版社 2006 年版，第 1139—1140 页。

锡梅村搞武装工作的代表张云增，女同志是时任上海沪西区华商纱厂党委书记、代表上海青年女工的正式代表刘贞。他们一行7人，除张云增从无锡直接到皖南新四军军部，其余6人是从上海经过国民党区域，兜了一个大圈子到达皖南的。

去延安前半个月，刘长胜和刘贞等代表谈话，要他们做好去延安的准备。一天早上，上海6人分头到十六铺码头坐船到浙江宁波，再秘密地和新四军联络站接上头。之后到溪口住一个多星期，等去新四军送寒衣的军车。这批寒衣是上海人民秘密募捐购置的。他们坐大卡车，花了3天时间，经过浙江新昌、嵊县、义乌、永康、金华、兰溪到达浙皖边境的威坪镇，遇到人称“鬼门关”的国民党重要检查哨所。途中有天晚上在旅馆里也受到国民党宪兵的检查和盘问。由于他们应付得比较好，说是新四军的人员回上海探亲的，国民党没有抓到把柄，便予放行。以后经过皖南的歙县（即徽州）、太平，到达新四军军部所在地泾县云岭。

在云岭，中共东南局秘书长温仰春接转了他们的关系后，受到新四军主要负责人项英等人的热情接待。除叶挺外出，他们见到了政治部主任袁国平、妇女部部长李坚真、青年部部长陈丕显等。因为他们都是地下党干部，不允许对外接触。在军部等到浙江、福建、江西、湖南、广东、香港、广西的代表会集以后，由军部出发北上。时间是1939年底。新四军第三支队派队伍护送他们在一个夜晚横渡长江，到了新四军江北游击纵队的驻地。从皖中到皖东北，新四军第二师司令员罗炳辉率领部队亲自护送。到了皖东北地区，见到新四军第四纵队司令员张爱萍。在来安县的半塔集，他们见到了化名胡服的刘少奇，以后在这一带跟随他行军，并在住地听过他两次报告。

在皖东北前后待了个把月后，他们在陇海铁路运河车站附近越过了铁路，有部队护送他们到山东境内的八路军第一一五师防地。他们在鲁南、沂蒙山区费县庆祝了“七一”。随后到达第一一五师师部，由师政委罗荣桓等负责同志向他们介绍了山东抗日军民同日军斗争的情况。他们渡过东平湖，到达鲁西南地区。一天夜晚，经大汶河越过了津浦铁路向西前进。在冲过敌人封锁线之后，还于第二天拂晓遭到日、伪军的袭击。由于八路军勇敢善战，护送代表的部队冲进了敌人包围圈赶走敌人，所有的同志都安全脱险。

经鲁西南地区，他们到达河北南部的南宫、大名等地。这里是冀南抗日根据地。逗留若干天，他们在邢台、邯郸之间越过平汉铁路线到达太行山区。到达八路军总部时，正处震惊中外的百团大战后期，百团大战大大提高了华北人民在敌后抗日的胜利信心，使敌人闻风丧胆。但也引起了敌人的恐惧，于是集中力量对太行山地区进行疯狂“扫荡”。当敌人反复“扫荡”时，他们跟随彭德怀和八路军总部几次翻越“七（里）上八（里）下”的摩天岭，山高林密坡陡，没有路。八路军乘着百团大战的余威和军民必胜的信念，很快地粉碎了日军的“扫荡”。

在太行山呆了一二个月后，他们跟随徐向前、杨尚昆离开太行山，在太原附近的榆次、太谷之间一昼夜行军 120 公里，越过一条公路、一条铁路（同蒲）和汾河，在文水、交城之间登上吕梁山脉，在兴县、临县之间渡过黄河到达陕北，经米脂、绥德、青涧等县到达延安。这时已经是 1940 年 12 月。整个行程历时 13 个月，一路都遇着紧张战斗，路线迂回曲折。从上海出发，经皖中、皖东北、苏鲁边、鲁南、鲁中、鲁西南、冀南、晋冀鲁豫、晋西北、陕北 10 个根据地、解放区，如平均每天行军 50 里的话，那么 14 个月走了 1 万余里。

（5）大后方代表赴延安

大后方是指抗战时期相对于沦陷区和解放区而言的、主要由国民党统治的地区。大后方的七大代表主要来自香港、广东、广西、湖南、湖北、闽粤边、江西、四川、云南、贵州等地。他们分别从香港、梅县出发，到韶关会合，然后又到桂林八路军办事处，再到皖南新四军军部，和上海、浙江等地代表会合后，一起渡过长江继续北上的。他们赴延安的路途最为遥远和艰辛，和华中代表团相比还有过之无不及。

来自香港的何潮，1900 年生，广东省南海县人。1925 年加入中国共产党。1928 年任中共广东新会县委书记。后到香港工作，担任洋务工会组织部部长、党团书记、中共香港市委委员和东南特委委员。1939 年 11 月 7 日在中共广东省委第五次执委扩大会议上被选为七大代表。随后和香港代表吴有恒、钟明、周材、周小鼎离开香港，分两批经过东江游击区到惠阳，再从连平到韶关。当时广州已经沦陷，国民党广东省省会迁到韶关，中共广东省委也设在韶关。

1939 年 11 月，参加七大的闽粤赣边区代表方方、苏惠、伍洪祥、王维、谢南石等一行 5 人，在中共闽赣省委书记方方率领下从广东梅县启程，乘坐一辆租来的汽车到了韶关。12 月底，他们在韶关和广东代表古大存、区梦觉、唐初、方华、朱荣等共 14 人，组成广东代表团，然后化装，乘坐火车到桂林的八路军办事处。

在桂林，他们受到八路军总部秘书长、八路军桂林办事处主任李克农亲切而热情的接待。半个月后，接到党中央指示，由于形势变化，国民党封锁陕甘宁边区，中央决定，南方各省的七大代表不能按原定路线经重庆到西安进延安，一律改道到新四军军部集中，经敌后抗日根据地转到延安去。中共中央华南局则要方方到重庆去，并指定由伍洪祥带领闽粤赣边区的代表。

于是，他们换上了八路军战士的军装，再乘坐新四军派来的军车，一连 7 天，途经衡阳、吉安、兴国、南丰、上饶、开化等地，到达徽州岩寺的新四军留守处；然后步行翻黄山，经屯溪（今黄山市）、泾县茂林镇，再到新四军军部所在地云岭。带领他们到泾县的是挂着国民党少校副官军衔作掩护的龙飞虎。在云岭休整几天后，他们转移到丁家山，即中共中央东南局机关驻地。他们受到中共中央东南局的热烈欢迎，组织部部长曾山热情前来看望，项英和袁国平等也来关心和慰问。曾山曾于 1939 年 9 月 18 日致电中央组织部部长陈云、副部长李富春，谈上海党员人数 300 名，出席七大正式代表 6 人，加候补代表共 10 人。代表起程的日期要提前 3 个月通知才来得及。[①]

---

① 中共中央党史研究室、中央档案馆编：《中国共产党第七次全国代表大会档案文献选编》，中共党史出版社 2015 年版，第 25 页。

稍后，福建省（也称闽浙赣边区）、江西省、浙江省、湖南省、上海市的代表也先后到达云岭。曾山召集各省代表在一起开会，讲明形势，指出他们的任务是必须保证代表们安全到达延安。尽管有新四军、八路军的部队护送，但是各个抗日根据地是不连片的，由这个根据地到那个根据地都要通过敌占区，穿越敌人的铁路、公路交通封锁线；而且没有汽车，只能靠大家两条腿走路，步行上万里。曾山要求各省代表像部队那样统一组织起来，实行军事化的管理，以利于行动；思想上要时刻保持高度敌情观念，要发扬阶级友爱和团结互助精神。途中经过的许多地方是新开辟的根据地，群众往往还不很了解我们党的政策，要认真执行三大纪律八项注意，重视密切群众关系。还特别强调要绝对保密，对外绝对不能泄露七大代表的身份。

于是，他们在皖南组成由古大存任支部书记，福建范式人、江西李辉、浙江林一心、闽粤边伍洪祥等为支部委员的40多人的小队伍，有上海、浙江、江西、福建、广西、湖南、闽粤边、苏南等9个地区的七大代表。为保密起见，这支队伍对外称“新四军战地服务团”，由古大存带队。一方面，他们早晨起床后就上操场跑步，锻炼身体，准备长途行军；另一方面，学习讨论政治形势和中央文件指示。在云岭期间，陈毅从苏南敌后前线回到军部来开会，特别为他们做了长篇的讲话，介绍了深入江南敌后的新四军英勇抗击日、伪军和开辟敌后根据地的艰苦斗争情况，这对代表们做好行军的思想准备很有好处，给了很大的教育和鼓舞。①

1940年1月20日前后，他们在新四军军部一个连的护送下，经繁昌县城，在长江南岸芜湖西头的渡口，登上两艘大木船，避过日军的巡逻艇，向长江北岸驶去。渡长江时，大家还哼起在丁家山时何士德为他们写的《偷渡长江》歌：“薄雾迷漫在江面，微风掀起了波纹，在黑沉沉的午夜，我们要渡过长江，我们要渡过长江……去争取最后的胜利。”他们在新四军江北支队控制的无为县码头镇附近安全登陆，并在附近的村庄过了春节。

---

① 中共中央党史研究室第一研究部编：《七大代表忆七大》下册，上海人民出版社2006年版，第1245页。

春节后，江北指挥部派含山支队护送他们北行，到定远县新四军第四支队司令部所在地，路程近400公里。经过几天的行军，他们随部队在夜间越过津浦路，翌日到达来安县城。接着转移到长天、六合地区，再到新四军江北指挥部所在地半塔集。在江北指挥部，张云逸前来看望。他们还参加了指挥部的干部会议，听刘少奇给江北新四军干部作的《目前抗战形势与我们的任务》的长篇报告。刘少奇传达了党的六届六中全会提出的坚持抗战、反对投降，坚持进步、反对倒退，坚持团结、反对分裂的方针，指出要坚决冲破国民党限制，放手发动群众，发展抗日根据地。他说，凡是日本占领区，我们就要深入发动群众开展抗日战争，创建抗日根据地；国民党占据的地方，他不打日本，还压制群众抗日民主运动，甚至与日伪暗中勾结，反对和限制新四军、八路军活动，搞摩擦，进犯我根据地，我们要坚决反击，开展反摩擦斗争。[①] 刘少奇还送给代表们他写的《论共产党员的修养》一书，作为学习课本。

在半塔集逗留了半个月后，江北指挥部通知他们向皖东北挺进。于是他们跨过宿迁地区，两渡古金河，然后夜行百里越过陇海铁路，抵达鲁南山区八路军第115师的师部抱犊崮。休息一个星期后，部队派出一个加强连护送他们去鲁西地区。他们很快进入了沂蒙山区，在一个黎明前渡过大汶河，天亮时抵达离汶口三四里地的一个村庄，准备白天在村里休息，晚上转移。但护送部队看代表们连日行军已很疲劳，因此决定在原地多休息一晚。不料，第二天凌晨遭到了当地由红枪会改编的伪军的包围袭击。他们在危险关头勇敢突围，在附近村庄集合。

当夜幕降临时，他们又继续出发，跑步越过津浦铁路上敌人的封锁线，到达泰西的陆坊宿营。在距泰山20多公里的陆坊，他们遇见了八路军第115师政委罗荣桓。罗荣桓讲述了山东抗日根据地的建设、武装斗争、群众运动以及贯彻党的方针政策等方面的经验。

他们从泰西经梁山泊地区，西进到东平地区，乘船渡过东平湖，在湖

---

① 中共七大代表伍洪祥的回忆。参见中共中央党史研究室第一研究部编：《七人代表忆七大》下册，上海人民出版社2006年版，第1244—1248页。

西地区休整了几天后继续往前走，到达鲁西根据地。区委书记张霖之接见了他们；八路军第115师旅政委兼行署主任萧华为他们作了鲁西地区对敌斗争形势和根据地情况的报告。离开鲁西，他们又经过几天行军，进入冀南根据地，八路军第129师辖区。区党委书记宋任穷、军区司令员陈再道正忙着组织反顽斗争，打击顽军向我根据地的进攻。

代表们继续西进，逐渐靠近敌占的平汉铁路。他们得以继续西进，逐渐靠近日军占领控制华北的大动脉平汉铁路。敌人为维护对冀鲁豫三省的统治，切断太行山与冀鲁豫平原的联系，对平汉铁路封锁特别严，在铁路两侧挖了宽4米、深5米的封锁沟。要想越过封锁线，非走预留的路口不可。但每个路口处都有敌人设置的固定哨所据守；而哨所之间又可以互相呼应，一旦有情况发生，敌人就把信号灯熄灭以通报左右。几分钟内就可以把信息传到日寇的据点，据点里的敌人马上就会鸣枪出兵，奔赴出事地点。铁路两侧的村子里还有在敌寇强制下组织的护路队巡逻守卫，如果知情不报就要受连坐之罪。所以，平汉路是去延安途中最难逾越的一道封锁线。

8月的一个黑夜，部队派出一个团护送他们过铁路。前头部队刚接近铁路，立即就被哨所的敌人发现，沿途哨所马上连锁熄灯。护送部队见行动暴露，迅速传令撤退，转回永年县暂住。过了十多天，部队派出一个营再次送他们过铁路。这次，仍然利用夜幕掩护，但却另找小路潜行，在离铁路大约两里地处隐蔽待命。营长带着一个突击组靠近铁路路口的哨所，突然大步跃进哨所，里面的伪军还没来得及反应就成了俘虏。于是，代表们立即跑步越过铁路，一口气跑了十几里路，到了一个村子才停下来休息。他们安全越过平汉铁路后，便进入了冀西的武安山地区。

代表们到冀西后，即到了八路军第129师第11旅政治部，政治部副主任杨克冰接待他们，随即安排前往第129师后方机关驻地、清漳河边的一个大村子索堡。在那里的八路军第129师师部，古大存向师长刘伯承和政委邓小平汇报了情况。随后，他们在部队的护送下进入深山区，经桐峪、麻田、砖壁，到达八路军总部王家峪。那时正是百团大战后期，敌人的活动相当频繁。总部处于战争状态，经常移动。他们西去的路线又因敌人的严密封锁而不能通过，只好等待时机，随同总部转移，前后历时约一个月。在总部，他们见到了副总司令彭德怀和副总参谋长左权，还听取了政治部主任罗瑞卿的报告，讲当前的战争形势和工作任务。

一天，总部通知准备出发西行。全团马上沸腾起来。原来，徐向前由山东经总部去延安，总部派两个团护送过同蒲路和汾河封锁线，并决定代表们同行。于是，他们离开总部，经蟠龙、武乡，随后到达晋中平原。这一带是山西的产粮区，也是军阀阎锡山的势力范围。他们下山后住进一个大圩并立即封锁消息，禁止出入，隐蔽到第二天黄昏，又随部队向西疾进，是夜连过五道封锁线：先是通过五条公路，然后冲过同蒲路，再涉水渡过汾河，最后又越过一条公路，直到天色大亮的时候才进入吕梁山区。一晚上走了 70 多公里路程，有的地方还是跑步通过的，这是他们在赴延安的路上走路最多的一次夜行军。

第二天，他们进入交城、文水地区，这里是八路军第 120 师的活动区域，也就是晋西北抗日根据地。从此地出发，他们顺利通过方山县城抵达黄河边，在一个叫咀头的小渡口乘船渡河。因为这一带两岸都是八路军驻地，所以可在白天摆渡。过了黄河，来到了陕甘宁边区的吴堡，稍事休息后，又渡过无定河到达绥德城。随后，经清涧、延川、延长，到达延安。

这支队伍于 1939 年 12 月底从韶关出发，一路上几次遭受敌伪袭击，但在八路军的掩护下无一伤亡，全部安全到达延安。当时已是 1940 年 12 月 26 日下午，整整走了一年，经过广东、广西、湖南、江西、安徽、江苏、山东、河北、山西、陕西 10 个省，行程万里。

当这些七大代表抵达延安时，中央组织部副部长李富春亲自迎接。1941 年元旦后，中央组织部部长陈云看望代表。毛泽东也在杨家岭亲切接见了全体代表。先是各省代表团负责人进入毛泽东的办公室，毛泽东很高兴地同大家一一握手问候。古大存代表南方几省来的代表们向毛泽东表示敬意，并简要地把一路行军安全到达延安的情况作了汇报。然后，毛泽东来到窑洞外面，同全体代表见面。

毛泽东热情地向大家挥手致意说，“祝贺你们胜利地到达了延安。”他还说：“同志们来到中央，希望能够好好利用这时间学习理论。”毛泽东风趣地扳着指头说，你们过了长江，又过了黄河，过了津浦路，又过了陇海路，还翻过了太行山。中国有名的河流、山川、铁路，都让你们走过来了！我们过去叫长征，你们呢，也是长征，人数少一点，是小长征……[①]

代表们听了很高兴，受到很大鼓舞。他们回忆说：真的，走这一路也确实够苦的了。刚到延安时，大多数人身上只剩下一根裤带拴着一只口杯，其他就一无所有了，一个个都像是叫花子。但是，同志们知道毛泽东日理万机，非常忙，还抽出时间接见他们。多少年后回忆起来，他们还非常高兴和激动。到延安一路的“苦”，也是一次很好的锻炼。这样，他们就更能适应和战胜以后的艰苦生活了。

1941 年春节，党中央书记处在中央党校的中山食堂宴请南方各省到达延安的中共七大代表。中央领导毛泽东、朱德、陈云、任弼时、李富春，还有王明、博古等均出席。毛泽东拿着酒杯走到他们面前祝酒，并一一询问姓名，来自哪个地方，做什么工作，有的还问及年龄大小，态度非常亲切。

（6）刘少奇从华中回延安

1941 年 10 月 3 日，毛泽东致电在华中的刘少奇，告诉他：中央决定他来延安一次，并希望他能参加七大。但刘少奇回电说明“华中工作还有些困难，须要进一步解决，请中央考虑可否暂缓回延安”。毛泽东复电：立即来延安，既于目前工作不利，自宜缓期。七大大约还需等半年才开，甚望能到会，请与陈毅、饶漱石等同志商量，能否在两三个月内帮助他们解决一些问题，两三月后动身来延安参加七大。七大后刘少奇在延安休养，即在延安指挥华中。

1942 年 2 月 20 日，中共中央书记处致电刘少奇及华中局：“护卫少奇

① 中共中央党史研究室第一研究部编：《七大代表忆七大》，上海人民出版社 2006 年版，第 1260—1264 页。

的手枪班须是强有力的，须有得力干部为骨干，须加挑选与训练。”[①]毛泽东也要求：“少奇返延，须带电台，并带一部分得力武装沿途保卫”。“护卫少奇的手枪班须是强有力的，须有得力干部为骨干”。还说，关于过去路线问题的结论已写好，要等七大前周恩来、刘少奇等回来方能讨论决定。[②]

7月9日，毛泽东致电刘少奇：“我们很望你来延并参加七大，只因路上很不安全，故不可冒险，仍以在敌后依靠军队为适宜”。“以安全为第一，工作为第一，以此标准来决定”。[③]9月21日，毛泽东在收到刘少奇安全抵达八路军第129师师部所在地河北涉县赤岸村的电报后“无限欣慰”，又给刘少奇去电：“望休息短期然后来延，并对华北工作加以考察。关于最近时局情况我有电至总部，可索阅。来延路上安全保障，请商刘、邓作周密布置”[④]。

刘少奇在回延安的路上，还肩负着中央交办的处理山东问题的任务。12月9日，刘少奇还在晋西北干部会议上报告，介绍了华中群众运动的经验，作为晋西北减租减息的群众运动参考。[⑤]

在回延安的途中，刘少奇多次遭遇危险，他沉着应对，同护送的指战员一起克服了这些艰险。12月30日，刘少奇一行经淮北、山东、冀鲁豫、冀中、太行、太岳、晋绥，历时9个月，行程数千里，穿越敌人103道封锁线，终于从华中安全回到延安。

（7）陈毅从华中回延安

新四军代军长陈毅从华中到延安，用了近3个月的时间。1943年8月

---

① 中共中央党史和文献研究院编：《刘少奇年谱》增订本第1卷，中央文献出版社2018年版，第446—447页。

② 参见中共中央文献研究室编：《毛泽东年谱》中卷，中央文献出版社1996年版，第326—331、第365、第363、第365页。

③ 常连霆主编；中共山东省委党史研究室编：《山东党的革命历史文献选编1920—1949》，第5卷，山东人民出版社2015年版，第189页。

④ 中共中央党史和文献研究院编《刘少奇年谱》增订本第1卷，中央文献出版社2018年版，第406页。

⑤ 中共中央文献研究室、中央档案馆编：《建党以来重要文献选编》第19册，中央文献出版社2011年版，第561—568页。

16日，中央书记处电告陈毅和饶漱石：要求华中新四军各师抽10人至20人到延安参加七大。随后，陈毅和饶漱石向中央汇报整风情况，请示参加七大人选问题。11月8日，毛泽东致陈毅并告饶漱石电："我们希望陈来延安参加七大。前次你们来电要求以一人来延，那时我们不知你们间不和情形，现既有此种情形，而其基本原因，因为许多党内问题没有讲通。如陈来延安参加七大，并在此留住半年左右，明了党的新作风及应作重新估计的许多党内历史上重大问题"，"则一切不和均将冰释，并对党有极大利益。中央同志包括我及少奇在内，对陈是信任的，提议陈来参加七大，丝毫不含不信任的意思在内。陈来延期间内职务由云逸暂行代理，七大后仍回华中，并传达七大方针。以上提议请考虑见复。"①

既然是毛泽东有电报，说明要陈毅到延安是中央书记处决定，陈毅立刻着手准备。当时，新四军军部驻地在江苏盱眙县黄花塘。陈毅将妻儿托付给其他同志照顾，便离开华中，奔赴延安。一路上，陈毅留下不少诗作。既有对同志亲人的眷恋，也有对延安的向往和对会见老战友的喜悦，还有对征途艰难的估计。但"众星何灿烂，北斗在延安。大海有波涛，飞向清凉山"更反映了陈毅此刻的心情。

11月25日，陈毅踏上了赴延安之路。在副官和警卫员的护送下，他过了洪泽湖，到达半城的新四军第四师师部，见到新四军副师长张云逸。张云逸将在陈毅赴延安后代理军长一职。两人在师部谈心并握手道别。第二天，陈毅到达新行圩子的新四军第九旅驻地，受到旅长韦国清的热情接待。11月27日晚，陈毅前往淮北军区第三军分区司令部驻地并听取了工作汇报。这里靠近徐州，北边是陇海铁路，南边是海郑公路，东边是运河的三角狭长地带，能巩固地向前发展是不易的。同时又是通往延安的交通要道之一，战略位置重要。陈毅提醒大家，一定要保持高度的警惕，继续把各项工作搞得更好。淮北第三地委和军分区还将在战斗中缴获的一些金条和一个金弥勒佛交给陈毅，请他转送中央，作为向七大的献

① 中共中央党史研究室、中央档案馆编：《中国共产党第七次全国代表大会档案文献选编》，中共党史出版社2015年版，第70页。

礼。

陈毅在部队的护送下，经单集以东过陇海路，到达运河支队驻地，再由运河支队送到枣庄以西的临城。同“铁道游击队”——鲁南军区独立支队第二大队大队长刘金山、副大队长王志胜等取得联系，在刘金山等护送下，通过铁路到达路西，过微山湖，经沛县、丰县、曹县南部地区，过旧黄河，经安阳附近，越过平汉铁路，沿着清漳河北行。陈毅曾作词“昼趱行，夜趱行，敌伪关防穿插勤。到处有军屯。”从中可以想见一路的危险与艰辛。

12 月底，陈毅抵达位于山西省左权县麻田镇的八路军总部，见到邓小平、滕代远等人。毛泽东在陈毅尚未抵达太行山时就于 12 月 25 日电嘱邓小平：“陈毅同志到时，请告他可在沿途略作休息，以免过劳，大会要在四月后开”①。毛泽东对陈毅这样的关心，陈毅也于 1944 年 1 月 14 日致电毛泽东，报告说将在太行了解整风经验后再赴延安。陈毅在太行山上度过了 1944 年春节，2 月初离开八路军总部继续西进。从山西太谷过同蒲路，来到晋绥抗日根据地。

陈毅经过这段路时，不巧遇到文水城等地的敌人出动。护送陈毅的交通队只好临时绕道群众基础好的文水县云周西村。为了安全，让陈毅脱掉长衫，由原来的绅士打扮，换上山西农民的旧棉袄，头上包块羊肚子毛巾，躺在马车上装病。云周西村党支部书记则装扮成陈毅的儿子，用马车送“父亲”到城里看病。警卫员也装扮成农民的模样坐在车上。交通员化整为零，分散在大车前后保护。就这样，平安地过了太汾公路。一路上，陈毅兴致勃勃，抽空给护送的同志介绍华中民兵破坏敌人铁路、公路、电话通讯的方法。过了汾河平原，陈毅往西北方向前行，便进入吕梁山区，再渡黄河，便抵达延安，时间是 1944 年 3 月 7 日。毛泽东、刘少奇、彭德怀、李富春等欢迎陈毅到来并合影留念。

从华中抵达延安，陈毅走了 3 个多月。这比起 1940 年华中地区的七大代表经新四军军部前往延安，已经顺利了许多。这主要是因为共产党领导

① 中共中央党史研究室、中央档案馆编：《中国共产党第七次全国代表大会档案文献选编》，中共党史出版社 2015 年版，第 71 页。

的人民抗日武装力量的发展、壮大，争取伪军工作取得成效；交通线的开辟更有成效，积累了更多的经验。等到中共七大闭幕，华中、大后方的七大代表返回原工作地区时，所花的时间就更短了。

从1943年到1945年七大召开，还有不少七大代表前往延安。除了周恩来、林彪于1943年从重庆返回延安参加七大外，还有罗瑞卿、薄一波、聂荣臻、吕正操等陆续来到延安参加大会。太行、太岳、北岳各区新增选的代表，也分别陆续前往延安。

罗瑞卿，四川南充人。1926年加入中国共产主义青年团。同年入黄埔军校武汉分校学习，1928年10月转为中共党员。曾任红一军团政治保卫分局局长，参加过红军长征。后任抗大教育长、副校长，八路军野战政治部主任等职，1944年回延安，入中央党校学习。

薄一波，山西定襄人。1925年加入中国共产党。曾任中共天津市委士兵委员会书记，北方局军事委员会秘书。曾被捕入狱，在狱中坚持斗争，任党支部书记。中共山西公开工作委员会书记、山西省牺牲救国同盟会总负责人，后任晋冀鲁豫边区政府副主席、中共太岳区委书记等职。1943年12月赴延安出席七大，因大会延期入中共中央党校学习。后被选为中共第七届中央委员。

吕正操，辽宁海城县人。曾在东北讲武堂学习。曾任张学良的副官、秘书，东北军连长、营长、团长。参加过长城抗战。1937年5月加入中国共产党。全国抗日战争爆发后，率东北军第691团坚持抗战。后率部脱离东北军改编为人民自卫军，任人民自卫军司令员。率部北上，与中共冀中地方组织会合，发展地方武装，创建冀中抗日根据地。后任八路军第120师暨晋绥军区司令员。1944年11月赴延安。后被选为中共第七届候补中央委员。

最晚到会的七大代表是晋冀鲁豫代表团的唐天际、张际春。唐天际，湖南安仁县人。1925年加入中国共产主义青年团，1926年转为中国共产党党员。曾入黄埔军校第四期学习。北伐时期任国民革命军营党代表。参加八一南昌起义。后随朱德上井冈山。后任红3军团第5师政治部主任，八路军第129师新编第1旅政治委员等职，时任太岳军区第四军分区司令员。

张际春，湖南宜章县人。1926 年 11 月参加中国共产党。1928 年 1 月参加湘南起义。后随军上井冈山。曾任红四军秘书长、红军大学政治部主任，八路军后方政治部副主任、抗大政治部主任等职。后在七大上当选为第七届中央候补委员。

唐天际、张际春因工作关系，1945 年 4 月 23 日七大开幕后才匆匆赶到延安。因此，5 月 1 日，中共七大主席团在杨家岭休息室召开会议，七大秘书长任弼时报告唐天际和关向应的代表资格等问题。唐天际原来是候补代表，经过会议讨论决定，增补他为七大正式代表。会后李富春即通知工作人员向唐天际补发文件和代表证。

关向应是上一届中央委员并当选为七大正式代表。关向应，辽宁金县人。1925 年加入中国共产党。曾到苏联莫斯科东方大学学习。后任共青团济南地委书记，中共第六届中央委员、中央政治局候补委员、共青团中央书记。曾任红 2 军团副政治委员兼政治部主任，红二方面军政治委员兼第 2 军团政治委员。后任八路军第 120 师政治委员兼政治部主任、中共中央晋绥分局书记、陕甘宁晋绥联防军政治委员，创建和发展晋绥抗日根据地。因积劳成疾，在中央的催促之下，回延安治病。因病情严重，1943 年 4 月 24 日便已经留下遗书。七大召开前夕，鉴于关向应不能到会便让其他同志替补了他的代表名额。七大开幕后，中央考虑到不能因为病重就取消关向应的代表资格。所以，确定恢复他原来的正式代表资格。后在大会上当选为第七届中央委员。

2. 代表资格的审查

审查代表资格是召开党的代表大会的一项基本程序，也是确保代表质量、开好大会的重要组织保证。七大代表的资格审查，实际上从代表选举开始就在进行。因为七大筹备时间特别长，代表的审查也经历了一个较长的过程。

七大代表选举从 1939 年下半年开始。在各地召开党的代表大会时，在选举代表的过程中，一般都成立了审查委员会，对代表提名和候选人进行审查。对七大代表的资格审查大致经过了各地的审查、有关部门的审查和中央的审查几道程序，才得以完成。

七大代表的资格审查非常严格。据彭真在七大开幕式上的报告，有 49 人在审查中被取消代表资格。在各地的审查中，凡是在审查中发现有问题而没有通过审查的，便被取消代表资格。有的党员虽然在党的代表大会上被提为七大代表候选人，但因为审查委员会提出异议，其否定意见被大会接受，也没能当选为代表。这是对七大代表最初的审查工作。如在 1939 年 8 月召开的陕西省党的代表大会上，省常委提出了候选名单。审查委员会对两名候补代表资格进行审查后提出了异议，最后大会接受了审查委员会的意见，否决了这两人的代表资格。这样，他们便不能出席大会。但有关部门也根据实际情况做了妥善安排，或安排具体工作或调回本地工作。

各地到延安参加大会的代表，不论正式代表或候补代表，都有原来选举地区的党委的证明文件。有的是电报，有的是证明信，仅有很少的代表由代表团写了临时的证明信。这些证明文件实际上也是组织上的鉴定，对七大代表的主要经历、工作表现等等，进行全面的介绍和评估。这个过程，实际上也就是对七大代表进行审查的过程。晋察冀还做成代表鉴定表，将代表的个人情况、鉴定结果等内容在表格中列出，让人一目了然。鉴定材料经地方组织讨论后报送中央。如陕西省 1940 年给中央的报告中说，各代表鉴定经过讨论后即派人送上。1940 年 5 月晋察冀边区出席七大的代表团赴延安，随团携带的重要文件中包括全部代表鉴定表。当代表团在赴延途中经过同蒲路遭敌袭击时，为避免代表鉴定表落入敌手，将其烧毁。以后，审查中没有确凿的依据不能通过审查。

七大代表资格的鉴定，直接关系到选出的代表是否真正具有代表资格。中直、军直代表团枣园组的组长陈刚，四川富顺县人，1927 年 1 月加入中国共产党。大革命失败后坚持进行革命活动，曾被捕入狱，在狱中坚持斗争。出狱后赴江西苏区工作，曾任红军的纵队党代表、团政治部主任，后任中央特派员、中央交通科负责人，负责国际国内情报和交通联络。后到苏联莫斯科出席共产国际第七次代表大会、入列宁学院学习。1937 年 5 月回国后到延安参加组建中共中央敌区工作委员会，负责干部部，开办特别工作训练班。1943年兼任枣园中央机关生产委员会主任，被评为特等劳动模范。他的七大代表资格鉴定上写着："陈刚同志在敌人的监狱中、刑堂上，坚贞不屈。在长期的白区工作中，在最秘密、最困难、最危险的环境中，出色地完成党的任务"。[①] 这样的鉴定，毫无悬念地通过了审查。

但新四军的代表资格审查的鉴定材料有所不同。1939年5月新四军向中央报告的一位七大代表的材料，其鉴定部分是分成三个方面来写的：1. 党的观念强；2. 有相当理论基础，来新四军后进步很快；3. 工作能力强，深入下层接受群众。这份鉴定言简意赅，观点明确，内涵丰富，很能说明问题。所以，这位代表也很顺利地通过了代表资格审查。

七大代表从1939年下半年开始陆续到达延安后，一方面得到中共中央组织部同志的热情接待，同时按照中央组织部规定，首先要填写登记表，写自传和写自己工作地区的工作报告，经中央组织部审阅研究后送交中央保存。在这期间，中央机关有关部门的领导都分别找代表谈工作情况。这实际上也是一个审查的过程。同时，中共中央指定部分党和军队政治、组织部门的领导同志，于1940年上半年成立了七大代表资格审查委员会，由任弼时主持，专门负责代表资格审查。参加该委员会工作的，有陈云、李富春、蔡畅、胡耀邦、谭政等中央各部门的负责同志。

时任中央政治局委员、中央军委总政治部主任的任弼时，从1940年3月参加中央书记处工作，分管中央组织部、青委、妇委等部门，受中央委托负责筹备七大的工作。同年9月任中共中央秘书长，全面主持中央书记处的日常工作。从1940年5月起，任弼时多次主持召开小委员会会议，对各地党委上报的340名七大代表逐个进行了详细而认真的审查讨论，逐个审议正式或候补代表的历史和现实表现，提出是否符合正式或候补代表资格的初步意见。

从1940年5月29日召开第一次会议起，到1941年3月2日，审查委

① 《陈刚纪念文集》编辑委员会编：《陈刚纪念文集》，1999年11月印行，第4页。

员会共开会20多次，审查代表252名，占当时到达延安的306名代表的近83%[①]。

在审查七大代表资格的过程中，为了能对代表的历史和现实表现作出公正的结论，任弼时等通过个别谈话和听取工作汇报等方式，对代表进行了解，对代表资格进行审查，工作非常细致。任弼时认真分析材料，遇到在政治上不清楚的问题，总是千方百计地找旁证，向熟悉情况的人了解，再和本人谈话，耐心地听取本人申述，即使是和已经掌握的情况不相一致的辩解，也让本人把话说完，然后心平气和地指出本人申述中的矛盾，讲清道理，最后作出合乎事实的结论。

1940年6月3日，任弼时和中央组织部部长陈云一起同从鄂中到延安的中共鄂豫边区党委委员陶铸谈话，了解干部情况。6月20日，再次与陶铸谈话。陶铸汇报了他主持、董必武倡议和组织的湖北省应城县汤池干部训练班和中共鄂豫边区委员会9名委员的基本情况。任弼时的热情、诚恳和耐心给同志们留下了深刻的印象。曾参加过七大代表资格审查工作的师哲回忆说："在弼时看来，对任何一位革命同志，不管犯了什么错误，他自己的责任只有一个，彻底弄清问题，分清是非，予以切实解决，帮助干部端正思想，提高认识，改正错误，继续前进，决不随便抛弃他们，决不一棍子打死。"他还说"无论对干部或群众都不能使用高压手段，不能威慑，不能使人害怕；因惧怕而畏怯，而疏远，以至不敢讲真话，那你就无法弄清实情和澄清问题了。"[②]

各地选出的七大代表抵达延安后，在大会延期而安排学习的过程中，由中央成立的七大代表资格审查委员会对其代表资格进行审查，或者说是在地方审查的基础上进行复查。参加审查工作的干部，除了中央组织部的工作人员外，还抽调不少干部参加，有些通过了资格审查的七大代表也被抽调帮助工作。如冀南的七大代表到达延安后，是由中央组织部对每个代表进行审查的。审查的步骤是：中央组织部派人找他们个别谈话，让每个

① 中共中央文献研究室编：《任弼时传》，中央文献出版社2004年版，第547页。

② 《在历史巨人身边——师哲回忆录》，中央文献出版社1991年版，第172页。

人填写干部履历表，写自传。中央组织部向有关同志做初步调查。然后由代表资格审查小组对每个代表的代表资格写出书面结论，由代表资格审查委员会做出审查决定。

1940 年 9 月，冀南的七大代表王从吾到达延安后，审查小组对他进行了初步审查，审查的结论如下：“王从吾，河北省濮阳人，男，31 岁，师范学生，家庭是中农。来延安前任冀南区党委代表兼豫北地委书记，后经过北（方）局时，决定担任冀鲁豫边区党委书记，但未开始工作，是冀南的正式代表。一、家庭状况（略）；二、本人简史（略）；三、小组审查结论。”① 审查小组的结论是：适合代表资格。审查结果于 1940 年 12 月 25 日在代表团小组会通过后，还上报代表资格审查委员会。委员会于 1941 年 1 月 30 日第 18 次会议通过决定：同意小（组）委员会关于王从吾的结论，适合代表资格。

同是冀南的七大代表陈化争，在 1940 年底的代表资格审查时便很不顺利。陈化争，河北巨鹿县人。1935 年加入中国共产党。曾任中共河北巨鹿县第二区委书记，组织和领导巨北一带的分粮斗争，参加并领导冀南十三县农民暴动。1936 年任中共巨北县工委书记等职。审查他在 1936 年四五月份与上级失掉联系后，在赵县与张霖之、郭森、程毓林接上关系是否属实时，因为证人都不在延安，便出现了“无限上纲”和过激言行。一位参加审查的同志质问：为什么某某、某某同志牺牲了，你却活着？并且还到了延安？陈化争气愤地回敬道：“难道你希望所有的同志都牺牲了，大家都到不了延安才对吗?!”审查他的人火了，拔出了手枪；陈化争也火了，抄起了板凳。旁边同志赶紧把他们劝开。1943 年，陈化争被编入临时支部学习。直到 1944 年春，党支部通知他，问题搞清楚了，他通过了代表资格审查。这样，他又回到原来的第七支部学习。通过了资格审查后，陈化争还参加甄别其他同志。

在审查中，有个别代表向党坦白交代了在敌我严峻的斗争中经不起考

---

①《王从吾传》，中国方正出版社 1999 年版，第 84—85 页。

验、有自首行为，遂被取消代表资格；也有自己主动向党组织提出撤销其代表资格的。在审查中发现问题的代表有的被取消资格，如在中央党校第一部第十一支部学习的一名代表，曾被敌人逮捕受重刑，后来自首并答应帮助敌人提供情报。审查时大家对他的交待材料多有怀疑，党支部多次找他谈话，反复向他交待党的政策，耐心地启发和帮助他觉悟。他终于交待了问题。根据他的实际情况，对他的处理只是取消了七大代表资格。后来他在东北战场上英勇牺牲，被追认为革命烈士。

闽粤赣边区的一名代表，因被敌人逮捕时写了自新书，在审查时被撤销了正式代表资格，由新四军陈仁麒替补；候补代表乌湫因后来表现不好，被撤销了候补代表资格，新补选了何浚。河北、湖南也各有一名代表在审查中发现有问题而被取消了资格。还有的代表，因为在延安找不到证明人，也没有证据说明自己没有问题，所以审查时被挂起来等候处理。大会结束不久，全国抗战取得了胜利，他们不计较个人荣辱，随部队挺进东北，参加创建东北根据地的斗争。以后，他们的历史问题得到了澄清。虽然没有能够出席大会，他们仍然把当选过七大代表作为自己政治生活中一件光荣的事情。

1941 年 4 月以后，任弼时主持的七大代表资格审查委员会没有再继续工作，中央也没有再设立审查机构。这以后经各中央分局报送中央的七大代表，主要由中央组织部组织力量进行审查；部队的代表则主要由中共中央军委总政治部等部门进行审查。总政还成立了以总政治部组织部部长胡耀邦任主任的审查委员会。

王英高，1913 年生，江西泰和人。1928 年参加革命，1930 年参加红军、加入共青团，1933 年转为中共党员。1940 年 10 月到达延安后，进军政学院学习。审查代表资格时，要求每位代表都写出自己的履历。这是他第一次详细地写自己的历史，费了很大的劲，才将自己的经历、对自己的评价等写出来。审查委员会在了解和审查过程中，找他谈过两次话，主要是询问情况，启发他没有回忆到的地方，或者纠正回忆错了的地方。然后退回履历，要他修改，然后作为正式履历。审查委员会对王英高的审查结果，据说评价极好。王英高的代表资格审查，是部队审查委员会的主任胡耀邦找他谈的话。后来他和胡耀邦从冀东到石家庄同行将近1个月。一天同桌吃饭，聊起过去的事情。王英高对胡耀邦说："我在延安就认识你，那时你是组织部部长，我到延安开七大审查代表资格时，我记得你还找我谈话。"胡耀邦也觉得很熟识，想起了当时的情景。

张鼎丞，福建永定人。1927年加入中国共产党。闽西革命根据地的主要创始人之一。坚持南方三年游击战，新四军组建时担任第二支队司令员。皖南事变后任新四军第七师师长。实际上他于1939年6月就到延安中央党校学习，8月当选为新四军七大代表。1941年春，他致函胡耀邦，说明其自传中提及的证明人的情况。同年5月，总政审委会作出如下结论："张同志一九二七年党员，在长期斗争中坚持积极为党奋斗，对党的路线执行到底，未犯过重大政治错误。根据上述张同志有正式代表资格"①。

1941年6月16日，总政组织部出具的一份审查七大代表资格的资料，简要而清楚地说明了审查的范围和内容，主要包括七大代表参加革命前的经过，历史上是否犯过严重错误，历史情况是否清楚，政治上是否坚定，对革命工作是否一贯积极负责，性格特点及不足，领导方式的不足等等。这份材料还有3个人签字证明，足见七大代表审查的严格和细致。

1943年12月14日，彭真、毛泽东在中央书记处会议上谈到七大代表审查。彭真指出："现在七大代表一百三十人未进行审查，六十余有问题的人送到二部去了。七大代表限三月底审查完毕。毛泽东插话说：党校七大代表是当作学习来进行审查的。实际上将来也要根据党校审查结果作为结论。"②

从1944年起，中共中央党校、西北局组织部、陕甘宁晋绥联防军政治部（当时简称联政）组织部等也参加七大代表的审查工作。1943年11月进入中央党校第一部第九支部学习的一位七大代表，于1944年1月接到通

① 《张鼎丞传》编纂委员会编：《回忆张鼎丞》，福建人民出版社1991年版，第190页。

② 中共中央党史研究室、中央档案馆编：《中国共产党第七次全国代表大会档案文献选编》，中共党史出版社2015年版，第71页。

知，要审查历史，说是前方来的七大代表统统要审查。于是他把自己重新写好的自传交给支部并经过严格的审查得以通过。

同年3月，有关部门还将陕甘宁晋绥联防军提供的一份有着343名七大代表姓名的名单列成表格，分为需要证明的代表、审查无问题的代表、未经审查的代表、历史有嫌疑的代表、有党派问题的代表、调出校外工作的、政治上有问题未经复审的代表等不同类别。其中，审查无问题的代表占34.4%，未经审查的约占25%。而经过审查，被认为历史有嫌疑的32人中，至少有17人弄清楚问题后出席了大会；被认为有党派问题的5人中，最后有4人出席了会议。因政治上有问题未经复审的49人，以后出席大会的至少有14人。所有这些，都反映了七大代表资格审查非常严格、细致。

5月26日，陕甘宁晋绥联防军组织部部长傅钟给中央党校副校长彭真写信说：联防军现在党校学习之七大代表，既由你们负责审查，今送上名单一份请收阅对查为荷。信中还说，这些同志中的一部分人，还有少数不完全的材料保存在联政组织部，如党校需要参考，请随时告知我们即可送来。从这封信的内容看，七大代表的审查工作，有时还是交叉进行的，中央党校也参加审查联防军的七大代表。

在整风运动审干工作中出现的“抢救运动”，因为夸大敌情进而出现了反特务扩大化的问题。一些七大代表特别是来自国民党区或做过秘密工作的同志也受到无端的怀疑和伤害，被列为抢救对象。对此，任弼时提出了批评意见。他向毛泽东反映：“代表中搞出那么多‘特务’，我们七大难道同特务一起开会吗？”① 他郑重地提出“要进行甄别工作”② 的建议。毛泽东和其他中央领导人赞同和支持这一意见。经过甄别平反，一些七大代表的问题得到澄清，轻松愉快地出席了大会。

1945年3月中下旬，任弼时连续主持七大各代表团负责人会议，领导由彭真具体负责的七大代表资格审查委员会，再次对代表资格逐个进行审

① 中共中央党史研究室第一研究部编：《忆七大——七大代表亲历记》，黑龙江教育出版社1999年版，第23页。

② 中共中央文献研究室编：《任弼时年谱》，中央文献出版社2004年版，第454页。

查。审查的结果是：合格代表共计755人，其中新增补的246人，被停止或撤销代表资格的，或被原来的选举单位撤销代表资格的49人[①]。严格的代表资格审查对保证大会的成功起了重要作用。

1945年3月前后，中央分配给各地的代表名额尚有不少空缺。此前考虑到各地党组织发展，党员人数增加，所以增加了部分代表名额。但七大召开在即，临时从各根据地选派代表赶赴到延安又有很大的困难。因此，中央决定各代表团从在延安的干部中增选一些代表，然后提交所在地区党组织批准，即可作为会议代表。于是，各代表团纷纷照此办理，以弥补不足。

与此同时，有的代表团也请地方党组织报送在延安干部中尚应提出的适当人选。3月中下旬，任弼时连续主持七大各代表团负责人会议，再次对代表资格逐个进行严格、细致的审查。七大开幕式上，彭真代表七大资格审查委员会报告本届大会代表资格审查情况和结果，获得大会一致通过。

3. 大会延期和同共产国际的沟通

到了1939年，原计划5月召开的中共七大，因为代表选举工作迟缓而拖延下来。同年6月，毛泽东在延安高级干部会议上讲到：七大将于8月1日前选举完毕；10月开会。这期间不少地区的代表已经在前往延安的路上，在年内召开七大还是有希望的。为了做好大会的筹备工作，中共中央于7月21日发出关于七大的第三号通知。这次通知除强调代表是有信仰的党与群众领袖外，还提出此前没有提出来的选举候补代表的问题。而且候补代表的数量需要七大正式代表数量的三分之一，同样需要走相关程序选出来。而这时距离原定选举截止日期8月1日只剩下10天了，肯定是来不及了。所以第三号通知把选举时间延长了1个月，要求到9月1日前选举完毕。

在此情况下，8月16日中共中央政治局会议讨论七大工作时，便根据

① 中共中央文献研究室编：《任弼时年谱》，中央文献出版社2004年版，第477页。

各地代表的选举情况和赴延安的情况，决定七大代表于 1940 年 1 月 15 日前到达延安。这次会议还决定：原有的主报告即政治报告、组织报告、工运报告、军事报告、党章报告不变，但青年报告、妇女报告、国共关系报告改为副报告，并新加了宣传工作、党报问题、八路军工作、政治工作四个副报告，共 7 个副报告。同时，新设立了七大党章准备委员会。

会议还确定各报告的报告人是：政治报告，毛泽东；副统一战线工作报告，周恩来（1939 年 9 月 25 日改为王明，因周恩来到苏联治伤）；组织报告，王明（1940 年 4 月 23 日改为周恩来，因周恩来治伤归来）；副青年工作报告，冯文彬；副妇女工作报告，邓颖超；副宣传工作报告，洛甫（即张闻天）；副党报问题，凯丰；职工运动报告，刘少奇；军事工作报告，朱德；副八路军工作，彭德怀；副政治工作，王稼祥。并由陈云作七大关于干部问题的报告。由王稼祥、刘少奇等负责起草七大关于组织问题的决议。新增的党章问题报告，由洛甫报告；并组成刘少奇、陈云、康生、李富春、谭政、高岗参加的党章准备委员会[①]。至此，六届六中全会确定的七大报告准备工作有了不少变化。

此外，还准备在七大上作陕甘宁边区、晋察冀边区、国民参政会、东北等各种专门问题的讲演，并确定了发言人：（1）陕甘宁边区问题讲演，高岗；（2）晋察冀边区问题讲演，聂荣臻；（3）国民参政会问题讲演，博古；（4）东北工作讲演，由东北工委准备；（5）文化政策讲演，没有指定专人；（6）政府工作问题讲演，林伯渠；（7）汉奸土匪问题讲演，康生；（8）农民工作问题讲演，任弼时、王若飞；（9）少数民族问题讲演，邓发。还提出准备七大会议经费 2.5 万元；各种技术准备由康生、陈云、李富春负责。

正当七大筹备工作加紧进行之际，周恩来在延安手臂骨折，治疗效果不佳。1939 年 8 月 20 日，中央政治局会议决定周恩来到苏联治疗。于是，9 月中旬周恩来到达莫斯科入院治疗。11 月 26 日，中共中央发给

① 中共中央党史研究室张闻天选集传记组编、张培森主编：《张闻天年谱》上卷（1900—1941），中共党史出版社 2000 年版，第 615 页。

周恩来的电报指出：党的七大“所需资金还没有着落，请与有关同志协商，积极解决这个问题。请于1939年年底携带资金返回延安”。[①] 周恩来1940年3月治伤归来，不知是否带回了召开七大所需资金，尚未见资料记载。

周恩来在苏联治伤，于1939年12月下旬出院，便在12月29日向共产国际执行委员会主席团提交了一份5.5万余字的《中国问题备忘录》。《备忘录》的最后部分讲到七大问题：一是大会代表选举、会期与日程；二是六大至七大党的政治路线及中央工作的总结；三是修改党章问题；四是选举党的领导机关问题。[②] 过去的一些书籍曾提到此事，但语焉不详[③]。近年翻译出版的共产国际和中国革命关系的档案弥补了这一不足。《备忘录》指出：“因战争关系”，“直至今年下半年，始在各地召集省区代表大会，进行代表选举。全国代表人数，规定500人外加候补代表三分之一。其中八路军新四军及华北中原各省区代表在7、8月中多已选出，大会会期原定1940年1月，现决定延期至3、4月，等候共产国际指示”。

《备忘录》还谈到大会日程，预定为中央报告、讨论通过决议和选举。中央报告包括：政治报告，毛泽东；组织报告，王明；军事报告，朱德；职工运动报告，刘少奇；修改党章报告，洛甫；审查委员会报告，陈潭秋。其他报告为：统一战线，周恩来；八路军，彭德怀；新四军，项英；晋察冀边区，未定；陕甘宁边区，高岗；参政会，博古；党报，凯丰；干部问题，陈云；政权工作，林伯渠；政治工作，王稼祥；锄奸工作，康生；少数民族问题，邓发；农民问题，任弼时；青年问题，冯文彬；妇女问题，邓颖超等。其他报告或作副报告或作演说未定。[④]

---

① 中共中央党史研究室第一研究部译：《共产国际、联共（布）与中国革命运动丛书》第18卷，中央文献出版社2012年版，第296页。

② 中共中央党史研究室第一研究部译：《共产国际、联共（布）与中国革命运动丛书》第18卷，中央文献出版社2012年版，第335—341页。

③ 参见中共中央文献研究室编：《周恩来年谱（1898—1949）》（修订本），中央文献出版社1998年版，第459—460页；《在历史巨人身边——师哲回忆录》（增订本），第120—122页。

④ 中共中央党史研究室第一研究部译：《共产国际、联共（布）与中国革命运动丛书》第18卷，中央文献出版社2012年版，第335—336页。

《备忘录》中涉及党章问题："有许多地方因环境改变须加增改，故党中央决定的七次大会提出修改党章，党中央正面已成立修改党章委员会从事起草"。任弼时已经提出拟修改之原则数条，请求共产国际给以指示。关于领导机关选举问题，《备忘录》报告，中共六大中央委员会共 23 人，候补 13 人。七大选举时，"为领导全国党的工作的开展，名额将增加，总书记制也拟提出恢复。唯中央委员会及政治局书记处名额究以多少为宜？也请国际给以原则上的指示"[①]。

在此期间，1939 年 6 月到莫斯科治病的毛泽东的弟弟毛泽民，也于 1940 年 1 月 22 日给共产国际领导人季米特洛夫写信，建议"在中共七大上要具体讨论党的组织问题，并根据以前对这个问题估计不足的缺点对全党进行原则性的和耐心细致的教育"，以使将来不再犯类似错误。同时，他坚决反对王明担任中共七大关于组织问题报告人，认为王明没有参加过中共的实际组织工作，所以组织问题的报告应委托张闻天或周恩来来做。毛泽民还提出不能忘记过去的教训，不能提出一些冒进要求并写进党的七大决议[②]。毛泽民向共产国际提出的关于中共七大的建议，过去未曾与闻。但从中可见毛泽民等对七大的关心和重视。

在周恩来提交《中国问题备忘录》之后，也是毛泽民给季米特洛夫写信后的 7 天，季米特洛夫于 1940 年 1 月 29 日给斯大林写信，报告了共产国际执委会主席团听取了中共中央政治局委员周恩来报告的主要论点，说明中国共产党将在近期举行代表大会，并需要在两个基本问题上得到建议，即为了防止中国统治集团向日本帝国主义投降，为了在目前条件下继续进行斗争，特别是鉴于国民党领导集团实行迫害共产党和消灭特区及八路军、新四军的政策，共产党应该采取怎样的方针和措施。共产国际执委会主席

---

① 中共中央党史研究室第一研究部译：《共产国际、联共（布）与中国革命运动丛书》第 18 卷，中央文献出版社 2012 年版，第 340 页。

② 中共中央党史研究室第一研究部译：《共产国际、联共（布）与中国革命运动丛书》第 19 卷，中央文献出版社 2012 年版，第 9—10 页。

团指派了委员会同中国同志一起进行讨论。[①] 季米特洛夫希望斯大林能提出建议、作出指示。

2 月 8 日，共产国际执委会书记处作出关于中国共产党的组织干部问题的决议。有资料说，周恩来在莫斯科和共产国际一道研究了中共中央的干部问题，分析了中共党的干部状况，还就中共七大的召开时间及人事安排问题同共产国际进行了磋商。2 月 29 日，季米特洛夫给斯大林写信，说明共产国际已经同中国同志讨论了有关问题并一起制订了两个决议草案，包括“为即将召开的党的代表大会所拟定的中共中央的基本政治方针”。[②] 季米特洛夫还不敢肯定这些方针是否正确，所以争取得到斯大林的肯定。3 月 3 日，共产国际执委会主席团根据中国共产党代表团的报告通过决议。同日，还通过了《中共中央为即将举行的党的代表大会拟定的基本政治方针》。[③] 这应该是在中共七大召开前，也是共产国际解散之前，共产国际就中共和中国革命问题所作出的最重要的决议之一。

共产国际还拟派人参加中共七大。1940 年 3 月同周恩来、任弼时等一道回国的师哲，就负有向共产国际报告中共七大情况的任务。以后，七大延期，他也不愿离开延安。1942 年作为苏联情报组成员兼苏联塔斯社记者的孙平（苏联名字为弗拉基米洛夫）、阿洛夫（公开身份为大夫）来到延安。1943 年共产国际解散后，孙平仍留在延安并列席了 1945 年召开的中共七大。据有关回忆，毛泽东非常重视让苏联人了解有关中共七大的情况。他让当年共产国际派回国参加七大的师哲，每天都要把当天大会的内容用俄语告诉苏联人。还把七大的整套文件交给孙平，请他转交联共（布）中央。[④]

---

① 中共中央党史研究室第一研究部译:《共产国际、联共（布）与中国革命运动丛书》第 19 卷，中央文献出版社 2012 年版，第 11—12 页。

② 中共中央党史研究室第一研究部译:《共产国际、联共（布）与中国革命运动丛书》第 19 卷，中央文献出版社 2012 年版，第 21 页。

③ 中共中央党史研究室第一研究部译:《共产国际、联共（布）与中国革命运动丛书》第 19 卷，中央文献出版社 2012 年版，第 42—49 页。

④ 中共中央党史研究室第一研究部编:《七大代表忆七大》上册，上海人民出版社 2006 年版，第 53—54 页。

1945 年 4 月六届七中全会通过的《关于若干历史问题的决议》对共产国际的历史功绩给予肯定："在中国新民主主义革命的第一个时期中，在一九二一年至一九二七年，特别是在一九二四年至一九二七年，中国人民的反帝反封建的大革命，曾经在共产国际的正确指导之下，在中国共产党的正确领导的影响、推动和组织之下，得到了迅速的发展和伟大的胜利。"① 毛泽东也在对决议草案的说明中指出："共产国际对中国革命总的来说是功大过小，犹如玉皇大帝经常下雨，偶尔不下雨还是功大过小。没有共产国际的成立和帮助，中国无产阶级的政党是不能有今天的。"② 在共产国际解散后，毛泽东对苏联，也是当年共产国际背后实际支持国家，毛泽东的态度也是明确的："苏联，毫无问题是朋友，是中国人民最好的朋友"。③

二、思想准备

（一）延安整风运动为七大做好了思想准备

延安整风作为一次深刻的马克思主义思想教育运动，对于七大的顺利召开，成为党的历史上一次团结的大会、胜利的大会，具有极为重要的意义，对于党的思想建设也具有伟大的意义。

在参加延安整风运动之前，有些党员包括当选为七大代表的党员因为年轻、入党时间不长等原因，对党的历史知道得不多，对党内路线斗争的尖锐不了解也不理解，对白区百分之百受损失，苏区百分之九十受损失的惨重教训的实情不了解。通过整风运动中学习中国共产党的历史，对党的历史，特别是 1927 年革命失败前后，党内曾经发生的"左"右倾的错误有了正确了解。经过学习，他们对中国革命的历史、性质、任务、对象、动

---

① 中共中央党史研究室、中央档案馆编：《中国共产党第七次全国代表大会档案文献选编》，中共党史出版社 2015 年版，第 101—102 页。

② 中共中央党史研究室、中央档案馆编：《中国共产党第七次全国代表大会档案文献选编》，中共党史出版社 2015 年版，第 123 页。

③ 中共中央文献研究室编：《毛泽东在七大的报告和讲话集》，中央文献出版社 1995 年版，第 123 页。

力、阶级关系变化等中国革命的根本问题有了实质性的认识。特别是对王明第三次“左”倾路线错误和抗日民族统一战线中的右倾错误极为痛恨，深刻体会到，路线问题从始至终是革命的首要的、头等重要的大是大非问题。

经过延安整风运动，大家认识到“左”右倾错误路线统治给中国革命造成的恶果，很容易分清了是非，认识到经过中国革命实践考验的毛泽东路线是正确的。一位来自太岳区的七大代表，1943 年 8 月接到去延安的通知，他以为是去学习。当时敌后根据地的同志都很希望有机会到延安学习。因此他到延安没有带别的东西，就带了一本王明的《为中共更加布尔塞维克化而斗争》。他到了太岳区党委才知道，自己是当选了七大代表，到延安是出席七大的。在延安他遇到同在太岳区工作、也是七大代表的任志远。任志远听说他带了王明的书到延安，便说：这可是不该带的，王明的观点是错误的啊。这位代表听了大吃一惊，他还不知道王明的观点是错误的。①

通过延安整风运动的学习，广大党员包括许多七大代表对毛泽东思想的内容，有了一个比较全面的深刻的理解。过去光讲党内两条路线斗争，具体情况弄不清楚。通过党史学习，特别是六大以来这一段党内两条路线斗争的学习，真正弄清楚了毛泽东怎么成为正确路线的代表，在怎么样一个历史背景下产生了中国的毛泽东思想。对党的历史，对毛泽东成为党的领袖的历史，心里清楚了。有七大代表说：过去也拥护毛泽东，战争期间首先是学习他的《论持久战》，现在认识更提高了。根据党的历史上的事实，毛泽东的报告、讲话、决定，都是正确的东西，对革命能够取得胜利更有信心了。

整风运动的过程，实际上也是广大党员增强党性、提高党性的过程。许多党员经过延安整风运动的学习，经过联系实际，以实事求是的精神反复研究了 22 个文件，对照自己的思想作风，进行检讨和反省，特别是听了毛泽东、刘少奇等中央领导人的报告，思想发生了重大变化，收获很大。

① 中共中央党史研究室第一研究部编：《七大代表忆七大》下册，上海人民出版社 2006 年版，第 705—707 页。

大家开阔了眼界，学到了理论，提高了认识，知道了什么是正确的人生观、世界观、价值观；知道了做人、办事应该具有什么样的正确立场、观点、方法；怎样做一个真正的革命者，怎样身体力行地去干革命的事业。经过七大召开前的延安整风运动，许多七大代表不光对党的历史、对毛泽东、毛泽东的思想有了更多的了解，而且在个人的党性修养方面大大提高，使他们永生难忘，终生受益。

延安整风运动中，一些原有思想问题的学员解开了心结，基本上解决了思想问题。有一位部队代表，1940 年 10 月作为七大正式代表到延安，因大会延期召开，随即进入延安军政学院学习。在此期间，他因学校里待遇不太好，生活很苦，自己患重病，小孩也没有办法照顾而苦恼，并向组织发过牢骚。但自 1942 年 1 月到中央党校参加整风学习后，他的思想有了很大提高，清除了自反张国焘路线后在长期降级使用中产生的思想苦闷，进一步扫除了张国焘错误路线的残余，从而加强了党的原则性，提高了政策理论水平，明确了党的路线斗争的重大意义。他后来总结道：这是最深刻、最愉快和得到很大教育的一次思想锻炼。

七大代表傅雨田，辽宁新民人，锡伯族，1930 年加入青年团，1934 年转为中共党员，曾因参加抗日救亡活动被捕关押在监狱。经党组织营救出狱，被派往绥远，任山西省牺牲救国同盟会常委、山西青年抗敌决死队大队指导员、纵队政治委员，1941 年春赴延安参加七大。因大会延期，先后在军政大学和中共中央党校一部学习。他说："来中央党校学习前，对许多问题理解不是那么清楚，有的甚至是错误的。学习后，清算了'左'、右倾机会主义，懂得了路线是非标准，可以说不管对什么工作，都有了来自实际并受实践检验的一套完整的方针政策。大家都成为充分武装起来的新战士。"①

晋冀鲁豫代表团的七大代表赵武城，山西昔阳人，1937 年 2 月加入中国共产党。曾任中共昔阳县工委书记、和顺中心县委书记，1943 年 5

① 延安中央党校整风运动编写组编：《延安中央党校的整风学习》第 1 集，中共中央党校出版社 1989 年版，第 84—85 页。

月任地委副书记。11 月到延安入中共中央党校学习。他在学习中认识到："(1) 毛主席注意思想问题——反对小资意识，反对地方主义、家族主义与土客籍纠纷。而我们过去没有把思想问题提到主位，所以有先整党（从组织上整）后建党（从思想上、政治上），这是不对的。唯成分论，大量洗刷就是在这一政策下发生的。(2) 发展党：根据井冈山与抗战时期前方的实质情况看来，是否应该采取如下之政策：革命低潮时期采取放手开门的政策（当然也是个别的有审查的吸收）；在高潮时期更注意严格审查（如抗战初期）。不如此则易犯拉夫主义与关门主义，对巩固党严密党不利。"①

来自山东的七大代表徐运北，山东聊城人。1934 年加入中国共产党。1939 年冬作为鲁西地区代表去延安参加七大。1940 年冬到达延安。因七大延期，1941 年春到中共中央政策研究室工作。1942 年春进中共中央党校一部学习。他经过学习认识到：整风"奠定了实事求是的思想路线。……在整风初期，大家对主观主义还不甚了解，经过学习，看到三风不正在中国革命各个时期的表现和危害，又通过检查自己工作上、思想上三风不正的表现，最后，对危害革命多年的主观主义、宗派主义和党八股，才真正认识清楚了。"②

七大代表黄火青、王从吾、宋时轮、郭述申回忆说："经过学习，大家深切体会到：主观和客观的辩证统一，理论和实践的辩证统一，是马克思列宁主义的科学真理。党的历史上一切右倾和'左'倾机会主义者的错误，归根到底，是由于他们把主观和客观、理论和实践分离开来。教条主观者披着马克思列宁主义的外衣，吓唬工农干部，吓唬天真烂漫的青年。他们脱离时间、地点和条件，把马克思列宁主义书本上的某些辞句当成万应灵丹到处套用。他们不从实际出发，不对周围环境做系统周密的调查研究，不是实事求是地从客观实际中引出事物固有的规律性，用以指导实践，而是凭心血来潮，以感想代替政策，一意孤行，想当然办事，这样主观主

① 《赵武城文稿史料选》，中国建筑工业出版社 2004 年版，第 58 页。

② 延安中央党校整风运动编写组编：《延安中央党校的整风学习》第 1 集，中共中央党校出版社 1989 年版，第 58 页。

义地指挥革命，是没有不跌跤子的。”“经过学习，大家真正认识到实践是检验真理唯一标准，认识到调查研究，‘没有调查就没有发言权’的重要意义。调查研究是反对主观主义的武器，全党推行调查研究是确定正确政策，执行政策和转变工作作风的基本条件。要作到实事求是，就必须系统、周密地观察事物的全面，而不能看片面；必须透过现象看本质，而不是看表面；看问题必须客观，不能主观。”[①]

七大代表伍洪祥，福建上杭人，1930年加入青年团，1932年转为中共党员，曾任团省委宣传部部长、红军的团参谋长、团政治委员，参加过南方三年游击战，后任永定中心县委书记。当选为七大代表后于1940年12月到达延安。1941年入中共中央党校学习。他在自我反省中：“主要是检查了自己由于处在紧张的战争环境，没有抓紧时机学习理论，所以理论水平太差。虽然在实际工作中经常听上级领导的报告和演讲，但只停留在传达和执行，对于上级报告中涉及的理论问题并不理解，所以盲目性很大，自觉性很差。我还结合自己的成长历史进行了反省，回想自己13岁参加革命以后，由乡到区、县级干部，提升到省级机关的部长，后来又到了部队当团政委和军分区政策，靠的是什么？一是靠积极苦干和勇敢，二是靠实际工作经验。但是由于缺乏理论水平，不能把这些经验提高到理论高度加以系统的总结，所以在思想认识上难免发生片面性，工作上往往单凭经验办事，对于工作经验哪些正确、哪些不正确，不能很好地认真总结，只求一知半解，盲目执行。我感觉到，这次来中央党校学习，特别是听了毛主席《改造我们的学习》和《整顿党的作风》、《反对党八股》的报告，思想豁然开朗，才懂得了只有正确的理论才能指导正确的实践。因此我表示，一定要珍惜这次学习与整风的机会，学好马克思列宁主义理论，反对主观主义的学习方法，理论联系实际，认真总结经验，提高自己的理论水平。”[②]

七大代表朱开铨，江西瑞金人，1926年加入中国共产党。曾任省苏维

---

① 延安中央党校整风运动编写组编：《延安中央党校的整风学习》第1集，中共中央党校出版社1989年版，第35—36页。

② 《伍洪祥回忆录》，中共党史出版社2004年版，第261—262页。

埃政府土地部部长、县苏维埃政府主席。参加红军长征。后曾任陕甘宁边区政府建设厅副厅长。1941 年 6 月入中共中央党校学习。他说:“延安整风对我的教育是非常深刻的，它使我懂得了很多道理。通过这次整风，我认识到了‘左’右倾机会主义对党的事业的危害，认识到各种非无产阶级思想对党的侵蚀的危害，更重要的，是我认识到了毛泽东同志的伟大，认识到毛泽东和以他为首的正确路线是实现中国革命胜利的保证，认识到毛泽东思想是马列主义的理论与中国革命的具体实践相结合的产物。”①

七大代表王英高，江西泰和人。1930 年加入共青团，1933 年转为中共党员。参加了中央革命根据地一至五次反“围剿”斗争和中央红军长征。后任八路军总部医院政治委员。1940 年 1 月被选为七大代表。5 月赴延安。因大会延期，10 月进军政学院学习。1942 年 2 月进中共中央党校学习。他说:“我入党十多年了，得到了在党校学习、得到了参加党校的整风、得到了和风细雨和深刻的自我教育的机会，这是我一生中十分荣幸的大喜事，我感到十分高兴。我根据这些原则，把正反两方面的材料当镜子，用它来照了照自己，使我大吃一惊，才认识到自己的思想还没有完全入党，同党的要求还差得很远，我思想上还存在着农民意识，保守思想，缺乏远见性，看问题还存在着主观片面，工作还不够细、深入、大胆，有时还有粗枝大叶的作风。……我在今后的工作中，一定要做到思想上完全入党，一定要努力学习，改造自己，做个合格的共产党员。”②

来自华中的七大代表罗琼，江苏江阴人。1938 年 5 月加入中国共产党。8 月参加新四军，任新四军军部直属教导队政治教员。1939 年冬参加新四军军党代会，被选为党的七大候补代表（后补为正式代表）。1940 年 10 月到延安。在等待开大会期间，到马列学院学习。不久调到中央妇委工作，参加编写妇女解放问题的教材，后任《解放日报》副刊《中国妇女》编辑主任，同时参加整风运动，学习党史。她说:“通过整风运动和党史学

① 朱开铨:《六十六年之革命生涯》，江西人民出版社 1993 年版，第 172 页。

② 中共中央党史研究室第一研究部编:《七大代表忆七大》下册，上海人民出版社 2006 年版，第 838—839 页。

习，我的思想提高了一大步，懂得了两个有关革命的根本问题。第一，共产党员要对革命作出贡献，不能单凭主观愿望，不能单靠革命热情，也不能照搬马列著作的几句话，必须运用马列主义的立场、观点、方法，从中国具体实践出发，分析国情，由此出发做出正确的决策。”“我深深感到，一个共产党员，必须将改造客观世界同改造主观世界相结合，放下自以为是的思想包袱，去掉盲目性，勇于到实践中去改造主观世界，探索客观规律。”①

延安整风运动是一次深刻的马克思主义思想教育运动。通过整风运动，广大党员特别是在延安的七大代表弄懂了调查研究、实事求是等马克思主义基本原则，提高了分辨是非的能力，对中国的马列主义——毛泽东思想也有了比较清楚的认识。整风运动使七大代表受到一次深刻的思想洗礼。有的七大代表甚至认为，七大的准备工作应该从1942年的整风运动开始。经过整风运动，再经过扩大的党的六届七中全会原则通过《关于若干历史问题的决议》，肯定了确立毛泽东在全党的领导地位的重大意义，使全党尤其是党的高级干部对中国民主革命基本问题的认识达到在马克思列宁主义基础上的一致。至此，整风运动胜利结束。这无疑为七大的顺利召开在思想上做了充分准备。

（二）历史决议起草及其修改

在延安整风运动的基础上，中共召开六届七中全会，起草和通过了《关于若干历史问题的决议》，对党内若干重大的历史问题作了结论，这对统一全党思想，为七大作好思想准备，发挥了重大作用。

1. 党史学习中提出的重要问题

1941年开始延安高级干部的整风，拉开了全党整风的序幕。1942年2月后，整风运动中国共产党在全党范围开展。1943年7月，王稼祥和刘少

① 中共中央党史研究室第一研究部编:《七大代表忆七大》下册，上海人民出版社2006年版，第1031页。

奇提出毛泽东思想和学习毛泽东的思想。9月，中央领导层再次讨论党的历史问题和党的路线是非。会议把整风检查与党史学习穿插进行。为了肃清“左”倾路线特别是第三次“左”倾路线的错误影响，统一全党的思想和认识，党中央重新提出起草历史决议的问题。

1944年3月5日，毛泽东在中央政治局会议上针对党的高级干部学习党史中提出的许多问题，他就其中的几个重要问题提出了六条意见，得到会议的赞同和批准，成为政治局的结论。接着，他在4月12日党的高级干部会议上和5月20日在中央党校第一部所作的报告中，传达了政治局的结论。这6条意见是：

（1）党内党外问题。在去年党的路线学习中，有部分同志对王明、博古同志怀疑是党外问题，现在确定是党内问题。

（2）合法与非法问题。过去有同志认为临时中央和五中全会是非法的。现在看到洛甫反省笔记中说到临时中央共产国际来电批准过，在当时上海严重情况下有上海国际代表机关批准，五中全会也经过共产国际批准，根据这一点是合法的，但选举手续不完备。确定了上述决定后，就好检讨四中全会是否是政治路线的错误。四中全会经过共产国际与中央的承认，这在形式上是合法的，但政治内容是不好的。

（3）思想弄清与结论宽大问题。我们自整风以来就是治病救人的，在清查党内历史中有人怀疑好像不是治病救人的方针，现在我们的方针，还是在思想上要清算彻底，组织结论要慎重和适当。过去在我们党的历史上，除反张国焘斗争外，有两次大的斗争，即反陈独秀与反李立三的斗争，那时在思想上没有很彻底的讨论，但结论作得严重，因此未达到治病救人的目的，前车之覆并没有成为后车之鉴。这一次我们要在思想上弄清楚。过去未做过认真研究理论和研究历史的工作，对犯错误者只是惩罚。没有认清立三路线的错误不是个人问题，而是代表了小资产阶级的思想，小资产阶级的革命急性病是一种小资产阶级的社会的必然性，不是个人的偶然现象，而是社会现象。中国社会最基本特点是小资产阶级占人口大多数的社会，党对这个问题要慎重处理。我们要强调产生错误的社会原因，不要强调个人问题，因此我们的组织结论可以宽大些。这个方针现在就要宣传解释，使同志们了解实行这个方针的必要。思想要弄清，结论要宽大，对党才有利。对抗战时期也许不在七大作结论。七大只作四中全会至遵义会议这一段历史的结论，这个结论应取得经验教训，要照顾以后，不重视惩办，只作政治结论，以达到治病救人的目的。

（4）不要反对一切。四中全会到遵义会议这一段历史，也不要一切否认。当时我与博古在一起工作，有共同点，都要打蒋介石，分歧点就是如何打蒋介石，就是策略上的分歧。在土地问题上，六大决议是没收地主阶级土地分配给雇农、贫农、中农，争论是在没收土地后博古等主张富农分坏田、地主不分田，我是不同意的。如果把过去一切都否认就是一种偏向，我们要分析，不要笼统地一概否定。我在写《中国革命战争的战略问题》时，也说到要保留好的东西，这才是实事求是。

（5）对党的六大的估计。在讨论中有少数同志企图否认六大，有人说六大基本上是错误的。我认为六大基本上是正确的，六大指出革命性质，提出十大政纲，指出形势是两个高潮之间，反对速胜论，提出要争取群众，六大的基本精神是有群众观点的。

（6）党内的宗派是否还有？毛泽东认为经过几次分化是没有了。经过遵义会议的分化、抗战初期的分化，又经过这次的分化，现在是没有这个宗派了。去掉这个包袱才合乎事实，利于全党的团结。现在比较严重的是山头主义，这种东西相当妨碍我们的合作，在党政军民关系上表现还严重。

毛泽东所说的这6条意见，传达了政治局的结论，后来合并整理成《学习和时局》一文，为六届七中全会的召开和后来起草《决议》，提供了一些重要指导原则。

在此前后，当时在延安召开了一系列总结党的历史经验的座谈会，如湘鄂赣、湘赣、鄂豫皖、闽粤等边区，赣东北、闽西、潮梅等地区，及红7军、红5军团历史座谈会。经过深入研究党的历史、辨别路线是非的工作，大家对错误路线的认识、对毛泽东为代表的正确路线的认识更清楚了。

在此基础上，中央书记处于1944年5月10日召开会议，决定组织党的历史问题决议准备委员会，成员有任弼时、刘少奇、康生、周恩来、张闻天、彭真、高岗，5 月 19 日又增加了秦邦宪。任弼时作为这个委员会的召集人，主持《决议》起草的日常工作，做了大量的组织工作，并参加《决议》草案的起草和修改。此外，从 1941 年起担任毛泽东秘书的胡乔木，后来毛泽东在中央政治局会议上曾宣布他兼任中央政治局的秘书，作为工作的助手，也曾经历了 1944 年开始的《决议》起草工作的全过程。

2. 起草历史决议并加以修改

1944 年 5 月 21 日，中国共产党举行六届七中全会，全会的一项重要任务是起草“历史决议”，这也是全面总结历史经验的基础性的重要工作。负责党的历史问题决议准备委员会的召集人任弼时随即开始起草历史问题决议。他以毛泽东 1941 年写的《历史问题草案》为蓝本，并在毛泽东的领导下夜以继日地工作。在档案中保存着 1944 年重新起草历史决议的最早的一个稿子，时间是 1944 年 5 月。这份《决议》草案的复写稿题目是《检讨关于四中全会到遵义会议期间中央领导路线问题的决定（草案）》，列有 5 个问题。任弼时对这份复写稿作了修改，并加写一个问题即“（六）检讨历史的意义和学习党史的重要”。

任弼时修改的这份复写稿主要来源于 1941 年的《结论草案》。其结构、内容和文字，都基本相同，只是考虑到党的高级干部学习党史以后的一些情况，加写第六个问题；内容和文字上，只是对四中全会的评价不同，这是因为经过延安整风和高级干部学习党史以后，中央对四中全会的认识和评价已有重要的变化。任弼时修改的决议草案初稿突出地提出：“我们党经过二十多年的英勇奋斗，不仅是积累了丰富的革命斗争经验，而且存在着以毛泽东为代表的马列主义理论与中国革命实践相结合的中国革命理论”，要求全党“首先要研究和学习毛泽东同志关于中国革命的理论”。[①]

档案中还保存着一份胡乔木起草的《决议》草案稿。该稿经任弼时修

① 中共中央文献研究室编：《任弼时年谱》，中央文献出版社 2004 年版，第 465 页。

改过三次，加上了题目《关于四中全会到遵义会议期间中央领导路线问题的决定（草案）》，加了一段关于“左”倾教条主义得到经验主义支持的内容，特别是对第三次“左”倾路线错误写了七条提纲式的意见：第一，不了解中国民族矛盾与阶级矛盾的关系、政治经济发展的不平衡、城市与农村的特殊关系；第二，不了解新民主主义革命是反帝反封建的资产阶级性革命；第三，不承认任何其他阶级有成为同盟者的可能，不能组成抗日反蒋统一战线；第四，对革命的长期性没有认识；第五，不了解农村武装斗争的重要意义及战略战术；第六，政治斗争策略上的错误；第七，组织上的宗派主义。根据当时党中央和历史问题决议准备委员会的工作情况，可以认定这七点是集体讨论中提出的意见。

有关档案中还有一份张闻天修改的稿子，档案中所存的这件文稿不全，只有前面三个问题。第一个问题，概述了1924年第一次国共合作至1937年抗战爆发期间的革命斗争历史和党反对陈独秀右倾机会主义和张国焘分裂主义的斗争。在这个问题的末尾，张闻天加写了三段话，其中比较重要的是第一段：“尤其值得我们骄傲的，是十年内战更使我党马列主义的理论与中国的实际结合起来了。以毛泽东同志为代表的马列主义理论与中国实际统一的思想，在内战中有了极大的发展，给中国共产党指出了正确的行动方向。而毛泽东同志终于在内战的最后时期确立了他在中央的领导，这领导，无疑的，将保证中国共产党在以后的完全胜利。”第二个问题，叙述大革命失败至抗战爆发这一期间党的历史，讲到了十一月扩大会议、六大、立三路线、三中全会、四中全会、临时中央、五中全会、遵义会议等。

张闻天在末尾加了一段话：“大会欣幸的指出：党经过了自己的一切成功与失败，终于在毛泽东同志领导下，在思想上，在政治上，在组织上第一次达到了这样的一致与团结！这是要胜利的党，是任何力量不能战胜的党！”第三个问题，讲第三次“左”倾路线的错误，改变了以前的稿子从思想上、政治上、军事上、组织上四个方面分析的写法，而是综合地讲七点，基本上是按照前面说过的那七点提纲式的意见写的（后来还曾有稿子增加为八点）。对这个问题，张闻天作了较多的修改和增补。[①]

这份决议草稿数易其稿，历时一年，最后由毛泽东总其大成，直接主持并多次修改。毛泽东对《决议》草案稿的修改，是在张闻天修改稿的抄清件上开始的，时间在1945年春季。毛泽东使用的抄清件有第四、第五个问题，并有题目。这五个问题，基本上就是后来《决议》的第二、第三、第四、第五、第六个问题。档案中现存毛泽东的六次修改稿。

第一次修改，毛泽东把底稿的原题《关于四中全会到遵义会议期间中央领导路线问题的决定（草案）》改为《关于若干历史问题的决议（草案）》。这次修改对第一个问题加写了很多内容。“团结全党同志如同一个和睦的家庭一样，如同一块坚固的钢铁一样，为着获得抗日战争的胜利与中国人民的解放而奋斗”这句话，就是这次加上的。

第二次修改的主要内容是：强调中共六大的正确方面；批评四中全会打击所谓“右派”的错误，对何孟雄、林育南、李求实等受打击的同志作了充分肯定的评价；指出遵义会议实现的转变对克服张国焘路线、挽救一部分主力红军的重要意义。在这份稿子的首页上，毛泽东还写有批语：“弼时同志：请邀周、朱、洛、刘（如在此时）看一下，是否这样改，然后印若干份，编号发给四十多个同志，再集他们座谈一次，就可成定议，再交七中通过。毛泽东三月廿四日。”

1945年3月26日，在毛泽东批示后，《决议》草案第一次排印铅印稿。这份铅印稿经修改后，在4月5日又排印了一次。毛泽东第三、第四、第五次修改的底稿，都是用的这次铅印稿。毛泽东主要是在开头加写了一大段话，说中国共产党从产生以来就以马克思主义的普遍真理与中国革命的具体实践相结合为自己一切工作的指针，自1921年以来的24年中，进行了英勇奋斗，取得了伟大成绩和丰富经验，在思想上、政治上、组织上日益巩固，成为中国人民解放事业的伟大领导者。这一大段话，基本上就是后来《决议》的第一个问题的内容。

---

① 冯蕙：《毛泽东领导起草〈关于若干历史问题的决议〉的经过》，《文献和研究》1986年第2期。

档案中，还保留了一份胡乔木以4月5日印稿为底稿，汇总毛泽东等的修改意见的稿子。在这个修改稿后面，装订有一封胡乔木于4月9日写给任弼时的信，全文是："弼时同志：历史稿送上，因考虑得仍不成熟，改得仍不多，你上次所指出的许多地方因记得不甚清楚亦尚未改正。将来的改正稿望你给我一份以便继续研究。关于教条主义宗派我是先讲小集团，待宗派主义事迹说清后才安上教条主义宗派的头衔，以见实事求是之意，经验主义的问题也是先说事实后说责任，这样说不知是否有当？敬礼乔木九日"。[①]

经毛泽东修改过的稿子，在1945年4月8日再次排印。这次铅印稿印出后，可以看到对第三次"左"倾路线的错误这一部分重新改写了，将原来讲的八点又恢复为从政治（包括军事）、组织、思想三个方面进行分析，内容也大大地丰富了。毛泽东对这个稿子作了修改，加写了一些内容，这是他对《决议》草案稿的第六次修改。

毛泽东在七大上说："我们这次写历史决议案是很谨慎的"。[②]在六届七中全会期间，党的许多高级干部也参加了历史决议的修改和讨论。此外，还提交出席七大的各代表团讨论。历史决议凝结着全党的经验和集体的智慧。历史决议"对过去党内的错误从社会根源和思想方法上加以清算，同时承认毛泽东同志的思想路线的一贯正确性，这在思想上政治上组织上巩固党是要起重大作用的"[③]。事实证明了这一富有远见的观点。

1945年4月20日，中国共产党在延安召开的六届七中全会最后一次全体会议，讨论和原则通过了《关于若干历史问题的决议》草案。毛泽东对《关于若干历史问题的决议》草案作了说明，说明这个决议"是全党性质的，是同全国人民有关联的，对全党与全民负责的"[④]。尔后，这个草案由

① 冯蕙：《毛泽东领导起草〈关于若干历史问题的决议〉的经过》，《文献和研究》1986年第2期。

② 中共中央文献研究室编：《毛泽东在七大的报告和讲话集》，中央文献出版社1995年版，第12页。

③ 《任弼时选集》，人民出版社1987年版，第393页。

④ 中共中央党史研究室、中央档案馆编：《中国共产党第七次全国代表大会档案文献选编》，中共党史出版社2015年版，第123页。

七大委托七届一中全会修改。

7月24日，历史决议又印出一稿。在这一稿上，在第三次“左”倾路线错误部分，把军事方面独立出来，成为政治、军事、组织、思想四个方面。8月9日，七届一中全会第二次会议上一致通过。8月12日，这个决议被正式印成党内文件。这个曾被称为“中国共产党历史的大纲”的决议，集中地代表和反映了中国共产党对党的历史上若干重大问题的看法，在党内形成了广泛的共识，因而成为中国共产党领导全党全国人民夺取新民主主义革命胜利的重要思想基础。

3. 党的高级干部参与决议草案讨论

当时在延安的中央领导人如陈云等人，虽未列名于任弼时负责的历史决议起草委员会，但在《决议》的起草过程中，仍然参加了多次讨论，提出过不少意见。1945年春，成立了由在延安的党的主要高级干部参加的讨论《决议》草案的一系列小组，各小组组长如李富春、叶剑英、聂荣臻、刘伯承、陈毅等人，也都参加过委员会的会议并在会上发言，贡献了他们的意见，参与了历史决议的讨论和修改。三四月间，讨论加紧进行，高岗、李富春、叶剑英、聂荣臻、刘伯承、陈毅、朱瑞、林枫等负责的各个组，连续开会讨论，提出很多意见。所有讨论中提出的重要意见，都及时向毛泽东汇报。党中央、毛泽东和党的历史问题决议准备委员会认真地研究了这些意见，将合理的有益的意见尽量吸收在决议中。

（1）关于六大的写法，在讨论中不少人多次提出意见。草案进行了反复修改，才基本上定下来。从张闻天修改用的底稿开始，直到1945年3月26日印稿中，都说六大“仍然没有在思想上给盲动主义以彻底的清算。这样就埋下了‘左’倾思想在党内得以继续发展的一个根苗”。在讨论中，大家对“根苗”的说法意见较多，不同意说六大埋下了“左”倾思想继续发展的根苗，而认为应当强调六大的正确方面。这样，在4月5日印稿中去掉了“根苗”的说法，但对六大写得比较简单，只说：“党的第六次全国代表大会进行了两条战线的斗争，批判了陈独秀主义与盲动主义，特别指出党内最主要的危险倾向是脱离群众的盲动主义与命令主义。”讨论中，有同志提出对六大的评价应再高一些。4 月 15 日的印稿中，对六大的正确方面就作了比较充分的阐述，对它的缺点只用“这里不来详说”几个字一笔带过。对这种写法，讨论中又提出意见，认为：六大有缺点，应指出，不提反而不好。7 月 24 日印稿中，对六大的正确方面和缺点作了全面的阐述和评价。

（2）关于四中全会是不是第三次“左”倾路线的开始，从《决议》草案起草开始，直到印出 1945 年 3 月 26 日铅印稿，都只说四中全会在清算党内“左”倾错误上不但没有起过积极作用，而且扩大与发展了许多“左”倾错误，认为 1931 年 9 月 20 日中央的《由于工农红军冲破敌人第三次“围剿”及革命危机逐渐成熟而产生的紧急任务决议》才是第三次“左”倾路线充分形成的开始。对四中全会如何评价，成为一个比较大的问题。从 1941 年 9 月政治局扩大会议起，特别是 1943 年 9 月开始的政治局会议以后，中央反复考虑和研究，一直没有作出正式结论。《决议》起草过程中，党中央又斟酌这个问题，也听取了党的高级干部讨论中提出的意见。如有同志提出，从四中全会起就是“左”倾路线，不应只强调九一八事变后中央 9 月 20 日决议。因此，在 4 月 5 日印稿中作了重大修改，第一次明确肯定四中全会是第三次“左”倾路线的开始。

（3）关于第三次“左”倾路线错误改为八点的写法，讨论中不少人提出不同意见，认为应当归并。在 1945 年 4 月 8 日稿印出后，对这一部分重新改写，从政治、组织、思想三个方面进行阐述和分析。后来，又根据讨论中的一些意见，把军事问题单独列为一个方面，并在内容上加以充实。

对于被错误的肃反所迫害甚至冤杀的同志，讨论中提出应当给以昭雪。根据这个意见，《决议》草案增加这段话：“扩大的七中全会在此宣布：一切被错误路线错误地处罚了的同志，应该根据情形，撤销其处分或其处分的错误部分。一切经过调查确系因错误处理而被诬害的同志，应该给予昭雪，恢复党籍，并受到同志的纪念。”①

① 冯蕙：《毛泽东领导起草〈关于若干历史问题的决议〉的经过》，《文献和研究》1986 年第 2 期。

参加讨论的同志还提出了其他的一些意见，如在《决议》草案中写上“教条主义宗派”和“经验主义宗派”，写上第三次“左”倾路线使根据地损失百分之百、白区工作损失百分之九十，不同意说四中全会和临时中央是合法的，等等。对这些意见，党中央和毛泽东进行了耐心的说服和解释。

1945 年 3 月 31 日，毛泽东在六届七中全会的一次会议上说：草案中没有说百分之百、百分之九十的问题，没有说品质问题，也没有说非法问题，也没有说宗派。这些不说，我看至多是缺点；说得过分，说得不对，却会成为错误。① 毛泽东的这一讲话，对党的高级干部进一步领会中央处理党内历史问题的方针和起草《决议》的指导思想，统一大家的认识，起了重要作用。

在《决议》草案的起草和讨论中，充分体现了党内生动活泼的民主生活。参加讨论的同志畅所欲言，各抒己见。如吴玉章曾于 1945 年 4 月 13 日给任弼时写信，说明他对若干历史问题的决议的意见并建议在大会上作有关国际解散的决议。吴玉章认为：“关于若干历史问题的决议草案修正稿，我看了以后觉得很好。但我觉得关于共产国际没有提及是一缺点。”“如果不提到国际，则许多新党员还不知道这段重要的历史”。② 所以他希望大会作一个同意共产国际解散的决议。

吴玉章，四川荣县人，参加过辛亥革命、留法勤工俭学。1925 年加入中国共产党。参加南昌起义。赴莫斯科中山大学学习。后任莫斯科东方大学中国部主任，并参加中共驻共产国际代表团工作。回国后任延安鲁迅艺术文学院院长、延安大学校长等职。毛泽东称赞他“一辈子做好事而不做坏事”。六届七中全会上增补为中央委员，七大上当选为中央委员。

党中央和毛泽东认真地听取各种不同的意见，也部分地接受了吴玉章所提的意见。这充分说明《决议》凝结着全党的集体智慧。关于这一点，

---

① 中共中央文献研究室编：《毛泽东在七大的报告和讲话集》，中央文献出版社 1995 年版，第 102 页。

② 中共中央党史研究室、中央档案馆编：《中国共产党第七次全国代表大会档案文献选编》，中共党史出版社 2015 年版，第 100—101 页。

毛泽东作了很好的说明，他在七大预备会议上说："我们现在学会了谨慎这一条。搞了一个历史决议案，三番五次，多少对眼睛看，单是中央委员会几十对眼睛看还不行，七看八看看不出许多问题来，而经过大家一看，一研究，就搞出许多问题来了。很多东西在讨论中你们提出来了，这很好，叫做谨慎从事。"又说："最近写决议案，写过多少次，不是大家提意见，就写不这样完备"。[①]

《关于若干历史问题的决议》经过几次起草，党的高级干部多次讨论，多人和多次的修改，从1941年10月起草《结论草案》算起，前后经过将近四年的时间，最后得以完成。决议是党的集体智慧的结晶，参与这一集体创作的每一个人，都对这一历史文献作出了贡献，有一些同志作了较多的贡献。而毛泽东的贡献最大。[②]《决议》本来准备提交七大讨论通过。但"经同志们详细讨论过。同志们提议将这个问题交七中全会处理，不提交大会，使得大会成为团结的大会，胜利的大会。这个意见很好，这是为全党、为全国的人民、为党的将来着想的"[③]。事实上，在七大上不讨论历史问题，可以集中力量讨论和研究党的现实政策和纲领，也是七大成为一个团结的大会的重要保证。即使这样，它仍然使全党尤其党的高级干部加强了在毛泽东思想基础上的团结，是中国共产党在新民主主义革命时期的重要历史文献。

1945年4月20日，毛泽东在对《关于若干历史问题的决议》草案的说明中指出："这个决议不但是领导机关内部的，而且是全党性质的，同全国人民有关联的，对全党与全民负责的。哪些政策或者其中的哪些部分是正确的或者不正确的，如果讲得合乎事实，在观念形态上再现了二十四年的历史，就对今后的斗争有利益，对今后党和人民有利益。正确和错误的

---

① 中共中央文献研究室编：《毛泽东在七大的报告和讲话集》，中央文献出版社1995年版，第10—11、第14页。

② 冯蕙：《毛泽东领导起草〈关于若干历史问题的决议〉的经过》，《文献和研究》1986年第2期。

③ 中共中央党史研究室、中央档案馆编：《中国共产党第七次全国代表大会档案文献选编》，中共党史出版社2015年版，第138页。

标准自然是马克思主义，但人民利益同样是标准。”① 毛泽东坚持以人民利益为标准，判断政策是正确还是错误。决议也要对人民负责，要“讲得合乎事实”，对人民的利益有利。

三、会务准备

1940 年 3 月 26 日，任弼时从苏联经新疆、西安回到延安。3 月底即参加中共中央书记处工作，分管中央组织部、青委、妇委等部门。在此期间，中共中央决定近期召开七大，而任弼时受中共中央委托，负责七大的筹备工作。5 月 29 日，任弼时便开始主持审查七大代表资格的小委员会开会。此前成立的准备委员会已名存实亡。1941 年 3 月 12 日，中央政治局会议讨论时局和七大筹备工作。决定按原计划五一召开大会，一切准备工作在大会前完成。会议日程为毛泽东作政治报告，朱德作军事报告，周恩来作组织报告，并作三个相应的决议，职工运动作专门演讲。确定七大的大会秘书处等会议机构，宣布任弼时为大会秘书长，王若飞、李富春为副秘书长。王首道、陶铸为秘书处正副处长，叶季壮为总务处处长，李克农为警卫处处长，傅连暲为医务所所长。② 此后，任弼时在李富春等人协助下，总揽全局，协调各方，领导会场的准备、代表资格审查、大会文件的准备等各项会务工作有条不紊地进行。

（一）大会会场的准备

中国共产党成立后，因为各方面条件的限制，前六次全国党的代表大会都没有自己的房子开会。从中共一大到六大，或是借房或是租房开会，或是在别人提供的房子里开会，所以朱德才会在中共七大的开幕式上说：这是中国共产党成立以来，第一次在自己的房子里召开全国代表大会。有没有自己的房子开会，这也是由一个政党自身条件所决定。中国共产党能

① 中共中央党史研究室、中央档案馆编：《中国共产党第七次全国代表大会档案文献选编》，中共党史出版社 2015 年版，第 123 页。

② 中共中央文献研究室编：《任弼时年谱》，中央文献出版社 2004 年版，第 399—400 页。

够在自己的房子里开会，可以说明自身的力量发展到相当程度。

七大的会址是李富春陪同任弼时一起勘查的。1941 年 5 月，他们乘坐华侨募捐赠送给毛泽东的救护车先后到安塞真武洞、枣园后沟等地视察。安塞真武洞环境隐蔽，便于防守，可惜离延安较远、交通不便。接着他们又去了枣园后沟视察，准备在后沟打窑洞，建礼堂。但后沟地方窄小，而且只有一口水井，水质也不好，几百名代表住在一起，连水都不够用。于是，他们选定杨家岭，并决定在这里建一个礼堂作为七大的会址。利用中央党校的校舍作为代表们的住处①。他们选定的杨家岭作为七大会址得到中共中央的批准。②

杨家岭，位于延安城北 2.5 公里处南侧山下。这里交通比较方便。中央大礼堂始建于 1942 年春，年底竣工。由延安自然科学院校务处的青年建筑家杨作材设计，整个建筑庄严朴素，长 35 米，宽 30 米，高 13 米，屋顶呈穹庐状。设计将西式建筑与陕北窑洞的特点相结合，既节省木料，又坚固耐用，宽畅明亮，礼堂主厅可容 1000 人左右。从外部看，礼堂像两层楼房，进去看又似窑洞结构。大厅用半圆拱，省去了阻拦视线的两排柱子，舞台用椭圆拱。

参加杨家岭中央大礼堂施工的工人，多是从绥德、米脂一带来的能工巧匠。石工多是米脂县杨家沟的。米脂县杨家沟有一位木匠叫王应明，毛泽东等人所使用的桌椅板凳等用具，都是他带领的木工维修或打造。其中最值得骄傲、规模最大的是修建杨家岭中央大礼堂，王应明参加了设计、施工和修建。毛主席还称赞他是土工程师。③

杨家岭中央大礼堂整个建筑，分为大厅、舞厅和休息室三个部分。中共七大召开前，中央六届七中全会的一些会议就是在舞厅召开的。和中央大礼堂相毗邻的，还有中央办公厅楼，以及石窟、瓦房数百余间。1938 年

---

① 中共中央文献研究室编：《任弼时传》（修订本），中央文献出版社 2004 年版，第 540 页。
② 房维中、金冲及主编：《李富春传》，中央文献出版社 2001 年版，第 300 页。
③ 贺斌主编，黄土文化系列丛书《红色沃土》第 2 卷，陕西科学技术出版社 2015 年版，第 151 页。

11 月至 1947 年 3 月，中共中央的不少机关和党的领导人大都住在这里。所以，在这里召开七大，地点也合适。

（二）大会主席团的设立

继 1941 年 3 月 12 日中央政治局会议确定七大秘书处等组织机构之后，1945 年 3 月 16 日，六届七中全会主席团会议确定七大开幕式程序之一为推举大会主席团及正副秘书长。4 月 20 日，六届七中全会讨论通过七大秘书长名单：正秘书长任弼时，副秘书长李富春①。21 日，这一名单在七大预备会议上通过。

为了开好七大，任弼时在会前亲自起草《会后通知事项》，经毛泽东批准发出。该通知规定：凡是交大会分组讨论的问题、大会分发文件问题、秘书处业务问题以及大会日程问题都以书面形式通知，因而使会务工作更加规范。在七大的筹备过程中，任弼时作为七大秘书长，实际上是大会会务工作的总指挥。他所表现出的杰出的组织、领导才能，为七大的顺利召开，作出了突出贡献。

1. 成立七大主席团

关于七大主席团，在 1945 年 3 月 16 日的六届七中全会主席团会议上，决定拟向七中全会提出下列同志为七大主席团成员：毛泽东、朱德、刘少奇、周恩来、任弼时、彭德怀、康生、高岗、陈毅、陈云、林伯渠、董必武、彭真、张闻天、徐向前、贺龙等 16 人；毛泽东、朱德、刘少奇、周恩来、任弼时 5 人为主席团常委，处理中央日常事务。这个主席团名单是对 1944 年 5 月召开六届七中全会成立的主席团的扩展：六届七中全会主席团的 5 名成员毛泽东、朱德、刘少奇、任弼时、周恩来组成七大主席团常委，另新增加了 11 人。

3 月 31 日，六届七中全会举行全体会议通过七大主席团名单草案。4

① 中共中央文献研究室编：《任弼时年谱》，中央文献出版社 2004 年版，第 479 页。

月20日，六届七中全会最后一次会议讨论通过七大主席团等名单。4月21日，七大预备会议通过六届七中全会向大会预备会议提出的6项提案，其中第一项为大会主席团名单；同时通过主席团常务委员名单。4月23日，七大开幕时正式通过七大主席团15人名单，并确定大会主席团是大会的领导机构。因为原定主席团成员董必武因到美国旧金山出席联合国大会，故主席团总数减少一人。

大会会务工作在主席团的领导下进行。主席团下设：秘书处、政治委员会、组织委员会、军事委员会、民运委员会（工农青妇）、财政经济委员会、政权工作委员会、少数民族工作委员会、宣传教育委员会、党规党法委员会、统一战线工作委员会。

秘书处下设：秘书科（处理临时大会文件、文化娱乐、分发文件等事，直接帮助秘书长）；材料整理科（速记、整理）；文书科（油印、抄写）；机要科（译电、电台）；编辑科；检查科（对代表生活上的接待与检查）；保卫科（警戒、保卫、防空）。

总务处下设：管理科：勤务股、特务股、厨房股；供给科：粮食股、伙食股、柴水股，临时购置股；运输交通科：运输站、牲口股、车辆股、草料股、护送股；会计科；工程科：临时候补添制；招待联络科；检查科。①

1945年3月16日，中共六届七中全会主席团会议拟定七大开幕典礼程序之一为推选各种委员会：代表资格审查委员会、政治委员会、军事委员会、党章委员会、历史等委员会②。3月31日，六届七中全会通过了七大代表资格审查委员会名单等。4月21日，七大预备会议通过以彭真为主任，李富春、高岗、林伯渠、贺龙、林枫、罗贵波、周士第、聂荣臻、刘澜涛、刘伯承、薄一波、王从吾、林彪、朱瑞、江华、陈毅、张鼎丞、叶剑英、孔原、陈光为成员的由22人组成的七大代表资格审查委员会名单。但其他委员会的活动尚未见到资料。

① 中共中央党史研究室、中央档案馆编：《中国共产党第七次全国代表大会档案文献选编》，中共党史出版社2015年版，第699页。

② 中共中央文献研究室编：《任弼时年谱》，中央文献出版社2004年版，第476页。

2. 设立大会秘书处

七大的大会秘书处负责人曾有变化。1941 年 3 月，中央政治局会议决定，由王首道、陶铸担任七大秘书处的正副处长。但 1944 年 10 月，王首道担任八路军南下支队政治委员，11 月随王震率部队南下开辟新的抗日根据地；而陶铸则于 1944 年担任了总政宣传部部长。因此，七大召开前夕，又以中央办公厅秘书处为主，并从中央一些部委抽调一部分人员组成大会秘书处。这样，七大秘书处全处共有 34 人，处长由中央办公厅秘书处处长石磊（曹瑛）担任。秘书处除了接受主席团领导，还要接受大会秘书长任弼时、大会副秘书长李富春领导。秘书处分为文书科和记录科。

文书科科长王伯华，副科长锺志雄。文书科下设两个组：第一组组长王文郁，成员有王仲珊（铅印），丁农、裴桐（缮写），肖克生（油印）；第二组组长（空缺）：李金德（校对）、王发武、宋学武；小连、袁超俊（收发、登记）；周丰龄、赵德芳（保管）；机要通讯员：吴小山、杨立文。从上可见，文书科下设的两个组，一个是缮写印刷组，具体负责大会文件材料的缮写、油印和铅印；一个是文书组，负责文书处理、文件校对、收发、登记和保管等项工作。另有两名机要通讯员。

记录科科长廖鲁言。速记组组长张树德，下有卫文秀、周昆玉、周恪、王进、施铸英。每次 4 人。汉字组组长肖立，下面有刘子载、张仲实、周太和、苑子纪、徐明、罗青长、黄爱民、刘秀峰。每次 4 人。[①] 从上可见，廖鲁言任科长的记录科实际上是分这两个组：第一组为速记组，第二组为汉字组，分别承担大会记录工作。

文书科和记录科是既有分工，也有合作。两个科共同负责大会文书处理工作。临时起草文件，除秘书处起草外，有时中央领导人也亲自起草。比如任弼时起草《会后通知事项》。该通知规定：凡是交大会分组讨论的问题、大会分发文件问题、秘书处业务问题以及大会日程问题都以书面形式

① 中共中央党史研究室、中央档案馆编：《中国共产党第七次全国代表大会档案文献选编》，中共党史出版社 2015 年版，第 704—705 页。

通知。

前边所说秘书处下设秘书科，直接帮助秘书长，处理大会临时文件、分发文件、文化娱乐等事；材料整理科负责速记、整理；文书科负责油印、抄写；机要科负责译电、电台；编辑科、检查科，负责对代表生活上的接待与检查；保卫科，负责警戒、保卫、防空等，在实际工作中是既有分工，也有合作，有的独立出去如保卫科，有的则没有再单独设立科室，如机要、编辑、检查科。

3. 大会的保卫工作

1941年3月，中央政治局会议曾决定，由时任中央社会部副部长的李克农担任七大警卫处处长。为了陕甘宁边区的安全，中央军委还调集部队前往陕甘宁边区。1943年10月、11月，毛泽东等致电邓小平等，指示邓小平调冀鲁豫的部队到陕北①，同时抽调冀南军区骑兵团、太行山两个工兵连到延安。毛泽东强调：到陕北的部队于“年底或明年正月初来延，总之到达延安时，以不误春季开荒生产为好”②。1944年2月，中央军委又令冀鲁豫和晋察冀军区各抽调1个旅赴陕北整训、战备和生产。各地服从大局，妥善安排，按中央的人员和时间要求抽调部队到延安，圆满完成中央交办的任务，为保卫和建设边区作出了贡献，为七大召开提供了重要的安全保障。

中共七大在陕甘宁边区首府延安召开时，已经是1945年春抗日战争胜利在望之时。这次大会规模大，人员多，仅代表就有700多人。此时，李克农担任中央情报部副部长，同时还是中央社会部的副部长。为了保证七大的大会安全，以中央警卫人员为主体，还从中央党校和中直管理局行政处等单位抽调人员，组成有41名工作人员的警卫处，主要负责大会保卫工作和驻地的警卫工作。

为了保证大会的安全，中央警备团于1945年2月底冬季训练结束后，

---

① 王焰主编：《彭德怀年谱》，人民出版社1998年版，第286页。

② 中国人民解放军历史资料丛书编审委员会：《八路军·文献》，解放军出版社1994年版，第949页。

就开始做迎接七大的各项准备工作，在全团进行了热爱党、增强党的观念的教育，提高大家对保卫好七大重要意义的认识。同时，警备团的首长动员部队用加强警卫工作，搞好农副业生产，努力学习等实际行动，向七大献礼，从思想上作了充分的准备。

为了保证与会领导和代表们的安全，在大会开幕前夕，警备团组织部队整修了杨家岭的防空洞，构筑了从会场通往防空洞之间的防空掩体。警备团还冒着严寒，抢时间，争速度，修理了枣园至杨家岭之间的延水桥，保证中央领导同志和与会代表每日往返顺利过河开会和活动。

为了确保大会安全，在大会秘书长任弼时、副秘书长李富春领导下，成立了大会秘书处、总务处、临时警卫处。中央社会部的陈龙和中央警备团团长兼政治委员吴烈负责警卫处的工作。

警卫处下设内勤组、警卫组 、防空指挥组。内勤组由中央机关警卫科长杨时负责，担任会场内部的招待和中央领导同志的随身警卫。警卫组由第 1 营营长刘辉山、教导员莫异明负责，担任礼堂门卫、会场周围、代表驻地、往返路线上的巡逻任务。防空指挥组由第 2 营营长罗滋准负责，担任对空监视和驻地周围山上的警戒。延安城内、南区、东区代表们经过路线的巡逻警戒，由陕甘宁边区保安处周兴处长负责。

为了防止国民党反动派和日军进行破坏活动，警卫处根据大会会址杨家岭中央礼堂周围的地形和社会治安情况，采取了对外严密控制，加强对空监视和巡逻警戒，对内加强中央领导的随身警卫。在礼堂各大门和沿围墙以外的各山头 、高地等要点，布置了内、外两层警戒，构成严密的警卫网。同时，在中央领导和与会代表通行的路线上，增设了固定的和游动的巡逻哨。

担负这次大会警卫的中央警卫团第一连负责会场开大会和举办各种晚会的核心警卫，以及礼堂各大门的检验入场证件、检查修理防空洞和杨家岭、延水桥的警卫。代表进入大礼堂一律凭证件才予放行，甚至招待七大代表的文艺晚会也严格把关，没有证件者一律不得入内。中央警卫团第 2、第 3 连分别担负杨家岭礼堂围墙以外的山头、后沟隐蔽地点的监控，代表们驻地、往返路线和中央、军委机关的警戒任务。高射机枪连重点布置在杨家岭、清凉山周围山头上，专门担负防止敌机空袭和对空射击任务。骑兵连担负中央领导和代表们经常通行的路线巡逻、护送等任务。

除此之外，还挑选了会游泳的同志负责涉渡延河去新华社和解放日报社递送大会文件等工作。有时延河水猛涨，桥梁受到威胁，担负守桥任务的战士纪永常、李建国、杜林森等同志，冒着生命危险，下河与洪水搏斗，抢修和保护桥梁。战士王更臣同志在河宽、浪大、水流湍急的情况下，经常不分昼夜，英勇地涉渡延河，递送文件，受到中央领导同志的表扬。

中央警卫团团长兼政委吴烈被中央直属机关选举为七大候补代表，在中央机关代表团，和谭余保、刘宁一、李颉伯、李天佑、丘金等同志编在一个小组，参加了七大。这样，他既参加代表大会，又负责大会警卫工作。和他的角色类似的还有时任陕甘宁边区保安处处长的周兴。他负责延安城内、南区、东区代表们经过路线的巡逻警戒，这也是一项十分重要的任务。所幸地是，七大期间，平安无事。

在任弼时、李富春的领导下，大会警卫处由于组织严密，分工明确，各负其责，和有关部门密切配合，经全团指战员的共同努力，圆满完成了历时 50 天、具有重大历史意义的党的第七次全国代表大会的安全保卫工作。七届一中全会期间，中央警卫团仍按原七大警卫的部署，执行和完成了七届一中全会的安全警卫任务。

4. 大会总务处的工作

中共七大的会务准备从 1938 年六届六中全会后就开始了。为了选好七大的会址，有关人员在延安及周边考察，从安塞李家塔到枣园后沟，再从枣园后沟到杨家岭。有回忆说，礼堂盖了 3 个，窑洞挖了将近 800 个。因形势发展，七大延期召开；因实际工作需要，七大开会时间和地点数次变动。但七大筹备工作在任弼时、李富春的领导下，不仅没有放松，反而利用充分的时间，逐年增加办法，积累经验，使七大的准备工作与时俱进，更加接近实际，更能解决问题。

1941年3月的中央政治局会议决定：叶季壮为七大总务处处长。但叶季壮1944年担任了陕甘宁边区贸易公司经理，没有再直接负责七大的总务工作。1945年召开七大时，七大总务处处长是中央书记处办公厅行政处处长邓洁，副处长为张子良，工作人员55名，炊事人员69名，共124人。邓洁是湖南安乡人，1922年入团，1923年入党，曾任地委书记、中央组织部秘书长、中央机关事务管理局局长，被评为特等模范。张子良是陕西清涧人，1927年入党，1936年重新入党，先后在中央办公厅采购处、总务处、行政处工作。1945年1月，被评为陕甘宁边区特等模范工作者，获边区政府和中直、军直群英大会奖励。

七大总务处受七大秘书长和副秘书长领导，主要任务是：管理大会人事行政，负责大会的物资供给，建立新制度，创造新作风，把总务工作做得更好一些，以保证代表物质生活的便利，保证大会政治任务的完成。总务处下设会计、招待、供给、卫生4个科。

（1）会计科，主要负责大会经费的筹划、出纳，物资材料的收发供应，物资和经费的保管以及采买工作。会计科执行预算决算制度，保管、收发、登记工作。

（2）招待科，主要负责人事、交通、统计、生活管理和公务员的管理等。要求招待代表，力求周到；关心代表同志的饮食起居、日常生活。招待代表吃饭是招待科的工作重点。在1945年4月23日至6月1日的40天里，共节省124餐饭，始终也没有发生饭菜不够吃的事情。在6月2日至12日的11天内，节省了58餐，共节约182餐。当时实行的饭票制度推动了灶房节约。

（3）供给科，主要负责食堂伙食管理和炊事员的管理。要求保证伙食供给。为此，供给科建立了七项制度。一是明确组织分工制；二是大家办事制；三是考勤制；四是征求意见制；五是请假会客，闲人禁入工作地制；六是卫生制度；七是服从领导制。任务是三条：要求做得好吃，保证饮食安全，不误时间。方针是：团结，学习，认真负责。办法是：一是组织配备，领导干部一同参加生产，成为团结群众，推动工作的核心。二是技术作法，实行集体研究，按日订菜谱，照一定标准调剂，随时检查，根据群众意见，研究改进。三是在保卫安全上，励行个个负责，互相监督，与专人看守，提出“漏洞在谁，谁个负责”的口号，来提高大家的警惕性。

（4）卫生科，主要负责会议期间的医务工作。从医药卫生上保护代表的健康；做到随到随诊，随请随到。可给代表们以方便，不使他们因为看病而耽误了开会。卫生科的同志在工作上都很积极负责，细心诊疗，在代表的诊疗上没有出过差错。

大会期间还有26名内勤工作人员。一是从党校、政治研究室、机要科、农委抽调12人组成的内勤股，他们是：朱世华（党校一部）、吴诚（党校四部）、彭化成（党校四部）、张明（党校五部）、彭大章（政治研究室）、曾宪国（机要科）、梁玉堂（机要科）、宋志远（农委）、郭申振（农委）、刘克勋（农委）、张忠信（农委）、段占源（农委），每次四人。还有因工作需进出礼堂的社会部、警备团的6人，他们是陈龙、马敬铮、吴列、刘辉山、杨时、李林。还有不必进礼堂，如打开水的8人，他们均是杨家岭警卫科的。他们是：陈心良、林代英、翟振双、任世华、刘振奎、贾保禄、刘开山、徐明烈。[①]

5. 大会的后勤供应

在中国共产党全国代表大会的历史上，七大代表的人数是空前规模。出席大会的代表和旁听人员近800人，还有近200名大会工作人员，共有近千人。这样大型的会议，单是解决好代表的吃、住问题，也是很困难的事情。这样大型的会议，解决好众多代表的吃、住问题是最基本的。

最早作为七大经费的是1.5万元的保证金。1938年9月至11月，中共中央在延安召开扩大的六届六中全会。全会决定召开七大，提出1.5万元作保证金，折算为1937年7月的法币价值约为10949元。会议筹备期间，

① 中共中央党史研究室、中央档案馆编：《中国共产党第七次全国代表大会档案文献选编》，中共党史出版社2015年版，第705页。

晋察冀、淮北等抗日根据地曾给延安提供了一些经费①，但毕竟有限。以后周恩来到苏联中共也希望共产国际和苏联能给予帮助。但从最后的情况来看，大会的经费主要是由陕甘宁边区政府财政厅提供。

1945 年 3 月 12 日，主持陕甘宁边区财政经济工作的陈云指示西北财经办事处秘书长曹菊如，请陕甘宁边区财政厅厅长南汉宸向中央办公厅提交中共七大特别经费 2000 万元整②。如果这里的经费是指的流通券，则可折算为 4000 万元法币，相当于 1937 年 7 月的法币约 29014 元。

负责七大代表生活的中央办公厅，尽量克服困难，在保证粮食供应的前提下，采购猪肉、鸡蛋、香油等副食品，安排好代表们的生活。1945 年 4 月 9 日，中央办公厅行政处编制了会前代表伙食预算表③。包括粮食、肉蛋类、油类、菜类等。

粮食类，每天每人白面 18 两，小米 3 两。白面用于每日两餐，早上发两个馍。小米用于早上稀饭，豆子在内。按会议代表和工作人员 800 人计，每 10 天需要白面 9000 斤，小米 1500 斤。

肉蛋类，每人每天 4 两猪肉，按 800 人 10 天计，共为 2000 斤（均为大称），300 万元钱。每斤肉约为 333 元。鸡蛋供应标准为每人 1/10 个，共 600 个，9 万元，平均每个鸡蛋 150 元。

油类，分猪油和香油。猪油标准为 6 分，共需 300 斤，金额 96 万元。平均每斤猪油为 3200 元。香油标准为 1 分，共需 50 斤（小称），金额 20 万元，平均每斤 4000 元。

菜类，有蔬菜、各种豆腐、豆芽和粉条。蔬菜标准为 12 两，各种豆腐 6 两，豆芽标准 5 两，粉条标准为 3 分，各类蔬菜为 6000 斤、各种豆腐 3000 斤、豆芽 2500 斤和粉条 150 斤；金额分别为 120 万元、60 万元、50 万元、225000 元。除蔬菜中萝卜、洋芋用大称外，其余均为小称。

---

① 刘树发主编：《陈毅年谱》，人民出版社 1995 年版，第 422 页。

② 中共中央文献研究室编：《陈云年谱》修订本，上卷，中央文献出版社 2015 年版，第 473 页。

③ 原件存陕西省档案馆。边区当时所用货币为边币，后所提到处，皆相同。表中所用大称、小称应为秤。

为了做好代表们的菜肴，调料也很丰富，有木耳、黄花、粉面、糖棉、醋、酱油、各种面酱、调料、硷、盐。这些调料量不大，木耳标准为1分、黄花1分、粉面7分、糖棉8分、醋2分、酱油5分、各种面酱2分、调料1.4分、硷6分、盐6分。合计起来，木耳5斤8万元、黄花50斤7万元、粉面350斤315000元、糖棉40斤32000元、醋100斤3万元、酱油250斤10万元、各种面酱100斤12万元、调料7斤7万元、硷100斤7万元、盐200斤15万元。除上面所列各项外，还有燃料、石炭，标准为3斤，合计24000斤（大称），60万元。葱300斤21万元，白醋15斤18万元，炒菜用酒25斤35000元。合计884.8万元。原有标准数221万元，尚需补助数为麦子45石、小米5石。

4月18日，中央办公厅行政处处长邓洁给陕甘宁边区财政厅厅长南汉宸写信说明原领取的代表伙食费已告罄。其函的主要内容如下：前次在财厅领取之大会会前代表10天伙食补助费663.3万元正，从4月7日到16日止。现在大会开幕还有数天，请继续批准：代表10天伙食补助费663.3万元正；粮食暂批麦子40拾石（不足时由过去已领数内调剂）。下面落款为：中央办公厅行政处邓洁。在此函件的旁边，有南汉宸“照发，将来决算报销”的批文，时间和邓洁的来函是同一天。

4月27日，中央办公厅行政处审定七大代表伙食费预算表，批准代表10天伙食补助费663.3万元。该预算表还加盖了行政处的公章。5月13日，七大副秘书长李富春致函陈云说明，因大会增加了时间，经费要增加，计划到月底止，请再发经费1500元正。同日，陈云将来函转曹菊如。有的书将此事记为5月12日，似有误，应该是5月13日。曹菊如当即将此函送南汉宸批请。曹菊如在李富春来函上批注说明：“陈云同志的意思，此款应支，请照付。”当日，陕甘宁边区财政厅批准同意“照发”。

从这些资料可见，七大会议所需的伙食补助费和粮食等，都是由陕甘宁边区财政厅全额保障。这对经济条件十分有限的陕甘宁边区，也是一笔不小的支出。陕甘宁边区人民对中国革命的贡献，这也是一个重要的侧面和缩影。

有的七大代表说，附近村子和南泥湾生产的猪鸡鸭等，都送来招待七大代表，所以都是七八个菜，每顿都有红烧肉，那时候就是最好的东西了。在保存下来的七大照片中，有几位代表围坐在一张桌前吃饭，大家都吃得很香。代表们一般是吃了早饭去杨家岭开会，中饭和晚饭在杨家岭吃。中午饭一顿，通常比较丰盛。

延安没有可以同时可以容纳七八百人的招待所。所以，七大召开时，代表分在几个地方住。有的住在中央党校，有的住在西北局、联防司令部，还有的住在延安大砭沟的总政招待所，王家坪住了一批，枣园住了一批。部队代表王英高在出席七大期间，住在总政大砭沟口的招待所，离杨家岭不远，过了河就是。当时延河上没有桥，因为水小，大家到河边，脱了布鞋、草鞋，提着过河。每次听完报告，就回到住处。

6. 大会代表的文化生活

七大期间，大会为代表们安排了比较丰富的文体活动，有电影晚会、歌剧、话剧等文艺演出。还在1944年秋，为了向党的七大献礼，时任中央党校副校长的彭真便提出要集中延安的优秀戏剧人才，排演苏联卫国战争中产生的《前线》话剧。因此，《前线》话剧在七大期间给代表们演出，博得一致好评。剧中的戈尔洛夫、客里空，成为思想僵化、不接受新鲜事物和夸夸其谈、哗众取宠、编造假新闻的代名词。在七大召开前，上演了《甲申三百年祭》《李秀成之死》等话剧。这都是鲁迅艺术学院和留守兵团部队艺术学校等文艺团体为代表们演出的节目。

七大期间，世界反法西斯战争的形势比预想的发展还快。5月2日，苏联红军攻克柏林，德国法西斯头子希特勒服毒自焚。5月8日，德军无条件投降，协议在柏林郊区签字。斯大林在莫斯科向苏联人民发表讲话，宣布反法西斯战争的胜利。消息传来，整个延安沸腾了，七大代表们深受鼓舞，也充满了抗日胜利的信心。除了开庆祝会外，还给代表们放映了《列宁在十月》《列宁在1918》等苏联电影。这些影片有的是译制好的，有些没有译制的就由苏联回来的同志当场做口头翻译。

1945年6月10日晚，全体七大代表观看由王昆主演的大型歌剧《白毛女》，会场气氛极为活跃。这是延安鲁迅艺术学院根据当时流传于河北平山、阜平一带“白毛仙姑”的民间传说集体创作的。《白毛女》中鲜明的艺术形象和感人的故事告诉人们，必须挖掉压在中国人民头上的大山，才能夺取革命斗争的胜利。

在七大上，进行专场演出的还有陕甘宁晋绥联防军政治部宣传部部长萧向荣和李鹰航合作制作的《中国共产党颂——献给七大》（又名《歌唱中国共产党——献给党的七大》）组歌、大合唱。这一节目由陕甘宁晋绥联防军政治部宣传队排演，并在大会期间进行了专场演出，受到了代表们的好评。

七大期间，代表们的业余生活是轻松愉快的。在戎马倥偬的抗日前线，难得有片刻的闲暇，代表们回到延安，就好像到了家一样。七大召开共50天，在此期间，大会为代表们安排了比较丰富的文体活动，有体育活动，电影晚会、歌剧、话剧等文艺演出。体育活动，经常在会议休息的间隙时间里展开，如打乒乓球和克郎球，还有当年拍摄的照片为证。文艺活动更丰富，每个星期六的晚上举办舞会，中央领导同志和一些代表都穿着布鞋或草鞋在王家坪的桃林草地上跳交谊舞。

7. 为七大准备纪念品

为了庆祝七大的召开，有些单位和部门专门设计了纪念册和纪念品，赠送给七大代表作为留念。毛泽东专门为七大纪念册题词“实事求是 力戒空谈”。同时在七大记录本上题词：“提高党性”。这两幅题词都言简意赅，是对中国共产党的思想路线和工作作风的生动阐释，也是对全党提出的政治要求。

中共中央党校赠送给七大代表的纪念品是：一个47mm × 72mm的小本子，上面印着毛泽东侧面头像，下面写着“敬祝七大代表健康”。落款为“中共中央党校赠”。中央出版局和中央印刷厂赠送的礼物是一个非常精美的笔记本，红、黑布包面，里面是延安自制的毛边纸，专门为七大代表制作的。扉页上方印有毛泽东手迹“实事求是 力戒空谈”，下方印有“献给七大代表”等字样。

中央出版发行部还和新华书店两家联合制作了“献给七大代表”的纪念册。纪念册的第一页是半透明的纸。上方写着黑体仿宋字“献给七大代表”，中间是镰刀和铁锤组成的党徽图案，图案下方是一道横线，横线下标有1941字样，可见是1941年设计制作。下方印有“献给七大代表”等字样。半透明页的下一页是扉页，上方印着毛泽东的半身像，下方是毛泽东“实事求是 力戒空谈”的手书题词。

七大代表贺晋年回忆说，七大结束后，每人发了一个纪念册。说是纪念册，其实就是延安自己出的油光纸小本子。回到警备第3旅，旅政治部的宣传干事见了，爱不释手，贺晋年见他如此喜欢，便送给他了。

延安鲁艺文供社献给七大的礼物是刻着毛泽东像的纪念章。还有的单位把毛泽东、周恩来的照片作为礼物送给七大代表。有的七大代表得到了一张两寸大小的毛泽东主席的正面照片，据说是专门发给七大代表的。他们一生都珍藏着。

八路军第115师第344旅第687团赠送的纪念品是：一张方形的柞蚕丝手帕，上方印着“拥护中共第七次代表大会”，中间印着五角星，五角星中央是镰刀、斧头，下面署名为：八路军“一一五师三四四旅六八七团全体指战员同赠”。做手帕的材料是八路军指战员们的战利品——缴获的日军飞机降落伞。

许多代表极为珍惜七大的纪念品，一直当作最宝贵的东西随身携带。七大代表证，也被许多代表作为这些纪念品精心保存。代表证纵为6.1cm、横为8.9cm的横式长方形，只比火柴盒稍大一点。上有代表姓名、证书号码、代表座位号，下面注明为七大秘书处制，并盖有油印章。这个代表证既小巧又精致，以紫红色的绸布面为封皮。证书左右两边各印有纵5.1cm，横3.3cm的长方形边框，左框内上部印有分成两行蓝色大字：中国共产党第七次全国代表大会。中下部印有一列蓝色大字：代表证。代表证右侧印有上下两行蓝色小字，写着排号和座位号以及持证人姓名，中部盖有椭圆形红色印章。如此“袖珍”的代表证，既体现了那个年代条件的艰苦，又说明会议组织者的细致和缜密。七大代表证，如今已经成了珍贵的革命文物，作为历史的见证，成为永远的纪念。为了使代表们顺利进入会场，七大筹备组不仅制作和发放了纸质的代表证，还用红绸条制作了可以别在胸前的标志。虽然年代已经久远，但一些代表仍然将这个绸条保存了下来。

还有一种纪念品，便是有关七大的照片。包括从不同角度拍摄的七大会场照片，毛泽东、朱德、刘少奇、周恩来、任弼时等在主席台上的照片，会议期间一些代表在会场外的照片，还有一张特别珍贵的七大代表的合影。第一排的代表是盘腿而坐，中间有两排高低有所不同的木板凳，毛泽东、朱德、彭德怀、冈野进、徐特立、周恩来、林伯渠、吴玉章等人，或坐或站；毛泽东等人的后面一排，有刘少奇、张闻天、陈毅、任弼时、叶剑英等。这些照片，忠实地记录了七大代表的音容笑貌，为人们了解历史提供了帮助。

（三）七大代表团的组成和座位安排

七大代表总共 755 名，分为中直军直、陕甘宁、晋绥、晋察冀、晋冀鲁豫、山东、华中和大后方 8 个代表团。代表团主要是以地域划分，各代表团的负责人通常是当地党组织的主要领导人。

1. 中直、军直代表团

中直、军直代表团共有正式代表 29 名，候补代表 27 名。主任为李富春。下面又分为 6 个组，即杨家岭第一组、杨家岭第二组、党校组、王家坪组、枣园组、解放社组。每组 5 人至 15 人不等。[①]

（1）杨家岭第一组，组长赵毅敏，组员朱宝庭、孟庆树、邓洁、吴烈、范文澜、张子衡、李颉伯、吴创国。其中赵毅敏、朱宝庭、孟庆树、邓洁是正式代表；吴烈是候补代表；范文澜、张子衡、李颉伯、吴创国是增补的候补代表。

（2）杨家岭第二组，组长吴铁铮，组员有李富春、曹轶欧、冯文彬、王林、廖鲁言、唐彬、傅连暲、曾固。其中正式代表吴铁铮、李富春、曹轶欧、

① 中共中央党史研究室、中央档案馆编：《中国共产党第七次全国代表大会档案文献选编》，中共党史出版社 2015 年版，第 143—144 页。

冯文彬；候补代表王林；增补的候补代表有廖鲁言、唐彬、傅连暲、曾固。

（3）党校组，组长王鹤寿、副组长黄火青，组员有王学文、肖三、李延禄、刘澜波、贾陶、龙开富、张琴秋、胡家实、易秀湘、徐一新、刘芝明、张如心、牟泽衔。其中正式代表王鹤寿、黄火青、邓洪、王学文、肖三、李延禄、刘澜波、贾陶，后三位是指定正式代表；候补代表有龙开富、张琴秋、胡家实、易秀湘；徐一新、刘芝明、张如心、牟泽衔是增补的候补代表。

（4）王家坪组，组长吴溉之，组员有胡耀邦、李初梨、王铮、戴镜元、刘寅、钟人方、浦化人。其中正式代表有吴溉之、胡耀邦、李初梨、王铮；增补的候补代表有戴镜元、刘寅、钟人方、浦化人。

（5）枣园组，组长陈刚，组员有陈伯达、刘英、张松、师哲、乔木、李逸民、叶子龙、杨浩然。其中正式代表有陈刚、陈伯达、刘英、张松、师哲、乔木，并有注明说张松是指定正式代表，师哲是由边区拨来；候补代表有李逸民；增补的候补代表有叶子龙、杨浩然。

（6）解放社组，组长许之桢，组员有艾思奇、祝志澄、余光生、陈坦。其中正式代表有许之桢、艾思奇、祝志澄；增补候补代表余光生和陈坦。

2. 陕甘宁边区代表团

陕甘宁边区代表团，共有正式代表 93 名[①]，候补代表 50 名。主任为高岗，副主任为林伯渠和贺龙。陕甘宁边区代表团下面分为西北局、边区政府、保安处及延属、党校、联防军组。西北局、党校、联防军因为人数较多，又分为两组。如西北局 32 人分为两组，分别为 15 人、17 人。[②]

（1）第一组是西北局代表。组长陈正人，副组长马文瑞，组员有高岗、贾拓夫、李卓然、武开章、段德彰、黄罗斌、高峰、王世泰、白治民、白栋材、叶季庄、范子文、马义。其中正式代表有陈正人、马文瑞、高岗、贾拓夫、李卓然、武开章、段德彰、黄罗斌、高峰、王世泰、白治民、白

---

① 原文件附注：陕甘宁代表团正式代表九十三人内，未包括关向应同志。

② 中共中央党史研究室、中央档案馆编：《中国共产党第七次全国代表大会档案文献选编》，中共党史出版社 2015 年版，第 144—146 页。

栋材、叶季庄；候补代表有范子文和马义。

（2）第二组也是西北局代表。组长习仲勋，副组长张德生，组员有杨清、汪锋、霍建德、周扬、白茜、赵绍平、邹群峰、贺秉章、白向银、蓬飞、强晓初、何思敬、雷经天、王子宜、胡建明。其中正式代表有习仲勋、张德生、杨清、汪锋、霍建德、周扬、白茜、赵绍平；候补代表有邹群峰、贺秉章、白向银、蓬飞、强晓初、何思敬、雷经天。

（3）第三组是边区政府代表。组长刘景范，组员林伯渠、罗迈、谢觉哉、唐洪澄、高自立、惠中权、南汉宸、霍维德、李景林、马锡五、罗成德、张鹏图、黄亚光、王恩惠、黄静波、吴生秀。其中正式代表有刘景范、林伯渠、罗迈、谢觉哉、唐洪澄、高自立、惠中权、南汉宸、霍维德、李景林、马锡五、罗成德、张鹏图；候补代表有黄亚光、王恩惠、黄静波、吴生秀。

（4）第四组是边区保安处及延属各单位。组长周兴，副组长李景膺，组员曹力如、谭生斌、李子厚、刘建章、刘海滨、刘秉温、任成玉、强自修、李旺怀、张育民、王丕年、王卓超、王庆海、申长林、吴满有。其中正式代表有周兴、李景膺、曹力如、谭生斌、李子厚、刘建章；候补代表有刘海滨、刘秉温、任成玉、强自修、李旺怀、张育民、王丕年、王卓超、王庆海、申长林、吴满有。

（5、6）第五、第六组是党校的代表。正组长张秀山，组长贺晋年，组员张邦英、崔田夫、李合邦、曹光清、白国英、阎红彦、甘渭汉、莫文骅、郭炳坤、李忠桂、余秋里、苏井观、陈奇涵、余洪远、刘庚、高朗亭、张宗逊、王明义（宋文）、张林、乔钟林、李丕富、惠风莲、刘英勇、高长久、王惠民、黄葳、汪洪清、朱开铨。其中正式代表有张秀山、贺晋年、张邦英、崔田夫、李合邦、曹光清、白国英、阎红彦、甘渭汉、莫文骅、郭炳坤、李忠桂、余秋里、苏井观、陈奇涵、余洪远、刘庚、高朗亭、张宗逊、王明义（宋文）、张林、乔钟林。候补代表有李丕富、惠风莲、刘英勇、高长久、王惠民、黄葳、汪洪清、朱开铨。

（7、8）第七、第八组为陕甘宁晋绥联防军代表。正组长谭政，组长甘泗淇，组员贺龙、关向应、肖劲光、王维舟、李井泉、吴岱峰、文年生、康天民、罗志敏、金如柏、曹光化、彭绍辉、顿星云、谭文邦、黄新庭、朱辉照、喻楚杰、张仲良、杜平、刘随春、杨秀山、刘转连、王尚荣、方强、张令彬、饶正锡、肖向荣、杨和亭、乐少华、曹菊如、向仲华、高维嵩、余飞、陈国栋、赖天勋、李信、欧阳毅、钱益民、郭化若、李强、李贞、徐杯、赵占魁、谢扶民、邓飞、唐金龙。其中正式代表有谭政、甘泗淇、贺龙、关向应、肖劲光、王维舟、李井泉、吴岱峰、文年生、康天民、罗志敏、金如柏、曹光化、彭绍辉、顿星云、谭文邦、黄新庭、朱辉照、喻楚杰、张仲良、杜平、刘随春、杨秀山、刘转连、王尚荣、方强、张令彬、饶正锡、肖向荣、杨和亭、乐少华、曹菊如；候补代表向仲华、高维嵩、余飞、陈国栋、赖天勋、李信、欧阳毅、钱益民、郭化若、李强、李贞、徐杯、赵占魁、谢扶民、邓飞、唐金龙。陕甘宁晋绥联防军共有正式代表 32 名，候补代表 16 名，共有 48 人，所以分为两个组。

3. 晋绥代表团

晋绥代表团共有正式代表 39 名，候补代表 13 名。主任林枫，副主任罗贵波、周士悌。下分 5 个组：

（1）第一组，组长赵林，组员林枫、周士悌、刘俊秀、李俭珠、贺彪、钟南辉、吴亮平、刘忠。该组全是正式代表。

（2）第二组，组长解学恭，组员张鹏德、刘长亮、钟生益、杨树生、马平定、尹宝鼎、杨定成、符传祚。其中正式代表解学恭、张鹏德、刘长亮、钟生益、杨树生、马平定；候补代表尹宝鼎、杨定成、符传祚、彭济民。

（3）第三组，组长白坚，组员、闵洪友、王逢原、许光达、刘惠农、樊哲祥、魏怀礼、马林、宫韫书、赵希愚、严尚林。其中正式代表白坚，组员（正式）闵洪友、王逢原、许光达、刘惠农、樊哲祥；候补代表魏怀礼、马林、宫韫书、赵希愚、严尚林。

（4）第四组，组长姚喆，组员张建志、乌兰夫、白成铭、白如冰、刘卜一、李权超、袁任远、晏福生、贺庆极。除贺庆极是候补代表，其余全是正式代表。

（5）第五组，组长罗贵波，组员梁树堂、康永和、慕纯农、孙超群、刘笃庆、李力果、王黎生、冼恒汉、张兰明、曲俊、李绍平。其中正式代表罗贵波、梁树堂、康永和、慕纯农、孙超群、刘笃庆、李力果、王黎生、冼恒汉；候补代表张兰明、曲俊、李绍平。

4. 晋察冀代表团

晋察冀代表团，正式代表95名；候补代表30名。主任彭真，副主任聂荣臻、刘澜涛。下分6个组，还有没分组的候补代表。

（1）第一组，组长马辉之，副组长刘杰，组员李坚、王世勋、陈洪、赵尚志、张文、周存富、刘克敏、阮卜生、蔡畅、曹祥仁、聂鹤亭、叶青山、吴西均为正式代表。其中蔡畅、曹祥仁、聂鹤亭、叶青山、吴西为增补的正式代表。

（2）第二组，组长肖克，副组长程世才，组员于占先、罗元发、匡唐伟、邓华、吴晋南、刘慎之、丁盛、陈云、江占春、马载、刘子奇、张兰英、谭冠三均为正式代表。其中张秀岩为增补的正式代表。

（3）第三组，组长罗瑞卿，副组长王宗槐，王赤军、黄志勇、吴保山、陈伯钧、袁升平、赖伟雄、邱显通、严庆提、陈漫远、黄作珍、陆治国、张君、洪涛、蹇先佛均为正式代表。其中陆治国、张君、洪涛、蹇先佛为增补的正式代表。

（4）第四组，组长侯玉田，副组长吕正操，组员孙明、安建屏、安玉林、宋子珠、王风斋、张逢时、孙志远、孟庆山、李之琏、彭真、帅荣、韩伟、李天焕、孙毅均为正式代表。其中帅荣、韩伟、李天焕、孙毅为增补的正式代表。

（5）第五组，组长吴德，副组长阎达开，组员黄庆熙、贾梦月、郑天翔、王兆汉、张瑞华、谷云亭、徐少臣、聂荣臻、查国桢、叶长庚、黄兴义、余光文、徐德操、郭永明均为正式代表。其中查国桢、叶长庚、黄兴义、余光文为增补的正式代表。

（6）第六组，组长李楚离，副组长成仿吾，组员王兰生、申力生、刘廉明、林接标、刘永生、田秀玉、卓雄、蒲运明、刘澜涛、黄永胜、黄振堂、张世功、鲍先志、杨春华均为正式代表。其中黄振堂、张世功、鲍先志、杨春华由冀鲁豫拨来。

晋察冀代表团尚未分组的候补代表有于致远、钱应麟。还有 28 人为增补的七大代表。他们是：陈正湘、陈静儒、黄鹏、周续辉、李波、李德仲、梅开五、刘得标、李光裕、宋时轮、王敏、张学科、马凤舞、李铮、邓文标、刘国良、田秀娟、王季龙、肖兴怀、刘显宜、朴一禹（王巍）、潘峰、杨春茂、李芳林、刘素非、王春、高志洁、张啸东。

5. 晋冀鲁豫代表团

晋冀鲁豫代表团，共有正式代表 76 名，候补代表 29 名。主任刘伯承，副主任薄一波、王从吾。代表团分为 7 个组即：太行第一、第二组，太岳组，冀南第一、第二组，冀鲁豫组、前总组。

（1）太行第一组，组长蔡树藩，组员毛泽东、王稼祥、刘伯承、陈锡联、侯维煜、徐立清、何桂成、杨国宇、傅玉田、余益元、陈光才、高厚祖、郭仕成、李寿轩、冷玉光。其中正式代表为蔡树藩、毛泽东、王稼祥、刘伯承、陈锡联、侯维煜、徐立清、何桂成、杨国宇、傅玉田；候补代表为余益元、陈光才、高厚祖、郭仕成、李寿轩、冷玉光。而李寿轩、冷玉光是增补的候补代表。

（2）太行第二组，组长杨秀林，组员洛甫、杨尚昆、裴孟飞、王孝慈、赵德尊、王维纲、赵武城、陈光、赵同强、申之澜、张敬玲、毛铎、宋一平、杨献珍、马吉林、刘亚雄、何英才。其中正式代表杨秀林，组员洛甫、杨尚昆、裴孟飞、王孝慈、赵德尊、王维纲、赵武城、陈光、赵同强、申之澜、张敬玲、毛铎；候补代表宋一平、杨献珍、马吉林、刘亚雄、何英才；杨献珍、马吉林是增补的候补代表。

（3）太岳组，组长陈赓，组员薄一波、任志远、杨文、王锐、刘开基、王毅之、马英、卫恒、吴云夫、程长悦、李聚魁、王近山、桂绍彬均为正式代表；罗福伟、黄奎为候补代表；而安子文、程国梁是增补的候补代表。

（4）冀南第一组，组长徐深吉，组员王从吾、廖中符、杨树根、陈化争、程玉林、牟海波、陈达、王心高、王成忠均为正式代表；桂干生、杨寿堂为增补的候补代表。

（5）冀南第二组，组长陈再道，组员杨青、鲁大东、杨俊亭、袁泽民、刘志坚、钟汉华、袁克服、甘思和、朱德兴、余成斌均为正式代表；唐哲民、曹海波为候补代表；曹海波是增补的候补代表。

（6）冀鲁豫组，组长崔田民，组员刘耀先、杨泽江、晁哲夫、石新安、昌炳桂、杨得志为正式代表；信锡华为候补代表；刘德海、王辉球、曾宪辉为部队增补的候补代表；刘汉生、张晓民均为增补的候补代表。

（7）前总组，组长傅钟，组员朱德、彭德怀、陆定一、康克清、何长工、邱创成、张广才、李治明、潘开文、黄欧东均为正式代表；钟元辉、黄友风、王政柱、王英高为候补代表；王政柱为增补的候补代表。

6. 山东代表团

山东代表团共有正式代表64名；候补代表10名。主任林彪，副主任朱瑞、黄春圃。山东代表团74人分为渤海区、7个组。

（1）渤海区组，组长朱春和，组员朱瑞、徐向前、马国瑞、阎玉森、关星甫、崔月楠、张次宾、杜步舟、贾震、王文介均为正式代表；姚仲明为候补代表。其中杜步舟、贾震、王文介为补选的正式代表。

（2）滨海区组，组长王叙坤，组员康生、古德勤、孙继峰、董富先、李贻树、潘寿才、方毅华、杨道和、解放、何祖福为正式代表，韦祖珍为候补代表。其中，潘寿才、方毅华、杨道和、解放、何祖福为补选的正式代表。

（3）湖西区组，组长邓克明，组员郭子化、孙志谦、张阜民、刘海明、杨尚儒、苏进为正式代表，杨希祥为候补代表。其中，邓克明、杨尚儒、苏进为补选的正式代表，张永励为补选的候补代表。

（4）鲁中区组，组长阎世印，组员史秀云、吴仲濂、黄春圃、张经武、王其人、童陆生、朱虚之、尚明，均为正式代表。其中王其人、童陆生、朱虚之为补选的正式代表。

（5）鲁南区组，组长肖家桢，组员陈允、钟辉、朱广泉、李天佑、吴永生、潘振武为正式代表，何毅为候补代表。其中，肖家桢、李天佑、吴永生、潘振武为补选的正式代表；杨永松、何运洪为补选的候补代表。

（6）鲁西区组，组长徐运北，组员林彪、任国璋、张北华、崔健、胡廷、王枫、何德全、王为群、谢鑫鹤为正式代表，夏德胜为候补代表。何德全、王为群、谢鑫鹤为补选的正式代表。

（7）胶东区组，组长吕志恒，组员郭洪涛、柳云光、高锦纯、于眉、张修竹、李世忠、冯肖山、李发为正式代表。其中李发为补选的正式代表。王候山、李桂芝补选的候补代表。

7. 华中代表团

华中代表团有正式代表 91 人，候补代表 22 人。主任陈毅，副主任张鼎丞。下分 7 个组，分别由陶铸、潘汉年、喻屏、邵式平、郭述申、刘培善、刘晓等任组长。为区别起见，按顺序排列。

（1）一组，组长陶铸，组员王德、朱理治、危拱之、王国华、方德鑫、姜宗仁、伍云甫、陈力、雍文涛、曾涌泉、韩先楚为正式代表，其中伍修权缺席，伍云甫、陈力、雍文涛、曾涌泉、韩先楚为增补的正式代表；王西萍为候补代表；王盛荣、王建华、朱军、曾志增补为候补代表。

（2）二组，组长潘汉年，组员陈毅、张鼎丞、王明、陈郁、邓发、张启龙、柯庆施、谭余保、任弼时、刘少奇、李质忠、曾三、罗琼、李士英为正式代表；其中李质忠、曾三、罗琼、李士英为增补的正式代表；王中、左英为增补的候补代表。

（3）三组，组长喻屏，组员谭友林、朱涤新、孔石泉、鲍启祥、康步云、蔡明、沈东屏、田文杨、冯致祥、席庶民、张赤民、邱会作、李荣春（李永春）均为正式代表，其中鲍启祥、康步云、蔡明、沈东屏、田文杨、冯致祥、席庶民、张赤民、邱会作、李荣春（李永春）为增补的正式代表；吴瑞卿（吴阳清）、篮侨（篮桥）为增补的候补代表。

（4）四组，组长邵式平，组员严朴、汪金祥、倪志亮、吴振英、黄仁辉、王世英、张金保为正式代表，其中邵式平、倪志亮、吴振英、黄仁辉、王世英、张金保为增补的正式代表；汪东兴、杨建新、张捷勋为增补的候补代表。

（5）五组，组长郭述申、傅秋涛、周骏鸣、廖华、余起龙、许军成、杜国平、徐光华、祝世风、赵忠国为正式代表；其中，余起龙、许军成、杜国平、徐光华、祝世风、赵忠国为增补的正式代表；何伟为候补代表；陈祥、余再励、刘玉堂为增补的候补代表。

（6）六组，组长刘培善、周婉如、江天辉、钟明（钟德胜）、温玉成、张开荆、王萱春、段焕竞、杨保生、池义标、汪克明、程祥元为正式代表；其中张开荆、王萱春、段焕竞、杨保生、池义标为增补的正式代表；李珊、姜君辰、何士德为增补候补代表。

（7）七组，组长刘晓，组员刘宁一、刘贞（刘明贞）、鲁伯明、张云曾、张治（张铁根）、芦宁、聂显书、方子明（方言）、范式人、林一心、林辉山、刘发羡（刘先）、王明远（王永琪）、顾炳章、徐莲娇、许威为正式代表，肖桂昌、马纯古为增补的正式代表，曾浪波、肖岗、毛保里（毛标）为增补的候补代表。

8. 大后方代表团

大后方代表团共有正式代表58人，候补代表26人。主任叶剑英，副主任陈铁铮。下面分有5个组即两广组、两湖组（直属及云、贵在内）、闽粤边组、江西组、四川组。

（1）两广组，组长古大存，组员邓颖超、区白霜、唐应初、畅尚魁、云广英、朱醒良（朱荣）、罗晌（正工）（方华）、吴有恒、何潮、周桂（周才）、周小鼎、陈耀武、王均予、廖似光，候补代表钟子鸿（钟明）、谭辅仁，补选的候补代表黎民、丘金、肖贤法。

（2）两湖组（直属及云、贵在内），组长蔡书彬，副组长帅孟奇，组员周恩来、徐特立、高文华、李涛、毛朗明（石生）、欧阳奔程（欧阳方）、董必武、凯丰、钱瑛、陈铁铮、石磊、谢竹峰、黄松龄、李长清为正式代表；其中蔡书彬、石磊、谢竹峰、黄松龄、李长清是补选的正式代表；候补代表有龙飞虎、贾琏、李金德、曾享；补选的候补代表有李振鹏、赵石、刘三元、陈家康。其中标有湘字即湖南组的代表有帅孟奇、周恩来、徐特立、高文华、李涛、毛朗明（石生）、曾享、欧阳奔程（欧阳方）、贾琏、李振鹏、龙飞虎。湘组长为高文华。

（3）闽粤边组，组长方方，组员叶剑英、伍洪祥、苏惠、王耀秀（王维）、边章五为正式代表，陈仁祺补选的正式代表，东方曙（方朗）、何睿为候补代表，李兆炳为补选的候补代表。

（4）江西组，组长钟荣清（钟平），组员李克农、吴继舟、罗其南、王只谷、夏之栩为正式代表，危秀英为补选的正式代表；李辉、贺一为候补代表，刘咏柏、罗孟文为补选的候补代表。

（5）四川组，组长廖志高，组员博古、吴玉章、吴克坚、江浩然（白戈）、涂万鹏（王果夫）、邓照明为正式代表，梁国林、陈子健、陈震、龙潜、曹少白、杜延庆被补选为正式代表；刘万明（刘莹）、黄六仙（朱福）、蒋南翔、陈昌茂（苏博）、康永明（华夏）为候补代表，张月霞为增补的候补代表。①

大会秘书处为代表们专门制作了七大代表证。封面没有文字，但打开代表证，可以看到左边印有代表证的编号，右边印有代表的姓名、座位号及注意事项。代表证在大会召开之前必须填写妥当，并分送到代表手里。

代表证的证号编排是从 1 号至 761 号。晋冀鲁豫代表团是 1 ~ 105 号，另加 759、761 号，晋察冀代表团是 106 ~ 230 号，另加 750 号，中直机关代表团是 231 ~ 287 号，陕甘宁边区代表团是 288 ~ 430 号，晋绥代表团是 431 ~ 481 号，另加 751 号，山东代表团是 482 ~ 555 号，华中代表团是 556 ~ 760 号。因为出席七大的代表共 755 人，所以代表证的编号中有个别空号。

大会秘书处还对会场座位的安排有过说明：大会代表 25 排以前是正

① 中共中央党史研究室、中央档案馆编：《中国共产党第七次全国代表大会档案文献选编》，中共党史出版社 2015 年版，第 143—153 页。

式，2 排以后是候补的。因为预备会时坐在后面的同志听不清，曾写信反映。大会秘书处于是设法安装播音机。[①]

为了更好地代表和反映全党的意愿，中共中央曾在选举七大代表时，提出过原则性的要求。吸取中共六大时“代表成分”“看来是不很健全的”的教训，中共七大在筹备中提出了代表比例的问题。1939 年 6 月 14 日中央选举七大代表的第二号通知要求：“代表成分依照六中全会之决定，尽可能求得工人百分之二十，妇女、青年百分之十”。[②]

各地按照中央要求尽了最大努力。中共七大要求代表中有 20% 的工人成分。这和六大专门强调工人成分已经有了很大变化，也和党长期在农村活动、建立农村根据地，在农村中发展党员，党员队伍中工人成分较少的实际情况。出席七大的 757 名代表，只有 668 人有社会成分的说明，约占代表的 88.8%。根据资料统计，七大代表的社会成分中，工人（含手工业工人）、学徒、店员 167 人，占 22.2%；贫农 100 人，占 13.2%；学生、教员 401 人，占 53.3%。这和中央要求的 20% 的工人成分基本符合。

但中央要求妇女代表占代表总数的 10%，却没有达到。参会的妇女代表实际上为 7.8%。出席七大的男性代表占到 92.2%。出席七大的妇女代表共 52 名，他们是：中直军直代表团的孟庆树、曹轶欧、张琴秋、刘英；陕甘宁代表团的白茜、白国英、惠枫林、王惠民（彭毓泰）、黄葳、李贞；晋察冀代表团的蔡畅、张兰英、张秀岩、蹇先佛、安建平、张瑞华、田映萱、陈静如、王敏、田秀涓、刘素菲；晋冀鲁豫代表团的刘秀梅（陈光）、刘亚雄、杨俊亭、康克清；山东代表团的史秀云、吴仲廉、何毅、王枫、李桂枝；华中代表团的危拱之、王建华（李建华）、曾志、罗琼、左英、张金保、周婉如、李珊、刘贞、徐莲娇；大后方代表团的邓颖超、区梦觉、廖似光、帅孟奇、钱瑛、贾琏、苏惠、方朗、危秀英、夏之栩、贺怡、

---

① 中共中央党史研究室、中央档案馆编：《中国共产党第七次全国代表大会档案文献选编》，中共党史出版社第 157 页。

② 中共中央党史研究室、中央档案馆编：《中国共产党第七次全国代表大会档案文献选编》，中共党史出版社第 17 页。

张越霞。出席七大的 8 个代表团中，晋绥代表团全是男性，没有一位妇女代表。

关于青年代表，七大代表中，23 岁至 30 岁的有 130 人，占 17.3%；31 岁至 40 岁 453 人，占 60.2%；41 岁至 50 岁 140 人，占 18.6%；51 岁至 60 岁 24 人，占 3.2%；61 岁至 69 岁 5 人，占 0.7%。即使是按 30 岁以下为青年人的标准，七大代表中的青年比例，完全符合中央提出的占总数 10% 的要求，甚至还有很大的突破。七大代表的平均年龄为 36 岁半。所以，七大充满了活力，也和大批的年青代表有关。总的来说，七大代表的比例是按照中央的要求基本达到了。

1945 年 4 月 23 日七大在延安中央大礼堂正式开幕时，彭真在七大代表资格审查报告中宣布的：七大的正式代表为 544 名。同日大会通过的代表资格审查决议也是这个人数。5 月 1 日《解放日报》的报道，也是讲 544 名。

七大闭幕后，《解放日报》于 1945 年 6 月 14 日发表题为《团结的大会，胜利的大会》的社论，其中讲到大会的正式代表为 547 名。

这样就出现了两个数字：正式代表的人数为 544 名和 547 名；因为正式代表的不同，加上 208 名候补代表，七大代表的总数就有了 752 名和 755 名两种说法。哪一种说法准确呢？有七大代表回忆，七大正式代表是 544 名，因为没有把陈潭秋、廖承志、马明芳三位尚被关押在敌人狱中的同志计算在内。而陈潭秋、廖承志、马明芳三人确实没有出席七大，但都在七大上当选为中央委员或候补中央委员。

实际情况是，1945 年 4 月 23 日七大正式开幕时，出席大会的正式代表是 544 名。彭真因为晋冀鲁豫代表团的唐天际、张际春两位来晚了。开幕后，晋冀鲁豫代表团的唐天际、张际春才匆匆赶到延安。因此，5 月 1 日，中共七大主席团在杨家岭休息室召开会议，七大秘书长任弼时报告唐天际和关向应的代表资格等问题。唐天际原来是候补代表。经过会议讨论决定，增补唐天际为七大正式代表。关向应是上一届中央委员并当选为七大正式代表，理应出席七大。但因为他身体不好，病得很重，所以在七大召开前夕让其他同志替补了他的正式代表名额。但到七大开幕后，中央考虑到不能因为病重就取消关向应的代表资格，还是应把他作为正式代表。所以，就恢复了他原来有正式代表资格。同日，李富春通知工作人员向唐天际补发文件和代表证。

张际春原来就是七大正式代表。所以，大会开幕时经过七大代表资格审查委员会审查通过的正式代表544名，加上唐天际、张际春和关向应，就变成了547名。这也正是《解放日报》6月14日报道中提到的数字。

（四）会场规则和会场布置

1. 关于会场规则的制定

“不以规矩，无以成方圆”。为了保证七八百人参加的大会顺利进行，大会秘书处制定了《大会会场规则》，要求与会遵守。规则共有8项内容：

第一条：各代表及指定的旁听代表应按时到会，每次入会场时必须检查代表证及旁听证，按号入座。

第二条：各代表不得无故缺席，有必要缺席时必须向主席团请假。

第三条：各代表所发文件及一切记录，要注意保存，准备收回，如有遗失，应即报告大会秘书处，以便立即处理。

第四条：大会中的一切报告、发言、讨论及各种情况，未经主席团可公布者，无论代表及旁听者应绝对保守秘密，不得向会外人宣布。

第五条：各代表在大会发言时，应先向主席团报名，排定先后，按规定时间发言。

第六条：如遇警报时，应遵守防空条例，服从防空司令的指挥。

第七条：关于文具用品，招待卫生等事项，有需要或有意见时，由各代表团秘书汇集交大会秘书处解决。

第八条：大会期间一切作息娱乐的时间与制度，应遵守执行，以保障秩序的维持与身体的健康。

1945年3月31日，中共六届七中全会通过了会场规则。4月21日，七大预备会议讨论通过了七大《大会会场规则》，这便成为全体代表的自觉行动。因此，《大会会场规则》的制定和执行，成为大会顺利进行的重要保障。

2. 大会会场的布置

中共七大会场的布置，是由设在延安的鲁迅艺术文学院美术系教师钟敬之设计的。整个会场布置得庄重而热烈。主席台中央高悬着毛泽东、朱德的巨幅侧面头像，两边各插三面共六面鲜艳的党旗，领袖像挂在红旗的正中间。两边墙上挂着马克思、恩格斯、列宁和斯大林的画像。主席台的陈设十分朴素，只有几张条桌和十几把木椅。主席台上的长条桌上，摆着几盆盛开的山花，洋溢着节日的气氛。最引人注目的是主席台顶端的石拱上，挂着红底镶着黄字的一幅巨大的横联，上面写着："在毛泽东的旗帜下胜利前进"。下面的红色横幅上写着"中国共产党第七次全国代表大会"14 个大字。

礼堂两边的墙上挂有 6 个"V"字形的旗座。每个旗座上插着四面党旗，共挂着 24 面红旗，象征着中国共产党已经创建了 24 个年头。每个旗座上还钉有一个标语牌，上书"坚持真理，修正错误"八个字。大厅后墙是毛泽东题写的"同心同德"四个大字。主席台前与左右两侧的长条桌后各放有扶手的靠背软椅，供主席团成员就座。大厅里放着 32 排木质靠背椅，每排能坐 24 人，共 200 多张木椅。大厅中间留着甬道，两旁还可以安放一些椅子作为边座。主席台侧面还安放着几张供大会工作人员主要是记录人员用的桌椅。

中央大礼堂这座当年延安少见高大而雄伟的建筑，成为中国共产党第七次全国代表大会的会场。礼堂的座位是 32 排，每排 24 座，共 768 个正座，另有 8 个边座。各代表团就座的次序大致按中直军直、大后方、晋冀鲁豫、晋察冀、华中、山东、陕甘宁边区、晋绥代表团的顺序，每个代表团从第 1 排到最后一排都有座位，根据各代表团人数的多少，每个代表团占 2 ～ 4 列座位。每个人的位置都会提前指定，并在代表证上加以注明。

正式代表的座位是 1 ～ 25 排，候补代表是 26 ～ 32 排。15 名七大旁听人员没有具体安排固定的座位。但有足够的空座供其选择。其他代表都是对号入座。每个代表团都有前排和后排，相互搭配。各代表团的顺序号并不完全严格，但相对集中，基本上保持了一定的队形。因为座位靠后收听效果会比较差，所以有的代表对被安排在比较靠后的位置提出意见，希望能够靠前一些。

在大会召开预备会，秘书处将代表的意见及时收集起来并归纳为三点加以说明：一是关于座位问题：大会代表二十五排以前是正式，二十五排以后是候补的。代表团中有同志提出座位的意见，只能就各代表团本身调剂，无法再大变动。二是关于后面听不见的问题。今日试播音机，如不行再设法。三是毛主席讲话正在整理，印否？请主席团决定。[①] 在了解到座位安排的规则后，代表们也就没有意见了。

（五）起草和修改大会报告

七大所需要的重要文件，都在六届七中全会上经过精心准备、集体讨论和反复修改，最后提交大会。

1. 关于政治报告

毛泽东在中共七大的政治报告有两个，一个是书面报告，一个是口头报告。书面报告《论联合政府》和口头报告都是毛泽东所写。只提七大政治报告《论联合政府》是不完整的，因为毛泽东的口头报告也有相当丰富的内容，也是十分重要的政治报告。和大会的其他报告不同，中共七大的政治报告没有成立专门的准备委员会起草，而是毛泽东起草后，由中共六届七中全会主席团和全会讨论、修改。以往大家学习《毛泽东选集》，收入其中的《论联合政府》说明是七大政治报告，而不知道，这只是毛泽东提交大会的书面报告。毛泽东在大会上还作了一个口头报告，也叫“政治报告”，对一些重要问题作了说明和阐述。这个口头报告和《论联合政府》交相辉映，内容相当重要。

1945 年 3 月 29 日，毛泽东函告李富春：“中共七大政治报告修改本

---

① 《七大各代表团关于座位问题印发文件问题的意见》，1945 年 4 月 21—22 日。

今日印五十本，留一本给我，四十九本由秦邦宪交你。今日给参加七中全会的每人发一本，叫他们收到即看，附白纸一张，请他们再写意见，于三十一日开会时带交。给陈绍禹、冈野进、王稼祥各发一本。”[①]

七大秘书长任弼时在认真阅读毛泽东《论联合政府》的政治报告后，提交了书面意见，建议在国民党统治区有关段落中分析一下国民党的成分，区别其领导成分和下层广大党员群众，说明统治集团代表的是大地主和买办阶层的利益；强调中共是中国政治生活中的主要决定因素；说明中国人民在抗战胜利中应完全摆脱帝国主义的束缚压迫；关于党的建设论述等等。这些意见和建议“受到毛泽东的重视和采纳”[②]。

代表们对毛泽东的《论联合政府》报告，也是按照七大主席团要求，充分发扬民主，畅所欲言，一字一句地认真讨论。由于党中央对大会文件非常重视，作了充分的准备，代表们没有提出大的修改意见，但小的意见还是有的。

有的代表提出，《论联合政府》中有两段话意思一样，只是用词不同。第一段中是“将中国建设成为一个独立、自由、民主、统一和富强的新中国”。在后面讲到中国两个前途时又变成“将中国建设成为一个独立、自由、民主、统一和强盛的新中国”。代表们提出，前后的提法应该统一起来，把“强盛”改为“富强”。[③]毛泽东非常重视大家的意见，听了汇报后便说，提得好，马上改过来。一个字的改动，使大家感受到领袖的民主作风，对大家发言是一个很大的鼓舞。毛主席的政治报告《论联合政府》，经过上下反复征求意见，修改多次才定稿。这种民主的工作方法，给党内同志留下了深刻的印象。

时任毛泽东秘书的胡乔木回忆说，毛泽东写了一个七大的书面政治报告即《论联合政府》，发给大会代表，每人一册。这个书面报告，分析了

---

① 中共中央文献研究室编：《毛泽东年谱》中卷，人民出版社、中央文献出版社1993年版，第586页。

② 《任弼时传》（修订本），中央文献出版社2004年版，第653—655页。

③ 中共中央党史研究室第一研究部编：《七大代表忆七大》上册，上海人民出版社2006年版，第135页。

国际国内形势，总结了抗战中两条路线的斗争，阐述了中国共产党的一般纲领和具体纲领，并指出了中国人民应当争取打败侵略者、建设新中国的前途。书面报告的内容很丰富。现在读起来，仍能被其深邃的思想、精辟的分析、严谨的逻辑和高屋建瓴的气势所吸引。报告中有许多重要思想至今仍很有意义。

胡乔木所说的发给每个七大代表的《论联合政府》，编入《毛泽东选集》第3卷时，经毛泽东本人作了修订。毛泽东的修订主要是文字性的。在内容方面，除在国家、政权、军队等问题上有一些段落的删节外，有关国际形势与涉外关系部分删节得更多些。

2. 关于军事报告

七大的军事报告，是中国共产党对党领导创建人民军队以来的实践和经验所进行的一次全面的回顾和总结。这个报告的主要任务是，系统地总结中国共产党领导武装斗争特别是抗日战争的经验，提出党的新的军事工作任务和军事路线。

在七大筹备过程中，中共中央确定军事问题将要向大会作出专门报告。1938年3月中共中央政治局扩大会议讨论七大准备工作时，毛泽东认为，七大报告除了政治报告、历史报告和统一战线报告外，还应有军事方面的副报告，他提出这个报告由朱德和他两人准备。1941年3月12日，中共中央政治局会议决定5月1日召开七大，由朱德向大会作军事报告。会后，朱德就开始准备材料。七大虽然没有按原计划召开，但军事报告的准备工作并没有完全停止下来，而是陆陆续续地进行着。

1944年5月10日，中共中央书记处召开会议，讨论七大会问题。会议决定：组织各个报告的准备委员会：军事报告委员会由朱德、彭德怀、林彪、刘伯承、陈毅、叶剑英、谭政、徐向前、贺龙、聂荣臻组成，朱德为召集人。

在时间上，要求在5月内写出提纲，6月上半月写成文稿，以便在7月内召开七大预备会，8月内开大会。这个时间要求，是针对所有的大会报告；内容方面也是一致的要求，即必须是能给党员、民众和中外人士看的；必须是说理的，人家驳不倒的；必须是已经成熟的中心问题。各种报告及指定发言准备的时间都非常紧迫。

5月21日，任弼时在六届七中全会第一次会议上正式通知各种委员会的组成，其中军事报告委员会仍由朱德负责召集，但新增加了萧克为委员会成员。

军事问题报告委员会成立后，陈毅受委员会委托，起草军事报告。他在朱德的亲自领导下，参加了若干地区的、专题的历史座谈会，查阅大量的档案及文献资料，并结合自己的亲身经历，于1945年3月1日，完成了以《建军报告》为题的报告草稿。在这个报告草稿中，共分“中国人民在历史上的武装斗争的优良传统”“我党建军的目的是为人民大众服务”“论创造军队”“论内战”“论抗战”“论毛泽东军事学派”“驱逐日本帝国主义出中国”等7个部分，共5.7万余字。文稿对中国共产党认识和领导武装斗争的历史作了系统回顾，其中对党领导八路军、新四军抗战的历史过程、伟大成就及其经验教训进行了重点阐述。

参加七大军事报告工作的有不少同志。在起草过程中，胡乔木被找去写初稿提纲，并写过部分初稿。报告第六个问题原拟为“论毛泽东军事学派”，写了数千字。报告初稿阐述了毛泽东军事学派形成和发展的历史，在理论上同古代的孙吴兵学、近代取法西欧的中国的军事学派，以及同苏联革命军事学派之间的区别；并分析了毛泽东军事学派的特点，毛泽东军事学派基本理论、战略战术和革命本质及研究方法等等。但是后来没有被采用。因为“毛泽东军事学派”这个提法不如“毛泽东军事思想”覆盖面广①。

初稿完成后，由于当时国内外形势的急剧变化，关于提议召开各党派会议成立联合政府问题成为国共谈判和准备七大政治报告的新主题。六届七中全会遂决定，为七大准备的各报告由原只对内不对外，改为对内对外兼顾。因此，军事问题报告委员会确定再另起草七大军事报告。陈毅、胡

---

① 《胡乔木回忆毛泽东》，人民出版社1994年版，第379—380页。

乔木起草的报告草稿虽未被采用，但是其中的一些重要思想为后来的报告所吸收。

七大军事报告在朱德的直接领导下重新起草，由时任中共中央宣传部部长的陆定一执笔。陆定一当时还负责《解放日报》的编辑。接到任务后，他即离开解放日报社到中央军委翻阅有关资料，听取朱德的指示，起草了《论解放区战场》军事报告的初稿。① 准备委员会的同志都为这个报告的撰写提供了意见。中央军委总参谋部的同志还为这个报告提供和整理了许多材料，还参加起草了报告的初稿；叶剑英等也参加了这个报告的修改和定稿工作②。

1945 年 4 月月初，军事报告的这一稿完成，送毛泽东等中央领导人审阅。毛泽东阅后，于 4 月 12 日批示有关人员阅看、修改。他的批示是："朱总司令的'抗战军事报告'，昨已印发，请即行阅看，在附纸上签注意见"，以便汇送朱总司令斟酌修改，提交下次七中全会上通过③。

4 月 20 日，在中共六届七中全会举行的最后一次会议上，军事报告稿提交讨论通过，朱德对报告作了说明。他请大家提出意见，以便基本上通过后再修改，好在大会上讲。最后，毛泽东提议，赞成就基本内容通过。基本内容就是人民战争与打败日本侵略者④。文字上在讲话以前与发表以前再加修改。这样，"全体一致通过朱德同志拟向七次大会所作军事报告的基本内容"。

可见，朱德主持起草的七大军事报告《论解放区战场》，凝结着集体的智慧，是一个得到全党认可的权威性文件。以后的中共党史、军史、革命史、现代史教材参考和采用该报告中的观点包括中国抗战阶段的划分，也是很自然的。

---

① 陈清泉、宋广渭：《陆定一传》，中共党史出版社 1999 年版，第 289 页。

② 伍修权回忆录：《我的历程》，解放军出版社 1984 年版，第 161 页。

③ 中国军事博物馆、中央文献研究室朱德研究组编：《朱德军事活动纪事》，解放军出版社 1996 年版，第 651 页。

④ 《胡乔木回忆毛泽东》，人民出版社 1994 年版，第 372 页。

3. 关于修改党章的报告

中共七大关于修改党章的报告，原来曾称为组织问题的报告。1944 年 2 月 24 日，中央书记处在讨论七大准备工作时，决定刘少奇作组织问题（包括党章）报告。原来由张闻天负责的党章问题报告，也合并于此报告。因刘少奇 1943 年 3 月在中央书记处中负责党的组织工作，所以承担组织问题报告的任务顺理成章。而且他还参加过张闻天负责的党章准备委员会，对这项工作有一定的了解，有较好的基础。

5 月 10 日，中共中央书记处讨论七大问题，进一步明确：组织问题报告委员会由刘少奇负责召集，周恩来、彭真、高岗、谭政、王若飞参加。[①] 七大报告的起草由专门的委员会承担，可以充分发挥集体智慧，更好地完成报告的准备。

为了更好地准备七大组织问题报告，刘少奇收集各地资料特别是全国党员人数的统计和其他资料。1945 年 2 月 18 日，他为中央组织部起草致各地党委指示："七大即将举行，各地党员总数（部队党、地方党及沦陷区党），望于三月五日以前电告。如无确实统计，即由各局各区党委作谨慎的估计电告，请注意时间性。军区和民兵数目，请一并查告。"[②] 根据各地报告，中央最后汇总的数字是党员人数为 1211186 人。根据各地党员人数，中央又对七大代表名额加以调整，主要是对党员人数多的地区增补部分代表。为进一步搞好党内生活，刘少奇还让胡耀邦统计，"党里有多少人受过处罚，由于受处罚搞好的人多不多？有几个？"[③] 以便汲取经验教训，提出正确的党内生活原则。刘少奇还于 3 月 7 日主持召开党章座谈会，广泛吸收各方面的意见。

1945 年 3 月 16 日，六届七中全会主席团会议将党章问题报告及讨论列入七大正式议程，刘少奇为报告人。3 月 31 日，任弼时主持六届七中

---

① 参见中共中央文献研究室所编的《刘少奇年谱》《任弼时年谱》《陈毅年谱》的有关部分。

② 中共中央文献研究室编：《刘少奇传》上卷，中央文献出版社 1998 年版，第 506 页。

③《彭真年谱》，中央文献出版社 2002 年版，第 120 页。

全会全体会议，讨论七大党章草案，刘少奇在会上作了说明。他指出：党章强调了保证党与广大群众联系的群众路线，强调扩大党内民主，也就是党内的群众路线，包括党员有在一定的会议上批评党的任何工作人员的权利。对于这一条，动摇了几回。“任何”两字写了又圈掉，圈了又写上。六中全会时我写的党规党法是强调纪律的，当时新党员属绝大多数，现在这些党员都有五六年以上的党龄了。所以我虽然动摇了几次，但仍倾向于给党员这个权利。这样虽会出一些乱子，但没这一条，乱子会更多。

刘少奇还说明：党章照顾了现在和将来。一方面肯定了严肃性，一方面允许了灵活性。总纲是党的基本纲领，作为党章的前提与组成部分，可以更加促进党内的一致。以毛泽东思想贯穿党章，这是一个前所未有的历史特点：保证党与广大群众联系的群众路线；加强和扩大党内民主，也就是党内的群众路线，领导骨干与广大群众相结合。党章草案强调了保证党与广大群众联系的群众路线，强调扩大党内民主，也就是党内的群众路线，包括党员有在一定的会议上批评党的任何工作人员的权利。

在会上讨论时，有同志对“任何”二字是否要写提出了不同意见。周恩来以亲身经历表示，他个人过去就是吃了没有下级批评的亏。如果路线错误早有人说，至少要好点。写上“任何”二字，是整风经验的总结，实践起来，利多害少。毛泽东也表示，应该信任群众，绝大多数的群众是为党好的。因此，最后决定把“任何”二字保留下来。任弼时将此议案付诸表决时，“全体一致通过刘少奇同志准备提交七大讨论的党章草案”。经过讨论，大家同意新党章写上这一条，即党员有批评党的任何工作人员的权利，但加了限定词，将“在一定的会议上”改为“在党的会议上”有批评党的任何工作人员的权利。①

刘少奇起草《关于修改党章的报告》，和毛泽东写《论联合政府》一样，也是自己亲自动手。当然需要有人帮助找资料、查文献，抄写誊清，

---

① 中央文献研究室著：《刘少奇传》，中央文献出版社 1998 年版，第 507 页。

等等。刘少奇修改党章的报告第一稿是王发武抄写的。文件写好后，中央书记处开会讨论研究加以修改，而且要经过反复的修改。会议讨论的记录抄写清楚后，送毛泽东、刘少奇、朱德、周恩来、任弼时五位领导审阅[①]。刘少奇和其他同志一样，身体力行，亲自把关。

① 《叔世忠悫——曹瑛自传、诗文选》，湖南出版社 1997 年版，第 136 页。

第三章　中共七大的召开

经过了长期而充分的准备之后，中共七大于 1945 年 4 月 23 日至 6 月 11 日在延安正式召开。大会召开了预备会议。接着举行的议程是：开幕式、大会报告、大会发言、小组讨论、发言总结、通过决议、选举新一届中央委员会、闭幕式等。

一、大会的议程和基本概况

中国共产党第七次全国代表大会，因为筹备的时间较长，情况变化较大，会议的议程经过多次调整，直到 1945 年 4 月召开预备会议时才确定下来。

（一）大会预备会议的召开

在中共七大开幕前，还有一系列的具体问题需要商量和确定。预备会议的召开，为大会的顺利召开做好了准备。

1. 七大预备会议概况

1945 年 4 月 21 日，星期六，中国共产党第七次全国代表大会在陕西延安召开预备会议。所有在延安的中共七大代表，包括正式代表、候补代表以及旁听代表，除有病、有事请假者外，均出席了会议。按任弼时准备的七大预备会议日程，预备会共有 7 项日程：（1）筹备七大经过；（2）推出大会主席团及正副秘书长；（3）通过七大议程；（4）推选代表资格审委会；（5）通过大会规则；（6）七大工作方针；（7）散会。①

任弼时在关于七大准备工作的报告中指出："从六大到七大，已将近17年，照讲七大早应举行，但因战争关系，交通分割，迟至今天才开。这固属缺点，但也有其积极方面。"因为在延期当中，有两方面"相当伟大的""收获"。

首先是充分发展了我们的力量。七大在1937年12月决定准备召集时，党员全部只有五六万人，党领导的军队八路军、新四军合起来不超过10万人，根据地只有陕甘宁边区和晋察冀边区粗具规模。现在全国党员有120万人，军队近百万人，人口近1亿人，政策是正确的。经过锻炼，党已成为全国政治的决定因素。七大在这样的基础上召开，其意义与作用是非常伟大的。②

同时，是使党的思想更加一致。任弼时指出：六大后，"党内思想是相当混乱的，在全党占过统治地位的错误，有立三路线及苏维埃后期的'左'倾机会主义路线，而毛泽东的思想和路线是受到压制的；这种情况直到遵义会议才改变过来，但小资产阶级思想在党内仍很严重"。1941年毛泽东指示中央政治局的第一项重要任务就是思想领导，1942年毛泽东的整顿三风的报告后，开始整风，接着是路线学习、审查干部，"这一切使党内思想一致，小资产阶级思想的地盘缩小了，审查干部使党的组织上更纯洁，达到了空前的团结"。六届七中全会通过的《关于若干历史问题的决议》正是党的空前团结的反映。这将使七大的决议更能贯彻执行。"这种思想上的准备，时间经过三四年，其意义也是非常伟大的。"任弼时说，七大可以早开三年五年，但绝不会有今天开的这样好，所以说，推迟是有其积极意义的。③

任弼时还就七大的组织准备、议事日程和报告草案的准备情况等一一作了说明。关于七大的组织准备情况，任弼时主要介绍了准备七大的组织

---

①　中共中央党史研究室、中央档案馆编：《中国共产党第七次全国代表大会档案文献选编》，中共党史出版社2015年版，第129页。

②　中共中央党史研究室、中央档案馆编：《中国共产党第七次全国代表大会档案文献选编》，中共党史出版社2015年版，第131页。

③　中共中央党史研究室、中央档案馆编：《中国共产党第七次全国代表大会档案文献选编》，中共党史出版社2015年版，第131页。

机构设立、七大代表的产生及到会情况。任弼时指出：根据七大开幕时的统计，平均每个代表代表2124个党员。如以各根据地而论是高低不齐的。最高者是晋察冀，每个代表代表3115个党员；最低者是晋绥，每个代表901个党员；此外，大后方每个代表代表839个党员，陕西省每个代表代表307个党员，中直每个代表代表240个党员，这是因为中直干部特别多的缘故。

关于七大的议事日程和报告草案的准备，任弼时介绍说：为了切实准备七大，自1944年5月21日中央即召开了七中全会，至昨日即1945年4月20日始行闭幕。全会考虑了七大的议事日程，认为六届六中全会通过的基本还可采用。第一项，仍然是政治报告《论联合政府》；六中全会通过的第二项“动员工人阶级参加抗战工作”，现无必要了，因为关于这方面现有的问题并不太多，可改为军事报告，因为这是当前的中心任务；第三项改为修改党章为中心来讨论组织问题；第四项仍然是改选中央委员会。六届七中全会拟定以上四项为七大的主要议事日程，同时准备了报告的草案，并由七中全会基本通过，以便向大会作报告。

六届七中全会拟出的七大主席团名单，正副秘书长及代表资格审查委员会的名单及七大的会场规则，也提交预备会议讨论。全体正式代表一致通过上述各名单。这样，中共七大的大会主席团由15人组成，毛泽东、朱德、刘少奇、周恩来、任弼时为大会主席团常委。秘书长和副秘书长分别为任弼时、李富春。代表资格审查委员会实际为22人，有彭真、林彪、刘伯承、陈毅、李富春、高岗、朴枫、叶剑英、林伯渠、贺龙、罗贵波、周士悌、聂荣臻、刘澜涛、薄一波、于从吾、朱瑞、黄春圃、张鼎丞、刘晓、陈铁铮、陈光，都是各代表团的正副主任，审查委员会以彭真为主任。

七大预备会议共通过六项议案，一是七中全会向七大预备会提议以下列15人为大会主席团；二是七中全会向七大预备会提议以任弼时、李富春两同志为大会正副秘书长；三是七中全会向七大预备会提议的四项大会议事日程；四是七中全会向七大预备会提议以22人组成代表资格审查委员会，并以彭真同志为主任；五是七中全会向七大预备会提出七大会场规则；

六是毛主席通知主席团选举结果。[①]

2. 确立七大的工作方针

毛泽东在七大预备会议上作《中国共产党第七次全国代表大会的工作方针》报告。他指出："今天我们能够开一次很好的大会。这个时机很好。我们有了很大的力量，我们党较之过去是空前地团结了"。经过 24 年的艰苦奋斗，中国共产党的力量到 1945 年时已经有了相当的发展。中共七大的工作方针是什么？毛泽东明确指出"应该是：团结一致，争取胜利。简单讲，就是一个团结，一个胜利"。为什么确定这样的工作方针，理由也很简单："胜利是指我们的目标，团结是指我们的阵线，我们的队伍。我们要有一个团结的队伍去打倒我们的敌人，争取胜利，而队伍中间最主要的、起领导作用的，是我们的党。没有我们的党，中国人民要胜利是不可能的。"[②]为了争取中国革命的胜利，必须有一个团结的队伍，更必须要有一个团结的党。为此，团结全党，全党更紧密地团结起来，这就是中共七大所要达到的目标。

毛泽东回顾了中国近代以来人民争取解放的斗争，特别是回顾了中国共产党成立 24 年来的不平凡的历史。他引用中国古代思想家所著的《庄子》中一句话，叫作："其作始也简，其将毕也必巨"。中国共产党还没有"毕"，但"已经很大"。毛泽东回顾参加中共一大时的感受："本来是在上海开的，因为巡捕房要捉人，跑到浙江嘉兴南湖，是在船上开的。发了宣言没有？我不记得了。当时对马克思主义有多少，世界上的事如何办，也还不甚了了。"[③]毛泽东告诉参加大会的代表们："这次大会发给我一张表，其中一项要填何人介绍入党。我说我没有介绍人。我们那时候就是自己搞的，知道的事也并不多，可谓年幼无知，不知世事。但是这以后

---

① 中共中央党史研究室、中央档案馆编：《中国共产党第七次全国代表大会档案文献选编》，中共党史出版社 2015 年版，第 141—142 页。

② 中共中央文献研究室编：《毛泽东在七大的报告和讲话集》，中央文献出版社 1995 年版，第 1 页。

③ 《毛泽东文集》第 3 卷，人民出版社 1993 年版，第 291 页。

二十四年就不得了，翻天覆地！整个世界也是翻天覆地的。中国是翻天覆地的二十四年，世界是翻天覆地的二十八年。这二十八年是苏联共产党取得革命胜利后的二十八年，中国共产党的二十四年也是同过去大不相同的二十四年。这一点是要使广大人民知道的”。[①]

20 多年的岁月之后，当年参加党的一大的代表们命运也是迥然不同。毛泽东向七大代表们介绍说：“在十二个代表中，现在活着的还是共产党员的（叛变了的如张国焘之流不算），一个是陈潭秋，现在被国民党关在新疆监牢里，一个是董必武，现在飞到旧金山去了，我也是一个。十二个代表中现在在南京当汉奸的就有两个，一个是周佛海，一个是陈公博”。[②]来自湖北的包惠僧代表陈独秀参会。

中国共产党的成立，曾经得到列宁领导的共产国际帮助和指导。毛泽东回忆说，同苏联共产党一样，“我们开始的时候，也是很小的小组。”“我们也是由小组到建立党，经过根据地发展到全国，现在还是在根据地，还没有到全国。”[③] 24 年过去了，共产党有了很大的变化，力量有了很大的增强，但还是要清醒地看到存在的问题。“我们现在还没有胜利，力量还小，前面还有困难。我们有九十多万军队，但不是集中的，而是被分割的，打麻雀战；我们根据地有九千多万人口，但也不是一整块，也是被分割的；我们的敌人还很强大，有强大的日本帝国主义，还有国民党，这两个敌人不是一个类型的，一个守着我们的前门，一个守着后门。所以我们必须谨慎谦虚，不要骄傲急躁，要戒骄戒躁。谦虚就不骄，就可以戒骄。”[④]

毛泽东以从前讲“大贾深藏若虚”为例，说明谦虚谨慎的必要性和重要性。“做生意的人本钱大他就藏起来，如像没有一样。我们也是这样，我们要保持谦虚。在我们的历史上也有这样的教训，就是大不得，小了就舒舒服服，没有事情，一大就胀起来了，脑壳胀得很大，骄傲起来了，心

① 《毛泽东文集》第 3 卷，人民出版社 1993 年版，第 291—292 页。
② 《毛泽东文集》第 3 卷，人民出版社 1993 年版，第 291 页。
③ 《毛泽东文集》第 3 卷，人民出版社 1993 年版，第 295 页。
④ 《毛泽东文集》第 3 卷，人民出版社 1993 年版，第 295 页。

里也躁了，躁得很。急躁和骄傲是连在一起的，骄傲就要急躁，急躁的人没有不是骄傲的、不谨慎的、粗枝大叶的。我们现在学会了谨慎这一条。”①

中共七大预备会上，毛泽东特别强调看齐原则。他指出：“要知道，一个队伍经常是不大整齐的，所以就要常常喊看齐，向左看齐，向右看齐，向中看齐。我们要向中央基准看齐，向大会基准看齐。看齐是原则，有偏差是实际生活，有了偏差，就喊看齐。”② 为什么要看齐？归根到底还是为了全党的团结。正如毛泽东所强调：“在党内，在革命队伍内，我们有一条方针，就是团结，在原则基础上的团结。”

毛泽东讲团结是有针对性的。毛泽东讲道：“现在又出了一个‘共产党’，那是国民党特务机关集合了一些叛徒，组织成的一个‘非常委员会’。他们已经发出了宣言，口号是打倒毛泽东。”可见毛泽东当时就知道有人在喊“打倒毛泽东”，同时，敌人会想方设法破坏共产党的团结。这对党无疑是一个很大的威胁和损害。对中共七大讨论通过的历史决议，毛泽东也预感敌人会采取动作，使其产生负面作用。所以他清醒地告诫全党：“我们这个历史决议出来后，敌人一定会利用它。但是我们不管他们利用不利用，还是作出了这个历史决议。我们要不听任何敌人的挑拨”。③

与此同时，毛泽东指出，影响党的团结的另一个重要因素来自党内。“党内也可能有一些有歪风的人进行挑拨”。毛泽东的态度是，“不要怕这些挑拨”。④ 不管是敌人的还是党内一些人的挑拨，都不要怕，也不能怕。这就是中国共产党人的坚定立场和态度。这样看来，敌人的挑拨和党内有歪风的人的存在，就是毛泽东之所以要强调团结的缘由所在。所以，毛泽东在中共七大上讲团结并非无的放矢。

毛泽东在报告中还肯定了陕北在中国共产党历史上的重要地位。他针

① 《毛泽东文集》第 3 卷，人民出版社 1993 年版，第 295 页。
② 《毛泽东文集》第 3 卷，人民出版社 1993 年版，，第 297—298 页。
③ 中共中央文献研究室编：《毛泽东在七大的报告和讲话集》，中央文献出版社 1995 年版，第 16 页。
④ 《毛泽东文集》第 3 卷，人民出版社 1993 年版，第 300 页。

对有人认为陕北地方不好、地瘠民贫的说法，指出："没有陕北那就不得下地。我说陕北是两点，一个落脚点，一个出发点。七大在陕北开会，这是陕北人的光荣。陕北已成为我们一切工作的试验区，我们的一切工作在这里先行试验，在这里开七大，在这里解决历史问题。"毛泽东关于陕北是中国革命的落脚点、出发点的评价几乎成为经典。

毛泽东还讲到公道问题。他认为："现在党是比过去公道些了，但是不公道的事仍然会有的。这就是说，事情总是不完全的，这就给我们一个任务，向比较完全前进，向相对真理前进，但是永远也达不到绝对完全，达不到绝对真理。所以，我们要无穷尽无止境地努力。"毛泽东以马克思主义的发展观看待社会的进步，提出阶级、国家会最终消亡，政党也会消亡的观点。他指出："马克思主义宇宙观教给我们，要懂得将来还要进步到一个共产主义社会。中国经过新民主主义社会，将来还要进步，直到阶级没有了，政党也不要了，共产党、国民党一概不要，八路军、新四军也不要了。太阳、地球在很远的将来也都有一天要毁灭。旧的东西毁灭了又有新的产生。有马克思主义观点的人，一定要这样看问题。"① 在毛泽东看来，我们今天要共产党，也是为了将来的"一概不要"。事实上，共产党曾领导过的八路军、新四军就随着抗战的胜利而结束自己的使命。当然它们是改变了称号，成为中国人民解放军的前身。毛泽东指出："总起来说，我们党二十四年来有成绩，成绩也相当的大。我们要继续抓紧马克思主义的武器，要有自我批评的精神，全党团结如兄弟姊妹一样，为全国胜利而奋斗，不达胜利誓不罢休。"② 毛泽东的讲话，赢得了大家热烈的掌声。

"团结的大会，胜利的大会"，这一经典性的表述，出自七大。它所概括和描述的，是这次中国共产党建党以后民主革命时期最后，也是最重要的一次全国代表大会的巨大成功。从此，"团结的大会，胜利的大会"成为红色经典语句，作为七大的主要特色和伟大成就而载入史册。

---

① 《毛泽东文集》第 3 卷，人民出版社 1993 年版，第 300 页。

② 《毛泽东文集》第 3 卷，人民出版社 1993 年版，第 287—288 页。

（二）七大议程的基本概况

中共七大和 1928 年召开的中共六大间隔了将近 17 年。1945 年 4 月 23 日至 6 月 11 日，中共七大在陕西延安召开，会期为 50 天。但七大主席团的工作一直延续到 6 月 15 日七届一中全会召开，以中共七大代表及延安各界代表在中央党校大礼堂举行中国革命死难烈士追悼大会，则于 6 月 17 日召开。

七大的主要议程是听取毛泽东所作的政治报告、朱德作的军事报告和刘少奇作的修改党章三个报告，以及选举新一届中央委员会。大会的大致流程是：召开预备会议，举行开幕式、大会报告、大会发言、小组讨论、发言总结、通过决议、选举新一届中央委员会、闭幕式等。

大会听取了毛泽东所作的政治报告、朱德作的军事报告和刘少奇作的修改党章三个报告，以及重要发言如周恩来报告统战问题、彭德怀报告华北情况、陈毅报告华中情况、高岗报告陕甘宁情况[①]。包括周恩来等在内的大会发言的 26 位代表，分别结合报告内容，介绍了各地或各方面、各自的工作情况和经验、体会的发言。发言的主要内容有：（1）关于抗日根据地工作的介绍和经验，有陕甘宁边区的高岗、晋察冀边区的聂荣臻、山东抗日根据地的朱瑞、广东的古大存；（2）关于军事工作、抗日武装力量的介绍和经验总结，有刘伯承讲军事工作、彭德怀讲八路军、陈毅讲新四军；（3）有彭真讲关于敌占区的城市工作、刘澜波讲东北工作；（4）有乌兰夫和马凤舞讲少数民族工作；（5）有李质忠讲机要工作、康生讲除奸工作；（6）党的建设方面有周恩来讲统一战线、陈云讲真理、陆定一讲团结、张鼎丞讲整风、傅钟讲团结；（7）在会上作自我批评的有张闻天、博古、杨尚昆、李富春；（8）有日本共产党代表冈野进、朝鲜团体代表王巍发言；（9）叶剑英关于国际国内形势的介绍。

有关大会各项工作，在大会召开预备会前，主要由中共六届七中全会

---

① 中共中央文献研究室编：《毛泽东年谱》中卷，人民出版社、中央文献出版社 1993 年版，第 585 页。

负责；预备会后，则由中共七大主席团会议负责。有记载的七大主席团会议（含常委会）有 12 次，时间为 1945 年 4 月 27 日，5 月 1 日、8 日、16、17 日、19 日、23 日、27 日，6 月 2 日、12 日、13 日、15 日。值得一提的是，上述会议除 5 月 1 日是七大主席团会议外，通常都是采取七大主席团和各代表团联席会议的方式商议有关工作。其间，中共七大主席团常委还开会研究决定党的其他工作。如 5 月 16 日中共七大主席团常委会议决定，派部队从延安南下，开辟新的根据地问题。

1945 年 4 月 27 日中共七大主席团和各代表团主任在枣园召开会议，听取各代表团讨论毛泽东作的政治报告和朱德作的军事报告的情况的汇报。5 月 1 日，中共七大主席团会议决定：各代表团讨论的内容不加限制，历史检讨可以联系，但以讨论毛泽东的政治报告和朱德的军事报告为中心。5 月 8 日中共七大主席团和各代表团主任会议在枣园召开，会议听取各代表团讨论情况的汇报。5 月 17 日，中共七大主席团和各代表团主任会议在枣园召开。会议讨论选举问题，决定由任弼时、刘少奇、周恩来、彭真、李富春组成一非正式的委员会，与各代表团主任商定一个中等人数的候选名单，并拟定选举条例。

5 月 19 日，中共七大主席团和各代表团主任在枣园召开会议，讨论大会议程。会议通过选举中央委员会条例草案，准备于 23 日提交大会通过。还决定：（一）会议的下阶段日程，21 日至 23 日继续大会发言，24 日、25 日准备会议的各项结论及会议主席团酝酿中央委员候选人名单，26 日、27 日作出各项议题的结论，28 日以后进行中央委员的预选和正式选举，举行中国革命死难烈士追悼大会及会议闭幕式。（二）关于大会的决议，政治报告准备用一句话决议；军事报告作一简单决议；修改党章报告即通过党章，不另作决议；其他方面均不再作决议。（三）解放区人民代表会议问题，准备 6 月布置，7 月选举代表，8 月各解放区代表来延安。①

① 参见中共中央文献研究室编：《毛泽东年谱》中卷，人民出版社、中央文献出版社 1993 年版，第 596、598 页。

二、开幕式确定大会基调

1945 年 4 月 23 日下午 3 点，中国共产党第七次全国代表大会在延安杨家岭中央大礼堂隆重开幕。代表们把出席党的全国代表大会看作是一项非常崇高的荣誉，怀着激动的心情，排成长长的队伍，有条不紊地进入延安杨家岭的中央大礼堂。进入会场时，代表须出示代表证，接受门卫的查验。每位代表胸前都佩戴着用红绸布做成的鲜艳夺目的会标，看起来格外精神。庄严的会场里，洋溢着热烈、欢庆的气氛。当毛泽东、朱德等中央领导人登上主席台时，全场掌声雷动。大礼堂里气氛十分热烈。毛泽东、朱德等大会主席团的 15 名同志在主席台就座。

（一）任弼时主持开幕式

开幕式由大会主席任弼时主持。他指出：中国共产党成立 24 年来“经过无数艰难困苦的斗争”，“几十万的共产党员和革命战士，为着我们党的主张和事业，流尽了他们的血，牺牲了他们的生命。活着的同志和千千万万新加入我们党的同志，和全国人民一起还继续奋斗着”。[①] 我们的努力和奋斗得到了什么收获呢？最主要的收获是：“我党的主张获得了中国广大人民的拥护”[②]。中国人民在实际生活斗争中，体验到中国共产党提出的反帝反封建的主张、新民主主义方向，以及各项具体政策，都是为了人民的利益。我们的艰苦奋斗是为了人民的解放，为了民族的解放。中国人民深深地感觉到，只有中国共产党才能把他们从痛苦中拯救出来。他们把我们党看成洪涛险浪中的舵手。他们把希望寄托在共产党的身上，“愿意牺牲自己的一切，和我们党在一起”。

任弼时接着指出：我们党奋斗“到今天已经成为这样巨大的力量，要依靠它来决定中国的命运”。这表现了 24 年奋斗当中马列主义和中国革命

① 中共中央党史研究室、中央档案馆编：《中国共产党第七次全国代表大会档案文献选编》，中共党史出版社 2015 年版，第 161 页。

② 《任弼时选集》，人民出版社 1987 年版，第 382 页。

实践相结合。在 24 年的奋斗过程中，我们党产生了自己的领袖毛泽东。毛泽东同志的思想，已经掌握了中国广大的人民群众，成为不可战胜的力量。“我们每个同志应该认识共产党员这个称号是非常光荣的。”我们现在处在世界大变化的当中，处在一个巨大事变的前夜。全国人民，全东方各民族和全世界各国的人民，都在注视着我们，在这巨大的事变中，我们将采取什么政策、什么步骤来最后驱逐日本侵略者，建立新中国——新民主主义的中国。我们的大会，就是在这样的时机召开的。

任弼时指出：“我现在代表主席团正式宣布：我们党的第七次全国代表大会，我们全党一百多万党员所希望的第七次全国代表大会，全国广大人民及外国朋友关怀着的我们党的第七次全国代表大会，同时又是我们的敌人很注意的我们党的第七次全国代表大会，现在开幕了。”①

（二）毛泽东致开幕词

开幕式的第二项是毛泽东致题为《两个中国之命运》的开幕词。他指出：“我们这个大会有什么重要意义呢？我们应该讲，我们这次大会是关系全中国四亿五千万人民命运的一次大会。我们这个大会要打倒日本帝国主义，把全中国人民解放出来。这个大会是一个打败日本侵略者、建设新中国的大会，是一个团结全中国人民、团结全世界人民、争取最后胜利的大会。”毛泽东还指出：“在中国人民面前摆着两条道路、两种命运：或者是一个独立、自由、民主、统一、富强的新中国；或者是一个半殖民地半封建的、分裂的、贫弱的老中国。”“一个新中国还是一个老中国，两个前途，仍然存在于中国人民的面前，存在于中国共产党的面前，存在于我们这次代表大会的面前。”

那么，“我们的工作应当怎样做呢？我们的任务是什么呢？我们的任务不是别的，就是放手发动群众，壮大人民力量，团结全国一切可能团结的力量，在我们党领导之下，为着打败日本侵略者，建设一个光明的新中国，

---

① 《任弼时选集》，人民出版社 1987 年版，第 382—384 页。

建设一个独立的、自由的、民主的、统一的、富强的新中国而奋斗。我们应当用全力去争取光明的前途和光明的命运，反对另外一种黑暗的前途和黑暗的命运。我们的任务就是这一个！这就是我们大会的任务，这就是我们全党的任务，这就是全中国人民的任务。”

毛泽东对中国光明前途充满了信心。他认为，实现光明前途的可能性是存在的。我们已经具备了这样几个条件：第一，有一个经验丰富和集合了 121 万党员的强大的中国共产党；第二，有一个强大的解放区，这个解放区包括 9550 万人口，91 万军队，220 万民兵；第三，有全国广大人民的援助；第四，有全世界各国人民特别是苏联的援助。

一个强大的中国共产党，一个强大的解放区，全国人民的援助，国际人民的援助，在这些条件下，我们的希望能不能实现呢？我们认为是能够实现的。这些条件，在中国是从来没有过的。多少年来虽然有了一些条件，但是没有现在这样完备。中国共产党从来没有现在这样强大过，革命根据地从来没有现在这样多的人口和这样大的军队，中国共产党在日本和国民党统治区域的人民中的威信也以现在为最高，苏联和各国人民的革命力量现在也是最大的。在这些条件下，打败侵略者，建设新中国，应当说是完全可能的。

毛泽东强调说，我们需要一个正确的政策。这个政策的基本点，就是放手发动群众，壮大人民的力量，在我们党领导之下，打败侵略者，建设新中国。中国共产党从 1921 年产生以来，已经 24 年了，其间经过了北伐战争、土地革命战争、抗日战争这样三个英勇奋斗的历史时期，积累了丰富的经验。

“到了现在，我们的党已经成了中国人民抗日救国的重心，已经成了中国人民解放的重心，已经成了打败侵略者、建设新中国的重心。中国的重心不在任何别的方面，而在我们这一方面。我们应该谦虚，谨慎，戒骄，戒躁，全心全意地为中国人民服务，在现时，为着团结全国人民战胜日本侵略者，在将来，为着团结全国人民建设新民主主义的国家。只要我们能够这样做，只要我们有正确的政策，只要我们一致努力，我们的任务是必能完成的。”

毛泽东在开幕词结束时，带领大家呼口号：打倒日本帝国主义！中国人民解放万岁！中国共产党万岁！中国共产党第七次全国代表大会万岁！[①]代表们振臂响应，声震霄汉。

（三）开幕式上的讲演

毛泽东在开幕式上的报告结束后，朱德、刘少奇、周恩来、林伯渠、日本共产党代表冈野进等在大会上发表了讲演。

朱德在讲演中指出：这次开会有一个特点，就是在我们自己修的房子里开会。过去是租的人家的房子秘密开会。我们党 25 年来，已成为中国人民大众的党，中国人民爱护我们的党，希望我们的党胜利；一切政策，大家都遵照执行。还在 1945 年 2 月 18 日召开的中共六届七中全会主席团扩大会议上，朱德就提议：七大要早点开，开完会好出去工作。并说：苏联参战可能比我们原来预计的要早一点。要早点出去，赶上苏联参战，要有这个精神准备。[②]以后的事实证明了朱德的远见卓识。

朱德强调了革命武装斗争的重要性。在中国共产党成立以来的这 25 年当中，它是怎样争取的？一开始就作武装斗争，从没有脱离武装斗争。所以武装斗争是我们党的一个特点。原因是封建社会不讲道理，不太讲民主，只讲杀。所以我们从开始到现在，我们的党是拿着武器斗争的，经过了三个时期的斗争，扩大了我们的党，扩大了我们的武装，同时扩大了解放区的政权，解放了许多人民。“这些是决定我们中国将来胜利的命运的”。朱德指出，我们党比世界上任何国家共产党的斗争都要激烈一些。除了武装斗争以外，还有公开的、秘密的、流血的、不流血的、文的、武的各种各样的斗争布满了中国。这些斗争锻炼了我们的同志，同时在斗争中间，创造了我们的领袖毛泽东同志。前进的道路上还有很多障碍。要打破它，就

① 中共中央党史研究室、中央档案馆编：《中国共产党第七次全国代表大会档案文献选编》，中共党史出版社 2015 年版，第 162—163 页。

② 中共中央文献研究室编：《朱德年谱》新编本，中央文献出版社 2006 年版，第 1181 页。

要靠我们武装同志及全体同志的工作。我们不要等我们的儿子胜利，“我们要我们这一代人胜利，我们一定要胜利！”[①]朱德讲话结束时，全场响起长时间的鼓掌。

刘少奇在开幕典礼上也发表讲话。他指出：“我们盼望了多少年的第七次代表大会，现在在这里胜利的开会了。”“现在在全中国人民的面前摆出了许多问题，这些问题就是日本帝国主义虽然很快的要被打倒，但是还需要全中国人民，特别是我们的党，我们的八路军，新四军很大的努力，还需要全中国人民配合同盟国很大的努力。怎样最后的打倒日本帝国主义，争取抗战的最后胜利，这是全中国人民今天所提出的问题。”

打倒日本帝国主义以后，中国到底会成什么样子？会成一个什么样的中国？“这是全中国人民所提出的最基本的问题，我们大会应该很清楚明白地答复这个问题，这是全国人民所需要的、所要求的。我们大会应该动员全中国人民、全世界人民，为着新中国光明的前途而斗争。我们这个大会，应该详细讨论并且制定出全中国人民斗争的纲领，总结我们过去的经验，发扬我们过去的许多优点”，纠正我们错误和缺点。刘少奇相信：“团结全中国人民，团结全党在大会的方针下面前进，新中国一定要实现，日本侵略者最后要打倒，我们大会能够获得在历史上伟大的成功”[②]。刘少奇的讲演以“我们党第七次大会胜利万岁！”的口号结束时，全场给予了热烈的鼓掌。

周恩来在开幕典礼上讲演。他首先庆祝大会的胜利开幕并庆祝大会的成功。他回顾了从党的六大到七大的 17 个年头。“在这两个大会之间，我们的党经历了国际、国内和党内的许多重大变化、重大事故。我们党走过了千辛万苦、艰难曲折的道路，终于把我们的党锻炼成为不仅是中国，而且是全世界的一个强大的有能力的党。”周恩来指出，我们党已经有了 121

---

① 中共中央党史研究室、中央档案馆编：《中国共产党第七次全国代表大会档案文献选编》，中共党史出版社 2015 年版，第 164—165 页。

② 中共中央党史研究室、中央档案馆编：《中国共产党第七次全国代表大会档案文献选编》，中共党史出版社 2015 年版，第 165—166 页。

万党员，比起六大时算起来差不多已经大了30多倍。现在我们在全国重要地区都有了组织，在全国有了很多报纸，和群众有了密切联系。“这样有群众的共产党，我们可以说是中国有历史以来没有过的，这是我们最大的成功。”我们的军队和政权也比六大时有了很大的发展。

周恩来认为，我们党的成就，是依靠了全党同志的共同努力，依靠了数十万党内、党外革命先烈的流血牺牲，依靠了上万万人民大众跟我们的共同奋斗，依靠了与国内各民主党派的合作和全世界进步人士的同情，最重要的还是依靠了党的领袖毛泽东的领导。

周恩来认为毛泽东的功绩有：指示新民主主义的方向；用马克思主义的思想和学说教育全党，领导中国革命克服无数次艰难困苦，达到了今天的成功和胜利。周恩来认为，我们是快要胜利的党，党的七大在毛泽东领导之下，将要保证胜利的领导中国取得新民主主义的胜利。周恩来在大会开幕式上表示：“我们前面的困难还多，但是我们一定要克服困难。革命完全胜利的道路还长，但是我们一定要把它走完。”[①] 周恩来的发言不时得到会场上的掌声响应。

陕甘宁边区政府主席林伯渠在开幕典礼上讲话指出：“今天，这个有历史意义的七大，在我们陕甘宁边区召开，我首先代表陕甘宁边区人民向帮助他们，使他们翻身的党的第七次代表大会致以革命的敬礼。”林伯渠回顾自己40年来参加革命的经历时说，头15年是为旧民主主义而奋斗，后25年是为新民主主义而奋斗。“回忆过去的经历，更加深切地感觉到只有新民主主义，才能救中国。而新民主主义的产生，是由于五四（运动）以后，中国工人阶级觉醒了，中国开始有了马克思主义和马克思主义的政党”。

林伯渠强调了学习和善于掌握马克思主义的重要性。“我们常说中国、中华民族不会亡，可谁能挽救危亡？怎样才不会亡呢？我觉得，没有马克思主义或者不善于掌握马克思主义，是没有办法解决这个问题。”林伯渠还对如何认识毛泽东，怎样把马列主义与中国革命的实践相结合的问题发表

---

① 中共中央党史研究室、中央档案馆编：《中国共产党第七次全国代表大会档案文献选编》，中共党史出版社2015年版，第166—167页。

了意见。他认为：毛泽东最关键的一点是真正抓住了中国这样一个半殖民地半封建社会而又是一个大国的根本特点。中国这样一个社会，这样一个大国，与西欧许多国家是根本不同的。我们党内的许多同志，过去就是由于没有把这个特点看清楚，才出了这样或那样的问题，而毛泽东却把这个问题搞清楚了，并且提出了统一战线政策，提倡组织农民运动，组织农民军队，建立武装力量，创造根据地，等等。这就是善于运用马克思主义在中国办事，这就是马列主义中国化。他热情赞扬毛泽东的新民主主义学说，是“马克思主义的普遍真理与全中国人民争取胜利的最锐利的武器”。“因为毛泽东这个旗帜是使中国人民走向解放与进步道路的旗帜。”我们要稳定地高高地举起这面旗帜，积极地向前进行，向前发展。最后，他用宏亮的声音振臂高呼：“高举毛泽东同志的旗帜胜利前进”①。

在延安的日本共产党代表冈野进也在七大开幕典礼上发表讲话。他向大会表示热烈的祝贺。他赞叹中国共产党取得的伟大成就，赞扬中国共产党“不仅是中国民族解放的先锋，而且对于东方各民族的解放，也起着重大的作用”。他认为中共七大为全世界所关注。“这个大会，不仅中国人民，而且东方的人民，不，全世界的人民都注意着。”他相信，中国共产党的这次大会，一定会符合全世界人民的愿望。②

（四）彭真作代表资格审查的报告

开幕式的最后一项议程是七大代表资格审查委员会主任彭真作关于代表资格审查的报告。彭真于 1943 年 3 月任中央党校副校长，1944 年 3 月担任中共中央组织部代理部长。他介绍了代表资格审查的情况和审查结果：这次到会的代表大多数是经过 1940 年、1941 年“中央指定的小委员会做过初步的审查。以后在党校一部、西北局组织部、联政组织部又做过一些审查”。这种审查给代表资格审查委员会做了准备工作。七大代表资格审查

① 《解放日报》1945 年 5 月 1 日。

② 中共中央党史研究室、中央档案馆编：《中国共产党第七次全国代表大会档案文献选编》，中共党史出版社 2015 年版，第 172—173 页。

委员会的第一步审查，“是由各代表团担任，因为各代表团对于本团的代表比较熟悉，了解比较全面”。

彭真接着讲：“各代表团审查结果，特务、叛徒、特务嫌疑、叛徒嫌疑分子、自首分子或者政治上动摇的、政治上不可靠的，这样一类的代表资格都取消了，这保证了大会的严肃性。另外，有些代表，过去犯过一些错误，或在被捕、被俘时犯过错误，但是他们在长期工作中经过考验，表现有成绩，对于党有贡献，各方面的事实证明这些同志在政治上没有问题，是可靠的，因此，便保留了这些同志的代表资格。审委会全体一致认为，各代表团这样实事求是的办法是很对的，是正确的，完全同意各代表团关于本团代表资格审查的决定”。以各代表团的审查为基础，审委会最后审查的结果是，经审查委员会同意，被停止或取消代表资格的，或被原来的选举单位撤销资格的有 49 人。经各代表团的审查，审委会最后审查的结果是：合格的正式代表即有表决权的代表共 544 人，候补代表即有发言权而没有表决权的代表 208 人，共计 752 人。

彭真说：“所有到会的代表，证明文件的手续都是完备的”。代表的选举已经过去了几年，各地区的党发生了变化，所以原来的代表名额的分配便不合理了。因此，中央决定增补，决定增补代表是对的。但这就遇到一个问题，即还是由各地区的党召集代表大会或干部大会选举代表来延安，则时间来不及；如果由各地的党委从在延安的干部中指定代表，则有些地区指定的代表数额比例大了，是一个缺点。最后中央决定，由各代表团提出候选名单，用电报报告所代表的地区，由那里的党委批准，作为代表。这样执行的结果，既合乎党的组织原则，是民主的又是合法的。

彭真还报告：现在到会的代表，752 人中有 246 人是这次增补的，其余 506 人是原来的代表。在这 506 名代表中，有 384 人是原来各地区代表会议干部会议选举的，122 人是由当地党委推选的。就是说，原来的代表中，75.9%，差不多 76%，是原来民主选举的，党委推选的只占 24.1%。经过这样民主选举产生的代表团补选的代表，自然也是民主的，而且这样选的名单又经过原地党委批准，因此这些代表也是民主选举的，能够代表那个地区的党，是合乎组织原则的，是民主的，也是合法的。

据彭真的报告，到会代表的党龄，1921 年至 1927 年的有 210 人，占 27.9%；　1928 年至 1936 年的有 444 人，占 59%；1937 年至 1941 年的有 98 人，占 13%。由这情形看来，也是两头小中间大（全场大笑）。抗战这一阶段的代表少，因为是 1939 年选举的，如果现在选举，情形又不同了。

代表年龄，23 岁至 30 岁有 130 人，占 17.3%；3l 岁至 40 岁 453 人，占 60.2%　41 岁至 50 岁 140 人，占 18.6%；5l 岁至 60 岁 24 人，占 3.2%　61 岁至 69 岁 5 人，占 0.7%。平均年龄 36 岁半。从年龄看来，最小的是 23 岁，只有一人，最老的是徐特立，69 岁。31 岁至 40 岁的最多，也是两头小中间大，平均年龄 36 岁半。这里可以看到，我们的党，已经是壮年的党了。彭真讲到这里时，代表们笑，并鼓掌。

代表性别：男 700 人，占 92.2%，女 52 人，占 7.8%。

代表成分：工人（手工业工人在内）学徒、店员 167 人，占 22.2%；贫农 100 人，占 13.2%；学生、教员 401 人，占 53.3%。彭真说明，这个统计不完全。而且学生一项有小学、中学、大学、留学生，没有分开，教员里也有小学教员，也有大学教授。

代表的文化程度：中学以上 422 人，占 56.2%；小学 319 人，占 42.4%；识字不多的 11 人，占 1.4%；文盲，无。彭真解释，“文化程度不是一定经过大学，中学，系指现在的文化程度而言的。在某种程度上也可以反映出我们干部的文化程度是提高了”。

代表的职别：军队 324 人，占 40.2%；党务 319 人，占 41.9%；政权民运较少；教育最少。

最后，七大代表资格审查委员会根据各代表团的审查结果，并根据证明文件、选举手续、政治条件三方面审查的结果：决定停止、取消、撤销代表资格的 49 人，代表总数 452 人，原已被选而未出席代表 224 人。这些代表或因工作不能离开，或因病，或已牺牲，这些代表已由候补和这次增补的代表递补，所以没有审查。彭真提出：以上被停止、取消、撤销代表资格的 49 人，希望大会考虑批准，如果大会批准，今天到会的代表，正式代表即有表决权的代表共 544 人，候补代表即有发言权而没有表决权的代表 208 人，代表总数 752 人。代表正式、候补党员 121.1186 万人。

彭真关于代表资格审查的报告结束后，开幕式执行主席任弼时请大家发表意见，是否同意取消代表资格的 49 人，代表总数 752 人。全体代表一致表示：没有意见。于是，大会主席团提出一个决定草案，请大会批准。全体代表一致举手，通过了关于代表资格的审查委员会报告的决定。①

七大开幕式在雄壮的《国际歌》歌声中结束。陈毅当天写下了一首《七大开幕》颂诗：百年积弱叹华夏，八载干戈仗延安。试问九州谁作主，万众瞩目清凉山。②

三、毛泽东作政治报告与党的政治路线

中共七大的政治报告，实际上两个，一个是毛泽东的书面报告即人们耳熟能详的《论联合政府》，还有一个在中国共产党第七次全国代表大会上的口头政治报告，内容也相当丰富。两个报告主要围绕着党的政治路线进行了深入的论述，口头报告是对书面报告的丰富和补充。

（一）毛泽东《论联合政府》的政治报告

毛泽东《论联合政府》的报告分为五个部分，即中国人民的基本要求、国际形势和国内形势、抗日战争中的两条路线、中国共产党的政策、全党团结起来，为实现党的任务而斗争。

1. 中国人民的基本要求

中国人民的基本要求是什么？毛泽东分析当时国际国内的形势是："整个世界上反对法西斯侵略者的神圣的正义的战争，已经取得了有决定意义的胜利，中国人民配合同盟国打败日本侵略者的时机，已经迫近了。但是

---

① 中共中央党史研究室、中央档案馆编：《中国共产党第七次全国代表大会档案文献选编》，中共党史出版社 2015 年版，第 173—176 页。

② 刘树发主编：《陈毅年谱》上卷，人民出版社 1995 年版，第 442 页。

中国现在仍然不团结，中国仍然存在着严重的危机”。在这种情况下，“中国急需把各党各派和无党无派的代表人物团结在一起，成立民主的临时的联合政府，以便实行民主的改革，克服目前的危机，动员和统一全中国的抗日力量，有力地和同盟国配合作战，打败日本侵略者，使中国人民从日本侵略者手中解放出来。然后，需要在广泛的民主基础之上，召开国民代表大会，成立包括更广大范围的各党各派和无党无派代表人物在内的同样是联合性质的民主的正式的政府，领导解放后的全国人民，将中国建设成为一个独立、自由、民主、统一和富强的新国家。一句话，走团结和民主的路线，打败侵略者，建设新中国”。① 这就是中国人民的基本要求。

中国共产党的根本任务，就是“完成中国人民的基本要求”。毛泽东回顾在全国抗日战争期间，中国共产党“已经克服了很多的困难，获得了巨大的成绩；但是在目前形势下，在我们党和人民面前，还有严重的困难。目前的时局，要求我们党进一步地从事紧急的和更加切实的工作，继续地克服困难，为完成中国人民的基本要求而奋斗”。中共七大“放手发动群众，壮大人民力量，在我党的领导下，打败日本侵略者，解放全国人民，建立一个新民主主义的中国”的政治路线，中国共产党争取光明的前途，反对黑暗的前途的任务，都是围绕着中国人民的基本要求而提出。

中国人民能不能实现“打败侵略者，建设新中国”的基本要求呢？毛泽东认为：“这要依靠中国人民的觉悟、团结和努力的程度来决定”。“目前的国际国内形势，对中国人民提供了极其有利的条件。中国人民如果能很好地利用这些条件，积极地坚决地再接再厉地向前奋斗，战胜侵略者和建设新中国，是毫无疑义的。中国人民应当加倍努力，为完成自己的神圣任务而奋斗。”②

2. 国际和国内形势

当时世界的“军事形势是苏军已经攻击柏林，英美法联军也正在配合

---

① 《毛泽东选集》第3卷，人民出版社1991年版，第1029页。

② 《毛泽东选集》第3卷，人民出版社1991年版，第1030页。

打击希特勒残军，意大利人民又已经发动了起义。这一切，将最后地消灭希特勒。希特勒被消灭以后，打败日本侵略者就为时不远了。和中外反动派的预料相反，法西斯侵略势力是一定要被打倒的，人民民主势力是一定要胜利的。世界将走向进步，决不是走向反动。”毛泽东特别强调历史发展的规律，强调人民的力量。他的金句名言：“人民，只有人民，才是创造世界历史的动力”。“战争教育了人民，人民将赢得战争，赢得和平，又赢得进步”。就是在《论联合政府》的报告中提出的。毛泽东高度评价：“苏联人民创造了强大力量，充当了打倒法西斯的主力军。苏联人民加上其他反法西斯同盟国的人民的努力，使打倒法西斯成为可能。”①

但是，毛泽东认为，虽然反法西斯的第二次世界大战很快会取得胜利，但还有法西斯残余势力、反民主势力和一切帝国主义势力的存在。“只有经过长期的努力，克服了法西斯残余势力、反民主势力和一切帝国主义势力，才能有最广泛的人民的胜利。到达这一天，决不是很快和很容易的，但是必然要到达这一天”。毛泽东对这一天的到来充满了信心。而“反法西斯的第二次世界大战的胜利，给这个战后人民斗争的胜利开辟了道路。也只有这后一种斗争胜利了，巩固的和持久的和平才有保障。”②

当时的国内形势，是“中国的长期战争，使中国人民付出了并且还将再付出重大的牺牲；但是同时，正是这个战争，锻炼了中国人民。这个战争促进中国人民的觉悟和团结的程度，是近百年来中国人民的一切伟大的斗争没有一次比得上的。”“中国人民不但已经有了比过去任何时候都高的觉悟程度，而且有了强大的中国解放区和日益高涨着的全国性的民主运动。这是国内的有利条件”。不利条件是：“在中国人民面前，不但存在着强大的民族敌人，而且存在着强大的实际上帮助民族敌人的国内反动势力”。虽然存在有利的方面和不利的两个方面的因素，毛泽东仍充满了胜利的信心。他指出：“如果说，中国近百年来一切人民斗争都遭到了失败或挫折，而这是因为缺乏国际的和国内的若干必要的条件，那末，这一次就不同了，比

① 《毛泽东选集》第 3 卷，人民出版社 1991 年版，第 1030—1031 页。

② 《毛泽东选集》第 3 卷，人民出版社 1991 年版，第 1030—1031 页。

较以往历次，一切必要的条件都具备了。避免失败和取得胜利的可能性充分地存在着。如果我们能够团结全国人民，努力奋斗，并给以适当的指导，我们就能够胜利。”

3. 中国抗日战争中的两条路线

“中国问题的关键”在哪里？关键就在于“两条路线：国民党政府压迫中国人民实行消极抗战的路线和中国人民觉醒起来团结起来实行人民战争的路线，很久以来，就明显地在中国存在着。这就是一切中国问题的关键所在”。“两条不同的指导路线，一条是能够打败日本侵略者的，一条是不但不能打败日本侵略者，而且在某些方面说来它是在实际上帮助日本侵略者危害抗日战争的。”

毛泽东以国际眼光审视中国在世界反法西斯战争中的重要地位。他指出：“中国是全世界参加反法西斯战争的五个最大的国家之一，是在亚洲大陆上反对日本侵略者的主要国家。中国人民不但在抗日战争中起了极大的作用，而且在保障战后世界和平上将起极大的作用，在保障东方和平上则将起决定的作用。”① 中国在长期的抗日战争中，“为了自己的解放，为了帮助各同盟国，曾经作了伟大的努力。这种努力，主要地是属于中国人民方面的。中国军队的广大官兵，在前线流血战斗，中国的工人、农民、知识界、产业界，在后方努力工作，海外华侨输财助战，一切抗日政党，除了那些反人民分子外，都对战争有所尽力。总之，中国人民以自己的血和汗同日本侵略者英勇地奋战”。但是多年以来，中国人民在抗日战争中所起作用的真相为世人所知。同时，对于中国抗日战争的各项经验，也还没有人作出全面的总结。因此，大会“应当对这些经验作出适当的总结，借以教育人民，并为我党决定政策的根据”②。

毛泽东为了说明“中国问题的关键”在于片面抗战和全面抗战这“两条路线”，回顾了从 1931 年就开始的中国抗日战争的曲折道路。“中国人民

---

① 《毛泽东选集》第 3 卷，人民出版社 1991 年版，第 1033 页。

② 《毛泽东选集》第 3 卷，人民出版社 1991 年版，第 1033—1034 页。

的抗日战争，是在曲折的道路上发展起来的。这个战争，还是在一九三一年就开始了。”从九一八事变起，中国的局部抗战就开始了。1937 年是全国抗战的开始。1937 年前的国民党采取不抵抗政策。“国民党内部主张抗日的两派爱国分子——东北军和十七路军，联合起来，勇敢地反对国民党当局的对日妥协和对内屠杀的反动政策，举行了有名的西安事变。同时，国民党内的其他爱国分子，也不满意国民党当局的当时政策。在这种形势下，国民党当局被迫地放弃了内战政策，承认了人民的要求”。“在新形势下的国内的合作形成了，全国的抗日战争发动了”①。

全国抗战爆发后，“中国共产党领导的移到了西北的中国红军主力，改编为中国国民革命军第八路军，留在长江南北各地的中国红军游击部队，则改编为中国国民革命军新编第四军，相继开赴华北华中作战”。“由于国民党政府在南方各根据地内的残酷的摧毁、万里长征的消耗和其他原因，到抗日战争开始时”，红军的“数量减少到只剩几万人”。“于是有些人就看不起这支军队，以为抗日主要地应当依靠国民党。但是人民是最好的鉴定人，他们知道八路军新四军这时数量虽小，质量却很高，只有它才能进行真正的人民战争，它一旦开到抗日的前线，和那里的广大人民相结合，其前途是无限的。人民是正确的，当我在这里做报告的时候，我们的军队已发展到了九十一万人，乡村中不脱离生产的民兵发展到了二百二十万人以上。”“虽然共产党领导的正式军队比起国民党现存的军队来在数量上要少得多”，“但是按其所抗击的日军和伪军的数量及其所担负的战场的广大说来，按其战斗力说来，按其有广大的人民配合作战说来，按其政治质量及其内部统一团结等项情况说来，它已经成了中国抗日战争的主力军”。②

毛泽东分析人民战争中的人民军队的宗旨、精神、内部外部的团结、优待俘虏政策、一系列的战略战术、一系列的政治工作、广大的群众武装组织、划分为主力兵团和地方兵团两部分，等等，说明人民军队的根基所在、力量所在、长处所在。这支军队“之所以有力量，是因为所有参加这

① 《毛泽东选集》第 3 卷，人民出版社 1991 年版，第 1—1034 页。
② 《毛泽东选集》第 3 卷，人民出版社 1991 年版，第 1038—1039 页。

个军队的人，都具有自觉的纪律；他们不是为着少数人的或狭隘集团的私利，而是为着广大人民群众的利益，为着全民族的利益，而结合，而战斗的。紧紧地和中国人民站在一起，全心全意地为中国人民服务，就是这个军队的唯一的宗旨。”“在这个宗旨下面，这个军队具有一往无前的精神，它要压倒一切敌人，而决不被敌人所屈服。不论在任何艰难困苦的场合，只要还有一个人，这个人就要继续战斗下去。”①

除了人民军队的宗旨和若干特点，人民军队还得到中国解放区民主政府的帮助。在民主政府的领导之下，“一切抗日人民组织在工人的、农民的、青年的、妇女的、文化的和其他职业和工作的团体之中，热烈地从事援助军队的各项工作”。如动员人民参加军队，替军队运输粮食，优待抗日军人家属，帮助军队解决物质困难，动员游击队、民兵和自卫军，展开袭击运动和爆炸运动，侦察敌情，清除奸细，运送伤兵和保护伤兵，直接帮助军队作战，等等。同时，解放区人民还“热烈地从事政治、经济、文化、卫生各项建设工作”，“最重要的是动员全体人民从事粮食和日用品的生产”，“从事生产自给，以配合人民和军队的生产自给，造成伟大的生产热潮，借以支持长期的抗日战争”。解放区民主政府还“领导全体人民，有组织地克服了和正在克服着各种困难，灭蝗、治水、救灾的伟大群众运动，收到了史无前例的效果，使抗日战争能够长期地坚持下去。总之，一切为着前线，一切为着打倒日本侵略者和解放中国人民，这就是中国解放区全体军民的总口号、总方针。这就是真正的人民战争。”②

毛泽东还讲道：“中国的抗日战争，一开始就分为两个战场：国民党战场和解放区战场。”国民党战场在抗战初期对日作战是积极的。但1938年10月武汉失守后，国民党逐渐“采取了对日消极作战的政策，保存军事实力，而把作战的重担放在解放区战场上，让日寇大举进攻解放区”，它自己则“坐山观虎斗”。1939年，“国民党政府采取了反动的所谓《限制异党活动办法》，将抗战初期人民和各抗日党派争得的某些权利，一概取消。

---

① 《毛泽东选集》第3卷，人民出版社1991年版，第1039页。
② 《毛泽东选集》第3卷，人民出版社1991年版，第1041页。

从此时起，在国民党统治区内，国民党政府将一切民主党派，首先和主要地是将中国共产党，打入地下”。什么“奸党”“奸军”“奸区”，什么“破坏抗战、危害国家”等等污蔑共产党、八路军、新四军和解放区的称号和断语，也被反动分子制造出来。中国共产党针对当时的危机，提出了“坚持抗战，反对投降；坚持团结，反对分裂；坚持进步，反对倒退”的口号，并在五年之内，打退了三次反动的反人民的“反共高潮”，克服了当时的危机。而此时，“日本侵略者的刀锋，主要地向着解放区。到一九四三年，侵华日军的百分之六十四和伪军的百分之九十五，为解放区军民所抗击；国民党战场所担负的，不过日军的百分之三十六和伪军的百分之五而已。”

到1944年日军发动打通大陆交通线作战，国民党军队在几个月内，就将河南、湖南、广西、广东等省广大区域沦于敌手。“仅在此时，两个战场分担的抗敌的比例，才起了一些变化”。“在侵华日军（满洲的未计在内）四十个师团，五十八万人中，解放区战场抗击的是二十二个半师团，三十二万人，占了百分之五十六；国民党战场抗击的，不过十七个半师团，二十六万人，仅占百分之四十四。抗击伪军的情况则完全无变化”。数达80万以上的伪军大部分是国民党将领率部投敌，或由国民党投敌军官所组成的。①

毛泽东还讲到解放区内进行新民主主义建设后的新面貌新气象。解放区“实行了抗日民族统一战线的全部必要的政策，建立了或正在建立民选的共产党人和各抗日党派及无党无派的代表人物合作的政府，亦即地方性的联合政府。解放区内全体人民的力量都动员起来了。所有这一切，使得中国解放区在强敌压迫之下，在国民党军队的封锁和进攻的情况之下，在毫无外援的情况之下，能够屹立不摇，并且一天一天发展，缩小敌占区，扩大自己的区域，成为民主中国的模型，成为配合同盟国作战、驱逐日本侵略者、解放中国人民的主要力量”。②

和解放区形成鲜明对照的是国民党统治区。因为“国民党内的主要统治集团，坚持独裁统治，实行了消极的抗日政策和反人民的国内政策。这

① 《毛泽东选集》第3卷，人民出版社1991年版，第1042—1043页。
② 《毛泽东选集》第3卷，人民出版社1991年版，第1044—1045页。

样，就使得它的军队缩小了一半以上，并且大部分几乎丧失了战斗力；使得它自己和广大人民之间发生了深刻的裂痕，造成了民生凋敝、民怨沸腾、民变蜂起的严重危机；使得它在抗日战争中的作用，不但是极大地减少了，并且变成了动员和统一中国人民一切抗日力量的障碍物。”[①] 国民党政府一心一意地打了整十年的内战，将刀锋向着同胞，置一切国防事业于不顾，又用不抵抗政策送掉了东北。日本侵略者打进关内来了，仓皇应战，从卢沟桥退到了贵州省。但是国民党人却说：“共产党破坏抗战，危害国家。”[②] 唯一的证据，就是共产党联合了各界人民创造了英勇抗日的中国解放区。这便是国民党的逻辑。国民党政府还经常以“不服从政令、军令”责备中国共产党。

毛泽东指出：“国民党内的主要统治集团，坚持着独裁和内战的反动方针。有很多迹象表明，他们早已准备，尤其现在正在准备这样的行动”，即“发动内战”。“如果国人不加注意，不去揭露它的阴谋，阻止它的准备，那末，会有一个早上，要听到内战的炮声的。”

中国共产党“为着打败日本侵略者和建设新中国，为着防止内战”，“在取得了其他民主派别的同意之后”，在 1944 年 9 月间的国民参政会上，“提出了立即废止国民党一党专政、成立民主的联合政府一项要求”。“几个月内，获得了广大人民的响应”。但围绕废止一党专政、成立联合政府以及实行必要的民主改革等项问题的多次谈判，共产党的“一切建议都遭到了国民党政府的拒绝”。“国民党不但对一党专政不愿废止，对联合政府不愿成立，即对任何迫切需要的民主改革，例如，取消特务机关，取消镇压人民自由的反动法令，释放政治犯，承认各党派的合法地位，承认解放区，撤退封锁和进攻解放区的军队等等，也一项不愿实行。”这样“使得中国的政治关系处在非常严重的局面之下”。[③]

毛泽东请大家注意，“不要以为我们的事业，一切都将是顺利的，美妙的。不，不是这样，事实是好坏两个可能性、好坏两个前途都存在着”。一

---

① 《毛泽东选集》第 3 卷，人民出版社 1991 年版，第 1045 页。
② 参见 1943 年 9 月国民党第十一中全会决议案。
③ 《毛泽东选集》第 3 卷，人民出版社 1991 年版，第 1051—1052 页。

个可能、一个前途是：国民党“继续法西斯独裁统治，不许民主改革；不是将重点放在反对日本侵略者方面，而是放在反对人民方面；即使日本侵略者被打败了，中国仍然可能发生内战，将中国拖回到痛苦重重的不独立、不自由、不民主、不统一、不富强的老状态里去”。这是必须注意的一方面。另一方面，“同样是从整个形势看来，从上述一切内外情况的分析看来，使我们更有信心地更有勇气地去争取第二个可能性，第二个前途。这就是克服一切困难，团结全国人民，废止国民党的法西斯独裁统治，实行民主改革，巩固和扩大抗日力量，彻底打败日本侵略者，将中国建设成为一个独立、自由、民主、统一和富强的新国家”。①

中国共产党“希望国民党当局，鉴于世界大势之所趋，中国人心之所向，毅然改变其错误的现行政策，使抗日战争获得胜利，使中国人民少受痛苦，使新中国早日诞生。须知不论怎样迂回曲折，中国人民独立解放的任务总是要完成的，而且这种时机已经到来了。一百多年来无数先烈所怀抱的宏大志愿，一定要由我们这一代人去实现，谁要阻止，到底是阻止不了的”。②

4. 中国共产党的政策

毛泽东指出：为着动员和统一中国人民一切抗日力量，彻底消灭日本侵略者，并建立独立、自由、民主、统一和富强的新中国，中国人民，中国共产党和一切抗日的民主党派，迫切地需要一个互相同意的共同纲领。这种共同纲领，可以分为一般性的和具体性的两部分。③

中国共产党人在现阶段上主张的一般纲领是：“在彻底地打败日本侵略者之后，建立一个以全国绝对大多数人民为基础而在工人阶级领导之下的统一战线的民主联盟的国家制度，我们把这样的国家制度称之为新民主主义的国家制度。”④毛泽东全面论述了新民主主义国家在政治、经济、文化

① 《毛泽东选集》第3卷，人民出版社1991年版，第1052—1053页。

② 中共中央党史研究室、中央档案馆编：《中国共产党第七次全国代表大会档案文献选编》，中共党史出版社2015年版，第189页。

③ 《毛泽东选集》第3卷，人民出版社1991年版，第1055页。

④ 《毛泽东选集》第3卷，人民出版社1991年版，第1056页。

各方面的纲领，也就是中国共产党当时的具体纲领。

共产党人的“将来纲领或最高纲领，是要将中国推进到社会主义社会和共产主义社会”。但现阶段的目标是“建立一个在无产阶级领导下的以农民解放为主要内容的新民主主义性质的”，“独立、自由、民主、统一和富强的中国”。毛泽东指出：“有些人不了解共产党人为什么不但不怕资本主义，反而在一定的条件下提倡它的发展。我们的回答是这样简单：拿资本主义的某种发展去代替外国帝国主义和本国封建主义的压迫，不但是一个进步，而且是一个不可避免的过程。它不但有利于资产阶级，同时也有利于无产阶级，或者说更有利于无产阶级。现在的中国是多了一个外国的帝国主义和一个本国的封建主义，而不是多了一个本国的资本主义，相反地，我们的资本主义是太少了。”“我们共产党人根据自己对于马克思主义的社会发展规律的认识，明确地知道，在中国的条件下，在新民主主义的国家制度下，除了国家自己的经济、劳动人民的个体经济和合作社经济之外，一定要让私人资本主义经济在不能操纵国民生计的范围内获得发展的便利，才能有益于社会的向前发展。”

而在国家形态和政权形态上，中国共产党得势之后，是要建立“几个民主阶级联盟的新民主主义国家”，这和俄国那样的“无产阶级专政的社会主义国家，是有原则上的不同的”。只要共产党以外的其他任何政党，任何社会集团或个人，对于共产党是采取合作的而不是敌对的态度，我们是没有理由不和他们合作的。因此，“中国现阶段的历史将形成中国现阶段的制度，在一个长时期中，将产生一个对于我们是完全必要和完全合理同时又区别于俄国制度的特殊形态，即几个民主阶级联盟的新民主主义的国家形态和政权形态”。

毛泽东还阐述了中国共产党主张的具体纲领，包括“动员一切力量，配合同盟国，彻底打败日本侵略者，并建立国际和平；要求废止国民党一党专政，建立民主的联合政府和联合统帅部”，等等。毛泽东还讲道：“为着消灭日本侵略者和建设新中国，必须实行土地制度的改革，解放农民”。因为中国目前的革命是资产阶级民主主义性质的革命，所以，“革命的对象不是一般的资产阶级，而是民族压迫和封建压迫；这个革命的措施，不是一般地废除私有财产，而是一般地保护私有财产；这个革命的结果，将使工人阶级有可能聚集力量因而引导中国向社会主义方向发展，但在一个相当长的时期内仍将使资本主义获得适当的发展”。[①] 在其中，毛泽东还提出了检验一个政党和其政策好坏的标准。“中国一切政党的政策及其实践在中国人民中所表现的作用的好坏、大小，归根到底，看它对于中国人民的生产力的发展是否有帮助及其帮助之大小，看它是束缚生产力的，还是解放生产力的。”[②] 这是马克思的历史唯物论，既属于根本原理又具有重要的方法论意义。

毛泽东指出：中国共产党具体纲领的实施在不同区域也有不同。“在国民党统治区，在沦陷区，在解放区，这三种地方互不相同的情势，不能不使我们在实行时要有所区别。不同的情形，产生不同的任务。”在国民党统治区，“被压迫的一切阶层、党派和集团的民主运动，应当有一个广大的发展，并把分散的力量逐渐统一起来，为着实现民族团结，建立联合政府，打败日本侵略者和建设新中国而斗争。中国共产党和解放区人民，应当给予他们以一切可能的援助。”而“共产党人应当继续执行广泛的抗日民族统一战线政策。不管什么人，哪怕昨天还是反对我们的，只要他今天不反对了，就应该同他合作，为共同的目标而奋斗。”[③]

在沦陷区，共产党人的任务是：“号召一切抗日人民，学习法国和意大利的榜样，将自己组织于各种团体中，组织地下军，准备武装起义，一俟时机成熟，配合从外部进攻的军队，里应外合地消灭日本侵略者。”同时，“共产党人应当执行最广泛的抗日民族统一战线政策。不管什么人，只要是反对日本侵略者及其忠实走狗的，就要联合起来，为打倒共同敌人而斗争。”

在解放区，共产党领导的“军队应向一切被敌伪占领而又可能攻克的地方，发动广泛的进攻，借以扩大解放区，缩小沦陷区”。同时，“解放区

① 《毛泽东选集》第 3 卷，人民出版社 1991 年版，第 1074 页。
② 《毛泽东选集》第 3 卷，人民出版社 1991 年版，第 1079 页。
③ 《毛泽东选集》第 3 卷，人民出版社 1991 年版，第 1087—1088 页。

军民必须随时准备粉碎敌人的进攻，并注意解放区的各项巩固工作。”在各个地方性的联合政府的工作中，在社会工作中，共产党人“应当继续同一切抗日民主分子，在新民主主义纲领的基础上，进行很好的合作。同样，在军事工作中，共产党人应当同一切愿意和我们合作的抗日民主分子，在解放区军队的内部和外部，很好地合作。”“为了提高工农劳动群众在抗日和生产中的积极性”，必须充分地执行“减租减息和改善工人、职员待遇的政策”，“努力学会做经济工作”。“发展解放区的文化教育事业”，“提高解放区人民大众首先是广大的工人、农民、士兵群众的觉悟程度和培养大批工作干部”。①

5. 全党团结起来为实现党的任务而斗争

全党怎样团结起来为实现党的任务而斗争？毛泽东着重深入而精辟地分析和论述了中国共产党的作风。“以马克思列宁主义的理论思想武装起来的中国共产党，在中国人民中产生了新的工作作风，这主要的就是理论和实践相结合的作风，和人民群众紧密地联系在一起的作风以及自我批评的作风”。② 毛泽东指出：马克思列宁主义的普遍真理“反映了全世界无产阶级实践斗争”，在它同中国无产阶级和广大人民群众的革命斗争的具体实践相结合的时候，就成为中国人民百战百胜的武器。中国共产党正是这样做了。我们党的发展和进步，是从同一切违反这个真理的教条主义和经验主义作坚决斗争的过程中发展和进步起来的。教条主义脱离具体的实践，经验主义把局部经验误认为普遍真理，这两种机会主义的思想都是违背马克思主义的。因此，“必须使各级党的领导骨干都懂得，理论和实践这样密切地相结合，是我们共产党人区别于其他任何政党的显著标志之一。因此，掌握思想教育，是团结全党进行伟大政治斗争的中心环节。如果这个任务不解决，党的一切政治任务是不能完成的。”③

① 《毛泽东选集》第 3 卷，人民出版社 1991 年版，第 1090—1092 页。
② 《毛泽东选集》第 3 卷，人民出版社 1991 年版，第 1093—1094 页。
③ 《毛泽东选集》第 3 卷，人民出版社 1991 年版，第 1094 页。

“我们共产党人区别于其他任何政党的又一个显著的标志，就是和最广大的人民群众取得最密切的联系。全心全意地为人民服务，一刻也不脱离群众；一切从人民的利益出发，而不是从个人或小集团的利益出发；向人民负责和向党的领导机关负责的一致性；这些就是我们的出发点。共产党人必须随时准备坚持真理，因为任何真理都是符合于人民利益的；共产党人必须随时准备修正错误，因为任何错误都是不符合于人民利益的。”“教条主义、经验主义、命令主义、尾巴主义、宗派主义、官僚主义、骄傲自大的工作态度等项弊病之所以一定不好，一定要不得，如果什么人有了这类弊病一定要改正，就是因为它们脱离群众。”

毛泽东提出：“我们的代表大会应该号召全党提起警觉，注意每一个工作环节上的每一个同志，不要让他脱离群众。教育每一个同志热爱人民群众，细心地倾听群众的呼声；每到一地，就和那里的群众打成一片，不是高踞于群众之上，而是深入于群众之中；根据群众的觉悟程度，去启发和提高群众的觉悟，在群众出于内心自愿的原则之下，帮助群众逐步地组织起来，逐步地展开为当时当地内外环境所许可的一切必要的斗争。”在一切工作中，命令主义和尾巴主义都是错误的。“总之，应该使每个同志明了，共产党人的一切言论行动，必须以合乎最广大人民群众的最大利益，为最广大人民群众所拥护为最高标准。应该使每一个同志懂得，只要我们依靠人民，坚决地相信人民群众的创造力是无穷无尽的，因而信任人民，和人民打成一片，那就任何困难也能克服，任何敌人也不能压倒我们，而只会被我们所压倒。”① 这是党的建设理论的核心内容。能否做到这些，至今仍是我们加强党的建设，需要解决的根本问题。②

有无认真的自我批评，也是中国共产党“和其他政党互相区别的显著的标志之一”。房子是应该经常打扫的，不打扫就会积满了灰尘；脸是应该经常洗的，不洗也就会灰尘满面。“我们同志的思想，我们党的工作，也会沾染灰尘的，也应该打扫和洗涤”。“流水不腐，户枢不蠹”，是说它们在

---

① 《毛泽东选集》第3卷，人民出版社1991年版，第1095—1096页。

② 《胡乔木回忆毛泽东》，人民出版社1994年版，第375—376页。

不停的运动中抵抗了微生物或其他生物的侵蚀。对于我们，经常地检讨工作，在检讨中推广民主作风，不惧怕批评和自我批评，实行“知无不言，言无不尽”，“言者无罪，闻者足戒”，“有则改之，无则加勉”这些中国人民的有益的格言，正是抵抗各种政治灰尘和政治微生物侵蚀我们同志的思想和我们党的肌体的唯一有效的方法。以“惩前毖后，治病救人”为宗旨的整风运动之所以发生了很大的效力，就是因为我们在这个运动中展开了正确的而不是歪曲的、认真的而不是敷衍的批评和自我批评。

“以中国最广大人民的最大利益为出发点的中国共产党人，相信自己的事业是完全合乎正义的，不惜牺牲自己个人的一切，随时准备拿出自己的生命去殉我们的事业，难道还有什么不适合人民需要的思想、观点、意见、办法，舍不得丢掉的吗？难道我们还欢迎任何政治的灰尘、政治的微生物来玷污我们的清洁的面貌和侵蚀我们的健全的肌体吗？无数革命先烈为了人民的利益牺牲了他们的生命，使我们每个活着的人想起他们就心里难过，难道我们还有什么个人利益不能牺牲，还有什么错误不能抛弃吗？”①

毛泽东非常强调全党全国人民的团结。他讲道：“大会闭幕之后，我们就要上战场去，根据大会的决议，为着最后地打败日本侵略者和建设新中国而奋斗。为达此目的，我们要和全国人民团结起来。我重说一遍，不管什么阶级，什么政党，什么社会集团或个人，只要是赞成打败日本侵略者和建设新中国的，我们就要加以联合。为达此目的，我们要把我们党的一切力量在民主集中制的组织和纪律的原则之下，坚强地团结起来。不论什么同志，只要他是愿意服从党纲、党章和党的决议的，我们就要和他团结。”②

毛泽东回顾历史，强调只要我们能吸取北伐战争时期、土地革命战争时期、抗日战争三个时期的经验，“采取谦虚态度，防止骄傲态度，在党内，和全体同志更好地团结起来，在党外，和全国人民更好地团结起来，就可以保证，不但不会被敌人打散，相反地，一定要把日本侵略者及其忠

---

① 《毛泽东选集》第3卷，人民出版社1991年版，第1096—1097页。

② 《毛泽东选集》第3卷，人民出版社1991年版，第1097页。

实走狗坚决、彻底、干净、全部地消灭掉，并且在消灭他们之后，把一个新民主主义的中国建设起来”。毛泽东尤其强调抗日战争的经验，“给了我们和中国人民这样一种信心：没有中国共产党的努力，没有中国共产党人做中国人民的中流砥柱，中国的独立和解放是不可能的，中国的工业化和农业近代化也是不可能的。”①

毛泽东坚信，有了三次革命经验的中国共产党，“是能够完成我们的伟大政治任务的”。“成千成万的先烈，为着人民的利益，在我们的前头英勇地牺牲了，让我们高举起他们的旗帜，踏着他们的血迹前进吧！”“一个新民主主义的中国不久就要诞生了，让我们迎接这个伟大的日子吧！”② 毛泽东的报告，阐明了打败日本侵略者、建立一个新民主主义的中国是全党全国人民的奋斗目标，而放手发动群众、壮大人民力量则是实现上述奋斗目标的基本方法；加强党的领导，则是革命取得胜利的关键。毛泽东的报告，为中国新民主主义革命的胜利指明了方向。

毛泽东《论联合政府》的书面报告，在编入《毛泽东选集》时，曾经过毛泽东本人的修订。从保存下来的档案资料可以看到，毛泽东的修订主要是文字性的；但在国家、政权、军队等问题上对一些段落有所删节，有关国际形势与涉外关系部分删节得更多些。如“为着发展工业，需要大批资本。从什么地方来呢？不外两方面：主要地依靠中国人民自己积累资本，同时借助于外援。在服从中国法令，有益中国经济的条件之下，外国投资是我们所欢迎。”删去这段话，和新中国成立初期中国所处的国际环境有关，也和毛泽东对这个问题认识的变化有关。毛泽东在中共七大上的思路是很开阔的，思想是很开放的。这对于我们认识今天的对外开放政策也有意义。

（二）毛泽东的口头政治报告

1945 年 4 月 23 日，毛泽东在延安中央大礼堂作口头政治报告。他说明，因为政治报告的书面稿已经印发给大家，他就“只讲一下这个报告里

① 《毛泽东选集》第 3 卷，人民出版社 1991 年版，第 1097—1098 页。
② 《毛泽东选集》第 3 卷，人民出版社 1991 年版，第 1098 页。

头提出的一些问题，以及这个报告里头没有充分展开来说的一些问题”。他主要讲了以下三个问题即：关于路线问题；关于政策问题；关于党内问题，实际上是党的建设问题。

1. 关于路线问题

七大的路线，也就是党的路线。党的七大应该决定一条什么路线呢？决定一条什么政治路线才好呢？毛泽东回答这个问题，应该是：“放手发动群众，壮大人民力量，在我党的领导下，打败日本侵略者，解放全国人民，建立一个新民主主义的中国。”这就是我们党的路线，我们党的政治路线。[①]在党的领导之下，放手发动群众，壮大人民力量，就是组织我们的队伍。组织队伍干什么呢？不干别的，就是要打倒敌人——日本帝国主义和它的走狗。打败以后，得来一个什么结果呢？就是得到全国的解放，全国人民的解放，建立一个新中国，一个新民主主义的中国，一个独立的、自由的、民主的、统一的、富强的中国。这就是我们的总路线。

毛泽东强调中国农民问题的重要。“人民大众最主要的部分是农民，其次是小资产阶级，再其次才是别的民主分子。中国民主革命的主要力量是农民。忘记了农民，就没有中国的民主革命；没有中国的民主革命，也就没有中国的社会主义革命，也就没有一切革命。”所谓无产阶级领导，就是共产党领导。中国共产党是无产阶级的政党。无产阶级里头出了那样一部分比较先进的人，组织成一个政治性质的团体，叫共产党。“共产党是要革命的，革命就要组织队伍，组织队伍主要是组织农民，还有其他阶级，包括小资产阶级、自由资产阶级，有时还有大资产阶级，甚至地主。队伍要有司令官、指挥官，司令官、指挥官在中国主要是两个，或者是无产阶级，或者是大资产阶级、大地主”。[②]

---

① 中共中央文献研究室编：《毛泽东在七大的报告和讲话集》，中央文献出版社 1995 年版，第 104—105 页。

② 中共中央文献研究室编：《毛泽东在七大的报告和讲话集》，中央文献出版社 1995 年版，第 106—107 页。

2. 关于政策问题

毛泽东指出："政策有各方面的政策，纲领有一般的纲领、具体的纲领"。他列举了10个方面加以说明：（1）一般的纲领与具体的纲领。我们各个时期都有具体的政策。如六大提出的十大纲领，"就是新民主主义总路线下的具体纲领，更具体的还有土地法、婚姻法、政治工作条例等等"。"新民主主义就是我们的总纲"，有纲有目，"纲"就是渔网上拿在手里的大绳子，"目"就是渔网的眼。（2）关于孙中山。"将来我们的力量越大，我们就越要孙中山，就越有好处，没有坏处。我们应该有清醒的头脑来举起孙中山这面旗帜。"（3）关于资本主义。"我们这样肯定要广泛地发展资本主义，是只有好处，没有坏处的"。（4）关于共产主义。"我们党的名称还是不要改。我们的名称，中国人民是喜欢的。"（5）关于国民党。对国民党我们尖锐地批评它，但也很客观，并没有超过他们的实际。他们有一点好处，我们也要给他们挂在账上。（6）关于改造旧军队。改造旧军官，利用旧军官，这里有思想问题，要在我们全党进行广泛的宣传。（7）关于我们的军队。八路军，新四军，山西的新军，等等，也是实行统一战线的政策，内部外部都是实行统一战线政策，这就是联盟的意思。（8）扩大解放区。在一切可能进攻的地方，就要发动攻势。（9）准备转变。由分散的游击战逐渐转变到正规的运动战，由游击战为主逐渐转变到以运动战为主。（10）军队与地方。要深入农村，争取国民党统治区，争取沦陷区。我们要夺取大城市。（11）召开中国解放区人民代表会议。①

3. 关于党内问题

（1）毛泽东首先讲了个性与共性的问题。他驳斥了有人说共产党要消灭个性、只要党性的说法。"中国共产党代表全国人民要求独立！中国如果没有独立就没有个性，民族解放就是解放个性，政治上要这样做，经济上

① 中共中央文献研究室编：《毛泽东在七大的报告和讲话集》，中央文献出版社1995年版，第123—140页。

要这样做，文化上也要这样做。”“党这个军队同人民的其他军队比较有许多特点，它是先进的部队，是有组织的先进部队，比较别的组织更有组织性，更加严密，更加统一，共同为着一个目标奋斗。一个军队，要有统一纪律，要听号令：立正，稍息，向左看，向右看，开步走，瞄准放。不然敌人在前面，一个往东放，一个往西放，是要被敌人消灭的。”“党是人民中优秀分子的结合，大家是自觉地愿意受约束，就是承认党纲、党章，服从党的决议案，愿意自我牺牲”。“党员就要服从组织，服从党的决议”。[①]毛泽东从哲学角度分析说：党性就是共同性、普遍性，个性就是不同性、差别性。没有一个普遍性不建立在差别性的基础上。“没有党员的个性，哪里有党性？”党员是有种种不同的差别的，抹杀各种不同的差别是不行的。抹杀差别性就没有统一性。[②]

（2）关于党内几部分干部的问题。毛泽东十分重视干部团结。毛泽东感觉平时对一些干部不很公平，应该特别注意。一是理论工作者。不能因为反教条主义就不重视理论、不重视理论工作者。我们党内要学习理论，重视理论工作者。二是翻译工作者。要懂一点外国的事还是要靠翻译。要“把他们看成我们队伍中很有学问的人，有修养的人，要尊敬他们”。[③]毛泽东在报告中还强调了知识分子的作用，强调：一个阶级革命要胜利，没有知识分子是不行的。整风审干好像把知识分子压低了一点，有点不公平，我们这个大会要把他扶正，欢迎知识分子为党的利益、人民的利益而奋斗。要吸收他们为我们服务，要尊敬他们。[④]

毛泽东还指出：沦陷区、国民党区工作的同志对根据地的工作作风不习惯是可以理解的。“我们搞错了的就要说对不起，戴错了帽子的就要恭恭

---

① 中共中央文献研究室编：《毛泽东在七大的报告和讲话集》，中央文献出版社 1995 年版，第 142 页。

② 中共中央文献研究室编：《毛泽东在七大的报告和讲话集》，中央文献出版社 1995 年版，第 146—147 页。

③ 中共中央文献研究室编：《毛泽东在七大的报告和讲话集》，中央文献出版社 1995 年版，第 147—148 页。

④ 中共中央文献研究室编：《毛泽东在七大的报告和讲话集》，中央文献出版社 1995 年版，第 148—149 页。

敬敬地把帽子给脱下来，承认错误。”对本地干部、本地军事干部，“要像看待自己的兄弟姊妹一样看待”。“每到一个地方，就和那里的人民打成一片，尊重那个地方的同志”。还有年青干部和老干部的关系问题，经济工作和后勤工作干部、民运工作干部，工、青、妇干部、抗战时期入党的干部、党外干部等问题。党外干部也是个很大的问题。毛泽东提出要肃清山头主义，“就要承认山头、照顾山头，这样才能缩小山头、消灭山头”。这样，才能很好地团结，走向胜利。①

毛泽东对党内团结的重视，对山头主义的剖析，对各部分干部工作的重视，给七大代表们留下深刻印象，也引起了很多七大代表的共鸣。为着党的团结，必须肃清山头主义；但是又不能太性急，否则也会影响到党的团结。所以，必须承认山头、照顾山头，再到缩小山头、消灭山头，这就既指明了肃清山头主义的正确途径，又避免了急于求成的问题。这段充满辩证法和智慧的论述，被七大代表们认为既实事求是，又切实可行，对维护党的团结极具指导性。有七大代表在回忆录中专门谈道：中国革命地域的广泛性，提供了一个多山头存在的客观条件。否定了这些，是不符合西北革命历史发展的真实性的。中国革命就是这样，在中国共产党的领导下，这一个山头，那一个山头，大家共同揭竿而起，用武装的革命抗击武装的反革命，创造了一个新中国。因为中国革命发展的不平衡，常常是东方不亮西方亮，这就决定了山头的作用。“承认山头”，其用意即在此，这是客观存在。“照顾山头”，很重要的一条，就是要“尊重山头”，它既然是客观存在，就说明有它存在的价值，也就是说，它起过的历史作用是谁也取代不了、抹杀不了的。只有这样，才能达到团结的目的，也才能最终“消灭山头”。大家抱定一个共同的目标，为着中国人民的解放，为着新民主主义的胜利。七大就是这个目标和愿望的集中体现。②

---

① 中共中央文献研究室编：《毛泽东在七大的报告和讲话集》，中央文献出版社 1995 年版，第 149—152 页。

② 中共中央党史研究室第一研究部编：《七大代表忆七大》上册，上海人民出版社 2006 年版，第 167—168 页。

毛泽东对山头主义的倾向，曾在1944年5月21日六届七中全会的报告中有一个判断，认为："目前在我们党内严重地存在和几乎普遍地存在的是带着盲目性的山头主义倾向"①。1945年2月，毛泽东分析"山头主义"的形成，认为主要原因是在民主革命时期各个根据地的建立和存在比较分散，客观上的形成。由此他"消灭山头"的任务是"要消灭山头，使它溶化，全党都变成一个整体"。全党变成一个整体，这就是反对"山头主义"倾向的目的。七大报告中，毛泽东没有再过多地强调"消灭""融化"山头的问题，而是采取了一种似乎更为平和的态度，更强调要维护团结的大局，保证大会的团结一致，圆满召开。

最后，毛泽东在口头报告中提出"要讲真话"。"讲真话，每个普通的人都应该如此，每个共产党人更应该如此。"②所谓讲"真话"，就是"不偷、不装、不吹"即不偷东西、不抄袭，不装样子，不吹牛皮。懂得就是懂得，不懂得就是不懂得，懂得一寸，就讲懂得一寸，不讲多了。这就是实事求是的态度。为了教育全党多读书，提高马列主义水平，毛泽东在口头政治报告里再次提出要读五本马列主义的著作，这就是：《共产党宣言》《社会主义从空想到科学的发展》《社会民主党在民主革命中的两个策略》《共产主义运动中的"左派"幼稚病》和《联共（布）党史简明教程》③。毛泽东的这个口头政治报告的内容很丰富，虽然当时没有书面发表，但是这个报告的精神和许多思想在党内传达了，使全党对《论联合政府》报告的精神有了进一步的把握。

四、朱德作军事报告与党的军事路线

4月25日，按大会的议程，朱德向大会作《论解放区战场》的军事报

① 中共中央文献研究室、中央档案馆编：《建党以来重要文献选编（一九二一——一九四九）》第21册，中央文献出版社2011年版，第192页。

② 中共中央文献研究室编：《毛泽东在七大的报告和讲话集》，中央文献出版社1995年版，第156页。

③ 中共中央文献研究室编：《毛泽东在七大的报告和讲话集》，中央文献出版社1995年版，第1页。

告。刘少奇担任这天的会议主席。朱德的军事报告分“抗战八年”“论解放区战场”“中国人民抗战的军事路线”“今后的军事任务”和“结束语”五个部分。朱德回顾和总结了中国共产党领导武装斗争的经验，特别是抗日战争的经验，回顾了解放区战场开辟、发展的辉煌历史，阐明了党的军事路线。

朱德在报告中指出，他是“代表英勇抗战的八路军、新四军和华南抗日纵队的九十几万军队和二百几十万民兵”，“向我们党的大会说话”。他表示:“完全同意我党领袖毛泽东同志《论联合政府》的政治报告”。“这个伟大的历史文件，具体地总结了百年来中国人民为中国的独立、自由、民主、统一与富强强盛而流血斗争的经验，规定了和提出了打败日寇和建设新中国的具体步骤与具体纲领，真正给我党和全国人民指示了决定中国抗战胜利和决定战后中国命运的道路。”没有正确的政治方针，就不能有正确的军事方针。“伟大的中国人民军队——八路军、新四军、华南抗日纵队，和敌人进行了空前英勇的、残酷的、可歌可泣的胜利战争，成为中国抗战的中流砥柱，就是由于毛泽东同志的政治方针和军事方针是正确的。”[①]

朱德回顾全国抗战开始后，解放区战场的创造及解放区作战的三个时期。解放区战场的创造，是“由于国民党军队的溃败而瓦解了的经过国民党军队作战之溃败所瓦解了的华北、华中战局，立即由我党、八路军、新四军和人民合作，而去迅速恢复起来。敌后变成了抗日战争的最前线了。这样，共产党所领导的人民游击战争，从此在敌后代替了国民党退出之前的单纯防御的地位。这样，为国民党当局所丧失的陷入黑暗的广大沦陷地区，逐步经过我们之手，收复过来，变成了光明的广大解放区，这就是华北、华中、华南三大解放区”。[②]

解放区战场在抗日战争初期，便牵制了日寇很多兵力，造成了使日寇不能全力西进的形势，随后又变成为与日寇作战的主要战场。这样，解放

---

① 中共中央党史研究室、中央档案馆编:《中国共产党第七次全国代表大会档案文献选编》，中共党史出版社 2015 年版，第 237—238 页。

② 中共中央党史研究室、中央档案馆编:《中国共产党第七次全国代表大会档案文献选编》，中共党史出版社 2015 年版，第 241 页。

区战场就在抗日战争中形成了重要的和决定的战略地位，变成为抗日的重心。解放区抗战经历了三个时期，即从 1937 年 9 月平型关初战战斗胜利至 1940 年百团大战为止；从 1940 年秋到 1942 年为止；从 1942 年冬各解放区开始恢复，到华北各解放区再扩张的新时期。

“在这样持久的作战过程中，八路军、新四军、华南抗日纵队、各解放区人民”，付出了“光荣的牺牲”，取得了“伟大的成绩”。这便是在 1944 年中原战役以前，“八路军、新四军和华南抗日纵队抗击侵华日军的百分之六十四，抗击伪军的百分之九十五”。“创造了遍于华北、华中、华南十九十六省地区的解放区，解放人口共计九千五百五十万”。①

“解放区的战争，是伟大的真正全面的人民战争。”解放区抗战的经验是什么？朱德指出：“总的经验何在呢？简单的同时又是明确的，就是解放区经过了我们党的领导，依据毛泽东同志人民战争的方针，实现了孙中山先生的革命三民主义，实现了新民主主义的政策，因此，实现了解放区的全民抗战总动员，实现了解放区的民主联合政府的建立，实现了解放区各阶级的大团结，也因此实现了抗战一元化的领导。如果没有这一切，就没有解放区全面的人民战争，而如果没有这种人民战争，也就没有了一切。”②

具体来说，人民战争“在政治上，就是以实行民主政治和改善人民经济生活的方法，实现了全民总动员和巩固的民族团结，合千百万人之心为一心，同仇敌忾，造成人民战争的真正基础”。在经济上，“改善人民的经济生活，首先的和主要的，就是实行减租减息，而另方面，又规定交租交息，这是保证农民占人口百分之八十到九十的解放区在经济上坚持抗战的基础”。在军事上，“创造了解放区战场抗日人民战争的全套人民大众的战略战术”。“人民战争的基本内容就是群众战”。“这种群众战的特点，就是不但有人民大众在政治上、经济上的协力，而且有人民大众在军事作战上

① 中共中央党史研究室、中央档案馆编：《中国共产党第七次全国代表大会档案文献选编》，中共党史出版社 2015 年版，第 241—243 页。

② 中共中央党史研究室、中央档案馆编：《中国共产党第七次全国代表大会档案文献选编》，中共党史出版社 2015 年版，第 243 页。

的协力。这种战争不是军队单独进行的，而是以人民大众共同作战的灵活配合来进行的。这种战争是形成了主力兵团与地方兵团的配合作战，形成了民兵游击队和人民自卫军的配合作战。是正规军与游击队、民兵和人民自卫军的配合作战。”“人民的军队、人民的战争、人民的战略战术，三者是一致的东西，这三者一致的是东西造成了各解放区战场，又恰是各解放区战场作战的特点。”①

中国抗日战争中存在着两条不同的军事路线。一条是国民党的反人民的单纯防御的军事路线，一条是中国人民抗战的军事路线。中国人民抗战的军事路线的构成，是“从全民总动员、团结一切抗日力量、积极打击日寇出发，从团结军民、团结官兵出发，从团结一切友军出发，从积极打击敌人增强自己的战略战术出发”，这样构成的中国人民的抗日的军事路线，“是解放区战场获得胜利的关键”，也是共产党、毛泽东的军事路线，“就是人民军队的路线，就是人民战争的路线”②。

中国共产党领导的人民军队，具备了“民族的、人民的、民主的特点。它是民族的，因为它始终站在反对外国侵略者的立场，具有保卫祖国建立独立中国的至高无上的热情。它是人民的，因为它是从人民当中来，始终是为人民的解放和幸福而奋斗。它是民主的，因为它是军民一致和官兵一致的；因为它一扫军阀制度，造成为人民的民主政治而奋斗的工具。它的战斗力，它的不可战胜，就是由于它具备了这三大特点。”因为有这三大特点，人民军队“在抗战中，经过毛泽东同志具体政策的指导，又有了新的发展，因而在保卫祖国的血战中，造成了这样大的力量和这样大的战绩。”③

朱德指出：人民军队的这三大特点，“事实上也即是建军的三原则。而归根到底，一个总的原则，即是从人民出发，为人民服务。因为它是为人民服务的军队，是人民的军队，因此就能够把保卫祖国当成自己的神圣职

① 中共中央党史研究室、中央档案馆编：《中国共产党第七次全国代表大会档案文献选编》，中共党史出版社2015年版，第243—245页。

② 中共中央党史研究室、中央档案馆编：《中国共产党第七次全国代表大会档案文献选编》，中共党史出版社2015年版，第245页。

③ 《朱德选集》，人民出版社1983年版，第158页。

责，因此也就能充分发扬军队中的民主主义。这种人民的军队是真正的民主国家的军队，是具有最高度政治觉悟的军队，是真正有战斗力的军队。”① 朱德总结中国共产党领导武装斗争特别是抗日战争的经验，强调了“从人民出发，为人民服务”的建军总原则。

朱德对比分析了两条不同的军事路线，不光对人民战争的军事路线的建军原则作了深入论述，还对兵役制度、怎样养兵、怎样带兵、怎样练兵、怎样用兵、军队中的政治工作、军队指挥、怎样解决装备、强大的主力与后备、瓦解伪军等方面，作了详细的阐述。如在养兵问题上，“人民的军队的养兵方法，则是从爱护人民，因而又是从爱护士兵出发”。“八路军、新四军的养兵办法，不但特别注意军队的精神营养，而且也特别注意军队的物质营养。”同时“是在不过分加重人民负担的原则之下，去保养军队”；“实行军队自己生产，解决军队自身的物质需要，来减轻人民的负担”；在官兵平等待遇的原则之下，“军官与士兵共甘苦”。“只有能代表士兵利益，能体贴士兵疾苦的军官，不脱离士兵群众的军官，才是一个好的军官，这就是养兵的原则。”“这种养兵方法，乃是中国军队史上空前的大改革。”②

在练兵问题上，朱德提出：人民军队的练兵方法“是用自觉自动的方法”。练兵分三方面：一是智力，二是体力，三是技术。首先是练智力。政治觉悟不高，不懂得为什么打仗，就没有积极性，兵也就练不好。“我们的军队，政治觉悟最高，所以是打不垮的。”“为了提高政治觉悟和军事知识，又要有一定的文化程度作为基础。”“其次是练体力，打仗是格斗，是角力，所以体力锻炼很重要。增强体力，首先要吃饱穿暖，其次才是各种体力操练。”“最后是练技术。我们有了政治觉悟，再加上体力好，技术好，就可以打更大的胜仗，更少伤亡。”“我们近年来在练兵习武中的新创造，就是以，就是以上下合作的群众路线，代替由上级包办的军官干部路线。在我

---

① 中共中央党史研究室、中央档案馆编：《中国共产党第七次全国代表大会档案文献选编》，中共党史出版社 2015 年版，第 247 页。

② 中共中央党史研究室、中央档案馆编：《中国共产党第七次全国代表大会档案文献选编》，中共党史出版社 2015 年版，第 248—249 页。

们军队中，已创造了官教兵、兵教官、兵教兵、官教官，以及知识分子与工农分子互相帮助、互相学习的教学相长的新教育办法。”

人民军队的用兵方法，是“随机应变，变化无穷”。朱德提出：“有什么枪打什么仗，对什么敌人打什么仗，在什么时间地点打什么时间地点的仗。第一句话是根据部队武器装备，第二句话是根据敌情，第三句话是根据时间地形各种条件，这就是实事求是的唯物主义的用兵新法。”“这是我们进行人民战争所创造出来的新兵法，也即是毛泽东同志的新兵法。”① 朱德在七大的军事报告中阐述的军事辩证法思想，是他整个军事理论的代表作。

关于今后的军事任务。报告提出：“八路军、新四军与一切抗日友军团结起来，打败日本侵略者。”在沦陷区的军事任务，是加强对沦陷区人民的政治争取工作和组织工作，加强对敌伪军警的政治影响以争取他们反正，加强敌后各城市工作和组织地下军的任务。在解放区的军事任务是：“扩大解放区，缩小敌占区”；“扩大人民武装，消灭与瓦解敌伪军”；“要在现有的基础上，加强正规兵团、地方兵团与民兵自卫军的训练”；“提高军事技术”；“加强指挥机关”；“准备大反攻的物质基础”；“加强优待抗属、抚恤伤亡、安置残废军人及退伍军人的工作”；“八路军、新四军及其他人民武装内部必须有很好的团结，并在这个基础上去团结广大的友军”。而在解放区的各项军事任务中，中心战略任务是准备“实行从抗日游击战争到抗日正规战争的战略转变。现在已临到在实际工作上逐渐地去准备实现的时机了。我们全军干部必须善于在思想上、工作上准备实行这种转变，以迎接这抗日大反攻的战斗”。

朱德在七大的军事报告是运用马克思列宁主义研究中国抗日民族解放战争的一篇杰作，是对毛泽东军事思想的重大贡献。朱德在报告中还号召同志们，为着争取抗战的胜利，“认真学习毛泽东同志的军事学说，一如认真学习毛泽东同志的政治、经济、文化的学说一样。所有一切部队、一切军事学校、一切军事训练班，都必须以毛泽东同志的军事学说作为基本

① 《朱德选集》，人民出版社 1983 年版，第 168 页。

教材，作为教育的灵魂，以便于在思想上加强武装自己而战胜敌人、战胜敌人”①。

五、刘少奇修改党章的报告与新党章

1945年5月14、15日，刘少奇在七大上作关于修改党章的报告。这也被认为是中共七大的三大报告之一。刘少奇在报告中高度概括和总结了党的建设走过的具体的历史道路，论述了中国共产党的特点和性质、党的指导思想、中国革命的特点、党的群众路线、党的民主集中制等一系列重大理论原则问题。

报告指出：“中国共产党，是在中国工人运动的基础上，在中国人民大众力争解放的基础上，在反对外国帝国主义对于中国民族压迫的革命斗争中，在反对本国封建主义对于中国人民大众压迫的革命斗争中发展起来的，是在向中国民族与中国人民大众的一切敌人进行革命的斗争中发展起来的。”“中国共产党，是在中国三次伟大革命战争中，即在北伐战争、土地革命战争、抗日战争中发展起来和锻炼出来的，是在长期的武装斗争中发展和锻炼出来的。”“中国共产党，是在与中国广大的农民以及与城市小资产阶级群众密切联合的过程中发展起来的，是在与中国资产阶级联合对敌，又与资产阶级的妥协性、反动性进行各方面的斗争中发展起来的。”“中国共产党，是在建设伟大革命根据地特别是农村革命根据地，并在这些根据地上进行新民主主义的政治、军事、经济、文化各种改革和建设的过程中，发展起来的。”“中国共产党，是在以毛泽东同志为代表，反对党内无视或者误解中国革命这些特点的机会主义的斗争中，反对教条主义、经验主义、陈独秀主义、李立三路线以及后来的‘左’倾路线与投降主义的斗争中，发展起来和巩固起来的，是在以马克思列宁主义的普遍真理与中国革命的具体实践日益互相结合的过程中，发展起来和巩固起来的。”②

---

① 中共中央党史研究室、中央档案馆编：《中国共产党第七次全国代表大会档案文献选编》，中共党史出版社2015年版，第255—257页。

② 《刘少奇选集》上卷，人民出版社1981年版，第339—340页。

关于中国共产党的特点，报告指出："第一，我们的党，已经是一个全国范围的、广大群众性的党，是一个全国人民集中仰望的党。它已有一百二十一万党员，它的组织与党员遍布全国各地，它已被全国人民认为是他们唯一的救星。第二，我们的党，已经是一个在长期革命战争中锻炼过来，并已完全熟练了领导革命战争艺术的党。在它领导之下所组织起来的八路军、新四军及其他人民军队，已成为目前抗日战争中的主力军，中国民族与中国人民，依靠这支人民军队长期抵抗着日本侵略者，并将依靠它使战后的中国，成为民主的统一的新中国"。"第三，我们的党，已经是一个领导着敌后九千五百万人民建立了强大革命根据地的党。在这里，实行了各种民主改革，并进行了各种新民主主义的政治、军事、经济、文化建设"。"第四，我们的党，已经是一个克服各种错误思想，经过整风，使全党在思想上、政治上、组织上空前团结和统一的党。""第五，这是很重要的，就是我们的党，已经是一个有了自己伟大领袖的党。这个领袖，就是我们党和现代中国革命的组织者与领导者——毛泽东同志。我们的毛泽东同志，是我国英勇无产阶级的杰出代表，是我们伟大民族的优秀传统的杰出代表。他是天才的创造的马克思主义者，他将人类这一最高思想——马克思主义的普遍真理与中国革命的具体实践相结合，而把我国民族的思想水平提到了从来未有的合理的高度，并为灾难深重的中国民族与中国人民指出了达到彻底解放的唯一正确的道路——毛泽东道路"。

关于党的性质问题，报告指出："我们党是中国工人阶级的先进的有组织的部队，是它的阶级组织的最高形式。它代表中国民族与中国人民的利益。它在现阶段为实现中国的新民主主义制度而奋斗。它的最终目的是在中国实现共产主义制度。"

关于党的指导思想问题，报告指出："以马克思列宁主义的理论与中国革命的实践之统一的思想——毛泽东思想，作为我们党一切工作的指针"。报告对毛泽东思想作了完整的概括和系统的论述，指出："毛泽东思想，就是马克思列宁主义的理论与中国革命的实践之统一的思想，就是中国的共产主义，中国的马克思主义。""毛泽东思想，就是马克思主义在目前时代的殖民地、半殖民地、半封建国家民族民主革命中的继续发展，就是马克思主义民族化的优秀典型。”报告把毛泽东思想科学理论的基本内容，概括为：关于现代世界情况及中国国情的分析；关于新民主主义的理论和政策；关于解放农民的理论和政策；关于革命统一战线的理论和政策；关于革命战争的理论和政策；关于新民主主义共和国的理论和政策；关于革命根据地的理论和政策；关于党的建设的理论和政策；关于文化的理论和政策。这是毛泽东对党和人民作出的巨大理论贡献，这也是党的集体智慧的结晶，是党和人民战胜敌人的基本武器。报告指出，中国共产党以马克思列宁主义的理论与中国革命的实践之统一的思想——毛泽东思想，作为自己一切工作的指针，并把它写进新党章。

关于中国革命的特点问题，报告认为，目前中国社会的半殖民地、半封建的性质，“便规定了中国革命的性质。既不是旧式的资产阶级民主革命，也不是最新式的无产阶级社会主义革命，而是新式的资产阶级民主主义性质的革命。”

关于党在目前阶段的任务，报告指出：“中国共产党在目前阶段的任务，就是联合所有一切能够参加这个革命的阶级、阶层、民族和个人，为彻底肃清外国帝国主义与本国封建主义的压迫，为建立各革命阶级联盟与各民族自由联合的中国新民主主义共和国而奋斗。中国无产阶级只有在这个革命彻底完成以后，只有中国社会经济在新民主主义的国家中有了一定程度的充分发展以后，只有在经过许多必要的准备步骤以后，并且只有根据中国人民的需要和意愿，才能在中国实现社会主义的与共产主义的社会制度。”

关于党的群众路线问题，报告指出：“党的群众路线，是我们党的根本的政治路线，也是我们党的根本的组织路线。”每一个共产党员的思想中要牢固树立以下几个群众观点：就是一切为了人民群众的观点，全心全意为人民群众服务的观点；一切向人民群众负责的观点；相信群众自己解放自己的观点；向人民群众学习的观点。

关于党内的民主集中制问题，报告指出：“党内民主的集中制，照党章规定，即是在民主基础上的集中和在集中指导下的民主。它是民主的，又是集中的。它反映党的领导者与被领导者的关系，反映党的上级组织与下级组织的关系，反映党员个人与党的整体的关系，反映党的中央、党的各级组织与党员群众的关系”。“党内民主的集中制，即是党的领导骨干与广大党员群众相结合的制度，即是从党员群众中集中起来，又到党员群众中坚持下去的制度，即是反映党内的群众路线。”报告还讲到关于党员的义务与权利等问题。①

刘少奇于5月14日、15日两天作修改党章的报告，这个报告对加强党的建设具有十分重要的意义。胡乔木回忆说：“整个报告都很好，特别是对作为党的指导思想——毛泽东思想的阐述，这在我们党的党章上是第一次，讲得非常精辟，是七中全会通过的‘历史决议’的思想进一步发展，也是七大的一个重要理论成果。”② 会后，回到晋察冀工作，时任中共晋察冀中央局第一副书记兼晋察冀军区第二副政治委员的刘澜涛就曾致电刘少奇：“渴望中央能很快将七大党章”及刘少奇修改党章的报告发表。③

六、周恩来阐述党的统一战线方针政策

在毛泽东、朱德分别作政治报告、军事报告之后，大会的讨论发言就开始了。在刘少奇作了修改党章报告之后，代表们讨论的报告就增加到了三个。七大原拟会期较短，大会发言人数也不多。但后来代表们纷纷要求发言，因此会议时间也有所延长。大会规定每人发言不超过1个小时。大会发言共进行了10天，也可以说是10次，共有27位代表在大会发言。

在1945年4月30日中共七大的第五次会议上，林伯渠担任会议主席。当天议程为大会讨论政治、军事报告。周恩来首先在大会上发言，他主要讲抗日民族统一战线工作的历史和经验教训。周恩来的发言讲了两个问题，

---

① 中共中央党史研究室、中央档案馆编：《中国共产党第七次全国代表大会档案文献选编》，中共党史出版社2015年版，第259—298页。

② 《胡乔木回忆毛泽东》，人民出版社1994年版，第380页。

③ 中共中央党史研究室、中央档案馆编：《中国共产党第七次全国代表大会档案文献选编》，中共党史出版社2015年版，第747页。

一是抗日民族统一战线的问题，着重讲国共关系；二是统一战线的经验教训问题。周恩来在大会发言中系统阐述了抗日民族统一战线的形成和发展过程，深刻地总结了这方面的经验教训，成为中国共产党统一战线工作的经典性文献，具有重要的历史意义和现实指导作用。

周恩来作为党的主要负责人之一，长期战斗在统一战线的第一线，参与了抗日民放统一战线的全过程。他指出：抗日民族统一战线的酝酿和发展，大体经历了五个阶段：第一阶段是从九一八事变到西安事变，五年多的时间，国共两方面斗争的中心，是抵抗日本侵略还是不抵抗日本侵略。我们这方面，在全国人民面前所提出的，“是要求停止内战，一致抗日”。而国民党方面所提出、所坚持的，是“攘外必先安内”，实际上就是内战的方针。第二阶段是从西安事变到七七抗战，这时两方面争论的中心，是真正的准备抗战还是空谈准备抗战。“我们的中心口号，是以民主来推动抗战”。“国民党当时的方针是什么呢？是‘根绝赤祸’，拖延抗战。”第三阶段是从七七抗战到武汉撤退，“这个时期的中心斗争是全面抗战与片面抗战的斗争。我们党的口号是持久战争、人民战争，就是全面的抗战，全民族的抗战”。“国民党呢？是幻想速胜”。第四阶段是从1939年国民党五中全会到1944年参政会国共两党公开谈判，时间整整六年之久，“我们党跟国民党争论的中心”，是“抗战、团结、进步”还是“妥协、分裂、倒退”的斗争。第五阶段是从1944年9月中共提出联合政府口号到现在。这个谈判有一个中心，“就是我们要提出成立民主的联合政府，而国民党要继续一党专制的政府”。这是一个斗争中心，是两条路线的斗争。[①]

统一战线的经验教训有哪些呢？周恩来指出：“谈到经验教训，不能不联系到十年内战时期，甚至大革命时期的一些错误问题”。周恩来认为：“大革命、十年内战和抗日战争三个时期的统一战线，是有不同的形式和性质的。但是这三个时期的统一战线又都是属于新民主主义的统一战线，因为新民主主义是我们三个时期统一战线的政治基础。新民主主义的统一战

---

① 中共中央党史研究室、中央档案馆编：《中国共产党第七次全国代表大会档案文献选编》，中共党史出版社2015年版，第301—305页。

线，就是无产阶级领导的人民大众的反帝反封建的统一战线。”毛泽东说得很清楚，“要建立一个巩固的新民主主义的统一战线，就是要认清楚敌人、队伍和司令官这三个问题。在革命发展过程中，由于敌我关系和斗争营垒时常发生变化，形势时常变动，所以统一战线的问题就很复杂。”周恩来赞成毛泽东的观点，“我们应当根据毛泽东同志所指出的这三个方面，来研究统一战线的经验教训。”所以，周恩来所概括的统一战线的经验教训，实际上就是根据毛泽东所说的三个方面来加以论述。中国共产党在统一战线方面的经验和教训，主要有以下三条。

一是要弄清敌情，调查研究，要知己知彼。周恩来指出：“新民主主义革命的敌人是帝国主义、封建势力。这在整个新民主主义革命时期是不变的。可是帝国主义不仅是一个，而国内的大地主、大资产阶级又有不同的派别和集团，这些敌人又常常不一致，所以敌人营垒又是变化的。这样，我们要认清敌人就不是一件简单的事情，就成了复杂的问题。”有时候敌人是合在一起压迫人民大众的。“许多时候敌人是分开的”。“帝国主义是有分有合，分开的时间还是长的。”“敌人有分有合，情况就更复杂了。特别是各阶级的代表人物更不是固定不变的。代表性改变了，本来不是敌人也可以变成敌人，常常使我们搞不清楚。”如蒋介石、汪精卫。“总之，各阶级代表人物是能变化的。”“在这二十五年革命奋斗当中，我们所遇到的统一战线的变动是这样多，这样大，又这样复杂，因此就要求我们有一个清醒的头脑，善于调查研究，分析问题。”

周恩来认为，“以毛泽东同志为代表的思想，能够正确地认识历史发展进程中的矛盾变化，能够随时地认识敌人、分析敌人，能够提出战胜敌人的正确方针。”而各种“左”右倾机会主义，就是弄不清楚这些，“首先在认识和对待敌人这个问题上发生了很多错误。”右的错误常常把敌人当成朋友。如武汉时期的蒋介石已经走向反动了，“还主张继续和蒋介石合作，就没有认识这个转变关头的变动。”“左”的错误常常把朋友当成敌人。如内战时期，小资产阶级甚至小资产阶级的上层分子是我们的朋友，特别是在九一八事变后，就是中产阶级都可以做朋友，而“左”倾观点认为他们是敌人，并且是最危险的敌人，竟错到这样的程度。

要正确地认识历史发展进程中的矛盾变化，随时地认识敌人、分析敌人，还要看到，“有些敌人在一定条件下是有两面性的。在同他们结成统一战线的时候”，不能“只注意他们可以联合的一面，忘记了他们的反动性”。如全国抗战初期，大地主、大资产阶级的蒋介石集团参加了抗战，但还保有他的反动性。右倾的错误是替他擦粉，把他的反动性抹杀了。而有“左”倾观点的同志，则“在转变的关头看不到变化，只注意这些敌人的反动性，看不到他们可以联合的方面。”1935年召开瓦窑堡会议时，毛泽东估计到中国的资产阶级，甚至部分大资产阶级，有转向抗战的可能，那时候“左”倾观点的同志就不相信，不懂得联合他们来推动抗战。对统治阶级营垒中的不一致，要分别清楚是那一种性质的。如抗战时期大后方反对蒋介石法西斯独裁专制的，有许多地方实力派，在这一点上当然可以跟他们联合。但是一定要懂得他们本身还是代表大地主、大资产阶级的。“他们同蒋介石的矛盾是统治阶级营垒中间的矛盾”。“左”的观点不承认这种矛盾，认为凡是敌人，在一个时期内都要一律打倒。但是，要打倒一切，就一切打不倒。

二是队伍的中心问题是农民问题。三是领导权问题，就是说无产阶级争取领导权的问题，争取多数，打击少数，利用矛盾，各个击破，有团结，有斗争，有理、有利、有节。①

七、多位代表介绍各地或各方面工作情况和经验

从4月30日到5月23日，共有26位代表在大会讨论报告时发言。除了周恩来关于统一战线的重要发言外，还有25位代表在大会发言。依发言次序是：彭德怀、陈毅、高岗、张闻天、康生、博古、彭真、聂荣臻、杨尚昆、陈云、李质忠、陆定一、刘伯承、朱瑞、古大存、李富春、乌兰夫、林彪、马凤舞、刘澜波、张鼎丞、傅钟、叶剑英和日本共产党代表冈野进、

① 中共中央党史研究室、中央档案馆编：《中国共产党第七次全国代表大会档案文献选编》，中共党史出版社2015年版，第305—312页。

朝鲜独立同盟代表朴一禹。

他们发言的内容，涵盖了抗日民主根据地建设、城市工作、机要工作、党的建设，特别是党的作风建设、军队建设、少数民族工作等方面。代表们充分发表意见，提出若干意见和建议；还有的同志对以往工作中所犯错误的自我解剖、自我批评，表述了一定改正错误，更好为党工作的决心和态度。

具体来说可分为以下几类：1. 介绍和总结抗日根据地工作的，有陕甘宁高岗、晋察冀聂荣臻、山东朱瑞、华南古大存；2. 介绍和总结军事工作、抗日武装力量经验的有刘伯承、八路军彭德怀、新四军陈毅；3. 介绍敌占区的城市工作、东北工作的有彭真、刘澜波；4. 介绍少数民族工作的有乌兰夫、马凤舞；5. 介绍机要工作、除奸工作的有李质忠、康生；6. 介绍和总结党的建设经验、讲真理、讲团结、讲整风的有陈云、陆定一、张鼎丞、傅钟；7. 侧重进行自我批评的有张闻天、博古、杨尚昆、李富春；8. 外国共产党、团体代表有朝鲜王巍、日本冈野进；9. 介绍国际国内形势的有叶剑英。他们的发言围绕着大会报告，贯穿了“团结一致，争取胜利”的精神，联系各自地方或工作的实际情况，畅所欲言，总结经验教训，内容丰富，精彩纷呈。

（一）彭德怀介绍和总结华北八路军抗战的经验

彭德怀，湖南湘潭县人。曾在湖南军官讲武堂学习，任湘军连长、团长。1928 年 1 月加入中国共产党。7 月和滕代远发动和领导平江起义，创建中国工农红军第五军，任军长。年底率红五军上井冈山同毛泽东、朱德领导的红四军会师，坚持井冈山斗争和开辟中央苏区革命根据地。后任红三军团军团长兼政治委员。参加长征。后任八路军前方总部副总指挥、中共中央北方局代书记，1942 年 8 月到延安。1944 年 5 月参加七大军事报告准备委员会。后任中央军委总参谋长。在七大上当选为中央委员，在中共七届一中全会上当选为中共中央政治局委员。[①]

① 中共中央党史研究室第一研究部编：《中国共产党第七次全国代表大会代表名录》，中共党史出版社、上海人民出版社 2005 年版，第 513—515 页。

1945年4月30日，周恩来发言结束后，彭德怀接着发言。他首先指出：毛泽东《论联合政府》的政治报告，“是有历史意义的”。报告“对于如何团结全国人民去消灭日本侵略者，如何建立独立、自由、民主、统一与强盛的中国，都给了明确的指示，这不仅是我党的奋斗方针，也是全中国人民的愿望。”[①] 这个纲领是我党及全中国人民共同奋斗的纲领。不仅总结了中国革命的长期经验，而且是争取中国人民、中华民族解放、建设新中国的一个指路碑。彭德怀完全同意、拥护毛泽东这个报告，也完全同意朱德的军事报告。朱德的报告解决了许多基本问题，如怎样养兵？怎样练兵？怎样带兵？怎样用兵等问题。这对于我们以后的军事建设有很大的作用。[②]

彭德怀介绍全国抗战爆发后八路军在华北抗日战争中“英勇奋斗的伟大成绩”，深入分析了取得这些伟大成绩的原因，还总结了华北抗战的经验教训。他指出：“这些伟大成就，绝不是轻易获得的”。除了执行毛泽东为首的党中央的正确路线，还由于全华北人民，救亡运动蜂起，各地在各种形式下出现了人民的救亡组织与活动，为伟大的抗日战争准备了广大的群众基础；还和党在华北的长期地下工作，北方局的正确领导及各地组织党的努力分不开；还同无数的指挥员、战斗员和地方党做其他各项工作的同志英勇奋斗、牺牲分不开；还同敌人进行了各种各样的斗争分不开。

谈到华北抗战的经验教训，彭德怀指出：从抗战一开始，毛泽东就规定了敌后的战略任务。敌后的战略方针是：“基本的游击战，但不放弃有利条件下的运动战”。这种敌后的战略任务，就是要打击敌人，消灭敌人，保存自己，发展自己。我们执行了这样的基本任务，开展了人民的战争，同时锻炼出了一套比较完善的适合于敌后犬牙交错的游击战争环境的军事政策。这一套军事政策，最突出的，其实质的就表现在密切联系农民

① 中共中央党史研究室、中央档案馆编：《中国共产党第七次全国代表大会档案文献选编》，中共党史出版社2015年版，第315—316页。

② 彭德怀：《华北八年抗日游击战的成绩和经验》，1945年4月30日。

的切身利益，表现在战斗与生产结合，发挥群众性的农民游击战争的特长，而又没有被农民的地方性、保守主义所限制。游击战中的“游”就是为了“击”，“游”是手段，达到打击敌人的目的，消灭敌人的目的。毛泽东规定敌后战略方针是基本游击战，但不放松有利条件下的运动战。按照这个方针，就可以既打击敌人，又保存自己、发展自己。

彭德怀总结华北抗战中的一些教训。“在抗战开始时期，对强大的日本帝国主义及其军队的顽强性缺乏深刻的认识；对国民党的军队估计过高，对国民党‘勇于对内，怯于对外’的历史传统与社会根源缺乏深刻的认识；对中日战争的长期性认识不足，易为好听的速胜论所影响；对游击战的重要性认识不足，而产生强调运动战、不强调游击战的错误思想。”在这些思想的下，“夸大自己的力量，以为当时山西的危急局面，可以我军力量来挽救”，“妨碍了及时向平原分兵发展游击战”，“过多的重视了主力，看轻了地方军。打了一些可以避免的硬仗（百团大战后期），在环境异常严重时，没有及时分散进行游击战”。这里实际上也包含彭德怀的自我批评。“由于对游击战的战略任务——削弱敌人，保存自己，发展自己，创造根据地，巩固与坚持根据地——认识不够正确而产生的”错误，“在相当长期的实践过程中，吃了一些苦头，才逐渐体会和改正”。“现在，抗战胜利在望，敌后战争的发展，将由游击战为主而逐渐转向运动战为主，如不根据新的情况有所准备，也难免不犯错误；但如不根据具体情况而过早地进行运动战，也是不对的。”

关于“迎接胜利”，彭德怀根据毛泽东的报告精神指出：“我们目前的具体任务是：消灭日本侵略者，废止一党专政，建立联合政府。我们解放区的任务是扩大解放区，缩小沦陷区，实现中国解放区人民代表会议，以便统一各解放区的行动，加强解放区抗日工作，发展生产，扩大与聚集力量，准备反攻，解放中华民族，解放全国人民”。①

① 中共中央党史研究室、中央档案馆编：《中国共产党第七次全国代表大会档案文献选编》，中共党史出版社 2015 年版，第 315—324 页。

（二）陈毅介绍和总结党在新四军和华中工作的历史和经验

陈毅，四川乐至县人。1919 年 6 月赴法国勤工俭学。1922 年加入中国社会主义青年团，1923 年转为中国共产党党员。1924 年任党支部书记。曾任中共北京地委国民运动委员会书记、北京学生联合会党团书记。1926 年 12 月参加组织泸顺起义，任起义军政治部主任。参加南昌起义部队，任团指导员。参与发动湘南起义。后上井冈山，任红军师长、红四军教导大队大队长、党委书记。中共第四军前敌委员会书记。和毛泽东一起主持古田会议。后任江西军区司令员。坚持南方三年游击战。后任中央军委新四军分会副主任兼新四军第一支队司令员、华中新四军八路军总指挥部副总指挥并代理总指挥、新四军代军长、华中局代理书记。1944 年 3 月到达延安。5 月参加七大军事报告准备委员会。率华中代表团出席中共七大，任代表团主任、代表资格审查委员会委员，并被选大会主席团成员。后当选为第七届中央委员。①

1945 年 5 月 1 日，陈毅在大会发言，标题为《关于党在新四军和华中工作的历史。八年抗战的情形。今后如何执行毛主席的指示和大会决议》。全文 2.1 万字。他首先表示“完全同意毛主席《论联合政府》的报告和朱总司令的军事报告”，“华中党和新四军部队”，在长江下游和长江两岸，占据着重要的地位。不管将来有什么严重的曲折和困难，有信心在毛主席和党中央的领导下，在七次代表大会所通过的路线的指导下，以及华北八路军老大哥撑腰下，经得起将要面临的重大的考验。

陈毅还分析毛泽东军事思想产生的背景和中国共产党领导武装斗争的特点。北伐时期，我党接触了武装斗争，同时领导了武装斗争，参加了国民革命军的建设和以后的指导作战，以后是十年内战和八年抗战。党的历史，就是武装斗争的历史。毛泽东的军事思想就产生于这 25 年斗争中。我们党武装斗争的经验最为丰富。这是第一个特点。第二个特点是人民的战

① 中共中央党史研究室第一研究部编:《中国共产党第七次全国代表大会代表名录》，中共党史出版社、上海人民出版社 2005 年版，第 601—613 页。

争，以人民为基础。“人民的军队，人民的战争，以人民为基础，这是我们武装斗争的特点。”[①] 第三个特点，是第一次国共合作，进行共同武装斗争，反对军阀帝国主义和封建势力；土地革命战争时期，我们共产党独立领导武装斗争；抗日战争时期，就是现在我们国共两党进行抗日战争。第四个特点是以“以小敌大”，“以弱敌强”，拿起落后的武器，和具有新式武器的敌人作战。可见我们的军队的战略思想是很发展的。陈毅认为，“毛泽东军事思想在战略方面的贡献最大，是古今中外战略思想最高的发展。”

陈毅指出：关于党与非党、我军与友军的关系，毛主席指示，我们军队是党与非党的联盟。这个问题提得很好，解决了很多问题，把我们军队自己的关门主义，不敢大胆和友军接近及不敢大胆改造友军的思想解决了，使我们军队更团结，党员排斥非党干部宗派主义的思想克服了。我们的政治工作，党员与非党员的团结也会更好。“我们是为人民服务的新的军队，在这一个基础上，要大胆的改造旧军队，但不能混同起来。”

陈毅讲到自己在红四军第九次代表大会上犯过原则上的错误，“调和主义的态度，助长了错误的一面，削弱了正确的一面，这是错误的”。他还检讨新四军的工作，认为：“华中部队工作中，有军阀残余，有旧军队残余，某些地方还相当严重，今天还有这样的问题。是不是拥政爱民？把我们过去的打人骂人坏习气去掉没有？我看很成问题。”在处理军民问题上，平时也不犯什么错误，但有时就不自觉的偏于军队而不是偏在老百姓方面。在处理军队与政府的关系上，也常常是这样，粮食要多要，侠子要多搞，款子要多报一点。处理干部问题，常常采取个人拉拢的办法，多给他钱助长他一番，这就是所谓军阀主义残余。陈毅认为自己这个当军长的首先应当对此负责。“今天要真正把我们的军队搞好，把我们的军队组织的更强，应付新的事变，在建军上有这样的东西值得我们注意。政治工作就表现在这个地方。”“毛主席在建军问题上的伟大，就是力争党的领导权，力争改造

① 中共中央党史研究室、中央档案馆编：《中国共产党第七次全国代表大会档案文献选编》，中共党史出版社 2015 年版，第 335 页。

旧军队，力争反对军阀残余。”[①]

（三）高岗介绍和总结陕甘宁根据地建设的成就和经验

高岗，陕西横山县人。1927 年 1 月入西安中山军事学校学习。2 月加入中国共产党。1929 年被派往军阀部队开展兵运工作。后任红军陕甘边游击队中共队委书记兼大队政治委员，陕甘边红军临时总指挥部政治委员、师政治委员，陕甘宁边区保安司令部司令员、政治委员，中共陕甘宁边区委书记，陕甘宁边区参议会参议长、议长，中共中央西北局书记，陕甘宁晋绥联防军副政治委员、代理政治委员。1944 年 5 月出席六届七中全会，参加组织问题报告准备委员会和党的历史问题决议准备委员会。七大上被选为大会主席团成员、代表资格审查委员会委员。在大会上当选为中共中央委员。[②]

高岗在七大上的大会发言的文字稿有 1.5 万字，副标题是争取中间分子、生产、作风问题。他首先表示：“我们西北代表团完全同意毛主席的政治报告和总司令的军事报告。我们认为这是中国人民胜利的路线，我们不仅是拥护这个东西，而且要执行这个东西。”[③]

他讲到陕甘宁边区的历史，“边区是内战时期留下的最后一个根据地。这个根据地是在毛主席的旗帜下，在许多西北人民的领袖，以刘志丹，谢子长为首的领导下，领导西北所有的党员人民，经过长期的斗争，也经过许多失败，慢慢摸索创造出这个粗糙的东西。曾经在一九三五年苏维埃末期，这个区域发生严重的危机，就是能不能存在的危机。那时候恰巧毛主席为首的中央和中央红军到达了边区，克服了危机，挽救了边区。从此以后，红一、二、四三个方面军大批的干部参加了边区的实际工作，在军事，

---

① 中共中央党史研究室、中央档案馆编：《中国共产党第七次全国代表大会档案文献选编》，中共党史出版社 2015 年版，第 337、338 页。

② 中共中央党史研究室第一研究部编：《中国共产党第七次全国代表大会代表名录》，中共党史出版社、上海人民出版社 2005 年版，第 64—65 页。

③ 中共中央党史研究室、中央档案馆编：《中国共产党第七次全国代表大会档案文献选编》，中共党史出版社 2015 年版，第 339 页。

政治，文化，经济各方面参加工作，在中央直接领导下，使边区的工作发展得到了保证。这样以后，边区的地位提高了。边区现在所以叫排头，并不是这个边区怎样了不起，而是因为中央在这里，如果没有中央在这里，边区不会有这样的地位。”“中央在这里，中央大批的干部在这里帮助工作，提高于边区的地位，不仅挽救了边区的危机，而且发展了边区，提高了边区。”

西安事变后，接着全国抗战开始。这个区域先改成特区，后改为边区。改称边区后，“在边区的建设方针上有过争论，对于边区的认识也有不同”。张国焘说边区是“鸡肋”，食之无味，弃之可惜，无足轻重，有也可以，无也可以；也有人说这个地方只是过渡过渡，地瘠民贫，到处拉[屙]尿，将来要搞大地方。“但是毛主席在苏区党代表会议上说：这是最后留下的一个根据地，我们要搞成一个模范，要长期建设，虽然落后，也是好的。落后是国民党留下的，可不可以改造呢？经过长期的建设，是可以改造的。”因此对于边区的看法，一个是“鸡肋”，一个是模范，一个是“过渡”，一个是长期改造，一个是“合股公司”，一个是独立自主的搞。高岗认为：“这种争论的基本性质，一个是在党的领导下，使新民主主义继续向前发展；一个是降为旧民主主义制度。”[①]在这种认识下，地主把土地收回去了，如志丹、靖边、安塞等地，甚至有的地主把分给农民的桌椅板凳也收回去了。干部莫明其妙，农民很恐慌。

当时的政权是双重政权。“国民党派保安队到鄜县来，说要统一搞，把我们的保安队交给他们。我们的交通机关、邮局取消了，信件都要经过人家的邮局”。“在我们自己的区域里，有政府，有保安队，要去请示人家，和人家合股。”毛主席知道了这些事情，拍了桌子，说“还有这样的事情，岂有此理”，打电话给萧劲光、高自立：“现在要保持进步设施，不许被摧残，我们要独立领导，他们来了，如无我们的命令允许，那就到处可以捉。”这样搞了以后，1938年5月后，克服了错误的东西。“我们自己要建立模范抗日根据地，我们站稳了立场，慢慢摸索，做的工作很多，有成绩，

① 中共中央党史研究室、中央档案馆编：《中国共产党第七次全国代表大会档案文献选编》，中共党史出版社2015年版，第339页。

错误也不少。”

在边区建设中，注意了在政权中和中间分子合作的问题。针对他们的顾虑，“我们采取组织参观团的办法用轿窝子请他们来延安参观。他们来了，要和我们的领袖谈，要和我们毛主席、朱总司令谈”，问了好多问题。还采取开座谈会的办法，每一个县、专署召集座谈会，给他们解释问题。建立“三三制”的政权，他们也就参加进来了。但他们对农民减租看不顺眼，主张层层摊派。“这些矛盾怎样解决？拿什么办法解决呢？我们共产党最主要一条，是给老百姓办事。农民多，农民要减租，我们就要减租。”但要给地主余一点粮食，他们说政府还好，可以合作。减租就是用这样一种方法搞的。有些地主，“内战时期跑出去了”，“如果回来，可以给他一点土地，让他可以生活，采取这样的办法争取他。”“有些地主，怕合理负担，怕减租减息，便向办合作社、做自耕农，办工厂各方面转变，我们也鼓励他，你向富农发展取消封建剥削，向资本主义发展是好的。”我们的态度，是毛主席讲的，大家来商量着做。“还有一点很重要的，要尊重他们有职有权，如不尊重他们，他们说你们要我们摆花瓶，或是坐冷板凳，就不来了。群众是我们的，政权是我们领导的，我们可以放手让他们去做。”① 这“仅仅是在乡村里的经验”。“应该学习城市工作，应该做准备工作，应该调查具体的问题”。“要有干部，要有准备”。②

高岗指出，陕甘宁边区的“民主建设也好，经济建设也好，文化建设也行，还有部队里面的工作等等”，和“留守兵团的全体干部和战士，以及联防军部队的保卫边区、参加建设边区”是分不开的。否则，“国民党早把这个地方给你打掉了”。同时也和“华北华中的胜利与在那里的发展”密切相关。否则，“即使国民党不搞边区，日本人也会来搞的”。“假使中央不在这里，没有毛主席的亲自指导，要我们去搞‘三三制’，搞的那样好，

① 中共中央党史研究室、中央档案馆编：《中国共产党第七次全国代表大会档案文献选编》，中共党史出版社 2015 年版，第 340—343 页。

② 中共中央党史研究室、中央档案馆编：《中国共产党第七次全国代表大会档案文献选编》，中共党史出版社 2015 年版，第 343—344 页。

也不容易。”还有“知识分子帮助我们搞洋碱”，搞玻璃、搞化学工业品。这些陕北农民不会搞，我也不会，“但他们帮助我们办了”。当他们开始来时，也确有人说边区这个“土围子能干什么？”本地干部说：“老子打内战时，你还不晓得在那里，你还瞧不起我？”到审查干部时，他们翻了一个身。当然审干也有成绩，“在边区破获了二百多个有真凭实据的特务，但是很多戴错了帽子”，他们心里不高兴，当然很伤心。高岗承认“这一点我要负责，这里面有主观主义的成分，伤害了他们”。现在很诚恳地对他们说：“不是有意搞人家，搞错了，就取消帽子。我们大家诚心诚意的合作把边区搞好。”

今后总的任务，就是打垮日本，搞城市，和八路军新四军，和华北的党，和华中的党合作起来，把城市打下来，把中国革命搞胜利。我们要“站在为人民服务的大旗下，站在毛泽东的大旗下胜利前进，这样我们中国就可以胜利”。①

（四）张闻天对教条主义的批判和自我批评

张闻天，江苏南汇（今属上海市）人。1922 年赴美国勤工俭学。1924 年回国。1925 年加入中国共产党。同年赴苏联莫斯科中山大学学习。毕业后留校任教，又入红色教授学院深造并参与共产国际东方部工作。曾任中共中央宣传部部长，中共临时中央政治局委员、政治局常务委员、书记处书记，中华苏维埃共和国人民委员会主席。参加长征。在遵义会议上批判错误军事路线，起草遵义会议决议，被推举在党内负总责。后兼任中共中央宣传部部长、马克思列宁学院院长。1944 年 5 月参加中共六届七中全会，参加党的历史问题决议准备委员会，参与决议修改。当选为七大主席团成员，当选为第七届中央委员、中央政治局委员。②

① 中共中央党史研究室、中央档案馆编：《中国共产党第七次全国代表大会档案文献选编》，中共党史出版社 2015 年版，第 348—349 页。

② 中共中央党史研究室第一研究部编：《中国共产党第七次全国代表大会代表名录》，中共党史出版社、上海人民出版社 2005 年版，第 438—439 页。

1945年5月2日，张闻天在七大发言。他首先表示“完全同意毛泽东同志的政治报告”和朱德的军事报告。因为时间关系，他只就毛泽东报告的最后一段，“以马克思列宁主义的理论思想武装起来的中国共产党，在中国人民中产生了新的工作作风，这主要的就是理论和实践相结合的作风，和人民群众紧密地联系在一起的作风以及自我批评的作风”发表一点意见。[①] 张闻天认为，毛泽东所说的新作风，就是我党25年来建党经验的总结，同时也是我党以后建党的方向。这就是毛泽东同志的作风，这就是中国无产阶级的作风。

张闻天回顾党的历史上，“曾经存在过，现在还多少存在着，而且在个别时期甚至统治过全党”的“理论脱离实践、脱离群众、缺乏自我批评的作风”。张闻天检查自己加入中国共产党后，“主观上虽是曾经决心做一个良好的无产阶级的战士”，但“小资产阶级革命知识分子的思想与品质，并未在革命斗争的火焰中被加以彻底改造，就被送到莫斯科学习去了”。学习只是为个人获得马克思主义的书本知识而学习，为个人成为马克思主义的“理论家”而学习。“没有把马克思主义当做行动的指南，却反而把它当做了教条”。以为有了马克思主义的词句，依照这些词句来办事，中国革命就会很快得到胜利。“这就是我的教条主义、盲动冒险主义与宗派主义之由来”。

参加临时中央后，“居然根据一点书本知识，及一些错误的决议，自以为是的发号施令起来了。”为了贯彻我们的错误路线，还在所谓反“右倾机会主义”，反“狭隘经验论”等的口号之下，“完全错误的打击了党内了解中国实际情况与富有中国革命经验的领导同志”，这实在是非常错误的。“应该向一切当时被我们所错误打击的同志赔不是”。“对于这种错误所造成的损失，我是主要负责者之一，我是应该完全负责的”。

张闻天完全拥护六届七中全会通过的历史决议。他认为，这决议既正确地总结了党的历史教训，又正确地解决了党内错误问题，把全党同志在

---

① 中共中央党史研究室、中央档案馆编：《中国共产党第七次全国代表大会档案文献选编》，中共党史出版社2015年版，第349页。

最高度的原则上，在毛泽东同志的思想与作风上，团结起来了。这是毛泽东在整风运动中“惩前毖后，治病救人”“既弄清思想，又团结同志”的方针的贯彻与实行。这是我党的伟大胜利。任何企图利用这个文件来进行挑拨离间的阴谋，是断然不会成功的。

1942 年 1 月，张闻天经党中央同意，从中央几个部门抽调 9 名干部，包括自己的夫人刘英，组成“延安农村工作调查团”，自己任团长，出发到陕北、晋西北农村进行调查。1943 年 3 月回延安。他说自己真正参加整风运动是在 1943 年 9 月“中央内部开始整风之后”。他谈到自己过去自高自大，自以为是的骄傲态度。整风运动，在改变过去这种骄傲态度上，有莫大的好处。他“开始认真的学习毛泽东同志的思想与作风了”。而且，愈是虚心，愈能接受批评与发展自我批评，进步亦愈快。“虚心的态度，就是老实的态度，就是实事求是的态度”。毛泽东的“思想与作风就是老老实实的思想与作风，实事求是的思想与作风”。“言行一致就是毛泽东同志的思想与作风的本质，也就是马克思主义的本质”。“必须力戒小资产阶级的轻浮的与急躁的态度”。

张闻天在整风运动中深刻地的体验到，“浸透于毛泽东同志的思想与作风的全部精神”，就是他在这报告中所说的“全心全意为中国人民服务”的精神，“向人民负最后与最大责任”的精神。张闻天“在整风运动中常常想，加入了共产党这么久，对于‘共产党是干什么的？’这个问题，还不是那末清楚的”。“口头上，我们常常说，一切为了人民大众的利益，而实际上则并不如此”。毛泽东同志曾经用最通俗的话概括马克思主义的方法论，叫作“从群众中来，到群众中去”，就是指我们的一切思想与行动，一刻也不能脱离群众。群众是我们的出发点，群众也是我们的归宿点。人民大众是历史的真正创造者，而我们正像毛泽东同志说的，只是“人民的勤务员”！因此，真正在头脑中建立起“群众观点”，“还是我党当前的迫切任务”。张闻天认为，毛泽东是“群众观点”的模范。张闻天提出“研究与宣传毛泽东路线与毛泽东思想的任务”。“全党同志都高兴，我们党今天有了我们自己的马克思主义，即民族化了的马克思主义，即毛泽东路线与毛泽东思想”。[①]

（五）博古在大会作自我批评

博古，江苏省无锡县人。1925 年春加入中国共产主义青年团，10 月加入中国共产党。1926 年赴苏联入莫斯科中山大学学习。1930 年回国担任全国总工会宣传干事。同年底被补选为团中央委员，任共青团中央宣传部部长、青年团中央书记。后任中共临时中央政治局常委，负责中共中央工作。1933 年初随中共临时中央进入中央革命根据地。后任中央政治局委员。遵义会议后调离中共中央最高领导岗位，任军委总政治部主任，中共中央组织部部长。参加和平解决西安事变的谈判。后任中共中央政治局常务委员会委员，参与同国民党谈判。后任中共南方局常务委员兼组织部部长、代理书记，解放日报社社长兼主笔、新华社社长等职。参加七大党的历史问题报告准备委员会。当选为第七届中央委员。[②]

博古的大会发言稿有 1.6 万字。他首先表示：“完全同意毛主席的政治报告和朱总司令的军事报告”，认为毛主席的政治报告，“是一个有历史意义的报告”，“是一个团结全国人民争取抗战胜利的纲领”，“是党的二十五年斗争经验的总结，是马克思主义的普遍真理与中国革命具体实践相结合的模范，是马列主义在新条件与新环境下的发展”。他也“完全同意七中全会通过的《关于若干历史问题的决议案》”，认为它“是一个有历史意义的决议案，他是中共党史的简明纲要”。

博古检讨犯过的教条主义错误，认为自己是“同教条主义左倾机会主义路线共其始终的人”。教条主义的“左”倾路线，它的萌芽、形成、发展、破产及转化为右倾机会主义的各个阶段，他都是有份的。而且在这错误中，时间最长，所负的工作更全面。他认为将教条主义“左”倾路线分

① 中共中央党史研究室、中央档案馆编：《中国共产党第七次全国代表大会档案文献选编》，中共党史出版社 2015 年版，第 351—357 页。

② 中共中央党史研究室第一研究部编：《中国共产党第七次全国代表大会代表名录》，中共党史出版社、上海人民出版社 2005 年版，第 797—798 页。

作四个阶段：从萌芽阶段到形成及取得了党内统治地位的阶段；从这条“左”倾路线的发展到破产的阶段。博古谈到遵义会议上自己“是不认识错误的，同时不了解错误”。直到瓦窑堡会议，自己“仍然用左倾的观点，教条主义的方法，反对民族统一战线”。

博古还谈到，教条主义左倾机会主义路线发展的第四个阶段，是“转化为右倾投降主义路线”。博古认为有三个基本的关键问题：一是形势不同，敌人所采取的方法不同，因而影响我们的思想情绪。抗战前敌人对我们是打、是杀，个人情绪上是愤懑、仇恨，从这里产生“左”；抗战后，敌人采取的办法是拉，是麻痹，因此个人情绪容易发生迁就，随和。二是旧教条破产新教条取而代之。把统一战线神秘化，当成拜物教。三是前一个时期的错误，“造成对革命运动对党很大的损失”，“我们的力量的很大的削弱，以致减低了对这种力量的信心，增长依赖国民党军队抗日的错误思想”。

在洛川会议上，“对于我们自己的军队的战略方针不愿意强调独立自主山地游击战的方针，对国民党采取迁就的态度，我是赞成这个意见的一个”。十二月会议上，认为“当前的革命阶段是共产党与国民党共同领导的、依靠国民党军队的抗日救国运动阶段”。在敌人、队伍、司令官三个问题上，都完全错了。共同领导，就是公开地把领导权完全交给资产阶级，把无产阶级变成资产阶级的助手、尾巴。

武汉时期，时间有半年之久，所做的事也不少，可实际表现是替国民党涂脂抹粉，唯恐不力；步步退让，事事帮助；作茧自缚，搬砖打脚；“轰轰烈烈，空空洞洞”。在群众工作的指导方针上的错误，就是把工作的重心放在城市中，放在知识分子中，不放在农村中，不动员知识分子救亡青年到农民中去帮助和发动农民；而在城市中，也不发动青年知识分子切切实实到工人中城市贫民中去，而让他们局限在自己的小圈子中，满足于歌咏队、宣传队、戏剧团等组织形式。其次是着重上层联络，和国民党的一些空头民众团体去进行“统一战线”，而忽视切实的埋头苦干的下层的群众工作。

武汉时期党的建设方面的错误，主要的是“三个口号：第一大量发展；第二争取公开；第三成名干部”。按照这三个口号建党就使无产阶级先锋的共产党变为小资产阶级自由主义的政党。“当时应该采取的方针是放手动员群众与精干有力的党的组织”。但“长江局对下级组织常常规定限时限刻地要达到多少多少数量的党员，因而放松党章上规定的个别接收，在许多地方实行了，缺乏严肃审查的集体入党，其结果使党内混入许多投机分子，甚至许多国民党所派遣的奸细特务。”所谓争取公开，就是在国民党面前自己暴露我党的组织。结果在一些地区使国民党知道了我们的组织，招致了以后的破坏。在干部政策上，所谓培养成名干部，就是在党内提倡风头主义和夸夸其谈的作风，抹杀埋头苦干的优良的传统。这些错误，造成了以后大后方党很大的困难，造成大后方党的许多破坏。

博古肯定，当时各省做工作的同志，大多数是好的，艰苦努力为党工作的，而且亦有许多成绩的。这也说明了大后方的党不是一个“红旗”党，它是中国共产党的组织。博古还讲道：“这里必须提到长江局在党内组织关系上的向中央闹独立性的行动。当时长江局在政治和组织路线上是违反和抗拒中央的正确指示的”，“这种闹独立性的行动，加深了武汉时期的错误，并且造成党内不能允许的破坏党纪的行动”。博古认为“在大后方党的组织工作上”，自己“是应该负主要责任的”。而所以犯错误的根源有三个，三大主义：根深蒂固的教条主义；浓厚的宗派主义；恶劣的个人主义。博古深刻地反省所犯的错误，决心今后“脱胎换骨”，“脱小资产阶级革命家之胎”，“换教条主义之骨”，在“党中央领导下面作一个党员”，“在以后更多的替党做一些有益的事”。①

（六）彭真总结在敌占区开展城市工作的经验

彭真，山西曲沃县人。1923 年 5 月加入中国社会主义青年团，同年冬加入中国共产党。曾任党支部负责人、青年团太原地委书记。后任中共天

① 中共中央党史研究室、中央档案馆编：《中国共产党第七次全国代表大会档案文献选编》，中共党史出版社 2015 年版，第 369—373 页。

津地委组织部部长，天津市委代理书记、书记，唐山市委书记，顺直省委常委、组织部部长，代理省委书记。曾因叛徒出卖被捕。在狱中秘密组织党支部任书记，组织难友同敌人斗争。出狱后，任中共北方局委员、组织部部长。后以北方局代表名义常驻晋察冀，协助指导晋察冀等地区工作。参与组织冀东抗日大暴动。担任中共中央北方分局书记，中共中央党校教育长、副校长，中央组织部代理部长，参加扩大的中共六届七中全会，任党的历史问题决议准备委员会成员、组织问题报告准备委员会成员。参与起草历史决议和修改党章的报告。担任中央城市工作部部长。任七大主席团成员、代表资格审查委员会主任。当选为中共第七届中央委员。[①]

1945 年 5 月 3 日，彭真在七大的发言题目是《关于敌占区的城市工作》，主要是总结党在敌占区城市工作的经验以及以后工作如何开展，等等。他的发言内容具体包括：从乡村推进到城市；不同地区的地下党工作；里应外合，收复大城市；积极地发展力量，审慎地发动斗争；精干隐蔽，利用合法形式，争取千百万群众；非法的宣传形式与合法的组织形式相结合；争取老一代工人是争取工人、苦力的中心一环；瓦解与争取伪军伪警工作；广泛地组织地下军；瓦解敌军工作；准备并正确使用一切干部；建立民主的新秩序。

彭真强调，随着我们力量的发展，必须要由乡村推进到城市。过去在白区的工作，秘密的地方党的工作，刘少奇是白区正确路线的代表者，对白区工作有经验。还有在座的七大代表刘晓、刘宁一、刘慎之同志。我们的胜利，将要由乡村推进到城市里面去。所以，毛主席提出，要把城市工作沦陷区的工作提到同根据地同等重要的地位。彭真指出，1928 年六大时就提出了要准备力量，收复大城市，并为实现这个任务作了长期斗争。因为没有根据地，想在城市起义把城市拿在自己手里，那是不能够完成的。现在，整个世界形势不同了。有了前进的阵地，有了这样的力量，提出收复大城市的任务就不会落空。

---

① 中共中央党史研究室第一研究部编：《中国共产党第七次全国代表大会代表名录》，中共党史出版社、上海人民出版社 2005 年版，第 287—289 页。

彭真认为，在华北、华中我们的解放区，八路军、新四军、游击队是包围着城市的，敌人在城市里面是孤立的。这些城市工作的任务，跟过去是不同了。过去是隐蔽精干，怎么样保存组织，怎么样进行合法斗争。现在是要准备武装起义，要准备力量，等待时机来到就武装起义。现在主要的根本思想是里应外合，这是由中国革命的长期经验总结得来的。“里应外合，是我党从大城市驱逐敌人的根本思想”①。

我们的总任务是要里应外合，收复城市，但我们现在城市工作还很薄弱。华中有些城市工作还比较有些基础，但依靠那些基础要来收复城市也还差得远。城市里面要怎么样搞呢？中央“指示城市工作主要对象是工人、苦力、伪军、伪警”。其中还提出争取老工人的任务。要找老工人，特别是经过大革命、经过内战的老工人。他们“接受过我们党的教育，接受过我们党的影响，他们有斗争的经验，有失败的经验，也有成功的经验，他们在工厂里面的朋友多得很，师兄、师弟、朋友、亲戚一大堆”。所以，要找老工人。“老工人点一点头，常常是比我们派许多干部去还有效力”。

将来我们夺取城市主要靠外面的力量为主，“工人也好，苦力也好，伪军、伪警也好，都是辅助力量”。但伪军、伪警受过相当的军事训练，有些并且有战斗的经验，如果搞得好，他们就可以成为城市起义的主力，内应的主力。我们“应该把伪军、伪警的工作看得和工人、苦力的工作一样重要”。彭真还分析伪军分为东北系、西北系、保定系、日本士官系、黄埔系等几个系统，如果能在每一个系都突破一两点，那么我们“工作上的开展就更容易”。对于根据地边沿上的伪军，可以搞来反正的就反正，可以搞掉的就搞掉他；至于在城市内部的伪军、伪警工作的方针，则应该有些不同，应该长期埋伏。等到时机成熟时，里应外合，收复大城市。同时，讲工人、苦力，伪军、伪警是主力，也不忽视了其他阶级的力量。

---

① 中共中央党史研究室、中央档案馆编：《中国共产党第七次全国代表大会档案文献选编》，中共党史出版社 2015 年版，第 374—384 页。

地下军的组织，首先是打入伪军、伪警中工作，联合他们搞抗日工作，隐藏保存力量，等待时机。第二种就是在工人、苦力或者一部分学生里面，搞小型便衣队。此外，还有城郊工作，我们根据地的工作可以向城市周围推进，在城市四郊搞隐蔽根据地，组织小型的游击队，在起义前混到城市里去。还要注意两种方针，一种是发展力量，一种是保存力量；一个是积极的，一个是防御的。精干隐蔽和利用合法争取千百万群众的关系也是需要处理好的。

彭真指出：必须有大批工作人员到沦陷区去工作。同时必须在沦陷区人民中训练和提拔大批的积极分子。“我们做城市工作的中心环节，就是放手发动群众。”“我们唯一的靠山，就是群众”。“我们能不能胜利？敢不敢胜利？一个是决定于我们的政策”，“另一个问题，决定于发动群众”。“对于抗日的人民，要保障他们的人权、财权。对于敌人的强力要摧毁！要彻底的摧毁！对于反动势力要放手的打击。”“总之，城市的一切革命果实，我们都要拿到手。这样，我们才能胜利。”①

（七）聂荣臻总结晋察冀抗日根据地建设的经验

聂荣臻，重庆江津人，1919 年底赴法国勤工俭学。1922 年 8 月参加旅欧中国少年共产党，1923 年春转为中国共产党党员。后到苏联红军学校中国班学习军事。回国后任黄埔军校政治部秘书兼政治教官、黄埔军校党团负责人，参加南昌起义，任起义军第 11 军军委书记、党代表。12 月参与领导广州起义。后任红军总政治部副主任、红一军团政治委员，八路军第 115 五师副师长、政治委员，晋察冀军区司令员兼政治委员等职。1943 年秋到延安。1944 年 5 月参加七大军事报告准备委员会。后被选为中共第七届中央委员。②

---

① 中共中央党史研究室、中央档案馆编：《中国共产党第七次全国代表大会档案文献选编》，中共党史出版社 2015 年版，第 383 页。

② 中共中央党史研究室第一研究部编：《中国共产党第七次全国代表大会代表名录》，中共党史出版社、上海人民出版社 2005 年版，第 289—291 页。

1945年5月9日，聂荣臻在大会上发言，他首先表示："晋察冀代表团讨论了毛主席、朱总司令的报告，全体一致地拥护这两个报告"。他回顾全国抗战一开始，毛主席就指出了人民战争的方针和前途。1937年十二月会议曾否定了人民战争的方针。但晋察冀党组织和抗日军民"是执行了毛主席的人民战争的路线"，"才能由内战中间在晋察冀所保存下来的很小的党，变为群众的党"，以至拥有33.4万多名党员，联系2000多万的人民。"才能由地下党变成公开的党，有了武装，有了政权，有了根据地"。晋察冀的党组织"在伟大的人民战争中间"发展壮大起来，不仅在数量上，而且在质量上，是经过了考验，是有战斗力的。"晋察冀各级党始终坚持了自己的岗位，坚持了自己的地区，坚持与敌人进行残酷斗争，不论山地、平原，特别是平原地区。"

聂荣臻指出，晋察冀的八路军，也在长期人民战争中锻炼出来了。由留在晋察冀3000名左右的八路军，变为10多万的八路军，不仅有山地，而且开辟了冀中平原，由冀东推进到伪满辽宁、热河。这是由于八路军与地方游击队、自卫军的结合，由于和人民利益的一致，特别因为他们与长期处在民族斗争的第一线和悠久的民族斗争的历史的晋察冀人民融合在一起的结果。

人民战争是怎样发动和组织起来的？聂荣臻指出，这不是什么英雄站在五台山上高喊"人民战争"，人民战争就会起来的。"人民战争的发动和组织，是一个艰苦的群众工作过程。总起来说：武装斗争与各种斗争相结合，民族斗争与民主民生相结合，发动广大人民，特别是减租减息，发动了广大的农民，依靠农民为基本力量，争取这个基本群众的优势，去发展与巩固抗日民族统一战线，这样去进行人民战争，这就是我们所执行的人民战争的路线。"正是在这个路线指引下，"完成了党所给我们的任务"。[①]在这过程中，也曾出现摇摆和政治上、军事上的偏差。

对于内战的危险，聂荣臻认为，我们党内有这样两种情绪，一种是否

---

① 中共中央党史研究室、中央档案馆编：《中国共产党第七次全国代表大会档案文献选编》，中共党史出版社2015年版，第386—388页。

认必要的妥协，要走直线，就是要打，要打蒋介石，否认必要的妥协的意义；还有一种是对内战厌倦的情绪，因为已经打了十年内战，觉得很麻烦。聂荣臻指出：我们不能怕麻烦。如果内战真来了，就要坚决的打，只要我们思想上有准备，就能够打。这样，也许内战不会来。“不管怎样，我们应当有准备。”不能使战果为国民党反动集团所独吞，而要使战果成为全国人民的果实。我们的路线和我们的精神，就是为了胜利，为了新民主主义胜利。

谈到两个转变即“由游击战转为运动战，由乡村转到城市的问题”，聂荣臻认为：“我们要搞通思想”。“将来很可能来一个突变，所以我们要在技术土、战术上有准备，特别在干部上，应该有准备”。聂荣臻同意彭真的报告，“就是里应外合，夺取大城市”。在夺取城市以后，就是搞经济工作。聂荣臻参加广州暴动时，暴动后三天没得到饭吃，有几个女同志把饼干厂没收了才吃了一点。所以这个问题很重要。这个问题不解决，要维持治安建立秩序是不可能的。只要有饭吃有炭烧，群众是会高兴的。关于进了城市以后整个经济政策，还有很多具体问题。最近上海、天津、北平的中等资产阶级组织了一个考察团到晋察冀去，来看我们对资产阶级的政策究竟怎么样，就提出许多具体问题。聂荣臻认为：“这不仅是经济上的问题，同时有它的政治意义”。“城市工作是需要有很多办法，而且要有很好的办法。”聂荣臻表示：“不管胜利途上有任何困难与障碍，我们都能够克服”。我们应该有这决心，打败日本，不让国民党来。新四军陈毅已经讲了他们可破敌收南京，那么华北党的任务就决定破敌收北京。①

（八）陈云总结党的建设方面的经验

陈云，上海青浦人。1925 年加入中国共产党。担任商务印书馆发行所罢工委员会（后为职工会）委员长。参加上海工人三次武装起义。后任中共江苏省青浦县委书记、淞浦特委组织部部长、中共江苏省委沪宁巡视员、

① 中共中央党史研究室、中央档案馆编：《中国共产党第七次全国代表大会档案文献选编》，中共党史出版社 2015 年版，第 388—391 页。

区委书记、省委组织部部长，中共中央特科书记，中共临时中央政治局成员、常务委员兼任中华全国总工会党团书记。后进中央苏区。任中共苏区中央局常委、中华全国总工会苏区中央执行局党团书记、副委员长兼福利部部长。中共六届五中全会上当选为中央政治局委员、政治局常务委员会委员、书记处书记。参加长征。1935 年赴苏联，向共产国际执委会书记处报告了红军长征和遵义会议的情况，撰写《随军西行见闻录》，并参加中共驻共产国际代表团工作。全国抗战爆发后回到延安。兼任中共中央组织部部长、中央党校校长。后主持陕甘宁边区的财政经济工作。①

1945 年 5 月 9 日，陈云发言，检讨了自己的工作，谈到对功过的态度和保存城市机器的问题。关于党的历史问题，七中全会已经作了决议，但陈云在发言中说道：他还是要算一算账。当中央委员已经十多年了，有两条教训。

一是要有实事求是、分清是非的精神。当一个事情作了决定，要看一看它与客观是否相符。比如罢工问题，陈云回顾自己在 1933 年离开上海前，受了盲动主义影响，认为工人去工厂似乎不是为吃穿，而是为罢工，而且要一直罢到底，从工厂里罢出来。其实，该不该罢工，应看罢工对工人有利还是没有利。再如打中心城市问题，该不该打？要考虑敌人城墙有多厚，多高，你连大炮都没有，能不能打进去？打进去能不能站稳？如果站不稳，还要退出来。所以要保证以后不再犯错误，就要用实事求是的方法，以革命者的责任心去分清是非，弄清问题。

二是对当大官要有正确的态度。要想到你当的是什么性质的官？你的本领同这个官配不配？陈云说：在上海参加临时中央时，看到还是搞工人斗争、学生支部、街道支部这一套，而这一套我在县委、省委时都搞过，所以并不认为中央委员难当。现在想来，中国有四万万五千万人口，共产党的中央要决定的是这么多人的命运，搞得好对得起他们，搞不好就要死人，可以死几万人，几十万人，人头滚滚，可以把革命推迟几十年。这样

① 中共中央党史研究室第一研究部编：《中国共产党第七次全国代表大会代表名录》，中共党史出版社、上海人民出版社 2005 年版，第 317—320 页。

的担子可谓重矣，压在身上要汗流浃背。

陈云把参加革命这20年算一算账，认为自己没当中央委员时没欠什么账；当了中央委员反倒欠了一大堆账。

陈云从1937年12月至1944年担任中央组织部部长。如果有人问他做了几年组织部长有什么交代？他说：有一点，就是感到有责任把他看到的党内一部分干部中有一股骄气的情况向各位代表讲一讲。这些人喜欢人家说他好，不喜欢人家说他坏；只能升官，不能降级；有功必居，有过必避。这样的人下级、中级、高级干部中都有，大头子也有。他们为什么骄傲，因为看到自己有功劳。

陈云认为，功劳里有三个因素，第一是人民的力量，第二是党的领导，第三才轮到个人。要是哪一条英雄好汉想："如果我不革命，老百姓一世不能翻身。"这就错了。因为这条英雄好汉死了，革命仍要发展，老百姓还是要革命。老百姓不说你是教条主义路线，他只看见你是共产主义者、共产党，打土豪分田地，为人民谋利益。这一切证明党的力量是伟大的，个人也有作用，有时还有很大的作用，否则我们拥护毛主席干什么？但不能把个人作用看过了头，自己不要估计太大了。任何人离开人民，离开党，一件事也做不成。全国人民把希望寄托在我们党身上，寄托在高级干部身上。如果我们搞得好，便胜利得早，否则胜利会推迟多少年，人要多牺牲很多，那就对不起老百姓。人们说中国共产党员是中华民族的优秀子孙，是否对人民尽了责任，可以考验谁是优秀子孙，谁是不肖子孙。①

陈云还讲到本行问题，实际上是指保存农村家务，到城市里保存机器。他指出：现在我们快要由乡村转到城市了。陕甘宁边区有的部队出发时，把一些东西糟蹋了，浪费了。这些东西是我们劳动创造的。将来进城时，要把农村家务保持好，还要保护好城市机器。那时的城市是经过抗战、经过大反攻、破坏相当严重的城市。同志们到了城里，千万别把机器搞坏了，

① 中共中央文献研究室编：《陈云年谱》上卷，中央文献出版社2015年版，第478—480页。

没有机器，恢复经济会很困难。① 毛泽东很重视和赞成陈云提出的保护城市机器的主张。

（九）李质忠总结党的机要通讯工作的经验

李质忠，福建上杭县人。1930 年加入中国共产主义青年团，1933 年转为中国共产党党员。后任中共苏区中央局机要文书，调中央军委机要科工作。后任中共中央军事委员会总司令部、后勤部机要科副科长、科长，中央机要局副局长等职。②

1945 年 5 月 9 日，李质忠专门就党的机要通讯工作的经验作了发言。他首先表示："拥护毛主席、总司令的政治、军事报告。"同时，"根据报告，我们要扩大解放区，扩大解放区的军队，配合同盟国实行战略进攻，充分准备力量，同时我们八路军、新四军在抗战后期将要由分散的游击战争转变为正规战争，又提出了我们对于民族破坏分子要警惕注意。"这些任务，"全党都要总的动作起来"。机要与通讯工作如何配合呢?

他介绍"抗日战争中间，我们党我们军队发展了，我们的机要工作也随着党的发展而发展"的情况。单是机要工作人员统计已经有 1400 人。在全国抗日战争中间，有 56 名机要工作人员英勇牺牲。"我们工作是有成绩的，表现在保护了党的机密"。1944 年表彰了很多模范工作者，"有的是工作上的模范，有的是在战场上保护密码与抢救密码的模范，有的在临死的时候还把密码毁灭"。"机要工作的发展，是我党我军壮大的一个标志"。

李质忠一方面讲"敌人对我们如何注意"；另一方面又"说我们的需要以及如何对付敌人"。我们的敌人很多，"有日本，有国民党的特务，有阎锡山以及英美等等，他们都要搞我们的机密"。我们"应该密切防止，提高我们的警惕，凡是要破坏我们的敌人，一切都要反对"。"敌人要对我们

---

① 《陈云文集》第 1 卷，中央文献出版社 2005 年版，第 437—440 页。

② 中共中央党史研究室第　研究部编：《中国共产党第七次全国代表大会代表名录》，中共党史出版社、上海人民出版社 2005 年版，第 641 页。

进行许多破坏，这个东西，他是不会放松的，是需要我们深深警惕的”。

另一方面，“我们的工作需要不断增加”，要扩大解放区，要创造新的根据地；派了部队出去了，以后还要扩大新的军队；还要和统一战线式的军队去联系；还要增加一些外交联系；将来就要去大城市，也需要增加联系。“所有这些，都需要我们有干部和技术的准备”。“这是我们当前急需准备的第一步”。

怎样提起注意，提高警惕呢？李质忠提出：一是“需要首长负责，来掌握与使用这个生命线。可以说全军的性命都装在这个密码本子里面”。毛主席提出“保守机密要慎之又慎”，可有个别部队领导不重视，随便把密码交给其他人。二是要“控制机密”。三要注意电台的秘密。

为了适应将来在新条件下能更好的工作，还要“消除过去狭隘的技术观点”。“机要人员要学报务，报务员要学译电，同时要使机要人员学一学参谋工作，使他们的工作范围扩大一点”。在工作中“用民主精神，发扬大家的创造性”。他称赞七大代表、八路军第129师机要科科长杨国宇“富有研究精神”，工作上肯钻研，值得奖励。在干部训练方面，要“有经常的教育，业务，政治、文化各方面，都要使他们提高；还要消除技术干部不安心工作的情绪”。对干部“要经常的审查，尤其是机要部门掌握的是机密，掌握党的生命线的这些干部”。

为了“使党内各种专门性、技术性的干部，能够全心全意的、安安心心的为党为人民服务，又有全党团结的精神”，必须解决四个问题：一是“加强在职干部的各种思想的、业务的、政治的、文化的教育，使他们得到进步”。可以办“半个党校”，同时在编制上也宽裕一点，使他们有时间学习。二是“要做到提高工作，精通业务”。“在全党的舆论上面，要造成一个以精通业务、职业化、专门化为光荣的空气”。三是提议“对各种专门性的工作，带技术的工作，要确定一个政治待遇”。应该以政治待遇来表明其为党为人民服务的标志；衡量他精通业务政治上进步的尺度。四是消灭各个部门的山头，使我们党内各种干部一致团结，不分彼此。而技术干部自己应该要谦虚，不要骄傲。要反对那种骄傲、不谦虚的现象。[①]

（十）陆定一总结党内团结和路线问题的经验教训

陆定一，江苏无锡人。1925 年加入中国共产主义青年团，同年冬转为中国共产党党员。曾任上海区团委书记、团中央宣传部《中国青年》编辑，团中央候补委员，团中央宣传部部长。参加中共五大、八七会议。后任中国共青团驻少共国际代表、少共国际执行委员、中共驻共产国际代表团成员。后回国。曾任共青团苏区中央局宣传部部长。参加长征。后任红军总政治部宣传部部长、八路军总部野战政治部宣传部部长、八路军野战政治部副主任，《解放日报》总编辑、中央宣传部部长。在七大上当选为中央委员。[②]

1945 年 5 月 10 日，时任中共中央宣传部部长陆定一发言表示，“完全赞成”毛主席、朱总司令的报告，同时要谈谈党的团结和路线问题。陆定一指出，这次大会给他的“最大的感动”，“就是我们党真正地在毛主席领导下面，空前未有地团结起来了！我们找到了中国化的、马列主义的、整套的战略策略，找到了它的代表人物毛泽东同志。我们已经达到了这个目的。可以说，今天我们党已经成熟了，已经由青年成熟到了成年。对于中国客观情况已经有了充分的了解和掌握了。我们把马列主义大大发展了，这是值得庆幸的，值得非常高兴的”。“这是我党从来没有的一件事。”有了我们这样一个党，中国革命是一定能够胜利的，什么反动派，我们都不怕了。

陆定一回顾历史，从 1927 年党的五大起，关于路线就有争论。但在五大上，这个争论没有解决。以后大革命失败，到六大时，“党几乎发生了分裂”。“这十多年来，党内生活是很不太平的，风浪险恶。甚至很多同志在

---

① 中共中央党史研究室、中央档案馆编：《中国共产党第七次全国代表大会档案文献选编》，中共党史出版社 2015 年版，第 401—402 页。

② 中共中央党史研究室第一研究部编：《中国共产党第七次全国代表大会代表名录》，中共党史出版社、上海人民出版社 2005 年版，第 51—517 页。

这里边牺牲了。大家知道，原因就是因为错误路线的领导，宗派主义，加上错误的肃反政策，牺牲了很多同志，流了很多血”。“这次我们总算把这十多年的争论作了一个总结，大家也一致了”。“我们不要忘记教训”。“经过许多争论和长期考验，才找到一个正确的领导”。在今天，正确的领导有了，以后，“就要全党团结起来，把这个用很大的代价换来的果实——毛泽东同志的这个整套的思想、路线巩固起来，要把全党团结在这个领导下边。团结得更加巩固，更加好。”

“今天我们第一个任务，最大的任务”，就在于“巩固这个用很大的代价流血争取来的全党的在正确政治路线下的团结”。“这是一个全党的问题，每一个同志的问题，每一个人都有这个任务”。在这中间，向来拥护毛主席的人有第一等责任，有最大的责任。千万不要把“正确”变成包袱，放在肩上。同时，拥护毛主席，首先要以身作则，打开窗子，听人家的批评，虚心接受人家的批评，“自己给自己洗一洗脸，经常不断地打开窗户，透一透空气，经常兢兢业业反省自己，这样，才能使我党团结起来。”

“我们要一个怎样的党呢？”“毛泽东的领导是根据什么来的？他是一切依靠人民，他自己不把自己当圣人，当作是了不起的人物。他总是说，你要对老百姓讲话，就要先听老百姓讲，你讲一句先听老百姓讲十句。要我们到处以老百姓为师。毛泽东告诉我们的这个领导作风，就是从群众中来，再到群众中去。我们的老祖宗是群众，我们的基础是群众，我们的先生也是群众。毛泽东是依靠人民，依靠人民的创造性，依靠广大人民的力量。”毛泽东不但依靠人民，“在党内问题上，他也是依靠广大党员的积极性，他再集中起来坚持下去。他也把每一件事放在发动整个党员的积极性上面，使得我们的党象生龙活虎一样。这个办法就和教条主义、主观主义的一套办法不同”。陆定一提出，毛主席的路线思想，“在我们这次大会上要把它成为我们的法律，成为我们党内的规矩，谁都不许违反。我们要建立这样的党，不要建立那样的党。建立了这杵的党，将来就会少犯错误。”这也才能使得毛主席的思想，在党内巩固起来。

陆定一谈到，宣传毛主席思想，可以有两种宣传方法：一种是“一般原则的宣传”，像《辩证唯物论与历史唯物论》里面所讲的关于质与量，斯大林发展了什么，列宁发展了什么；关于否定之否定，列宁发展了什么，斯大林发展了什么。这个工作“做的还不够，我们还要努力做，但是光只这个还不行”。还应该拿具体例子来告诉全体党员，“怎样老老实实，怎样实事求是；怎样从群众中来，怎样到群众中去”。这便是具体宣传和一般宣传的区别。陆定一认为，“中心点还是应该放在具体宣传上面去。一个合作社是怎样成功的？是怎样失败的？一个变工队是怎样成功的？是怎样失败的？从这里得出经验教训，得出理论。这就是真正宣传毛主席的思想方法”。

陆定一强调民主集中制这一党的组织原则。“在组织问题上”，“一定要坚决执行民主集中制”。“对民主不能杀头，集中化是要，也不要腰斩。我们一定要发扬民主。民主这个东西，如果缺乏，我们就闭塞，就盲从”。如果闭塞、盲从，那就不会自觉，“创造性也就少了”。“这种现象，会使我们党灭亡”。关于纪律问题。“主观主义执行纪律是坚决的处罚，好多同志在内战时期受了处罚”，“光处罚算什么纪律？不算纪律，是称王称霸的办法，武断的办法”。毛主席的方针是“惩前毖后”，“治病救人”。这样就很好，这样才是真正的纪律。毛泽东讲到党性与个性问题，这是“解决了历史上一个很大的问题”。这就是要“加强党性，承认个性”，这是一个团结的理论基础，“在我们党内是民主集中制的理论基础。它也是治病救人的理论基础。”

陆定一还介绍和总结了抗战时期华北工作的经验和教训。华北抗战的重要经验是依靠正规军和人民——农民。“华北民兵的广泛发展及其作用的巨大，史无前例，外国没有，中国过去也没有”。华北在抗战时期工作的教训是什么呢？就是对农民的力量与智慧，要有充分的估计，不要右了；而在组织他们、领导他们斗争时，千万不要“左”了。要完全掌握无产阶级领导的、人民大众的、反帝反封建的，这三个“的”，是不容易的。“中国广大农民斗争的持久与复杂性是全世界第一，毛主席把这些经验都总结起来了。这是我党的荣幸，这是我党的光荣。我们在这些方面，还要好好的学习，好好的掌握和发展它。”[①]

（十一）刘伯承总结晋冀鲁豫抗日根据地的经验

刘伯承，四川开县人。曾在重庆军政府将校学堂学习。在川军中任排长、连长。参加护国、护法战争，任旅参谋长、团长。1926 年加入中国共产党。参与发动和领导泸顺起义，任国民革命军川军各路总指挥。后任国民革命军军长。参加领导南昌起义，任中共前敌委员会参谋团参谋长。后赴苏联莫斯科高级步校、伏龙芝军事学院学习。后任中共中央军委参谋长、中国工农红军总参谋长。时任中共中央军委委员，八路军第 129 师军政委员会书记、师长等职。1943 年 9 月到延安。1944 年 5 月参加七大军事报告准备委员会。任七大晋冀鲁豫代表团主任、代表资格审查委员会委员。当选为中央委员。[②]

1945 年 5 月 10 日，刘伯承在七大上作了题为《群众工作与军事工作》的大会发言，全文 1 万字。他表示：“完全同意毛主席、朱总司令的两个报告。”刘伯承首先介绍了晋冀鲁豫党政军民，因为执行了正确路线，开辟了晋冀鲁豫根据地。除了太岳外，东边已经出到渤海，南边到黄河，北面到晋察冀区，两边是抵太岳区。到 1944 年底，晋冀鲁豫 2800 万人中，根据地有 1600 万人，党员 17 万人，军队 17 万人，民兵 23 万人。群众工作取得了相当成绩。但也犯过错误，如“提出了建军建党建政的口号，但是把抗日反顽争民主的群众斗争一直深入到一般减租减息群众运动的基本一环丢掉了”。1942 年秋天刘少奇到晋冀鲁豫，“关于发动群众在思想上给了我们很大的帮助”。我们的群众工作经过这几次波折，到 1942 年 5 月才整个发动起来。

在群众工作中，还有财政经济政策问题。八路军第 129 师发展到了冀

① 中共中央党史研究室、中央档案馆编：《中国共产党第七次全国代表大会档案文献选编》，中共党史出版社 2015 年版，第 406—411 页。

② 中共中央党史研究室第一研究部编：《中国共产党第七次全国代表大会代表名录》，中共党史出版社、上海人民出版社 2005 年版，第 415—417 页。

南去，才减轻了负担，那里有饭吃。“但留在太行的部队没有饭吃，要靠自己生产过活，甚至开剃头铺、卖杏子、卖油条过活也做了”。同时，“整个边区又遭受三年的严重灾荒，每一次都不是单纯的，水灾、旱灾、蝗灾、雹灾、瘟疫”，确实给了晋冀鲁豫根据地以很大的痛苦。在这样困难的情况下，军民是不团结的，军队有的有吃的，有的没有吃的，因此也不团结。在太行，有黎城与沙河柴关的暴动，有老百姓不给我们伤兵水喝；在冀南，有些地方老百姓不准我们军队进房子住，说军队像蝗虫。“虽然是有特务分子的挑拨，但一定要想到是民生问题，我们对群众的生活是注意不够的”。后来，根据中央 1939 年发出长期打算的指示、北方局彭德怀同志对于财政经济工作的指示，财政经济工作建立起来了，供给制度也建立起来了，老百姓负担也减轻了。“财政经济工作是把根据地逐渐地巩固起来，军民团结起来了。”

关于军事工作，晋冀鲁豫抗日根据地创建过程中，遵循和执行洛川会议“基本的游击战但不放松有利条件下的运动战”这一战略指导取得的成功。“太原失守以前，我们是和友军配合作战，太原失守以后我们师是单独的作战”。“我们主要的是用游击战争发展力量。”经过开辟发展、巩固退缩、经过了锻炼以后重新发展三个时期，群众工作和军事斗争的配合“是走了一些冤枉路的”。在反对第一次的反共高潮时八路军第 129 师及其他被指挥部队的伤亡即近 5000 人，在百团大战中人伤亡了 7000 人，“紧接着皖南事变一来，我们又奉命要立刻准备调遣，准备自卫”，所以这时“在大名编了些县区基干队，在磁县地区把地方部队编走”。对地方党、地方干部很大的不好，要兵要饷，有很不好的影响，影响到团结，特别这将影响根据地的巩固。刘伯承表示：“今后只有虚心的学习毛主席的军事思想，从中国革命战略问题出发，从政治上总的问题出发，要依靠人民，要调查研究。”①

刘伯承在讨论中了解到有各种转变，如土地问题在什么时候可以没收，这是一个转变；由乡村转到城市，由游击战转到运动战，也是一个转

① 中共中央党史研究室、中央档案馆编：《中国共产党第七次全国代表大会档案文献选编》，中共党史出版社 2015 年版，第 415—417 页。

变。要防止自己在转变中的落后，但“主要的还是防止急躁”。他形象地比喻“五个指姆，四个指姆是农民，这是要紧的”。“拿一二九师的干部来说，农民出身的就占了百分之六十”。华北的群众“时常问我们，你们什么时候共产？共产是怎样共？就是分土地，就是你们江西的那一套吧？”刘伯承认为，“如果说为争取全国新民主主义胜利是不是应该把分土地问题看重一些，减少全国胜利一点障碍呢？在这个问题上恰恰要防止急躁。”“我们一方面站在乡村这个基础上，另一方面是城市工作，里应外合，这是靠人民的战争。同时在军事上我们用奇袭城市的办法就是人民战争结合人民的战法。这种里应外合是比较脚踏实地的。”

刘伯承参加过党的六大，其他的大会也听到讲过“不够团结”。要团结自己战胜敌人，这是毛主席的名言。七大是空前的团结。要团结在毛主席的三个作风下，“理论与实践结合，与人民大众结合，自我批评，特别是自我批评，是团结的利器，只有自我批评同志们才能服气，也才能取得批评人家的资格”。山头主义的大小与消灭与否，也可以成为我们团结的一种尺度。 山头主义“缩小消灭完了，我们才是团结的圆满。我们只要团结在毛主席的旗帜之下，实现人民的彻底解放就一定能胜利。”①

（十二）朱瑞介绍和总结山东抗日根据地的建设经验

朱瑞，江苏宿迁人。1924 年加入中国社会主义青年团。后入苏联莫斯科中山大学学习。1928 年加入苏联共产党。回国后任中共中央军委参谋、中央军委巡视员，中共长江局军委参谋长兼秘书长，中央军委兵运破坏科负责人，中国工农红军总司令部科长，红 5 军团第 15 军代理政治委员、红 5 军团政治委员，红 1 军团政治部主任。参加中央红军长征。后任北方局常委、组织部部长，山东分局书记等职。1943 年 9 月赴延安，1944 年 2 月进中央党校学习。5 月参加中共中央六届七中全会，参加七大的统一战线报告准备委员会，参加讨论了《关于若干历史问题的决议》。任七大的山东

① 中共中央党史研究室、中央档案馆编：《中国共产党第七次全国代表大会档案文献选编》，中共党史出版社 2015 年版，第 417—418 页。

代表团副主任、代表资格审查委员会委员。[1]

1945 年 5 月 10 日，朱瑞在大会发言，主要介绍和总结了山东抗日根据地建设的经验和教训。全文共 1.7 万字。朱瑞首先表示完全同意、拥护、执行毛主席的政治报告和朱总司令的军事报告。接着介绍："山东是华北根据地的一部分，这个地方是一个最典型的三角斗争的地区。敌人是强大的，国民党也是强大的，我们在发展到一定的时候，力量也不小。这个三角斗争是尖锐的，复杂的，长期的"。"党中央给我们的任务，就是争取在三角斗争中我党我军在各方面的优势。"

朱瑞首先讲到群众翻身问题。抗战开始，山东没有八路军，但是地方党同人民结合发动起来相当普遍的人民的武装起义。这时群众运动是山东历史上从来没有过的一个高潮。在这个高潮开始以后，"看到群众起来抗战，拿出他的生命来，拿出他的枪来，就以为群众不需要什么了"；"就强调群众的贡献，而不去照顾到群众的需要与要求"，"离开发动基本农民群众，离开发动民主、民生的斗争，只从参战的需要上"考虑。"忘记了群众的肚子饿，要吃饭，只注意到群众头上要剪发，妇女包脚难看要放脚"。青年工作搞起来了，就是搞运动会，野火晚会，提倡青年活泼、青年作风，而农民工作没有被强调。忽视了群众民主、民生的斗争，没有解决群众基本问题，就是减租减息问题。所以群众长期没有翻身，没有完成中央给我们的争取群众大翻身的任务。当 1940 年各方面的发展比较大时，"我们的骄气就产生了，松懈也产生了"。撑架子，装门面，开了一个工、农、青、妇全省代表大会。统一的结果，劳民伤财，而且发展了机关的工作作风。到了 1941 年，"山东原来所谓三百万大小群众组织大批解体了"。在我们分局所在地的沂水、蒙阴，在"扫荡"中有些地方的群众拿着旗子去欢迎日本人，送伤兵给敌人等现象也出现了。"我们群众工作垮台了。这一点对

---

① 中共中央党史研究室第一研究部编：《中国共产党第七次全国代表大会代表名录》，中共党史出版社、上海人民出版社 2005 年版，第 535—536 页。

于我的教训是不小的”。[①]

其次讲到关于党的地位问题。党中央给我们的任务当时是要建立党在山东的领导作用。我们自己也常说，没有共产党是不行的。我们打开山东的局面，发动游击战争，坚持抗战，不是大地主大资产阶级领导，也不是中间阶层领导，而是我们党的领导。可是，因为有“没有国民党就不行”的观念，因此，在统一战线中，在执行政策上，是软弱的，右的。这种右倾表现在联合石友三、沈鸿烈、于学忠、抗敌同志协会组织问题上。1942年刘少奇同志“帮助我们清算之后”，才有改变。当时党内罗荣桓、黄春圃同志不同意右倾的错误做法，可没有虚心接受这些同志的意见，过分地信任了中间力量，而且组织了中间派。[②]

最后讲到当时给山东党的任务，“是如何发展我们的力量，保存我们的力量，坚持对敌人的斗争，反对国民党的武装磨擦”。山东“以前是一个秘密的地方党，抗战以后敢于拿起武装来组织队伍打敌人，这是很不容易的。”但在起义发动以后，山东的民枪约有30万，拿在伪军手里的有14万，国民党手里17万，我们手里仅10万。1938年初，山东发展起来的武装就有200多股，将近20万人。到1939年秋季“扫荡”前，我们全部只有3万人。经验教训一是缺乏如何使用武装，发展武装的经验；二是违反了“就地发展”的原则，没有和人民结合。

八路军主力军第115师到山东，“对开展冀鲁边、鲁西、鲁南和对推动全山东局势的改变，是有决定意义的”。“对我们党在山东争取优势，开展了很大的有利形势”。山东、八路军第115师是基本上执行了游击战的方针。但八路军第115师到山东，领受的不是在山东建立根据地，而“是准备参加大别山会战”，是大踏步的运动战的任务。这对第115师的作战指导和根据地的观念是有影响的。山东最后摆脱这运动战的思想，是在1941

① 中共中央党史研究室、中央档案馆编:《中国共产党第七次全国代表大会档案文献选编》，中共党史出版社2015年版，第418—420页。

② 中共中央党史研究室、中央档案馆编:《中国共产党第七次全国代表大会档案文献选编》，中共党史出版社2015年版，第422—423页。

年以后到1942年初。罗荣桓、黎玉等分局同志提出一些正确的意见。刘少奇更系统地把我们这些错误给以清算。这样，我们才开始从错误中间走向转变。刘少奇还积极地帮助我们“订立了如何开始动员群众、转变我们工作的具体计划”。在刘少奇同志直接帮助指示下，我们首先从群众运动下手。“经过一个相当长的时期，群众有了动员，群众动员起来了，根据地其他各方面的工作，都有上升的气象”。刘少奇同志的工作作风、思想方法，“不但具体的指示我们转变的方向，而且帮助我们弄通思想，团结同志，转变作风”。朱瑞还检查自己过去对罗荣桓、陈光不尊重，诚恳地向两同志道歉。表示“有信心改正错误，有信心做得更好”。大家对朱瑞的发言鼓掌鼓励。①

（十三）古大存介绍和总结了广东工作的经验

古大存，广东五华县人。1924年春加入中国共产党。参加广东国民政府组织的东征军，任战地政治宣传员、宣传队负责人。后任中共广东五华特支组织委员、五华县农民协会副会长兼军事部部长，中共东江军委书记、东江工农武装总指挥部总指挥、红11军军长，东江红军游击总队政治委员。后任中共广东省委统战部部长、常务委员，率大后方代表团到延安。入中央党校学习，后任一部主任。在七大上担任大后方代表团两广组组长。后当选为第七届中央候补委员。②

1945年5月11日，古大存在大会上发言。他代表两广小组“完全同意和拥护”毛主席和朱总司令的报告。对其他负责同志各个专门工作的发言，也很满意，对中央几位负责同志在发言中诚恳的自我批评，很受感动和教育。

“广东党在中央领导下，是掌握了我党从内战以来对武装工作的传统。

① 中共中央党史研究室、中央档案馆编：《中国共产党第七次全国代表大会档案文献选编》，中共党史出版社2015年版，第424—427页。

② 中共中央党史研究室第一研究部编：《中国共产党第七次全国代表大会代表名录》，中共党史出版社、上海人民出版社2005年版，第729—730页。

抗战以来，八路军、新四军的胜利也推动广东党一些同志对于武装问题的一些重视，因此，今天有了好几处武装部队，已经能在各个地区活动。”中国共产党领导的广东武装力量从无到有的是东江纵队、西江纵队、珠江纵队、雷州半岛游击队。它们的产生和经历各有不同。东江纵队是由曾生同志领导的一个大队和王作尧同志领导的一个大队，在当地发展起来的。“这两个大队合并起来编为东江纵队，东纵从无到有是这样产生的。”珠江纵队是 1939 年“南顺地区的党以林锵云同志为领导组织成的”。西江纵队是广东中区地方党领导的。雷州半岛游击队，是完全依靠当地农民组织起来的。它的特点是过去群众工作做得好。海南岛游击队，是大革命失败以后的红军，一直坚持到抗战，坚持到现在的武装，一直到今天成了海南岛人民解放的唯一依靠。

古大存概括广东抗日武装从无到有、从小到大的经验：一是“发展武装，首先要依靠农村，那怕武器少，最少的只有八枝枪也能够坚持下来”。二是“要独立自主，同时要依靠农民，依靠群众就能够存在，能够发展。这中间曾利用合法地位，但不是反为合法所束缚。敌人的企图是消灭我们，但是消灭不了的。”广东抗日武装也还有从有到无的教训。因此，武装问题上，独立自主的原则放松一下，就会倒霉。

古大存认为广州沦陷时，“广东省委那时很慌张零乱”，广东的负责同志撤到湖南。许多可以做到的事没有做。如在一些军事重要的地区，农村里有我们的工作，有党员，在农村里有一些基础。“可以做工作的统统抽走了”。有的“农村里要求党派人指导，那里还有几十条枪，可以活动，没有人去，反而把三个在那里工作的同志抽走了”。有些地方或者可以保留某一据点，以便发生联系做沦陷区工作的基础；或者可以建立小的武装开展游击战争，可惜没有做。只记得要和国民党搞统战。广东省委第四次扩大会提出的任务：一是把广东造成友党统治的统一战线的模范区，还有一个任务是开展敌后游击战争。“建立统一战线模范区，又要开展敌后游击战，怎么办呢？要把两者统一起来，就要得到国民党的允许，想在国民党的允许下，在敌后开展游击战。”所以广州撤退变为沦陷区，许多地方我们没有建立武装。尤其是北江，没有广东省委直接领导的抗日武装。而“东有东江纵队，西有西江纵队，南有海南岛游击队”，说明下面许多同志比省委还做得好些。今天广东工作的成绩，“不能忘记是张文彬、廖承志同志在那里为党、为革命建立起来的功绩。”①

（十四）李富春谈对毛泽东政治报告的认识

李富春，湖南长沙人。曾赴法国勤工俭学。1922 年在巴黎参加旅欧中国少年共产党（后改称中国社会主义青年团旅欧支部），后转为中国共产党党员。曾任中共旅欧支部书记。后入莫斯科东方大学学习。回国后曾任中共广东区委军委委员、国民革命军第二军副党代表兼政治部主任、军法处处长。参加北伐，曾代理省委书记、中央军事部部长、省委书记。参加长征。任红一方面军政治部主任兼红三军团代理政治委员。后任中共中央组织部副部长、陕甘宁省委书记。领导创建陕北公学，参加创建延安自然科学院并兼院长。后任中共中央财政经济部副部长，中共中央副秘书长、七大副秘书长。在七大上当选为中央委员。②

1945 年 5 月 11 日，李富春怀着激动的心情谈到入党 20 多年来，“第一次参加党的全国代表大会”。他认为：这次大会，“是中国共产党有史以来第一次最进步最团结而又是争取胜利的大会”。李富春认为，“毛主席政治报告的精神”，就是“要争取全国的胜利。也就是要争取由乡村战胜城市的胜利”。而方法“是抢天下”③。毛主席的报告解决了三个问题：一是能否抢天下；二是“不管怎么迂回曲折，怎样艰难困苦，我们硬要抢天下”；三是“如何抢天下”。“我们可以有信心说，在一、二年内，我们的力量，人民的力量，共产党无产阶级的力量，必然超过国民党，超过大地主大资

① 中共中央党史研究室、中央档案馆编：《中国共产党第七次全国代表大会档案文献选编》，中共党史出版社 2015 年版，第 427—432 页。

② 中共中央党史研究室第一研究部编：《中国共产党第七次全国代表大会代表名录》，中共党史出版社、上海人民出版社 2005 年版，第 3—5 页。

③ 房维中、金冲及主编：《李富春传》，中央文献出版社 2001 年版，第 300 页。

产阶级反动集团的力量。”[①]

抢天下会有什么困难呢？ 李富春认为，困难可能从四方面来，一种是从日本方面来，一种是从英美方面来，一种是从大地主大资产阶级反动集团方面来，还有一种是我们自己方面来。我们要估计到，一是思想上要有准备；二是注意用一切办法来防止。这样就产生了我们的任务：努力壮大自己，努力削弱敌人。如何克服困难呢？一是依靠人民的力量，壮大人民的力量，紧紧地与人民力量结合。二是要总结经验。“同志们好好想一想过去，总结抗战经验，有了经验，可以作为将来我们克服困难的教训。”三是要信赖中央，忠实地执行中央路线，忠实地执行毛主席的政策。这不仅可能克服困难，而且可以避免困难的产生。

如何抢天下？唯一正确的路线，唯一正确的纲领，就是“走团结与民主的道路。也就是放手动员人民，力争独立自主，力争领导权的路线”。联合政府的口号“是具体的把我们新民主主义政权实质找到更恰当的形式表现出来了。这个口号外国民主派同意，中国的自由资产阶级也同意，就是说这个口号是能够团结一切民主阶层的。”在经济政策上，“我们允许资本主义发展，不仅在政策上照顾了自由资产阶级，而且我们的估计是从中国社会发展的必然出发，看到中国资本主义在一定条件下的发展。我们不仅照顾了自由资产阶级，而且在经济政策上，就是对大地主大资产阶级也没有完全关门，没有提出一下就要没收大地主大资产阶级的财产，比如大银行、大工厂。”在土地问题上，“将来在全国革命斗争中，总有一天要采取激进的土地改革”。当然不能急躁，不要把问题搞坏，要看形势决定。

李富春强调，放手动员群众问题，“不管在大后方的工作也好，沦陷区的工作也好，解放区的工作也好，都是一样，是一个全党的问题。”李富春从毛泽东论党的作风来对照检查自己，着重检查自己在苏维埃时期执行了“左”倾错误，贯彻了城市中心论。主要是“脱离了中国的实际，不了解中国的社会”。“不懂得中国的广大农村，不懂得农民。”教条主义的思

---

① 中共中央党史研究室、中央档案馆编：《中国共产党第七次全国代表大会档案文献选编》，中共党史出版社 2015 年版，第 432—433 页。

想是以城市为中心，要搞大城市，要打大城市，要举行全国大暴动，这和经验主义相同。“这种小资产阶级左倾情绪，不懂得中国革命的长期性和复杂性。”李富春认为自己加入党是“想替群众做事的”。但因为“是站在群众之上的，是我替你做事，这就有了很大的本质的差别”。李富春检查自己，虽然也接近群众，但是“站在群众之上的观点去接近群众的，不懂得群众”。经过整风、生产运动这两大环节，“才慢慢的生长起一点全心全意的为人民服务的认识”。

李富春认为，有三种头脑、三种机器。一种是经验主义的头脑，是照相机，只是印象，只是现象，都是死的东西，没有办法联系。一种是教条主义的头脑，是印刷机，是印书的，马、恩、列、斯选集全部都有，只能编书，把马、恩、列、斯的东西抄一段，编一编就成了一本书。总而言之，是从理性出发，是从书本出发。一种是马列主义的头脑，是制造机。经过收集材料、整理、制造的过程变成了原则、原理，变成了方针，“人民大众的反帝、反封建的政治路线”。“是实事求是的制造机，是把中国革命的实践、社会实践搜罗起来，经过分析改造，制造出领导全国人民、领导中国革命的方针，这就是辩证唯物论。”李富春提出：“共产党员、马列主义者为人民服务，要把头脑变成为制造机。要开制造公司，不是开照像馆，也不是开书铺。”这是“一个很大的任务”。①

（十五）乌兰夫对党的民族工作发表意见

乌兰夫，内蒙古土默特旗人，蒙古族。1923 年加入中国社会主义青年团，1925 年转为中国共产党党员。曾到苏联莫斯科中山大学学习，后留校做翻译。回国后，任中共西蒙工作委员会书记，策动百灵庙起义，组建蒙旗保安总队，担任政治部代主任、中共党委书记。后任延安民族学院教育长，在中共中央西北局统战部负责对蒙古族工作，任中共绥蒙区委委员。

① 中共中央党史研究室、中央档案馆编：《中国共产党第七次全国代表大会档案文献选编》，中共党史出版社 2015 年版，第 432—442 页。

在七大上当选为第七届中央候补委员。①

1945 年 5 月 21 日，乌兰夫发言，首先表示：“完全同意毛主席的政治报告，和朱总司令的军事报告及刘少奇同志关于修改党章的报告”。他认为，毛主席在政治报告里关于少数民族所提出的问题，“的确是反映了一般少数民族的迫切要求，特别是蒙古民族、蒙古人民”。在他看来，关于蒙古的问题，国民党与我党在民族政策里，存在着两条不同的路线。

国民党反动派的路线是什么呢？“简单的说，就是用法西斯主义的大汉族主义，压迫、剥削、消灭少数民族的路线。这是国民党法西斯特务统治的路线。”用四个字来说就是“统治同化”。共产党的路线正如毛主席报告里所提出的，用四个字说就是“帮助合作”，就是说各民族相互合作，互相发展，相互解放。

乌兰夫根据具体事实，说明这两条路线对少数民族的认识和态度问题。蒋介石“说中国境内没有少数民族，只有同一血统的宗族，他不承认民族”。蒋介石对少数民族里面的瑶民，把瑶字上面加了一个狗字旁；还有猓猓族，也加了一个狗字旁。“少数民族并不是狗。从这个问题上就可以证明了蒋介石对少数民族的认识和态度”。

“毛主席在报告里面承认中国是一个多民族的国家，这是很科学的”。他把瑶民的字去掉了狗字旁，加了一个王字旁，把夷民的夷字也改为彝字。夷字也是代表牲畜的。毛主席把它改了。乌兰夫认为，“这是一件大事，起码在民族问题上是一件大事”。毛主席把瑶民的瑶字去了狗字旁，加一上了玉字旁。字典里解释，瑶字是一块美玉的意思。毛主席为什么拿美玉来代表少数民族呢？乌兰夫认为，“一般的少数民族，特别是少数民族里面的女人，头上大部分戴的是玉器”。所以，拿这个字来代表少数民族。“这真正是民族友爱的态度”。毛主席改用的彝字，是什么意思？字典里解释是祭祀盛酒用的东西，是很尊贵的。拿这个字来代表少数民族。毛主席用这两个字来代表少数民族，不仅是一个字眼的问题，主要的是对少数民族的认识

① 中共中央党史研究室第一研究部编：《中国共产党第七次全国代表大会代表名录》，中共党史出版社、上海人民出版社 2005 年版，第 264—266 页。

问题与态度问题。

关于对少数民族具体政策的问题。“在大革命时期，由于中国共产党的帮助，再由于那时孙中山的国民党还公道一点，所以，当时蒙古的革命青年非常之多。在我们党的帮助之下，前前后后帮助蒙古培养了二百多革命干部”。当时培养干部的地方有黄埔、农民讲习所、外蒙党务学校。这几个地方培养出了 200 多名“为民族解放事业奋斗的干部”。大革命失败以后，国民党就把这些干部大部分给摧残了。在干部问题上，共产党是帮助，国民党是摧残。

在蒙古人当中，从王公起一直到平民、牧民、学生、喇嘛止，对国民党、共产党有什么反应呢？乌兰夫作了一下对比。全国抗战开始以后，国民党在大青山曾经组织了一支队伍，叫作“抗日反满灭蒙军”，这支军队在大青山杀了不少的蒙古人。蒙古人民编成歌子唱，表达心中的不满，从歌中就可以看出他们对于国民党和对八路军的态度。这首歌就是：“打日本，打日本！打完了日本，赶快参加八路军，X 贼来了活不成。”对王公，国民党用欺骗的办法，把沙王哄回来不到一个月的时间，就把他一个得力的干部杀掉了。对喇嘛，国民党何文鼎派了部队到伊盟乌审旗海留图庙去住。他们去住要进行一番检查工作，说召庙里的佛爷，脑子里有金脑子，肚子里有金心，要把佛爷的脑袋打开看一看。这样就把佛爷的脑袋都检查掉了。结果喇嘛就来了一个抗议，两个人抬着一个佛爷去逃难。喇嘛对国民党何文鼎有这样的反映说：“何文鼎，胡毬闹，不打日本来破庙。”

全民族抗战前后，“八路军到了大青山以后，就组织了蒙古军队，还组织起了蒙古人民政权。所以在那里一般的蒙古人对于八路军的印象是这样的，他们说八路军也是汉人，国民党也是汉人，为什么这样不同呢？”“所以在抗战后，在大青山动员了一百多蒙古青年来延安学习”。“蒙古青年怎样出来的呢？就是因为他们对八路军在那个地方的影响很好而来的”。1939 年、1940 年，伊盟桃力民一带的人民给八路军编了一个歌：“八路军员英勇，打的日本鬼子满天蹦。”伊盟有一个蒙古族的胡先生说：“我在这地方住的时间很长了，从来也没有见过象八路军这样的好队伍。”“蒙古人对于毛主席的民族政策，一定是很拥护的”，而且“拥护毛主席的民族政策，拥护党的政策，是出于自愿的”。[①]

（十六）日本共产党代表谈日本

冈野进，日本山口县人。1920年在英国加入英国共产党。1922年加入日本共产党。后被选为日本共产党中央委员，到莫斯科共产国际工作，参加共产国际七大。后到延安，对日本军队进行反战宣传。被聘为八路军总政治部敌军工作部顾问，主持成立由日本士兵组成的“反战同盟”，创办日本工农学校并任校长，成立在华日本共产主义者同盟等。作为旁听人员参加中共七大。[②]

1945年5月21日，冈野进在中共七大上发表题为《建设民主的日本》的发言，共2.3万字。作为日本共产党代表团的代表，冈野进表示：“完全同意”毛主席的政治报告，特别是毛主席提出：“现在日本侵略者正在暗地里进行活动，企图获得妥协的和平”，主张“彻底消灭日本侵略者，不许中途妥协”。

“日本共产主义者当前的主要任务，就在扩大并加强这一和平的、民主主义的势力”。日本“人民的厌战情绪和反抗运动”，表现在“战斗意志的降落”。从偷袭珍珠港到1942年夏瓜达康纳尔岛的丧失，人民充满着乐观情绪。可是，随着日本所占领的太平洋岛屿一个个被美军夺回；随着德国在欧洲不断地败退，人民对于胜利的不安和危惧开始逐渐加深起来。

在日本，多数人民经过了牺牲甚大的八年战争，已经疲惫了，在他们当中，厌战情绪浓厚起来。而且，他们对于军部的信赖和对胜利的信心已开始消失。他们之中的一部分，已开始对于军部消极的和积极的反抗，农民拒绝“供出”米谷，工人怠工，“这对于军需生产，是很大的障碍”。日

---

① 中共中央党史研究室、中央档案馆编：《中国共产党第七次全国代表大会档案文献选编》，中共党史出版社2015年版，第443—445页。

② 中共中央党史研究室第一研究部编：《中国共产党第七次全国代表大会代表名录》，中共党史出版社、上海人民出版社2005年版，第867—868页。

本人民“为了自由和生活的改善，勇敢地斗争过”。1937 年，拥有 20.7 万会员的农会进行了 4800 次租佃斗争。拥有大约 40 万会员的工会，进行了 2126 次斗争，参加者 21.4 万人。“日本士兵的士气，一年比一年下降”。开小差的很多。士兵反抗上级的事件，也爆发得不少。

日本共产党诞生于 1922 年。九一八事变时，日本共产党即毫不犹豫地暴露了这个战争的侵略的本质，集中全党的力量对此进行了斗争。组织了非合法的示威运动。又在许多工厂、农村、学校内，组织了反对军用献金的运动，领导了反战的罢工和怠工。而且，在兵营、军港和军舰内，组织了党的细胞，出版了给士兵和水兵阅读的报纸。在这些斗争中，数千党员被逮捕，或被残杀，党的组织屡遭破坏，党遭受了重大的损失。七七事变和太平洋战争，日本共产党采取了不同的斗争方法，动员广泛的群众起来斗争，提出“救济出征士兵家族”，“支付出征士兵全部薪水”等民众切身的要求，和改良主义工会内的群众结成统一战线，反对政府的战争政策。

除了日本共产党之外，还有“合法的左翼”的旧“日本无产党”，以及旧“社会大众党”、资产阶级政党旧“民政党”、“政友会”等政党团体组织，他们或“是实现民主主义可以信赖的势力”，或是“在打倒军部的斗争中，也起着一定的作用”，或是“在中小资本家或小市民之间，还有相当大的影响”。1944 年 1 月组织的“日本人民解放联盟”，是由八路军和新四军内的日本士兵、侨民、从国内来的反法西斯分子等所组成的。现在，在华北、华中有 21 个支部，最近更发展到华南。

如何建设民主的日本？冈野进认为，要在日本实现民主主义，首先要消灭一切反民主的东西。要“严惩战争罪犯”，“处罚那批曾和战争、军部积极合作的反动政治家”，还有“那批成为战争的实际推动力、在战争中获得巨额利润、以及和军部公开或秘密地合作的大军需资本家”。同时，要肃清封建的、反民主的制度。“天皇是现在的战争责任者之一，是反动政治和复古思想的表征”。对于天皇的存废问题，应在战后由一般人民的投票来决定。投票的结果，纵令决定保存天皇，“也必须是没有专制权的天皇”。

如何在战后建设富强的日本？冈野进认为，要实行高度工业化、土地制度的变革和农业的机械化，发展国内市场等。日本共产党当时提出的中心口号是“建立人民政府”，即建立在从共产党到民主的各政党、各政派的联合的基则上的人民政府。①

（十七）朴一禹介绍朝鲜的人民抗日斗争

朴一禹，曾有名王巍，朝鲜平安道人。早年在中国东北参加革命。后前往延安学习。后随八路军赴冀东开辟抗日游击根据地。参加冀东抗日大暴动。任抗日民主政府县长。后参与创建朝鲜独立同盟和朝鲜义勇军，兼任朝鲜革命军政干部学校副校长。作为七大候补代表参加晋察冀代表团出席大会。②

1945年5月21日，朴一禹在中共七大上发言表示，“受朝鲜独立同盟全体同志的委托，向毛主席、朱总司令、大会主席团及全体代表们致敬礼！”“朝鲜独立同盟的同志们，听到大会开幕的消息，都热烈的庆祝”。

关于“朝鲜亡国以后日本人对朝鲜的政策以及朝鲜人民反抗日本帝国主义的斗争情形”。朴一禹讲道：朝鲜人民亡国已经有35年了。在这期间，75%的朝鲜农民群众的土地，其中80%以上已被日本帝国主义侵占。全国的金融资本中有93%是日本人的。日本人把朝鲜的国名也改掉了，不叫朝鲜，叫“半岛人”。朝鲜自己的文字不许用了，朝鲜话也不许讲了。自从日本帝国主义发动侵略中国战争以来，在朝鲜也实行了志愿兵制和征兵制，至少有5万朝鲜青年被强迫到日本军队里去。朝鲜的壮年青年，也被强迫征到军需工厂里去。在日本本土约有200万人；在朝鲜大概也有200万人；到南洋去的有30万人左右。朝鲜老百姓的日子是怎样过法？据1944年来的一些朝鲜人讲，日本统治者在朝鲜实行配给制，一个壮年每月只能配给

---

① 中共中央党史研究室、中央档案馆编：《中国共产党第七次全国代表大会档案文献选编》，中共党史出版社2015年版，第446—464页。

② 中共中央党史研究室第一研究部编：《中国共产党第七次全国代表大会代表名录》，中共党史出版社、上海人民出版社2005年版，第406页。

四升大米，三升杂粮，每天吃两顿稀饭，也只能吃 18 天，老头子和小孩子就更少了。穿的衣服、穿的鞋子，都很少。[①]

朝鲜人民在亡国后，也有很多英勇奋斗的事。如“有名的三一独立运动。以后也闹共产党运动，也闹武装斗争”。但这些斗争都遭受到很严重的损失和失败，很多人跑到外国，跑到中国，如白区有名的李铁夫，苏区的毕世梯；抗战后的周文彬同志。他们为了革命都已经牺牲了。在东北九一八前后，成千成万的朝鲜人民和中国人民在一起抗日，这说明“朝鲜人绝大多数还是不愿意当亡国奴的”。

在华北、华中成立的朝鲜独立同盟，是在中国共产党和八路军直接领导下，1940 年在晋东南总部成立的。那时候只有以武亭为首的 21 名盟员，经过 4 年的努力，现在已经有了 1000 人以上。他们有的参加了武装队伍，有的正在学校里学习政治军事以及八路军、中国共产党的斗争经验。这个团体是共产党员作为领导核心。在华北和华中成立了九个分盟、三所军政学校。

现在中共中央决定积极开展城市工作。这个时候，积极开展朝鲜独立同盟的工作，有很重要的作用。因为现在侨居在华北华中的朝鲜人，约有 20 万人以上。在东北辽宁、吉林朝鲜人更多，大概在 200 万人以上，主要都是农民。“我们应该大胆地去争取他们，把他们组织起来，这是有好处的”。朝鲜独立同盟“最主要的紧急任务”，“是动员一切反日的朝鲜人，把他们组织起来，配合反法西斯同盟国，向日本帝国主义作战，争取朝鲜人的彻底解放，彻底独立”。

朴一禹认为，朝鲜独立同盟在目前条件的任务：一是“加紧培养干部，组织朝鲜人民抗日武装部队，也就是组织朝鲜的八路军”。二是“想各种办法尽量去开展地下秘密工作”。三是在政策方面，也要采取像中国党这样的统一战线政策。凡是朝鲜人，不管什么人，不分阶级，不分党派，只要他不愿意当亡国奴，愿意抗日，愿意将来实行民主的人，“统统要和他们团结

① 中共中央党史研究室、中央档案馆编：《中国共产党第七次全国代表大会档案文献选编》，中共党史出版社 2015 年版，第 464—465 页。

起来，和他们共同的配合同盟国打倒日本帝国主义”。“我们一定要在主观努力的基础上，依靠着客观有利的条件，努力的工作。如果能够这样的话，那末我想我们朝鲜人民就不会再当亡国奴，一定能够把日本打跑，一定能够胜利的。”①

（十八）马凤舞谈党的少数民族工作

马凤舞，河北省定县人，回族。1937年参加八路军冀中回民支队，任战士、宣传员、文书、政治指导员。1938年参加中国共产党。后任教导大队副教导员、分支部书记、大队长。1944年进中共中央党校学习。②

1945年5月22日，马凤舞在大会发言，对毛主席、朱总司令和刘少奇同志的报告，表示完全同意并拥护，同时对自己能够参加具有重大历史意义的七大感到荣幸。他介绍中国回民长期受着封建阶级、帝国主义的剥削和压迫，过着最痛苦、最下贱的牛马生活，在政治上是没有他们的地位的。回民中绝大部分是农民、小商人、工人以及城市的贫民如小贩、宰牛羊的、苦力工人、拉洋车的等。在回民集中的甘肃、宁夏、青海、新疆，主要是地主和农民的对立。在甘肃河洲南乡，回民地主只有千分之三，但是他们占有的土地有43%。散布在华北、东北的回民，都是从西北一带搬去的。以西北五马③为代表，其阶级成分是大地主、大商业资本家。但是又各有特点。在全国政治地位来讲，他们是属于中间势力派的。在回民本身来看，他们又是大汉族主义者在回民中间的代理人。他们是反共反人民的。但是他们和中国的大地主、大资本家、大买办、银行家这个统治集团、蒋介石也有某些矛盾。

---

① 中共中央党史研究室、中央档案馆编：《中国共产党第七次全国代表大会档案文献选编》，中共党史出版社2015年版，第464—467页。

② 中共中央党史研究室第一研究部编：《中国共产党第七次全国代表大会代表名录》，中共党史出版社、上海人民出版社2005年版，第400页。

③ 护国战争前后，西北五马指宁夏护军使马福祥、甘边宁海镇守使马麒、甘州镇守使马麟、凉州镇守使马廷勷、中央第五混成旅旅长马鸿逵。南京国民政府成立前后，形成新五马即：马步芳、马步青、马鸿逵、马鸿宾、马仲英。

回民的数目有不同的说法，“回民的特点，天下回民是一家。”“他们有团结、善战、勇敢、朴素的优良传统”。抗战以后，在国民党区域、敌占区、解放区，回民的生活是不同的。在国民党区域。回民在生活上是非常痛苦的，简直难于生活下去。在敌占区，敌人采取了民族分裂的政策，挑拨离间回、汉之间的团结，利用少数的回族败类，采用了一种欺骗、威胁、笼络的办法，以达到其以华制华的政策。

在解放区，“回回民族，在政治上、经济上、文化上都翻了身，与其他一切民族享受着同等权利，毫无例外”。还帮助建立了为争取人民解放和回民解放的武装，如冀中“回民支队”、大队等。在冀鲁边、冀鲁豫、陕甘宁边区、山东等地，都有回民自己的武装。并且有群众团体的组织，如晋察冀、冀鲁边回教总会、分会、边区的回协，建立了“伊斯兰小学”“边区民族学院”，提高了回民的政治、文化水平，提高了回民的觉悟。回民的生活得到改善。回民以少数民族的地位提高了，参加了参议会，在冀察晋，在陕甘宁，都有两个姓马的回民参议员。并且建立了三边回民模范自治乡、自治区。事实说明：“回回民族只有在共产党的领导下，才能有地位，才能得到解放”。

为了团结广大的回民到我们党的周围，对回民的生活习惯作风要保持。尊重他们的言语、文字、风俗以至习惯及宗教信仰。他们一切生活习惯是多年来的传统，如果操之过急，强制，是不行的，“那是会脱离群众的”。根据毛主席的少数民族政策，我们应该帮助广大的少数民族的人民群众，争取他们在政治上、经济上、文化上的解放与发展。毛主席的思想是真正马克思主义中国化了。

为了开展回民工作，“应该培养开展解放区及东北、西北回民工作的党、政、军、民与城市工作的全套干部。”着重培养对回教了解多的人、进步的阿訇，以及在回民中有威望的人，回民的军事指挥员等。多少年来，回民党员在党的领导下，为了中华民族的解放和回族的解放，进行了顽强的不屈不挠的斗争。“他们是我们党的无尚光荣”。马凤舞表示决心踏着他们的鲜血，来完成他们未完成的事业，在党的领导下，为彻底实现新民主主义社会、社会主义社会、共产主义社会奋斗到底。七大“是胜利团结的大会，我们应团结回民和各族在毛主席的旗帜下，在毛主席的政治路线指导下，向胜利的道路前进”。①

（十九）刘澜波谈党在东北的工作

刘澜波，辽宁凤城县人。1926年参加中国共产主义青年团，1928年转为中国共产党党员。曾在东北军中开展工作，任东北军工作委员会书记。参加组织东北救亡总会，任党团书记。1939年到延安进马列学院学习。任中共中央东北工作委员会委员、中共中央统战部科长、中央西北局友军工作委员会副主任。入中央党校一部学习。被选为冀察区第一专区各界抗日救国联合会主任。②

1945年5月22日，刘澜波在七大的发言中，首先表示参加大会的“东北小组完全同意毛主席的政治报告，朱总司令的军事报告，和少奇同志的关于修改党章的报告”。同时也代表几位东北代表发表一些意见。

刘澜波声明自己离开东北已有10年以上，过去对于东北也是粗枝大叶。想到在“我们胜利的任务发展的前途上，东北的工作一天天的急迫”，同时党“对东北的工作一贯地十分注意”，在抗战以来，也不断派人到东北去；或经过晋察冀、山东去东北开辟工作，很有成绩。为了开辟今后的东北工作，让更多的同志了解东北，有必要讲一讲，请同志们批评。

东北是一个好地方。东北有森林煤矿，还有满山遍野的大豆高粱。据1943年日本人统计的材料，东北煤的埋藏量有100亿吨，铁的埋藏量是10亿吨。油母页岩有50亿吨。从九一八到现在，“东北沦陷快十四整年了”，“东北各方面的面貌有很大的改变”。在政治上，日本占领东北后，建立了傀儡政府——满洲国。东北地区，一般叫东三省，后来加上热河，变成东

① 中共中央党史研究室、中央档案馆编：《中国共产党第七次全国代表大会档案文献选编》，中共党史出版社2015年版，第482—483页。

② 中共中央党史研究室第一研究部编：《中国共产党第七次全国代表大会代表名录》，中共党史出版社、上海人民出版社2005年版，第29—30页。

北四省。热河变成东北的殖民地了。日本把东北四省划成19个省。每省省长一般是中国人，次长大多数都是日本人。有的省份，如兴安、东安几省是日本人直接做省长。据说最近为了加强国防，兴安四省归并为一省；东安三个省归并为一个东安省，并设有分省。各县副县长，都是日本人。总之，日本占领东北后，在政治上从上到下建立日本的警宪特务统治。

军事上，日本从九一八开始，收编土匪和动摇叛变的义勇军及一部分投敌的东北军，改编成警备军，以后不断加以整顿。又建立军事学校，培养干部，如奉天军官学校，吉林、齐齐哈尔陆军学校，教导队与王爷庙的陆军兴安学校。人数约20万人。伪军里有一部分已经日本化，从上到下，班长一半也是日本人。联队的番号也用部队长的名字。1942年实行新征兵法后，士兵有联坐法。在警察方面，日本在东北有10个宪兵团，7个宪兵分团。在北满一带，有纵深一二百里的国防工事；西面热河一带，靠近我们也有纵深一二百里无人区的封锁线。

经济方面，东北过去有3500万人，据1943年的材料，有了4300万人。从事农业生产的，有2200万人，产业工人有200万人，加上手工业、农村工人，便不止200万人。重工业方面，煤矿有抚顺、鞍山、鹤立岗等，铁的方面，有昭和炼钢厂。军火生产，有沈阳兵工厂，过去在远东规模最大的，现经日本改造，可以生产坦克、装甲车，据说还可以制造飞机。电气工业很发达，松花江水力发电厂，可以供东北各地电气的使用，鸭绿江也建立了发电所，还有其他发电所。轻工业方面，沈阳北宁路，铁路以西，完全是工业区，轻重工业的工厂有100多家。在农村，日本人的办法是加强对农村的掠夺，没收松花江、辽河流域肥沃的土地，集体开拓，大多数是朝鲜人，日本人直接来搞。另方面搞兴农合作社，也叫粮食组合，地主、农民收下的粮食，除了他们需要的以外，都统制起来。交通方面，东北在抗战以前有5000公里的公路。现在国民党的材料说有1.2万里长，日本材料说有1.3万里铁路，2万里到3万里公路。飞机交通航路也发达。

教育方面，日本在东北实行的是奴化教育，大学专门学校有19个，有医学、工业、农业、法律学校，培养的都是技术人才。中学方面，在1937年以后改变旧式的中学制度，共有250个中学，其中62个是师范，培养奴化东北的教员。此外，农林牧畜学校82个，工业学校20个，商业学校34个。主要是培养农业人才、一部分有技术的干部，服从日本工业。教材内容都改了，地理历史，只听到伪造的满洲国历史。

日本对于东北政治、军事上的统治，经济上的掠夺，思想上的奴化麻痹，“加强了我们在东北工作的困难”。我们“要夺天下”。“东北这个地方很大，我们一定要夺”。“困难是有的”，但还有对我们有利的一方面。这就是“东北人民在我们党的协助和领导下，进行了坚决的斗争”。“东北义勇军还在继续不断活动”，“经过晋察冀、山东根据地到东北去，也开展了一些党的组织工作”。东北北面是社会主义的苏联，西边与西南方面就是我们广大游击区和根据地。所以从国际国内来看，我们认为东北这个地方，收复完全是可能的，而且是必要的。

东北工作应该怎样做呢？“东北的城市比较起来对乡村有着比较决定的意义”。东北城市工作中，一要做好调查工作。二是处理好伪警、伪军问题。三是要注意所谓东北的老一代即30岁以上的人，包括过去的士绅，张学良时代的军官、官吏。四是要做好东北的知识分子工作。东北的乡村，人口大部分集中。应该开辟游击战争，“尽可能的创造一些小型的根据地”。“我们在城市是精干隐蔽准备工作，准备千百万的群众，准备里应外合，如果没有乡村工作，那么，城市工作的灵魂就缺少了。因此，我们要准备游击战争，配合国内、国际的进攻时的里应外合”。同时还要做好关内东北军、东北人民和东北有关系的伪军工作。

“为了在东北实行毛主席所提出的任务，取得城市，在乡村开辟游击战争，中心一个问题就是开辟东北党的问题”。刘澜波介绍了东北党组织的情况。提出东北干部们就要好好学习华北、华中各个地方党的经验，好好去锻炼自己。“建设一个在思想上、在政治上、组织上有战斗力的党，并要在东北发动千百万的群众，准备将来的里应外合。建设一个新民主主义的东北，建设这样的党是非常必要的”，“也是有保证的”。[①]

（二十）张鼎丞谈闽西工作和中央党校二部整风经验

张鼎丞，福建永定县人。1927年加入中国共产党。任闽西暴动委员会副总指挥。参与创建闽西革命根据地。任红军永定独立营营长、永定县革命委员会主席，中共闽西特委军委书记、闽西苏维埃政府主席，福建省苏维埃政府主席、中华苏维埃共和国中央执行委员会委员、中央政府粮食部副部长。坚持南方三年游击战。后任新四军支队司令员、师长。到延安学习，后任中共中央党校第二部主任。出席七大时任华中代表团副主任、代表资格审查委员会委员。当选为第七届中央委员。[②]

1945年5月23日，张鼎丞在大会发言，对毛主席、刘少奇同志、朱德司令的报告，完全同意。张鼎丞参加了延安整风，认为在“整风过程中间，得到了伟大的胜利，并取得了丰富的经验”。“整风是我们中国共产党建党的一个重要关键，是我们党战胜敌人争取胜利的一个重要关键”。“整风的目标，主要的就是分清干部、党员中的无产阶级思想和非无产阶级思想，以及分清革命与反革命的问题。同时，整风就是整顿学风，整顿党风，整顿文风，改造我们党员的作风，改造我们党的工作，团结我们的党，团结我们的干部。这就是我们整风的全部要求。”

讲到整风经验，张鼎丞认为，“知无不言，言无不尽”很重要。“站在一个党员、一个干部方面来讲，这是党给我们的责任，每一个党员应该负起这个责任；同时又是党给我们的权利，我们应该享受这个权利”。站在领导这方面来讲，“知无不言，言无不尽是一条策略，一个好的领导者应当掌握这个策略，又是一个好的法宝，应当贵重这个法宝”。但“知无不言，言无不尽”又是一个极端困难的事情。张鼎丞自己“曾经藏在肚子里十多年

① 中共中央党史研究室、中央档案馆编：《中国共产党第七次全国代表大会档案文献选编》，中共党史出版社2015年版，第483—491页。

② 中共中央党史研究室第一研究部编：《中国共产党第七次全国代表大会代表名录》，中共党史出版社、上海人民出版社2005年版，第604—605页。

的话没有讲”，一直到今年研究闽西党史时，才讲出来。

“福建闽西的党，参加了大革命运动，事实上闽西的国民党是共产党创造起来的，在国民党背叛革命后，转入地下，重新进行工作，转变到苏维埃，土地革命运动很快发动起来了”。1928 年领导了闽西广大的工农群众武装起义，武装暴动，很快分配了土地，建立了苏区政权，建立了武装组织。朱、毛红军 1929 年 5 月就到了闽西。得到了朱、毛红军的帮助以及毛主席为首的前委的领导，很快创造了一个很大的闽西苏区。江西苏区和闽西苏区连起来了。粉碎了敌人四次“围剿”，建立了闽西苏维埃政府。朱、毛红军在闽西创造了闽西地方武装——红四军第四纵队，很快地成立了第 12 军，又继续扩大成立第 21 军。到“召开全国苏维埃代表大会，成立中华苏维埃共和国中央政府。福建是中央苏区直接领导的一个省苏维埃，一个区域”。①

福建党自从大革命到苏维埃，基本上是在毛主席的思想与毛主席的路线和政策的基础上发展起来的，可是这中间发生了反罗明路线，“说罗明路线是退却逃跑的路线，是悲观失望的”。所谓进攻路线胜利了。张鼎丞当时既是“受打击被斗争的”，但又是同意拥护这个斗争的。因为在他看来，党的四中全会正确，五中全会正确，一定是罗明路线错了。当时的罗明路线不是一个路线的问题，而是闽西党省委领导机关的问题。闽西苏区在反“围剿”战争中，是东方的一条战线，敌人进攻很紧急，边沿地区局势很严重。斗争了两年多，中央苏区退出了，江西苏区、福建苏区也就完全垮了。张鼎丞个人服从组织，当时同意了所谓反对罗明路线，但心里有问题，一直没有讲。直到 1945 年春闽西党史座谈会上才弄清楚了这个问题。反罗明路线，基本上一句话，就是反对毛主席的路线，反对毛主席的思想，反对毛主席的作风。

张鼎丞担任主任的中央党校第二部，参加整风的有 740 个同学，有 90% 进行了自我批评。其中有 154 个党员干部，“埋藏不敢讲的话，有埋藏

① 中共中央党史研究室、中央档案馆编：《中国共产党第七次全国代表大会档案文献选编》，中共党史出版社 2015 年版，第 492 页。

三年五载的，有十年八载的，很重大的问题隐瞒党，不向党讲。经过一年多的整风后，到去年九月以后才讲出来。还是他们自己讲出来的”。讲出来的有 33 个有政治问题，其他也是接近政治性质的问题，如动摇、贪污、腐化。张鼎丞认为，许多不敢对人讲的话，长期的没有讲。原因：一是党在过去存在过火的斗争，打击的政策。二是因过去错误肃反政策的影响，而发生害怕。三是抢救运动也有影响，他们害怕。四是说出来内心的话，怕党不信任。五是说了怕丢面子，贪污、腐化、动摇给大家说了丢面子，使他们不敢讲。六是思想没有弄通，没有觉悟。这是一个基本问题。

经过整风，多少年没有讲的话，也讲出来了。原因是：一是经过整风运动，思想弄通了，觉悟提高了。二是我们本着与人为善，惩前毖后、治病救人的方针，整风是弄通思想，宣布在学习中不管有任何错误，都不作组织上的结论。三是审查干部中间，经常传播毛主席的九条方针，尤其是抢救失足者，以及抢救运动以后的平反工作，以及从抢救运动以前到以后的整个方针是大部不捉一个不杀，采取了非常宽大、非常慎重的态度，对任何一个没有做结论的同志都非常尊重他们，他们很受感动，使他们感到我们党非常伟大。四是中央党校二部第二期的整风学习，展开了批评与自我批评的热潮，推动了这些同志。五是客观原因，即“全世界反法西斯战争的胜利，我们共产党、八路军、新四军、解放区的胜利，反动派法西斯的失败，国民党反革命的反动性，没有前途，没有希望。因此，稍微有一点知识，稍微有一点眼光的人，都觉得只有靠共产党才走得通”。这是客观的原因，这也是很重要的。

中央党校二部的整风成绩，取得“知无不言，言无不尽”效果，是和张鼎丞领导的二部领导“在学生、教员、干部中间，做了很多解释工作，经常谈话”密切相关。如果没有这些解释工作、经常谈话，要取得“知无不言，言无不尽”结果是不可能的。宣布“知无不言，言无不尽”，又加上“言者无罪，闻者足戒”这条政策，加上我们用广泛的民主的办法去推进实现这个方针，所以难免有人要乱讲一顿。但后来都转过来作了自我批评，承认自己是不对的。由于“正确的执行了毛主席给党校的教育方针，我们在整风运动中间是与人为善，治病救人，弄通思想，改造思想，团结全党的方针”。收到的效果是显著的：“在整个过程中间一直到今天，我们没有打击过任何一个同志，没有伤害任何一个同志，甚至有政治问题错误的同志。大家都感觉很愉快，没有受打击”。

张鼎丞认为：“有了毛主席的思想、毛主席的领导、毛主席的作风，真正深入的整风，弄通思想，一切就都可以搞好”。毛主席的话“对于我们全党的胜利都是很重要的。真正做到了发言的自由，我们全体都得到了这个自由，这是我们全党一个很重要的问题”。在研究闽西党史的时候，执行了毛主席的方针，从团结出发研究问题。实事求是地研究问题，提出问题，弄清问题。进行了批评和自我批评，一切为着弄清事实得出教训。参加闽西党史研究的领导同志也有很好的自我批评和批评。如博古同志、洛甫同志都很好地进行了自我批评。张鼎丞谈起：他过去对于博古同志是很尊重的，但是内心是不满的。这次博古同志进行了自我批评，就真心地佩服他。“同样的大家都进行了自我批评，全党就都团结起来了”。这次大会上听了博古同志的发言，证明这是彻底的、坚决的。我非常拥护。张鼎丞认为：“有了自我批评才能有威信，有面子”。还有与人为善，治病救人的问题；领导骨干与广大群众结合的问题；团结问题；党内纯洁的问题，这些问题都是整风运动中的问题。张鼎丞在整风中也得到很多经验。①

（二十一）傅钟关于团结问题的发言

傅钟，四川叙永县人。1920 年赴法国勤工俭学。参加筹建旅欧少年中国共产党的活动。1921 年底参加中国共产党。1925 年任中共旅欧总支部书记。1926 年赴苏联莫斯科中山大学学习。后转入列宁格勒托尔乔夫军事政治学院学习。回国后曾任中共中央军委士兵运动委员会主任。后被派往鄂豫皖革命根据地，任红四方面军彭杨军政干部学校政治部主任、师政治部

① 中共中央党史研究室、中央档案馆编：《中国共产党第七次全国代表大会档案文献选编》，中共党史出版社 2015 年版，第 491—495 页。

主任、红四方面军政治部副主任等职。后任中国人民抗日军政大学政治部主任，八路军政治部民运部部长，中央军委总政治部副主任、八路军野战政治部主任等职。[①]

1945 年 5 月 24 日，傅钟就团结问题发言："在这个大会上，听了毛主席、总司令，少奇同志的报告，我完全同意，并且拥护。同时，听了许多同志自我批评的发言，也使我深深的感动，并且得到了很多教育"。

红四方面军"有光荣的历史，可是他并不是像水晶珠珠那样，一点灰尘也没有，可以说是带缺点的光荣的历史"。我们党进行反张国焘路线斗争时，中央就把张国焘路线和红四方面军的历史明确地区别开来，同时又把张国焘与红四方面军的干部党员区别开来，"这是毛主席团结全党的伟大思想在历史上又一次的重要成功"。但在"党内对于许多同志还不是那样容易清楚了解的"。

红四方面军经历了长期的艰苦的光荣的道路。它是在鄂豫皖继承了大革命的遗产，并且从大革命失败后，在共产党领导之下，以农民为主干的广大群众斗争中成长起来的一支人民军队。它一开始是以鄂东北党领导的黄麻农民暴动为始基，会合了皖西六安、豫南商城当地党领导的群众暴动组成的武装，并且有江南蔡申熙和陈奇所领导的红 15 军，"这几部分力量就组织成鄂豫皖的红四方面军。以后分出了主力最大的部分远征川陕，建立了通南巴苏区。又与王维舟同志领导的川东游击军会师"，红四方面军发展成为 5 个军即第 4、第 9、第 31、第 15、第 33 军。并将一部分改为红 25 军，由徐海东和吴焕先领导，到陕北与红 26 军会合。原留下来的力量，编为红 28 军，还在原苏区坚持斗争，一直到抗战发展成为现在华中新四军的第 2 师和第 5 师。此外，还有一部分就是徐海东部分即现在在苏北的第 3 师的前身。全国抗战初期，原红四方面军的两个军，即第 4 军和第 31 军，改为八路军第 129 师。"在抗日战争中，这支部队是获得了伟大的成就

① 中共中央党史研究室第　研究部编：《中国共产党第七次全国代表人会代表名录》，中共党史出版社、上海人民出版社 2005 年版，第 510—511 页。

和发展的”。①

红四方面军一开始就有了很好的党的领导，曾建立了内部与外部团结得很好的关系，并且有民主作风。傅钟到鄂豫皖去的虽然比较迟，但还亲眼看见过。当时军队对于政府的关系，和老百姓的关系都很好，并且规定了一条，就是打土豪不准抓鸡来吃。傅钟在那里当了两年师政委，每次走到县委门前就下马，足见当时部队对党是很尊重的，这一点不是形式，心里尊重，是有民主作风的。因此红四方面军在历史上的组织观念是很好的，对党一贯是尊敬的。

同时，红四方面军一开始就是由工农与知识分子结合而壮大起来的。对于知识分子和外来干部确确实实是表示欢迎的和爱护的。工农干部和知识分子是很好的，很融洽的，很少有排挤的事情。就这样组成了这支部队的奋斗历史。傅钟从郑位三那里看到一份材料：大革命失败后，黄安有100多所小学，每个小学平均有两个教员参加农民协会工作。以后暴动起来了，这些人就参加了暴动。党员有200多名，青年团员有300人，总共有500多人参加了军队。外来的干部和工农干部、知识分子之间互相都很融洽，极少有排挤之事。

另外，红四方面军从一开始就执行了党的路线。在木兰山、柴山堡的游击根据地，进行了游击战争，打敌人，做群众工作及进行筹款工作，实际上都符合毛主席坚持农村的总方向。并在当时与大江南北其他主力红军唇齿相依、互相配合中不断壮大与发展起来了。这样看来，红四方面军有以上的特点：继承了大革命的遗产；党的领导；工农与知识分子的结合，以及执行党的路线，都是符合于毛主席的总方向的。

但是，由于1931年四中全会以来，张国焘进入鄂豫皖苏区以后，就逐渐地把上述特点与光辉的颜色，加以改观或涂污了。后来只强调打仗，忽视其他了；对于地方党的关系，亦趋向恶劣了。于是形成张国焘的军阀主义，以致又发生这些事实：军政关系、军党关系、军民关系的不好，像国

① 中共中央党史研究室、中央档案馆编：《中国共产党第七次全国代表大会档案文献选编》，中共党史出版社2015年版，第495—496页。

民党一样，一直发展到群众的反水。所以当时许多群众不高兴，以致称他为“张帝国主义”。“群众这话是非常正确的”。群众对张国焘这样一个称呼，以后使得这支具有光荣历史的人民军队，遭受了相当深重的灾难。“好在张国焘之秽手被党中央打断，方又恢复其光荣”。[①]

傅钟认为，原红四方面军的干部，就应该像刘少奇同志报告所说：“不要只记得、只了解自己部分的光荣，而不了解或者忽视其他部分的光荣历史；只了解自己部分的成绩，而不了解自己的缺点。”对西路军失败，傅钟认为，“无疑是张国焘路线的最后破产。它的确是一个失败，经中央作出正确的结论”。然而我们并不因为失败就否定一切。“西路军的广大指战员为着党、为着人民的解放事业，尽了他最大与最后的责任。在与马家敌人作顽强的艰苦卓绝的斗争中，表现了至高无上的英雄气概。这里特别使我们永志不忘的即董振堂同志在高台的壮烈牺牲，为着党而流尽最后一淌血的优良品质，是我们学习的楷模。同时还应该记起前三十三军创始人之一杨克明同志，他在这次战役中与振堂同志一样的为着党而奋斗到最后。还同样使我们不能忘记的如陈海松同志、熊厚发同志、曾日三同志、姜启化同志等，他们那种为着党和革命人民的英勇顽强、视死如归、慷慨就义的浩然正气，是永垂不朽的”。“在古浪、高台、倪家营子及梨园口的诸战役中，广大指战员中的英勇苦战与壮烈牺牲的事迹，更是不可胜述的”。在西路军“最后失败时，很多被俘的战士尤其是干部，在敌人面前至死不屈，而慷慨就义，那是可歌可泣的”。还有“没有被害的，他们用千方百计，或乘机逃跑，或帮工讨饭，或暗中通知地方党及兰州办事处设法营救他们。他们这样只是为了一个目的，就是达到回返革命的家庭继续为党奋斗的目的。另外一部分人，在祁连山分散游击的时候，剩下少数武装，他们历尽了饥寒交迫，于大戈壁中辗转苦战，进入新疆，另一部分亦遭受到险阻，在九死一生的情况下，他们都先后归返陕甘宁边区，或转入敌后解放区继续为党奋斗”。在西路军的斗争中，红四方面军同志的鲜血是和红一方面军、红二

① 中共中央党史研究室、中央档案馆编：《中国共产党第七次全国代表大会档案文献选编》，中共党史出版社 2015 年版，第 496 页。

方面军许多干部的鲜血交流在一起的。红一方面军、红二方面军的干部亦同样表现了英勇牺牲与艰苦卓绝的精神。

傅钟讲到此处时，会场上响起热烈的掌声。傅钟接着说："西路军失败确实是失败了。但他们在那失败里，错误当中，已经获得了教训"。我们"完全相信原四方面军的干部，他们在党的长期教育与培养之下，并经过了长期艰苦卓绝的斗争与锻炼，是能以坚决的态度去粉碎来自任何方面的挑拨离间的鬼蜮伎俩"。"张国焘的任何挑拨离间"，"只能是徒劳的"。从张国焘公开投入国民党怀抱的时候，他就"仅仅是单枪匹马而逃"。"这也证明了原四方面军的干部是党的干部"。"今天在党内阻碍团结的是什么东西？是盲目的山头主义倾向"。要解决这个问题，"必须用大公无私的与正确的处理'山内山外'的关系问题"。

傅钟指出，"只就原四方面军的历史发展来看，它也是山头林立，而且山包也有大小之别。在这种情形下，就应该用反省的精神"。"首先要消除对党发生任何怨气，这才是马列的态度"，"至于那对党提出这个要求，那个要求，这样不满，那样不满，甚至怪中央对我们没有照顾，因此，摆起架子，扳起硬劲，要起骄气来，这是非马列的"。还有一种"认为有山头才吃得开，无山头就吃不开，山头大吃得开，山头小吃不开，或山头软的吃不开"的思想，也须加以解决。因为这是"没有很好的解决个人与党的关系。把依靠山头看的重，反而把依靠党看的轻了"。这里"主要的是解决个人与党的关系。依靠党依靠人民，是稳如泰山，万事好办"。如果不是这样，"只说大山头，小山头，其结果把山头背在背上，山头是很重的，把自己压的又是驼子，又是瞎子，使得举步艰难，阻碍前进"。傅钟认为：看出山头是难，看出自己的山头主义是所谓难上加难。克服了这些难，"就天下太平，我们就会像一个和睦的家庭一样"。①

---

① 中共中央党史研究室、中央档案馆编：《中国共产党第七次全国代表大会档案文献选编》，中共党史出版社 2015 年版，第 495—499 页。

（二十二）叶剑英谈国内外形势

叶剑英，广东梅县人。云南陆军讲武堂毕业。后加入粤军，任营长、师参谋长。参与创办黄埔军校。参加北伐战争，任代理师长、军参谋长。1927 年加入中国共产党。兼任第四军军官教导团团长。参与领导广州起义，任工农红军副总指挥。后赴苏联莫斯科学习，并任中共特别班支部委员。回国后在中共中央军事委员会委员任委员。到中央革命根据地，任中华苏维埃共和国中央革命军事委员会委员兼总参谋部部长、总参谋长，红军副总参谋长兼红一方面军参谋长，任闽赣军区司令员、中革军委第四局局长。参加长征。后任中共中央军委参谋长兼八路军参谋长、军事学院副院长。在七大上担任大后方代表团主任，当选为第七届中央委员。①

1945 年 5 月 23 日，叶剑英在大会发言中首先表示，他“和大后方代表团全体代表听了讨论了毛主席报告，总司令报告，少奇同志报告，完全拥护”。他的发言主要是结合对毛主席政治报告关于国际国内形势问题的学习和研究，谈他的理解和看法。“我们的路线是放手动员群众，壮大人民力量，在我们党的领导之下，打倒日本军阀，解放中国人民，建立新民主主义的中国”。这个路线，“一个是打倒，一个是解放，我们以后的斗争，是从打倒民族敌人，一直到人民解放”，“这是一个转变。这个转变是复杂的”。“这个复杂问题要应付，各个地区、城市、大后方，特别在军队中间，我们在组织上、训练上，如何转变是一个很重要的问题”。

关于国际形势，整个世界经过这次战争以后，当然还有很多矛盾，如帝国主义和苏联的矛盾；帝国主义之间的矛盾；帝国主义国家工人与资本家之间的矛盾，殖民地与宗主国之间的矛盾；战败国与战胜国之间的矛盾；新民主主义与旧民主主义之间的矛盾，是不是解决了？没有完全解决。但对于我们“最现实的问题，最直接的问题，是毛主席在报告中指出的，就是反法西斯人民大众与法西斯残余的矛盾，民主与反民主的矛盾”。只有各

① 中共中央党史研究室第一研究部编：《中国共产党第七次全国代表大会代表名录》，中共党史出版社、上海人民出版社 2005 年版，第 726—728 页。

国人民经过长久的努力，克服了法西斯残余的势力及反民主的势力，才能有最广泛的人民得到胜利，只有广泛的人民得到胜利，才能达到巩固的、持久的和平保障。

欧洲在这次战争后所产生的新局面，一是苏联一天一天的强大；二欧洲在这次战争中间产生了新民主主义的国家。叶剑英讲到这里时，特意指着一张标有不同颜色的世界地图加以说明："在这一大块新的民主主义国家在欧洲的面积上，人民上占有优势，政治上更占优势"。同时是旧民主势力的削弱。在欧洲旧民主的国家中，有英国、土耳其、瑞典、瑞士、荷兰、挪威、丹麦、卢森堡、希腊，英国是个头子。但英国在这次战争中是相当的削弱了，在国际上的地位是降低了。"战后的欧洲，战后的世界是进步的、团结的，是走向进步的，而不是走向倒退的。是走向团结的，而不是走向破裂的。毛主席这个论断是完全正确的"。

在战后的世界中，有两个强大的国家：一个是苏联，一个是美国。第二次世界大战以后，苏美两国能否合作，就可以决定世界的能否和平生活。毛主席在报告中说："法西斯被打倒后，各国人民将建设一个巩固的与持久的和平世界，四月二十五日在旧金山举行的联合国会议，将是这种和平的起点。""战争教育了人民，人民将赢得战争，赢得和平，又赢得进步。"这就是目前形势的规律。世界的和平，欧洲的和平，将没有什么怀疑了。

整个亚洲目前正处在战争与解放的浪潮中。"中国是全世界反法西斯战争中，五个最大国家之一，是在亚洲大陆上反对日本侵略者的主要国家。中国人不但在抗日战争中起着和将要起着极大的作用，在保障东方和平上则将起着决定作用。"

中国人民的完全解放，要取得两个胜利，一是抗战的胜利，把日本打败，二是要争取新民主主义在全中国的胜利，把国民党的独裁政治取消。在共同打倒日本这个问题上可以求得联合国的团结。究竟联合国怎样对日作战？美国怎样搞法？蒋介石怎样搞法？还有许多同志问苏联怎样搞法？叶剑英先把日本和美国在太平洋作战时实力作了对比；同时研究敌军兵力分布的情形；敌军在本土如何防御，在大陆如何防御；日本作战的前途是不是会失败？结论是“日本的失败，一般的说是肯定了”，但力量还是很强大的。

蒋介石现在是利用同盟国的力量打日本，利用美国登陆打头阵。蒋介石就是想利用这个东西来在美国军队的后面收复失地，抢我们八年来抗战的果实。内战危机就在这里。蒋介石在美军的帮助之下，已经装备了 38 个师，还有青年军，大概有九个师，也装备了 60 万人。

“苏联对东方政策是积极的，而不是消极的，积极对我们很有好处。日本也是这样看法，英国、美国、蒋介石都是这样的看法”。“不管联合国各有自己的目的，现在还不完全一致，但他们要打下日本是确定的”。目前日本、美国都还在准备，都准备在战争中消耗对方。问题的关键还是毛主席讲的，“日本侵略者处在非常不利的地位，他的军心、民心发生很大的动摇，他现在还有力量，还在挣扎，并企图通过中国和同盟国的动摇分子取得和平妥协。但是一切太平洋国家全体人民，为了他们自己的利益，要彻底消灭侵略者”。这个问题解决的彻底不彻底，不是决定于日本、蒋介石或是美国，而是在于苏联。“最后的胜利没有苏联，没有八路军、新四军，没有红色军队参加是不行的”。①叶剑英的发言赢得会场上一阵热烈的掌声。

总之，讨论毛泽东、朱德、刘少奇的三个报告的大会的发言，非常踊跃。毛泽东在大会闭幕式上指出，“代表们对三个报告发表了很好的意见。许多同志作了自我批评，从团结的目标出发，经过自我批评，达到了团结。这次大会是团结的模范，是自我批评的模范，又是党内民主的模范。”②这些大会的发言充分表达了代表的心声，对深刻理解学习大会三个报告精神，互相交流和学习，进一步增强党性、加强团结、消除隔阂，都大有益处。不少没有发言的代表在听取大会发言时，也深受启发和教育。

---

① 中共中央党史研究室、中央档案馆编：《中国共产党第七次全国代表大会档案文献选编》，中共党史出版社 2015 年版，第 500—509 页。

② 中共中央文献研究室编：《毛泽东在七大的报告和讲话集》，中央文献出版社 1995 年版，第 182 页。

八、三个大会报告的结论

（一）朱德关于军事报告的结论

5月30日，朱德对于代表们在讨论军事报告时提出的关于毛泽东的军事思想，百团大战，反攻的军事转变，对敌、伪、友、顽的军队工作问题和军队干部等问题，作了解答。

1. 关于毛泽东的军事思想，朱德强调说："毛泽东的军事思想，也就是马克思主义的中国化。""中国人民需要武装斗争，中国农民多，武装就是农民武装，武装在农民里面才能产生出来，这就叫土地革命。关于土地革命的思想也可以说大部分是毛主席的思想产生出来的，同时马克思主义本身原来也说明了，无产阶级要革命，就要有他的军队。这个军队就是红军。这个军队从有史以来就是不同的，它是站在人民方面的，毛主席辩证的把它运用到中国来，就产生了第一个特点，就是人民大众的反帝反封建的红军。这个思想来源是有根据的，有马克思主义的根据，有苏联红军的根据，并加以发展了。""军队的产生发展、壮大，要依靠农村，依靠根据地，依靠根据地的政权来养活他。这是毛主席军事思想的特点。"① "毛主席的军事思想的全部系统是和国民党完全对立的。它是马克思主义的中国化，是用辩证法来分析中国的实际情况，在农村开展土地革命，军队的产生、发展、壮大也要依靠农村，依靠根据地。军队来自人民，取自人民，既靠人民打仗，也靠人民养活。因此，军队要为人民服务，要搞好军民关系。"②朱德还指出：人民军队的这个特点也决定了它的战略战术特点，多半采取游击战、袭击战、运动战或者大规模的运动战。朱德认为，毛泽东的军事思想在井冈山是萌芽时代，红四军第九次代表大会是初步发展，到现在完

① 中共中央党史研究室、中央档案馆编：《中国共产党第七次全国代表大会档案文献选编》，中共党史出版社2015年版，第510页。

② 《胡乔木回忆毛泽东》，人民出版社1994年版，第382—383页。

全形成了人民大众反帝反封建的军事思想的整个系统。[①]也就是说现在已经成熟了。[②]

2. 百团大战的问题。朱德认为，运动战开始打了一些，也打得比较好。敌人忙于去打大仗，顾不了对付我们，所以我们由两三万发展到几十万。到了 1940 年，我们的军队相当的大，那个时候更应该用毛主席的思想，用游击战争对付他们的进攻，对付敌人的“扫荡”，那才是合适的。后来的转变还是用武工队的方法解决的，阻止了敌人的进攻。另外，百团大战前后有几个比较小的战斗，有好些带着攻坚性质的，有些带着防守性质的，在实际工作中的同志很不满意，应该说是不应该打的。经验教训是有什么家务，就打什么仗。

3. 军事转变问题。朱德说，我们开七大这个会，总结了我们十几年的军事工作。我们很善于打游击战，很善于活动战术。将来打大战，我们那样活动的战术是要吃亏的。所以，我们要准备。要从教育准备起。首先要从教育我们每个团开始，团的教育要搞好，干部教育要经常去做。另外，还要把队伍从团组织成旅，有事就可以调动，集中起来，统一指挥，协同动作。现在就要有精神准备。

4. 敌、伪、友、顽的军队工作问题。首先，顽军是要打内战的，我们应该做他的工作，做他的组织工作。我们要钻进他的军队里去，把里面的进步分子组织起来，组织秘密党，要长期埋伏，待机而动。将来在他来“进剿”我们的时候，可以里应外合，争取我们最后的胜利。其次，友军工作还照以前那样做，就是交朋友，对他们要好。有些人要求加入我们党，就让他们加入，我们可以维持他们原来的关系，将来大批的改造这个部队可以好搞些。再次，对伪军，我们是一打一拉的政策，要积极的很好地去做这个工作。最后，日军工作。日军总有一天会投降。我们在平常要做些

① 中共中央党史研究室、中央档案馆编：《中国共产党第七次全国代表大会档案文献选编》，中共党史出版社 2015 年版，第 237—259 页。

② 朱德在中共七大上关于军事问题的结论，记录稿，1945 年 5 月 30 日。转引自中共中央文献研究室编：《朱德传》，第 1124 页。

工作，给他们宣传解释我们的政策，过来不杀头，争取尽可能多的日军向我们投降。日军俘虏中有好多技术人才，我们也是欢迎的。

5. 军队干部问题。军事干部有 11 万多名，团以上的干部有 5000 名，营级的有 1.1 万名。军队干部中有老干部也有新干部。老干部是民族的珍宝，负有重责，要精通毛主席的军事思想，要为人民服务，力求上进，要起模范作用。新干部是新的血液，打仗要靠他们，做事也要靠他们。老干部要负起责任来，领导他们，他们才能够搞好。不论老干部、新干部，外来干部、本地干部，军队干部、地方干部，大家团结一致，这是我们这次代表大会得到的果实。我们的一百几十万党员，几十万军队，要和一万万老百姓团结起来，团结全中国，甚至团结全世界民主力量。我们要提高共产党的国际地位。看问题要从远大处看，不要注意个人的问题，事情就少了。

（二）刘少奇作关于修改党章报告的结论

5 月 30 日，继朱德在中共七大全体会议上作关于军事报告的结论后，刘少奇接着作了关于修改党章报告的结论。他综合各代表团在小组讨论中对修改党章报告提出的意见，进一步阐述了党的性质、群众路线、干部问题、国民党区域党的工作等，并解答讨论中提出的主要问题。他肯定说："关于修改党章的报告，各代表团在小组讨论中间，提出了很多很好的意见，在这些意见中间，没有一个反对我们这次大会的方针的。"[①] 刘少奇表示，他将"根据同志们提出的问题，发表些意见"。

第一，关于我们党的性质。刘少奇指出："我们党在历史上几个很短的时期内，也是犯过错误的，这种错误怎样犯的？在历史上来看是什么原因？就是由于中国社会上小资产阶级成分很多，党内小资产阶级成分也很多，无产阶级很幼稚，党的经验不够，党在思想上准备也不够。由于这样一些原因我们党在历史上几个短的时期内犯过一些错误。这在历史—上来

① 中共中央党史研究室、中央档案馆编：《中国共产党第七次全国代表大会档案文献选编》，中共党史出版社 2015 年版，第 512 页。

说，也可以说是不可避免的。虽然如此，但我们党的根本性质，无产阶级政党的性质，还是没有改变，也不会因此而改变的。”

在党的历史上，“当错误路线统治我们党的时候，那时我们党的性质是不是改变了？错误思想路线在我们党内占领导地位时，党的无产阶级性质是否受到了损害？受到了掩盖呢？”刘少奇的回答是肯定的，但更强调“这个时候我们党内大多数党员，大多数的同志在毛泽东同志的领导下战胜了这些错误。毛泽东同志的功绩也就在这个地方”。毛泽东“组织了领导了党内广大党员、中坚干部在一起击退小资产阶级思想对党的袭击，保持了我们党无产阶级的纯洁性，并把我们党放在更巩固的从来未有的马列主义无产阶级的基础上”。刘少奇认为：“我们党从开始一天起，就是一个无产阶级性质的党。小资产阶级思想在社会上广大的存在，在我们党内也严重的存在着。这些小资产阶级思想，对我们党基本性质来说，它是袭击过我们党，并在一个短时期内占领导地位。但它对我们党的基本性质来讲，只是几小股逆流。我们党是以毛主席思想为代表来规定自己的性质的。”①

第二，关于群众路线问题。代表们在讨论中提了很多意见，这都是好的。刘少奇认为，其中有一个意见特别值得提出来再讲一下，那就是：“说到我们党的群众路线问题，应该强调党领导的正确性，以免被尾巴主义、经验主义、自发主义所利用。”刘少奇认为“这个意见很对”。他反思他所作的修改党章报告中关于群众路线这一段，“没有说到这方面，这是不全面的”。

刘少奇引用斯大林对工人运动是由自发和自觉两方面构成的观点，说明“无产阶级要战胜敌人，如果没有自觉，朝着一定的目标进行一定的斗争，战胜敌人是不可能的。因此，我们需要一个无产阶级的政党，无产阶级的先锋队，在这个先锋队领导之下，群众才能实行有计划的朝着一定的目标进行斗争进行运动。”而作为先锋队的党，“需要有马克思主义理论武

① 中共中央党史研究室、中央档案馆编：《中国共产党第七次全国代表大会档案文献选编》，中共党史出版社 2015 年版，第 513 页。

装起来。只有以马克思主义理论武装起来，懂得社会发展的规律，有了社会发展规律的知识，有了革命发展规律的知识的革命政党”，“才能认清革命的目标，认清阶级的根本利益”，“认清敌人，认清朋友，组织自己的队伍，当总司令，才能实行有计划的斗争，才能在党内布置自己的战略策略”。

刘少奇认为，“群众切身的生活问题，要与政治联系起来。群众的经济斗争要与政治斗争联系起来。这是马克思主义的普遍真理。政治利益就是群众总的利益，最高的利益，根本的利益”。“从前我们犯教条主义错误，不大注意群众切身生活问题，光是喊政治口号，什么两个政权的对立等等，对于群众的切身生活问题毫无联系，这种政治是空的，是错误的。”“先锋队如果只注意到总的利益，全部的利益，根本的利益，不联系群众的切身利益，那么，这个先锋队他有可能脱离群众，有可能忘记群众的”。

第三，干部问题。“对这个问题同志们提的意见最多”。干部问题，“是很重要的问题。我们要准备胜利，这个问题不很好的解决，对我们准备胜利是有很大关系的。新老干部的团结，军队干部和地方干部的团结，外来干部和本地干部的团结，是我们这个大会的重要政策，重要方针”。

新老干部，现在党内的情况和事实是，“党员在抗战前有三四万，现在有一百二十一万多”。全国抗战以来，以前的“老党员有许多牺牲，许多损失，特别在南方游击区”。“军队中老干部是最多的，地方工作中间，抗战前的党员是很少的。除了陕北这些地方以外，军队的和地方的老干部合起来，只占百分之七八，或者百分之六七，抗战后入党的，占百分之九十二三。因此现在我们所谓新老干部关系的问题就是百分之六七对百分之九十二三新干部的问题”。这就是我们党的领导骨干和党员群众的关系问题。

我们的老党员一般来讲，是我们党的领导骨干，这是“毫无异议的”。过去历史上有这样的议论，四中全会以后，说老干部不成，老干部犯机会主义，“并且用没有经验的新干部代替有经验的老干部，使党受到很大的损失”，自从把这个错误纠正以后一直到现在，在我们党内也没有提出这个问题。现在所谓的新老干部关系问题只是“党龄长短的问题”。

刘少奇对老干部提出明确要求：“每一个老干部要善于领导，要努力学习，要增加知识，去掉缺点，必须这样作。要用很好的态度、虚心的态度对待新干部，建立很好的关系，只有这样，领导骨干就当好了，领导地位就可以巩固和保持”。只要“老干部对于新干部采取正确的态度，正确的领导，那么新老干部的团结就一定会好起来，就决定了一大半。新老干部的团结，是决定于老干部，而不是决定于新干部”。自然新干部是有毛病的，而且一般讲来，新党员、新干部的毛病是比老干部的毛病多些，因为他们是新党员，加入党不久，受党的教育不多，很多东西不懂得，这些毛病应该改正。但怎样改正呢？也只有我们老干部用正确的态度对待他们，用正确的方法教育他们，才能改正。

还有外来干部和本地干部的关系。这个问题也有很多同志提出意见。关于这个问题，我们是强调本地干部的重要性。这不仅仅是一个干部关系问题，也是一个群众问题。假如我们的同志到那个地方工作，测量他在那个地方的工作做好没有，有一个最重要的标准，就是看“是不是从群众里培养出干部，培养出领袖来”。“从地方人民群众中，耐心的教育出、培养出地方干部来，能够加强党与群众的联系。我们重视群众力量的联系，所以重视地方干部”，“因为我们与群众联系必须有地方干部”。“外来干部要在群众中生根必如经过本地干部，必须联系本地干部，必须培养本地干部，从人民群众中培养本地干部，这才能够生根。生根的办法就是联系人民，重视本地干部，不重视本地干部那就不行。所以脱离本地干部就是脱离群众，取得本地干部的拥护就是取得了群众的拥护，这是与群众联系的中心环节。”

刘少奇认为：“地方干部应该向外来干部学习，应该欢迎外来干部”，“在生活上还要多照顾外来干部”。因为有了排外主义，外来干部就更应该注意自己的态度，要小心，采取谨慎的态度，不能粗率。

刘少奇提出，要告诉我们的同志，“特别是上级机关领导的同志，告诉我们同志联系群众的方法，和本地干部关系搞好，就是在群众中生根的方法。和本地干部关系搞好，就是与本地群众关系搞好，联系群众的中心环节，这没有丝毫不重视外来干部的意思。我们有些干部能够到处跑，中国革命就需要这些能够到处跑，到处走，到处做工作的干部。一般的来讲，只要我们到处跑，到处做工作，到一个地方能够和本地群众本地干部搞的很好，那么这些同志就是我们党的中心骨干。”①

关于军事干部与地方干部的关系，朱德总司令已经讲了，刘少奇就不再重复。

女干部的问题。刘少奇讲道：抗战以后，我们党接收了一批女党员，据统计不到整个党员百分之十，或者只有百分之五六。这些女党员“有两点值得特别提出的好处”：一是“一般的比接收的男党员文化程度要高，一部分是知识分子，一部分是农村比较开通的妇女”，这是在许多根据地得出的经验；二是参加部队的女同志很坚定，男同志还有开小差的，女同志没有。“现在有问题，有困难，就是结婚生小孩子”。“这个问题怎样办？对女同志的困难，完全解决不可能，多少解决一些是可能的，我们党应该帮助，男同志应该帮助。”“女同志要实事求是，老实一点，切实一点，理想不要那样高，不能有全部时间工作学习，腾出半天也可以”，“解决一些，可能多少好一点”。“这个问题不是中国两万万妇女群众的问题，是我们党内的女干部的问题。她们有困难，有抱怨的话，男同志的态度不好，党帮助不够，关系就搞不好，这也很要紧。这里主要的责任应由男同志负。”

女干部的使用问题。女干部去前方打仗是不行的，能够做的，大半是后方的工作。在党内对这个问题没有很大的偏向。“女同志能把工作做好，也没有把她们的地位放的很低，相反的，提拔女同志是注意的。规定她们工作职位的时候，要通融一点，这是必要的。”抗战以后，女同志当区党委、县委书记的很多，如陈少敏就做过区党委书记。刘少奇还说，他刚到华中去时，皖东做地方工作的女同志占多数，男干部占少数。“对于女干部

① 中共中央党史研究室、中央档案馆编：《中国共产党第七次全国代表大会档案文献选编》，中共党史出版社 2015 年版，第 519—520 页。

学习的机会，应该多照顾”，这也是合理的。①

第四，国民党区域党的工作问题。刘少奇对抗日战争时期党在国民党区域的工作成绩有比较全面的评价。他谈道：“在抗战以后一个时期里，客观的形势给了我们党在国民党区域建立党的组织的机会，我们也利用了这样的机会，并且也在国民党地区建立了许多地方党的组织，发展了几万党员，在国民党地区领导了广大群众抗日救国的运动，和国民党地区的群众建立了联系，援助了解放区的抗战，援助了其他前线的抗战，反对了国民党妥协、分裂，倒退的反动政策。我们党在国民党地区支持了群众抗战民主的进步的运动。抗战以后我们的党在国民党地区做了这些工作，起了这些作用，有了这些成绩。”

同时，在国民党地区的工作也存在一些缺点和不足。如在全国抗战初期，“党在国民党地区的领导机关曾经过分地相信了国民党的进步”。“对于大地主、大资产阶级反动的企图和特务破坏活动警戒不够，没有估计到后来严重的反动局面，或是估计不够”。所以我们在国民党地区“从最初的时期，我们党的组织和工作，就过分的暴露，没有很慎重的吸收党员，没有很慎重的使用干部，没有在群众中建立深厚的联系，特别是没有在农民群众中进行广泛的有系统的工作”，而且还在国民党地区的组织中吸收了一些不可靠的分子，使得国民党的特务机关跟踪我们党的组织，盯稍。“到了环境严重的时候，我们党要转入完全秘密状态下活动，便很困难，并且受了各种严重的破坏，严重的损失”。这件事应该作为我们党和许多同志一个严重的教训。②

我们的党在国民党地区还保持了一部分精干的组织。

刘少奇分析了1945年上半年国民党地区的情况，认为国际国内形势给了我们的党在国民党地区联系群众的有利机会。我们在国民党地区的同志，

① 中共中央党史研究室、中央档案馆编：《中国共产党第七次全国代表大会档案文献选编》，中共党史出版社2015年版，第520—521页。

② 中共中央党史研究室、中央档案馆编：《中国共产党第七次全国代表大会档案文献选编》，中共党史出版社2015年版，第521页。

要积极并采取适合情况的方法，参加抗日民主运动。在这些运动中和群众建立密切的联系。[①]

刘少奇指出：农村工作，是我党在国民党地区的主要工作。因为在国民党地区的农村中，国民党反动派的征粮抽丁，苛捐杂税的严重负担，特务警宪的骚扰，已引起了农民群众的反抗。农民群众反抗运动不断发生。在国民党地区的工作应采取隐蔽的方法。所以，“我们的隐蔽政策是积极的，而不是消极的。拿这种隐蔽灵巧的方法，在群众中间进行活动。这种工作方法，我们同志们和大后方的同志们必须很好的研究，很好的学习。只要我们的同志能联系群众，深入群众，这种方法是能学会的。群众中间是会创造的，比如现在华北农民中间的两面政策，那些工作方法也不是马克思写的，也不是列宁写的，是农民自己创造的”。“只要我们深入群众，他们会告诉我们工作方法的。”[②]

关于国民党区民主运动的发展，刘少奇估计：“在国民党地区兴起的民主运动，我们不可能设想一直高涨下去，很可能，有一天要遭受到国民党的压迫和破坏。这个运动一定要走很多弯曲的路”，“但是无论怎么样，不可否认的，在国民党地区已经有了相当大的一部分群众觉醒了，起来了。这是最可宝贵的。这个条件就能保证国民党地区这个运动的前进和发展。因此，只要我们指导上不犯错误，不轻易接受国民党反动派的挑衅，不使这个运动遭受到迎头挫折和失败，而且在指导方针上能实行毛主席所讲的有理、有利、有节的原则，那么这个运动的前途是光明的，是有希望的。”但是如果我们指导的不好，犯了错误，使大后方刚刚起来的群众运动遭受到严重的失败和挫折的话，那就很可能使群众在一个时期又走向消沉。对这一点，我们在国民党地区工作的同志，应该注意。

另外，刘少奇以其丰富的政治斗争经验，对农民的状况进行深入分析，

---

① 中共中央党史研究室、中央档案馆编:《中国共产党第七次全国代表大会档案文献选编》，中共党史出版社 2015 年版，第 522 页。

② 中共中央党史研究室、中央档案馆编:《中国共产党第七次全国代表大会档案文献选编》，中共党史出版社 2015 年版，第 522 页。

对如何指导农民斗争以及注意不同地区农民斗争的特点等，提出原则性的指导意见。他特别介绍和推荐了曾镜冰在闽东坚持十一年，用武工队方法，“一直搞到福州附近，可以和闽西联系，也可以和东江联系，他要恢复中央苏区，他用很小几十人、百把人、几十枝枪的队伍，一直搞到原来中央苏区的地方。这个经验，很可以学习。”

刘少奇强调，“在国民党地区也要实行从群众中来到群众中去，学习联系群众的方法和组织群众的方法，指导群众运动的方法。”国民党区的“地下党除开政策、方针、战略、战术外，还有最基本的两个东西必须学会，就是要在秘密状态下学会联系群众的方法，组织群众的方法：同时必须学会指导群众的方法，在秘密状态下指导群众斗争的方法。只有学会这两件事情，才能使我们地下党成为带有群众性的党。”“只有这样，党才是巩固的党。”在国民党地区建立、建设“巩固的地下党，与群众有联系的地下党，领导骨干与广大群众相结合的地下党，带群众性的党”，就是我们党今天在国民党区域的任务。“应该承认，这些经验是缺少的”，“我们必须很好的学习”。①

在国民党地区，我们是不是要放手动员群众？要放手，刘少奇的回答是肯定的。抗战初期的教训要吸取，而放手动员群众，也“不是要我们同志去进行客观上不可能的斗争，冒险的斗争”。

刘少奇总结党在国民党区域的工作时强调：“我们党在过去曾经有过不敢放手动员群众的错误经验教训，又有几次冒险主义错误的教训，我们总结了这些教训，今天既放手动员群众，又不犯冒险主义的错误。如果我们能够这样，一方面能放手发动群众，又一方面又不走到冒险主义，那我们就有把握胜利，就能够胜利。”②

第五，其他许多问题。刘少奇在修订党章报告的总结中还谈道：“在

① 中共中央党史研究室、中央档案馆编：《中国共产党第七次全国代表大会档案文献选编》，中共党史出版社 2015 年版，第 522—523 页。

② 中共中央党史研究室、中央档案馆编：《中国共产党第七次全国代表大会档案文献选编》，中共党史出版社 2015 年版，第 524—525 页。

各代表团小组讨论中间，有很多提议。这许多提议中有些好的，应该接受，但是还有一些提议，不大好接受”。刘少奇将这些提议分别作了介绍和说明。

（1）有同志提议说，在我们党的纲领上加一句：“党是工人阶级的最高组织形式”。刘少奇认为，这“在原则上完全是对的”。但说党是高于一切，可能引起党外人士的误会。因此，刘少奇认为，不写上也没有害处，只要我们自己那样做就是了。

（2）有同志提议，在总纲上加上“各民族联邦共和国”一句。刘少奇认为“这是对的”。

（3）有同志提议，城市贫农入党应该归为第一类，不要放在第二类，“因为在农村雇农、贫农是无产阶级与半无产阶级，城市贫民是半无产阶级”，刘少奇赞成这个意见。有同志提议旧式富农与旧政府高级官吏不属于第二类而属于第三类，应该在党章上注明一下。刘少奇认为“还是不注明好”。还有同志提议各种职业者入党问题，都要详细写在党章上面，连和尚道士都要写上去。刘少奇的意见是：“党章上写不了那样多，写那样多太麻烦，因为我们处理事情时，还有许多具体方法。”关于重新入党问题，有同志提议应该在党章上规定。刘少奇认为“还是不写，因为这种现象是一种特殊的、并不是很普遍的现象，照接收新党员的办法执行就行了”。有人问，恢复党籍，要不要扣留几年党龄？过去组织部曾这样规定，刘少奇认为，“还是不扣留好。要恢复就恢复，否则就重新入党。”“有同志提议，八路军、新四军战士入党，一年候补期太长。”刘少奇的看法是：“我们军队战士入党，这样确实也有点长，可以缩短一些，将来由中央规定一下；因为士兵入党这一项，党章上根本没有。”①

关于特别党员，刘少奇说：“有同志问，特别党员存在不存在？存在，但党章上不规定。”还有同志问，青洪帮，秘密团体的人入党时要事实上退出才能入党，这个事实上退出是什么意思？刘少奇回答说：“所谓事实上退

① 中共中央党史研究室、中央档案馆编：《中国共产党第七次全国代表大会档案文献选编》，中共党史出版社 2015 年版，第 524 页。

出青洪帮，就是说青洪帮的一切活动要告诉党，但党的秘密则不能告诉青洪帮。”还有一个问题，是地下党入党的人分类问题。刘少奇认为，“还是照原来的党章办，不要特别分”。

（4）关于党员的义务，有很多同志提议，党员的义务还要加上一些，如发展党员、保守秘密、学习路线与政策、自我批评、反映情况、坚持真理、修正错误等，要把这些都列为党员义务。刘少奇指出：“如果要加，还可以想起很多来。加上那样多，不大好，只规定几项要紧的就好了”。如规定每个党员都发展党员，这就不大好，因为发展党员是支部的任务，支部可以动员党员去发展，介绍党员。

（5）有同志提议，关于党员的权利上，要加上一条，“保障党员的政治生命”。刘少奇对这个提议的意见是：“党员的政治生命应该保障。我们总纲上也提到了。就是犯法的人，只要他不是坚决不愿改悔，在工作上政治上都给以出路。党员更不成问题。”为什么有同志会提出这样的问题？刘少奇考虑，这是“因为在审查干部的时候，被怀疑了一下，弄错了，以后又把是非弄清楚了”。刘少奇认为：是非弄清楚以后，政治上与工作上的保证，都是不成问题的。他还以联共清党开除几十万党员为教训，我们党里面并没有大批开除党员的事情，“我们没有这回事，并且规定了开除党员要保持高度的慎重”。因此，保障党员的政治生命，写在党章上不好，如果写上，好像现在没有保障，而不写倒是不成问题。

（6）有同志提议，扩大党内民主，并不是削弱了党的集中制，相反的是加强了集中制。刘少奇认为“这种说法很对”。毛主席讲：“放手的民主，高度的集中”。只有放手的民主，才有高度的集中。同时也只有高度的集中，才能够有放手的民主。“高度的集中是集中在中央路线下，集中在大会的方针下。我们这个大会，是主张扩大民主的，中央是主张放手民主的，这样，有了放手的民主，就有了高度的集中。没有放手的民主，就不能有高度的集中，没有高度的集中，那么放手的民主，就会受到阻碍。很多地方仍然可能不民主。”有同志讲，过去我们党内民主生活不够，对不对？毛泽东在六中全会上也讲了，要扩大党内民主。选举也好，开会也好，从群众中来也好，采纳意见也好，许多事情都做得不够。“因此，团结受了影响，工作受了影响，这是不对的。”①

（7）有同志提议，在党章里面，把非党干部规定一下。刘少奇认为，这是不好的。

（8）有同志提议，转移组织关系的办法，应该在党章上规定。刘少奇的意见是：党章上不必规定，组织部或者中央可以随时规定。

（9）有同志问：党员犯了政府法令是不是要受双重处分？刘少奇的回答是：“应该这样说，党员犯了政府法令，照政府法令处理，党员犯了党纪，照党规处理。犯了政府法令，不犯党纪，党不处理也可以。犯了政府法令，又犯了党纪，那就又要按政府法令处理，又要按党规处理，不要混在一起。”

（10）有同志提议，支部代表会可以不要。刘少奇认为：“如果开了党员大会，支部代表大会就可以不开。因为党员大会有时候不方便”。比如党校开党员支部大会，就很方便；但是杨家岭这样大的支部，有一千党员，开支部党员大会就不方便。因此，还是开支部代表大会好。乡村中间比较大的支部，开一次党员大会就要跑几十里路，也以开支部代表会为好。因此，支部代表会还是保留下为好。

（11）有同志觉得两年选举一次太少，提议一年一次。刘少奇说一年一次太多了。能够做到两年一次就好了，实际上因为战争的关系，两年恐怕也还做不到。还有同志问：各级代表会议补选的党委委员，要不要经过上级批准？刘少奇认为还是经过上级批准好。

（12）有同志问：权力机关和领导机关是不是一个意思？刘少奇解释说：这不是两个意思，是一个意思。有同志提议各中央局组织成分应该是中央委员。刘少奇认为：主要应该是中央委员，但不是中央委员也可以参加中央局。这件事党章上也不规定。

（13）有同志认为，省委书记党龄规定五年太长了，在新发展地区不可

① 中共中央党史研究室、中央档案馆编：《中国共产党第七次全国代表大会档案文献选编》，中共党史出版社2015年版，第525—526页。

能。也有同志觉得这个规定太短了，只有五年不够。刘少奇提议还是照原案好。事实上省委书记的党龄都超过五年。如果规定太长，在工作中间会不方便；而规定的短一些不要紧。我们并没有规定说党龄太长了不能当省委书记。联共党章规定省委书记、县委书记的党龄也都是五年、三年。至于中央委员的党龄则不规定。我们每次大会选举中央委员时，可以决定。“也许还有些特殊情形要照顾。比如邹韬奋在党外奋斗多年，临死时才要求加入中国共产党，没有来得及选他作中央委员，还是一个遗憾。”[①]

（14）关于党在军队中的组织这一章，刘少奇主张去掉，根本不写，军队里面的党一样的实行我们整个党的党章，这有好处。至于军队里面党的组织应该怎么样进行工作，工作方法应该怎么样，中央可以单另订条例。那样会更好一些。

（15）有很多同志问：党组和机关支部的关系如何，要求规定一下。刘少奇认为：党章上不好规定，还是临时规定好，总而言之，关系要弄好，规定一下反而呆板了，所以不规定好。党组和机关支部的任务都已经规定了，按照任务，建立怎么样的关系好办事，就怎么样的建立。

（16）有同志说，修改党章的报告中间，关于山头问题，承认山头，照顾山头没有说清楚，似乎不完全。这样一个说法对不对？刘少奇认为是对的，应该说清楚。

除开这些提议外，还有很多同志提出关于党章上的一些文字的修改以及其他一些修改，刘少奇认为“绝大多数是很好的，都可以接受”。具体的文字修改可交给将来的中央去做。群众观点的四条，可不可以在总纲上加进去？刘少奇认为：“可以考虑，总之，要搞得完全一些，合理一些。”还有，有政治问题的党员，党籍应该怎么样处理？刘少奇说，这个问题现在还没有办法，可以考虑一下，大家也可以想一想。

有人问，蒙古游牧地方可不可以发展党员？因为那些地方没有工业，没有工人。刘少奇认为“是可以的”。上海有工业，可以发展，有些地方没

---

① 中共中央党史研究室、中央档案馆编：《中国共产党第七次全国代表大会档案文献选编》，中共党史出版社 2015 年版，第 526 页。

有工业也可以发展。比如陕北，可以发展，蒙古也可以发展。刘少奇同时指出："民族与民族之间不同，其整个民族有极大的特殊性，比如外蒙古已经有了他们人民的党。"

还有同志提出把党章上的总纲和其他章分开，搞一个党纲。刘少奇认为，还是不分为好，现在我们要把总纲成为一个独立的党纲，"还很不完备。将来我们还可以制定我们党的党纲。"

刘少奇指出：还有许多同志今天临时提出来要求解释的问题，问题多得很。除上面所说的以外，一个一个的解释不可能。"这个报告也不可能完全解释清楚"。让这些留下的问题"由八大或以后的中央去解释，不然我们的脑子以后就不必想问题，就没有用了"。还有同志提出，对经验主义这个问题批判不够，到底经验主义是什么东西，让刘少奇批判一下。刘少奇回应："这是完全必要的，从理论上实际上批判一下很有必要。但现在还不能够批判，而且我的能力也有所不够，大会以后，毛主席会替我们做这个工作的。"（笑声）刘少奇还说："有同志说，我这个报告分量太重，有点重复，这个看法对不对？对的。"①

（三）毛泽东作政治报告的结论

1945年5月31日，在朱德、刘少奇分别在大会作关于军事报告和修改党章报告的结论后，毛泽东作关于政治报告讨论的结论。

他首先强调："我们的方针，我们的路线，就是：放手发动群众，壮大人民力量，在我党的领导下，打败日本侵略者，解放全国人民，建设一个新民主主义的中国。"在这条方针里面："放手发动群众，壮大人民力量"，就是说的组织队伍；"在我党的领导下"，就是说的总司令、指挥官；"打败日本侵略者"，就是说的敌人；"建设一个新民主主义的中国"，就是说的目标。

关于放手发动群众问题。毛泽东称赞刘少奇在30日修改党章报告的结

---

① 中共中央党史研究室、中央档案馆编：《中国共产党第七次全国代表大会档案文献选编》，中共党史出版社2015年版，第526—527页。

论中“讲得很好，手是我们自己的，放不放在我们。谁不叫我们放手呢？有许多人，其中就有蒋介石。”毛泽东讲道：现在国民党开了第六次全国代表大会，大会通过的三十条政纲中有一条是“绝对禁止违背政府法令及在外交、军事、财政、交通、币制上有任何破坏统一之设施与行动”。“比如军事的统一，那就是要我们把军队统统交给他们，不要八路军、新四军。这个斗争早就有了”。

毛泽东回顾党在历史上的经验教训。大革命时期，1926 年 3 月，蒋介石制造中山舰事件，就是不让我们放手发动群众，壮大人民力量。“大革命为什么失败？除了客观原因之外，还有主观原因，就是蒋介石不让我们放手，汪精卫也不让我们放手，我们自己也就不敢放手。那时我们应该大大放手，但我们却不敢放手，所以失败了”。土地革命战争时期，“我们放手了，但又过了一点，没有把放手发动群众同冒险主义相区别”。在抗战时期，中央的路线就是这条路线，这次大会只是批准这条路线，并对这条路线有所发挥。如果没有过去多年的经验，我们的大会不可能作出肯定这条路线的决定。毛泽东还指出：“放手是在有理、有利、有节的条件下，而不是冒险。有理、有利、有节，就是放手而不冒险。这一个方针一直到全国胜利都是不会改变的”。①

毛泽东结合国际共产主义的历史，说明中国共产党制定放手发动群众的路线遵循了马克思主义基本原理，吸取了俄国革命和共产国际的经验。毛泽东指出：“我们的压力很大，要使无产阶级先锋队从束缚手足的精神压迫下解放出来，是不容易的。国际共产主义运动的历史上就是如此。第二国际一直不敢放手发动群众。一八四八年发表的马克思、恩格斯的《共产党宣言》，是放手发动群众的方针；第二国际违背这一方针，崇拜自发论，一切听其自然。共产国际和俄国布尔什维克党恢复了马克思主义，发展了马克思主义，放手发动群众，壮大人民力量，在联共党的领导下，先打倒沙皇，建立工农民主专政，后打倒资产阶级，建立社会主义社会。所

① 中共中央党史研究室、中央档案馆编：《中国共产党第七次全国代表大会档案文献选编》，中共党史出版社 2015 年版，第 527—528 页。

以我们要宣传这条方针，肯定这条方针。朱总司令、少奇同志和我的报告，都是贯穿着这个精神，坚持这条方针。”毛泽东坚定地表示，“阶级不消灭，我们的这条方针是不会取消的。由于各个阶段情况不同，政策会有变化，但总方针是不变的。至于如何实行这条方针，这须要根据周围情况及其内部联系来决定。”由此可见，毛泽东对坚持放手发动群众的路线方针的决心和与时俱进、从实际出发的精神。

毛泽东依据同志们在讨论中提出的问题和意见，在关于政治报告讨论的结论大体归纳了三个问题，即国际形势，国内形势、党内若干思想政策问题。

1. 关于国际形势

毛泽东指出：把世界引向进步，这是历史的总趋向。他在报告中说：“人民民主势力是一定要胜利的。世界将走向进步，决不是走向反动。”这是历史的总趋向。毛泽东说：这一看法到底对不对？世界是不是会倒退？“倒退”这个问题，报告中也讲到了，说应该“估计到历史的若干暂时的甚至是严重的曲折，可能还会发生，许多国家中不愿看见本国人民和外国人民获得团结、进步和解放的反动势力，还是强大的”①。如果有这种情况发生，那就要作另外的一种估计，报告中的某些基本点就要修改。

毛泽东指出：最近四五年来，国际局势经常是矛盾的，一会儿是好消息，一会儿是坏消息，好了又坏，坏了又好，今后还会是这样，时好时坏，不好不坏，波浪式地发展。为什么会是这样的呢？因为世界上有两种势力在斗争：苏联和各国人民的势力是一方，反动势力是另一方。前一种势力要使局势变好，第二种势力要使局势变坏，这样就要经常斗争。现在的世界就是一个矛盾的世界。毛泽东认为：英、美联合日本和德国俘虏组织反苏反共的第三次世界大战，这种可能性今天不存在。苏联和世界人民不要第三次世界大战，所以说现在反苏反世界人民的大战的危险是不存在的。

---

① 中共中央文献研究室编：《毛泽东在七大的报告和讲话集》，中央文献出版社 1995 年版，第 182 页。

“现在苏联红军的旗子已经插在柏林”，“苏联在国际范围内胜利了，现在只是努力巩固这种胜利。苏联的胜利，就是全世界人民的胜利，也是中国人民的胜利。”

毛泽东接着讲到资本主义的历史。“两三百年以前，世界上才有资本主义，产生了一个娃娃叫资产阶级，同时产生了另一个娃娃叫无产阶级。中国和外国的古书上没有资产阶级和无产阶级，更没有共产党，这都是近代的产物。”“按照列宁的分析，由于资本主义发展不平衡而发生的帝国主义战争，削弱着帝国主义的力量，使社会主义可能首先在一个国家单独胜利。以前马克思、恩格斯讲社会主义将同时在所有国家胜利，至少在几个文明国家同时胜利。到了二十世纪的时候，列宁根据新的情况，指出帝国主义是垂死的资本主义，是社会主义革命的前夜。”“第一次世界大战，打出个十月革命，整个世界历史发生了变化，开辟了世界历史的新时代。从这时起，资本主义倒霉了，走下坡路了，社会主义走的是上坡路。”

毛泽东认为，从十月革命起，资本主义缺了一只脚，剩下的资本主义，分成了两部分，一部分变为法西斯的资本主义，一部分变为民主的资本主义。现在这两部分资本主义打架，民主的资本主义同社会主义合作，将法西斯的资本主义一夹，夹掉了一个德国法西斯，再一夹，就要把日本法西斯也要夹掉。资本主义好比一个四只脚的马，十月革命搞掉它一只脚，第二次世界大战又夹掉它一只脚，现在只剩下了两只脚，成了一个跛子，成了不完全的东西。但“他们还有两只脚未砍掉，还可以走路，还不甘心”。①

经过第二次世界大战，欧洲大陆的资本主义、日本的资本主义、英国的资本主义下降了。“只有美国的资本主义是向上的，它的生产在战争中是它历史上未曾见过的大发展，超过它战前生产的一倍半到两倍。”但是，毛泽东估计：“美国现在的繁荣，带有特殊性，是特殊的繁荣，美国的经济危机很快地就要到来了。从经济上说，美国是世界经济的喜马拉雅山，但这个山

① 中共中央文献研究室编：《毛泽东在七大的报告和讲话集》，中央文献出版社 1995 年版，第 188 页。

是要倒的。”[①] 毛泽东认为，按照马克思主义的观点看问题，应该这样来认识。

毛泽东分析说：“总起来讲，第一次大战以后，所谓资本主义的稳定已经没有了，不稳定就经常产生危机。资本主义的经济危机是在第一次世界大战前就有的，大概是十年八年来一次，是有规律的有周期性的。这次美国的战时繁荣是带特殊性的，以后也不会有稳定。他们要和平，要建立国际安全机构，要做生意，都是求得战后资本主义的稳定。也可能稳定下来，但不是长期稳定，其中包含着危机。”[②] 毛泽东还谈到世界上这几个大国谁是领袖的问题。有人说美国是领袖。毛泽东认为，从经济上可以这样说，但经济之外还有政治，政治与经济结合起来才是更强大的，他认为苏联在经济的量上说不如美国，但苏联是社会主义的经济，它产生了伟大无比的力量，产生了强大的红军和英勇的人民。苏联是全世界人民的领袖，英、美各国的人民，对苏联的信仰都是非常高的。

毛泽东说道：中国也要发展资本主义。中国的资本主义是什么性质？蒋介石“打日本是好的，压迫人民是不好的，在他还打日本的时候，我们也是要忍一口气，不提打倒蒋介石。蒋介石搞的是半法西斯半封建的资本主义。我们提倡的是新民主主义的资本主义，这种资本主义有它的生命力，还有革命性”。在毛泽东看来：“从整个世界来说，资本主义是向下的，但一部分资本主义在反法西斯时还有用，另一部分资本主义——新民主主义的资本主义将来还有用，在中国及欧洲、南美的一些农业国家中还有用，它的性质是帮助社会主义的，它是革命的、有用的，有利于社会主义的发展的。”[③]

2. 关于国内形势

毛泽东认为，首先要有精神准备，准备应付大事变。毛泽东在结论中

---

① 中共中央文献研究室编：《毛泽东在七大的报告和讲话集》，中央文献出版社 1995 年版，第 188 页。

② 中共中央文献研究室编：《毛泽东在七大的报告和讲话集》，中央文献出版社 1995 年版，第 188—189 页。

③ 中共中央文献研究室编：《毛泽东在七大的报告和讲话集》，中央文献出版社 1995 年版，第 189—190 页。

指出:《论联合政府》报告的原稿上有“两三年中将是中国情况大变化的关键”这样一句话，在发表时删去了。删去这句话，不是因为说得不对，而是不说为好。“但是我们要有这种精神准备，准备应付大事变。”[①] 毛泽东介绍《论联合政府》小册子在重庆发了 3 万份，蒋介石侍从室的秘书陈布雷看了这本书，只说了两个字，就是“内战”。他们要打内战，消灭我们。我们对国民党的内战要有些准备。我们要看到光明，但是要准备困难。

同时，关于三个大会。这三个大会，是指 1944 年 9 月民主同盟的代表大会、国民党日前召开的第六次全国代表大会和中国共产党正在召开的第七次全国代表大会。毛泽东指出:“三个大会如果说有一点相同，那就是都要打日本。不同的是国民党的大会是法西斯主义性质的，实际上也是法西斯主义的。”毛泽东说到这两天的《解放日报》有文章批评国民党的大会，而国民党的这次大会上也“有一点特殊”，那就是“蒋介石的话就是国民党的命令，过去这仅仅是事实，这次变成了纪律，中央委员要赌咒发誓服从总裁”。毛泽东指出:“世界上除法西斯政党外，资产阶级民主的政党都没有这样一条。还有一条，就是规定国民党员不准加入其他政党。”毛泽东说:“我们共产党不是谁想入就能入，党章规定要经过支部大会表决通过，入党是有条件的，但出党是自由的。”国民党的这两条规定说明了什么呢?“说明国民党现在更虚弱了，更惧怕了，他们的党员中想要加入其他政党的人更多了”。

第三，有人提出中国可能变成美国的半殖民地。毛泽东认为“这个提法很对”。“在抗战以前近一百年中间，中国是几个帝国主义国家统治的半殖民地。九一八事变日本发动侵略战争以后，国民党削弱了，就不得不依赖美国，这样中国就可能变成以美国一个帝国主义国家为主统治的半殖民地”。以美国为主控制国民党，这是一个新变化。而“这一变化将是一个长期的麻烦，我们共产党要好好准备，以应付这个变化。”“所以我们要做国际联络工作，争取美国的无产阶级援助我们。我们党的高级干部，应该特

① 中共中央文献研究室编:《毛泽东在七大的报告和讲话集》，中央文献出版社 1995 年版，第 190 页。

别注意美国的情况。”

第四，是要准备困难、“准备吃亏”。在讨论中，有些同志希望毛泽东讲一些困难，又有些同志希望讲一点光明。毛泽东强调，对国内形势，既要看到光明的一面，又要看到困难的一面。他说：“我看光明多得很，国内民主运动已经兴起，将来更有希望，苏联援助我们，美国、英国的无产阶级将来也还是要帮助我们的，这些都是光明。但是我们更要准备困难。”毛泽东列举了今后可能出现的十七种困难，提醒全党高级干部要有充分准备对付非常不利的情况，方针就是全党团结起来，克服困难。

在谈到外国大骂时，毛泽东说：“现在英、美的报纸和通讯社都在骂共产党，将来我们发展越大，他们会骂得越有劲”。毛泽东回答有的人的挑衅说：“你们吃面包，我们吃小米，你们吃面包有劲，嘴长在你们身上，我们管不了。这叫做没有办法，要准备着挨外国人的骂。”同时还有国内大骂，不是小骂，“他们将动员一切人来大骂，什么破坏抗战，危害国家，杀人放火，共产共妻，毫无人性，等等。只要是世界上数得出的骂人的话，我们都要准备着挨。”

在可能出现的困难中，要准备被他们占去几大块根据地。因为“他们要打内战‘收复失地’”；要被他们消灭若干万军队。“如果我们不准备不设想到这样的困难，那困难一来就不能对付，而有了这种准备就好办事。”还有伪军摇身一变，欢迎蒋介石。日本人撤出的地方，他们马上就占了，我们来不及。我们要有这种精神准备。可能爆发内战。我们要用各种方法制止内战。“我们要用各种方法来避免，如果发生了，就采取有理、有利、有节的斗争方针。”我们的原则是三条，即“不为天下先”“退避三舍”“礼尚往来”。“不打第一枪这个原则我们要谨记，从一个时期来看好像不一定有利，但从长远来看则是很有利的。当然到了该打的时候，就要坚决、彻底、干净、全部消灭之”[①]。关于我们即使胜利了也可能得不到承认的问题，毛泽东充满自信：“现在我们是一个中指头，你不承认，将来是一个大指头，你

① 中共中央文献研究室编：《毛泽东在七大的报告和讲话集》，中央文献出版社 1995 年版，第 194—195 页。

也不承认，到了是一个拳头、两个拳头的时候，看你承认不承认？你九十年不承认，一百年不承认，将来到一百零一年，你就一定得承认。因为我们的政策正确，得到全国人民的拥护。”

可能出现的困难局面还和共产党自身有关。一是跑掉、散掉若干万党员；二是党内出现悲观心理、疲劳情绪；三是党的领导机关发生意见分歧。将来如果形势不好，可能“有些党员就向后转开步走，跑掉了，散掉了”。“在我们党的历史上，散得最厉害的是一九二七年”，土地革命战争时期也“散得多”，“有组织的党员只剩下三几万”。总之，“在不好的情况下，党员中有一部分悲观失望的人就跑了，有一部分被压散了，也无非就是这样”，毛泽东说，“我们准备散掉三分之一，或者更多一些”。同时，“中国革命是长期的，从一九二一年到现在二十四年了还没有胜利，还要搞下去，还要牺牲许多党员和军队”。“党内会出现悲观心理、疲劳情绪的问题”，要讲清楚。“从前我们党内有一个传统，就是讲不得困难，总说敌人是总崩溃，我们是伟大的胜利，是百分之百的布尔什维克！现在我们要有充分的信心估计到光明，也要有充分的信心估计到黑暗，把各方面都充分估计到”。[①] 毛泽东提醒说，不要以为党内不会发生意见分歧。如果许多困难一来，“许多情况出现，就可能产生党内意见的分歧，议论纷纷，莫衷一是，不满意等等。如果我们准备了，分歧就可能少一些，没有准备，分歧就可能多一些。”[②]

可能出现的困难还因为自然灾害。毛泽东引用古人所说：“艰难困苦，玉汝于成”，“艰难困苦给共产党以锻炼本领的机会，天灾是一件坏事，但是它里头含有好的因素，你要是没有碰到那个坏事，你就学不到对付那个坏事的本领，所以艰难困苦能使我们的事业成功”。毛泽东说：“今年我们边区没有收成，这是一件大事。所以，我们要讲节省，从中央起都要讲节

① 中共中央文献研究室编：《毛泽东在七大的报告和讲话集》，中央文献出版社 1995 年版，第 195—196 页。

② 中共中央文献研究室编：《毛泽东在七大的报告和讲话集》，中央文献出版社 1995 年版，第 197 页。

省，准备天灾流行，赤地千里。共产党有本领就是要在这种情况下打出一条生路来！”毛泽东还说：“有天灾，经济是困难的，没有天灾经济也是困难的。所以我们要大力学做经济工作。我们曾经提出这样的口号——在两三年内学会做经济工作，要首长负责，亲自动手，克服困难。”

敌人兵力集中华北，也是可能发生的困难。这里所说的敌人是指的日本侵略军。有人说，如果日军退出华南、华中，把兵力统统撤到华北，我们怎么办呢？毛泽东说：“难道我们就呜呼哀哉了吗？”毛泽东估计“中国抗战的局面是明年日本就要被打倒了，它横行不了多久了”。假如敌人集中华北，提出和平妥协的条件，跟英、美讲和，我们准备想各种办法对付。如果国民党实行暗杀阴谋，暗杀我们的负责同志，“我们要有准备，以防万一”。

国际无产阶级长期不援助我们，这也是可能遇到的困难。毛泽东指出：“中国革命是长期的，由于各种情况的原因，国际无产阶级还没有来得及帮助我们，他们还料不到我们的困难来得这样早，就是料得到也没有办法，远水救不了近火。我们要做国际联络工作，做外交工作，很希望国际无产阶级和伟大的苏联帮助我们。但由于各种情况的原因而没有援助，我们怎样办？还是按照过去那样，全党团结起来，独立自主，克服困难，这就是我们的方针。”

还在其他意想不到的事。毛泽东要求全党高级干部要有对付非常不利情况的精神准备。他指出：“许多事情是意料不到的，但是一定要想到，尤其是我们的高级负责干部要有这种精神准备，准备对付非常的困难，对付非常的不利情况。”我们的方针是全党团结起来，克服困难，终究我们要胜利。

在讲了可能遇到的困难问题之后，毛泽东又讲了“我们一定要胜利”的道理。第一，暂时吃亏，最终胜利。这个原则是不会错的，全世界无产阶级吃亏都是暂时的，终久我们是要胜利的，马克思主义者要坚信这一条。第二，此处失败，彼处胜利。中国革命的发展是不平衡的，此处吃亏，彼处胜利，东方不亮西方亮，黑了南方有北方，我们总有道路。第三，一些人跑了，一些人来了。“党员中间的动摇分子，他们在革命热闹的时候来凑热闹，在困难的时候就跑了，要跑就跑，我们开欢送会。今天有一些人跑了，明天有一些不怕困难的人又来了，我们党二十四年的历史证明了这一点，我们说一定有许多的人会来的”。第四，一些人死了，一些人活着。天有不测风云，人有旦夕祸福。我们要准备一些人牺牲，但总有活着的人。这样大的党，这样大的民族，怕什么。第五，经济困难就学会做经济工作。第六，克服天灾。第七，党内发生纠纷，也是给我们上课，使我们获得锻炼。“毛铁炼成钢，是要经过无数次的敲打的。”“在全世界无产阶级联合起来这个国际主义的原则下，要学会自力更生，准备没有援助。现在对中国共产党就是一个大考验，考验我们究竟成熟了没有，有本事没有。国际无产阶级的援助一定要来的，不然马克思主义就不灵了，不是只有外国援助我们，我们也援助外国。”

3. 党内若干思想政策问题

毛泽东在讲了国际国内形势之后，又讲到领导问题，民主集中制问题，干部关系问题，整风、审干、锄奸，准备转变，政治路线，军事路线，我们党能不能领导大地主、大资产阶级，国共两党谈判还有没有希望，关于中国人民解放联合会，党性与个性，理论工作，实事求是等13个党内思想政策问题。

（1）领导问题。毛泽东提到《解放日报》发表的一篇苏联人华西里也夫写的叫作《论科学的预见》的文章。毛泽东指出：“预见就是预先看到前途趋向。”什么叫作领导？领导和预见有什么关系？如果没有预见，就不叫领导。这也是斯大林的观点：为着领导必须预见。“整个人类在马克思主义产生以前对于社会的发展历来没有预见，或者没有很清楚的预见。”“只有产生了马克思主义，才对社会发展有了预见，使人类对社会发展的认识达到了新的阶段”。

毛泽东指出：“共产党是以马克思主义为思想基础的，它对于将来和前途看得清楚，对于社会各个阶级向什么方向发展也看得清楚。比如，我们中国有无产阶级、大资产阶级、中间阶级，我们能看清它们的前途。这三个阶级都在活动，尤其是在抗日战争快要胜利的时候，都在那里准备日本打垮以后干什么。”“我们的文章，我们的大会文件，根据我们的预见，指出了中国人民将要走什么道路，并规定了我们的政策。”“我们这次大会提出注意大城市，注意东北，注意工人运动，就属于这种预见。”“为着领导，必须有预见。”①

毛泽东谈到无产阶级的存在和马克思主义的产生，谈到马克思主义出现 60 年以后，1903 年俄国才产生了布尔什维克这样一个派别，“后来成为独立的马克思主义政党，在行动中去实现马克思主义”。毛泽东强调布尔什维克党在俄国革命中的活动，和十月革命的关系。经过 14 年的努力，“十月革命胜利了”。“就使得全世界历史改变了方向。一九二一年产生了中国共产党，中国就改变了方向，五千年的中国历史就改变了方向。我们共产党是中国历史上的任何其他政党都比不上的，它最有觉悟，最有预见，能够看清前途。”而“没有十月革命，我们中国会不会有共产党呢？当然中国大批的无产阶级产生了以后，总会产生党的，所以不能说不会产生共产党，但要拖到什么时候才能产生，就不知道了”。

毛泽东提倡想问题。“多想”，就是说要开动脑筋。我们的同志过去不大想问题，这要怪过去的领导不提倡想问题。脑筋是“心之官”，是思想器官，这个器官专门做一项工作，就是“想”。孟子说“心之官则思”，两千年以前他就规定了脑筋的任务。我们全党要提倡想问题。“多思多想，开动机器，开动脑筋，还要放下包袱，精神解放，轻装前进。”同时“还要善于分析问题”。“一个问题来了，一个人分析不了，就大家来交换意见，要造成交换意见的空气和作风。我这个人凡事没有办法的时候，就去问同志们，问老百姓。打仗也是这样。我们要善于跟同志们交谈。”“一个人搞不完全，要依靠大家来搞，这就是我们党的领导方法。要用这样的方法来启

① 中共中央文献研究室编：《毛泽东在七大的报告和讲话集》，中央文献出版社 1995 年版，第 195—196 页。

发同志的思想，去掉盲目性。”①

（2）民主集中制问题。毛泽东称赞刘少奇，关于这个问题“讲得很好，放手的民主，高度的集中”。这是他们“共同的意见，别的同志也赞成”。毛泽东认为：“可以叫做高度的民主，高度的集中”。“放手”这两个字，还可以再斟酌一下，这是个程度的问题。“我们党历来就讲民主，但是有些时候、有些地方不够民主，我们党历来也是讲集中的，但是有些时候、有些地方集中得不恰当或者集中不够。民主要有很高程度的民主，集中也要很高程度的集中，这两个东西有没有矛盾呢？有矛盾的，但是可以统一的，民主集中制就是这两个带着矛盾性的东西的统一。”

实行高度的民主，就要“广开言路，打开窗户”。这是民主集中制的基本要求。毛泽东说：“封建专制时代还有那么几个开明的皇帝能广开言路，何况我们共产党呢？我们更要广开言路，打开窗户，不要怕打开窗户可能吹进沙子来。”毛泽东认为，“进来一点尘土，坏处有一点，但并不大，而开窗户透空气的利益却很大，我们要从这种利害关系上看这个问题。我们是干革命的，还怕民主？还怕人家发表意见？你说对了就可以说出一个正确的道理来，说错了也不要紧，说错了还可以让人知道一条错误的道理，所以要实行高度的民主。”

在高度民主的基础上，要建立高度的集中。毛泽东指出：“我们党是最公平的，最讲道理的，大多数的人是公平的，大多数的人也知道要集中，他们也要求集中。我们党内的同志是有这个觉悟的”。“当然，无政府主义、极端民主化的思想也是有的，那是小资产阶级的思想，我们要批评它，指出这些思想是不好的。”毛泽东还说：“我们不怕人家批评，我们是批不倒的，就是犯过路线错误的也不怕批评，也是批不倒的，只要有改正错误这一条就行。愈是不怕人家批评，愈是敢让人家讲话，给人家讲话的机会，人家的批评可能会愈少。”毛泽东还指出：“我们要学会听闲话，我们长两个耳朵就要听闲话”。毛泽东提醒说：“我们的党员有意见要在组织里面讲，

① 中共中央文献研究室编：《毛泽东在七大的报告和讲话集》，中央文献出版社 1995 年版，第 204—205 页。

不许在组织外面讲，这是一个原则。但是还有在组织以外讲的，那是闲话，这也是事实”。毛泽东提出，要登广告：“知无不言，言无不尽；言者无罪，闻者足戒；有则改之，无则加勉。”登广告就是为了要收集原料，为了使我们的政治工厂的原料多一些，其中包括小广播这种原料在内。如果我们扩大民主，把小广播合法化，把“黑市”变成合法的，原料就会多起来。大家有意见，有气，就应该打开窗户，让他们把气出完，把意见都说出来。“只有这样，才能团结同志，统一意志，集中意志，形成高度的集中。没有集中，就不能胜利，就要失败，就要被消灭，所以没有集中不行。”①

（3）干部关系问题。毛泽东认为，干部关系问题的性质，“现在是一个农民问题，将来是一个全国人民的问题”。“如果中国共产党在十年至二十年之内，同农民有正确关系，那就可以保证中国革命在世界范围内的胜利，如若不然，我们就要忍受二十年至四十年的白色恐怖。无产阶级与无产阶级的先锋队共产党，如果同农民关系搞不好，那就会灭亡。”② 老干部与新干部，外来干部与本地干部，军队干部与地方干部的关系，其实质就是一个同农民的关系问题，现在如此，将来还要加上一个同城市人民的关系问题。

毛泽东指出，1942 年开始的整风提出的宗派主义倾向，就包括了外来干部与本地干部、军队干部与地方干部这些问题在内。这问题是“带历史性质、普遍性质的问题”，不是暂时的、个别的问题。因为我们长期活动在农业地区。内战时期苏区为什么垮台，路线问题当然是一个原因，但也和这个问题有关系，“就是对于当地人民总是不信任，外来人非常相信自己，因此使苏区垮台了”。白区工作也是这样，“钦差大臣”一到哪个区域，那里的工作就跟着垮台。“剩下的太少了，但是质量更好，质量提高了。”

军队干部与地方干部的关系问题，如果说在内战时期是有一个路线问题，那么在抗战时期总没有一个路线问题了吧，可是这个问题还是发生。

---

① 中共中央文献研究室编：《毛泽东在七大的报告和讲话集》，中央文献出版社 1995 年版，第 205—207 页。

② 中共中央文献研究室编：《毛泽东在七大的报告和讲话集》，中央文献出版社 1995 年版，第 207 页。

毛泽东就亲自经历和处理过。有同志说：边区的人民只能创造苏区，不能当红军。中央派到各县的人自称英雄，说什么我是二万五千里，你是什么？你是土包子，吃不开，这就引起本地人的不满。关于知识分子，去年春节，杨家岭的秧歌队到安塞演出，正赶上安塞的劳动英雄开会，我们杨家岭的娃娃同志、青年同志和劳动英雄一起扭秧歌，这说明关系好了，我说从此天下太平了。从前躲飞机也不走一条路，可见这个问题的严重。军队里面也是一样，总是说地方对不起军队。1942 年冬的高干会议我们系统地解决了这个问题。

但军队与地方的关系、军民关系是不是彻底好了呢？毛泽东认为还没有。可以说“有很大的进步”，但是还有很多地方不好。“军队的同志两只耳朵经常听到的是地方对不起军队、老百姓对不起军队这些话。对这个问题，也要有系统的分析和系统的解决。在军队里头，有军事工作人员，有政治工作人员，有老干部，有新干部，有外来的，有本地的，都有一个同地方、同老百姓的关系问题”。军队的负责同志要下决心，“要看清楚这个问题，要解决这个问题”。“现在我们有一百万军队，将来要有几百万军队，我们能否胜利就看我们能否团结中国的三万万六千万农民，实质就是这样一个问题。”“要告诉大家应当怎样去做，多讲三大纪律八项注意”。“现在有许多事的确是地方也有不对的，如果不讲这一条，军队也不服气。但是，问题解决首先从哪里做起？首先应该从军队做起。军队又从哪里做起？首先从军区、军分区的主要负责人做起。要有坚定的原则，要多听地方同志的意见”，“要分析这些原因，要解决问题”。毛泽东还举例说明。当他听到有人说雷公为什么不打死毛泽东时，很吃惊。后来了解到是因为这年“边区公粮征收二十万石，还要运公盐六万驮，这一下把老百姓搞得相当苦，怨声载道，天怒人怨”。于是研究财政经济问题，下决心搞大生产运动，公粮减少了，问题也就解决了。

军队是关系中国革命存亡的问题，“没有一个人民的军队，便没有人民的一切”。在这个问题上老干部即抗战以前的干部担负着重要的责任。老干部是党的光荣，也是全民族的光荣。这个估价是很高的，这个估价是反映了人民的意见，也是全党的估价。

所谓军队与地方的关系，就是我们的军队与农民的关系。“我们的军队每到一处地方，不管那个地方的老百姓对我们如何，地方党对我们怎么样，我们对他们都要采取帮助的态度，他们有缺点错误我们要采取原谅的态度”。对于我们自己的队伍，应该采取更严肃的态度。对自己要严格一些，这样才是对的。应该如此，也必须如此，这样才能把我们的军队教育好。“我们是不是人民的军队呢？是，而且早已经是人民的军队了，这一点是不能否认的。但是，我们还有许多缺点，还需要加倍努力。”

在干部问题上，毛泽东还强调，“所有干部一样的光荣。各个方面军，各个军团，各个军队，都一样的光荣。在沦陷区、国民党统治区工作的同志，在解放区工作的同志，都一样的光荣。军事工作、政权工作、经济工作、党务工作、文化工作，从事这五大门工作的同志，也是一样的光荣。”在这方面，凡是过去搞得不对的都要承认错误，并且加以改正。“军队的同志，地方的同志，凡是过去我们没有搞好的，估价不适当的，让你们怄了气的，我们都应该承认错误，修正错误。”①

对于技术干部问题，毛泽东说：有各种技术工作干部，“对做各种技术工作的同志，不论是军队里面的、政府里面的、党组织里面的，我们都要尊重他们，承认他们有功劳，全党同志要看得起他们，过去在政治待遇上搞得不好，今后要搞好。”②

（4）整风、审干、锄奸问题。毛泽东肯定“这次整风、审干、锄奸工作是有成绩的。有没有缺点错误？有。我是党校校长，整风在党校老一部得到的成绩相当大，但也有缺点与错误；第二部搞得比较好，进步了。以后整风要照第二部的方法，照这种进步的方法去办。”审干问题，“审干中搞错了许多人，这很不好，使得有些同志心里很难过，我们也很难过”。所

① 中共中央文献研究室编：《毛泽东在七大的报告和讲话集》，中央文献出版社 1995 年版，第 214 页。

② 中共中央文献研究室编：《毛泽东在七大的报告和讲话集》，中央文献出版社 1995 年版，第 214 页。

谓“一人向隅，满座为之不欢”。“我们是与天下人共欢乐的。对搞错的同志，应该向他们赔不是，首先我在这个大会上向他们赔不是。在哪个地方搞错了，就在哪个地方赔不是。”①

为什么搞错了呢？毛泽东分析说，特务本来是少少的，方法应该是精精的，“但我们搞的却是多而粗，错误就是在这个地方。”关于特务，从前的估计是“瞎子摸鱼”，究竟有多少并不知道，现在知道了只是极少数。毛泽东说起土地革命战争时期，就打过AB团。在红四军党的第九次代表大会决议案上，规定有一条叫“废止肉刑”，但结果还是搞了，杀了许多人，“许多人都杀错了”。后来我们作了总结，重申废止肉刑，不要轻信口供，否则“就要出乱子”。当时在肃反问题上，“走过了一段痛苦的弯路，有这样一个错误的侧面”。“反对反革命是应该的。但是，在当着共产党还没有成熟的时候，在肃反问题上搞错了很多人，走过这样一段弯路，包括我自己在内。”②

毛泽东谈到，抗战时期，出了湖西肃反的错误，在延安又来了这样一个“抢救运动”。他认为，“延安犯的这个错误非同小可，因为延安是有全国影响的”。“凡是错误认识了，纠正了，就取得了经验，就会变成好武器。这个犯错误的经验，抓到我们手里来，同样也非同小可。中央在这里，党校在这里，七大在这里开，这个问题解决了，中华民族就胜利了。”所以，毛泽东说：“犯了错误不可怕，要把错误抓到手里，变作经验，当作武器。对搞错了的同志，要向他们赔不是。”③

关于宗派主义的问题，毛泽东听见有一个同志说：没有宗派主义了。毛泽东认为，“主观上不要忙于否认有宗派主义，有没有宗派主义，要以客观事实来证明，要在将来工作中来证明，主观上否认，效果很小，不能解

---

① 中共中央文献研究室编：《毛泽东在七大的报告和讲话集》，中央文献出版社1995年版，第215页。

② 中共中央文献研究室编：《毛泽东在七大的报告和讲话集》，中央文献出版社1995年版，第215—216页。

③ 中共中央文献研究室编：《毛泽东在七大的报告和讲话集》，中央文献出版社1995年版，第216页。

决问题”。他还提到，有人要求在党章上加一条：“保障党员的政治生命。”毛泽东为此呼吁：“同志们不要小看这个问题，它反映了在审查干部中有的同志受冤屈。我们一定要引以为戒，把这一条当作教训，当作武器，这样就有用处。”① 直到1947年12月，毛泽东还在中央政治局扩大会议上讲：“对学生、知识分子不要犯冒险政策，延安审干是一个宝贵的教训。”②

毛泽东还谈道，“在审干中间，提出一个不杀、大部不捉，九条方针并不是一开始就发明出来的，而是经过几个月情况的反映，逐渐积累才搞出来的。废止肉刑，不轻信口供，再加上九条方针，一个不杀、大部不捉，乱子就出不来了”。但是，“这九条方针没有完全贯彻下去，以致有很多人不知道”。审干中的抢救运动扩大化，造成很大的消极影响。毛泽东指出：“我们党内有两种情绪，一种是过火的情绪，潮流一来，就是急急忙忙地搞，搞逼、供、信，结果搞错了；另一种是自由主义，熟视无睹，这种情绪也是不对的，要克服的。”③

（5）准备转变问题。毛泽东指出：“由农村转变到城市，由游击战转变到正规战，由减租减息转变到耕者有其田，这些都是民主革命阶段中因形势变化而产生的。对各方面的转变，我们要作准备，某些方面也已经有了准备”。

会上有些同志请毛泽东“解释一下将来如何转变”。毛泽东说，“现在不用多讲，就是按实际情况去学习，去准备”。如到城市去的问题，我们可能要集中部队，用新式武器装备起来，去打大城市，这也要有准备，具体的步骤交给中央军委去办。各位同志回去后要告诉各个地方，就是要开始准备。“七大现在只能提出这样的问题，要在精神上作准备”。现在可以做的具体的工作，就是派人去或者调人来训练，或者再多派一点人去训练地

---

① 中共中央文献研究室编：《毛泽东在七大的报告和讲话集》，中央文献出版社1995年版，第216—217页。

② 中共中央文献研究室编：《毛泽东年谱》下卷，人民出版社、中央文献出版社1993年版，第262页。

③ 中共中央文献研究室编：《毛泽东在七大的报告和讲话集》，中央文献出版社1995年版，第215—217页。

下军。“如果占领了城市，首先要搞吃饭、穿衣的问题”。因此，现在我们要有这种精神准备。

毛泽东还强调了工人运动的重要性。“七大已经提出了这个问题”。“对于过去做过工人运动的同志，我们要很好地注意他们，培养他们。有了大城市，整个情况就会起大的变化，今天还没有这个变化，我们还觉不出来。这个变化是很大的，因此要加以注意。”①

再就是东北的问题。毛泽东指出：“东北是一个极其重要的区域，将来有可能在我们的领导下。如果东北能在我们领导之下，那对中国革命有什么意义呢？”毛泽东认为东北对中国革命的重要意义在于：有了东北，“我们的胜利就有了基础，也就是说确定了我们的胜利”。毛泽东分析说：“现在我们这样一点根据地，被敌人分割得相当分散，各个山头、各个根据地都是不巩固的，没有工业，有灭亡的危险。所以，我们要争城市，要争那么一个整块的地方。如果我们有了一大块整个的根据地，包括东北在内，就全国范围来说，中国革命的胜利就有了基础，有了坚固的基础。”现在有没有基础呢？有基础，但是还不巩固，因为没有工业，没有重工业，没有机械化的军队。“如果我们有了东北，大城市和根据地打成一片，那末，我们在全国的胜利，就有了巩固的基础了。”②

（6）关于政治路线。毛泽东在这里主要是指全国抗战期间党的政治路线问题。他认为，“就八年时间与全国范围来说，路线是正确的，这是第一。第二，就某些地方、某些时间、某些部门、某些同志来说，是有过错误的”。这里所说的错误，不讲大、中、小，也不讲或者是路线的，或者是严重的原则的，或者是个别问题上的，所有这些错误都在内。“这两方面合起来就完全了，忽略了哪一方面都是不对的”。这次“大会给了我们一个检查全国工作的武器，有了这个武器，我们就可以检查全国的各种工作”。

---

① 中共中央文献研究室编：《毛泽东在七大的报告和讲话集》，中央文献出版社 1995 年版，第 217 页。

② 中共中央文献研究室编：《毛泽东在七大的报告和讲话集》，中央文献出版社 1995 年版，第 217—219 页。

（7）关于军事路线。毛泽东认为，“这个问题朱总司令讲得很好”。也可以照上面的方法来讲，就是就全国抗战的八年时间与全国范围来说，路线是正确的，但在某些时间、某些地方、某些部门、某些同志来说，是有错误的。这个“某些”究竟是指哪些，今天说不清楚，还要大家研究。

（8）我们党能不能领导大地主、大资产阶级？这个问题也是代表们在讨论中提出来的。毛泽东认为：“要看情况来决定，或者能领导或者不能领导，有时候能领导，有时候不能领导”。如对德国的大资产阶级和希特勒、对汪精卫就不能领导。对蒋介石来说也要按情况来决定。他在抗战初期有过进步，如果说“我们将了他的军”，“我们对于他有了影响”，那也是对的。“但是后来他就闹别扭，开了一个五中全会，要消灭我们，这就不能说是我们去领导他”。斯大林曾经讲到，阿富汗的国王是维护封建制度的，但他为阿富汗的独立而进行的反对帝国主义的斗争，在客观上是革命的斗争；埃及的商人和资产阶级知识分子为埃及独立而进行的斗争，也同样在客观上是革命的斗争。因此，“在反对日本帝国主义的斗争中，大资产阶级与大地主阶级可以成为我们的同盟军，有些时候就在我们的领导下。”“无产阶级的领导权主要的不是对大资产阶级和大地主阶级，而是对农民和小资产阶级。我们要把农民、小资产阶级从大资产阶级、大地主阶级的影响下解放出来，放在我们的领导之下。”

怎么看待“共同领导”这个提法？毛泽东认为“不在于如何说，而在于如何做”。如旧金山会议说五大国共同领导，“克里米亚会议也是三大国共同领导”。“从前同孙中山合作时，我们说在孙中山领导之下，其实是共同领导”。全国“抗战初期，我们说在蒋委员长领导下抗战到底，这个话错了没有呢？我说没有错。因为要打日本，就要有个头子，中国当时的头子就是蒋介石，他有那么多军队，外国也承认他。但是他后来要反共，这句话我们就少讲了，以至于不讲了，改为要建立一个联合政府，把他那个政府改组一下”。毛泽东认为：“如果说共同领导，那就是你领导你那一堆子，领导中央军；我们就领导八路军、新四军，领导广大人民，放手发动群众，壮大人民力量”。但是，过去所谓的“共同领导”，实际上只是国民党一党领导，问题就在这里。

（9）国共两党谈判还有没有希望？毛泽东对这个问题的回答是："我们从来是主张要谈的，七大的文件上也规定了要谈，至于谈拢的希望是一丝一毫也没有。但现在我们还不向全国人民宣布，因为一宣布，下文必然就是要打倒蒋介石。我们说现在可能性总还有一点，这一点我们也不放弃，就是在没有破裂以前还要谈判。我们总是要求蒋介石洗脸、改造，如果有一天他变成大花脸，发动内战，那时我们党就要号召全国人民起来打倒蒋介石。现在我们还是极力阻止内战，在一定的条件下不拒绝跟他谈判，情况就是这样。"成立联合政府有没有希望？毛泽东的回答是："我们要尽量争取"。将来如果能成立解放区人民联合会，还是要打电报请他组织联合政府。我们总是请，但他总是不出来，就像新媳妇一样不肯上轿。那怎么办呢？你不出来我们就请，你还不出来我们就再请，在没有全面破裂以前我们还是要请，明天早晨破裂，今天晚上我们也还要请。

（10）中国人民解放联合会问题。七大的文件提出要召集解放区人民代表会议。这个会议一开，就要搞一个中国人民解放联合会，或者叫解放区人民联合会。中国要解放，所以叫解放联合会。"它的名称不叫政府，叫解放联合会。它是不是有政权机关的性质？我们说他有发号施令的职权，是带有政权机关性质的，是为了联合各解放区而奋斗的过渡时期的组织形式"。但它和内战时期我们成立的苏维埃中央政府不同，和那时组织苏维埃中央政府的情形也不同，它不是第二个中央政府。"什么时候召集呢？大概在十一月份。"毛泽东还讲到党外合作的问题。"全党要注意同党外人士的合作，并且要加强这个合作，使我们能联合更多的人，联合得更好。统一战线是一门专门科学，我们党内有很多人还没有学会，很多人不善于同党外人士合作，我们要学会这一门科学。"①

（11）党性与个性问题。毛泽东从进一步哲学的角度阐释党性与个性的关系，强调这是普遍性与差别性、集体与个人的关系问题。我们党不仅

① 中共中央文献研究室编：《毛泽东在七大的报告和讲话集》，中央文献出版社1995年版，第222—223页。

承认个性，独立性，人格，自由，而且在党领导的解放区内还大大地发展了这些。“而在封建制度下，人民是没有人格、没有自由、没有独立性、没有个性的。”“我们党，它本来就是人民的一部分，当然不会使工人、知识分子、农民出身的党员没有人格。人民有人格，我们党也就有，人民都没有，我们党哪里会有呢？我们要向党员进行教育，使他们自觉，懂得社会上还有很多人没有人格，没有自由，要为他们的自由而奋斗。”“不能设想我们党有党性，而每个党员没有个性”。毛泽东指出：“人有各种各样的，只要他服从党纲、党章、党的决议，在这个大原则下，大家发挥能力就行了。讲清楚这一点，对于党的进步，对于全体党员积极性的发挥是会有好处的。”

毛泽东还指出，“有两种个性，即创造性的个性和破坏性的个性”。“创造性的个性是什么呢？比如模范工作者、特等射击手、发明家、能独立工作的干部，不但党外斗争有勇气，党内斗争也有勇气，盲目性少，不随声附和，搞清楚情况再举手，这就是创造性的个性，它同党性是完全一致的，完全统一的。另一种个性，是带破坏性的、个人主义的，把个人利益放在第一位，搞所谓标新立异。”这种标新立异，“同党性不一致，是小资产阶级的方针、路线和政策，是错误的”。“我们要使许多自觉的个性集中起来，对一定的问题、一定的事情采取一致的行动、一致的意见，有统一的意志，这是我们的党性所要求的。”有些人所谓的发展个性就是说，我们拥护新民主主义，就必须有另外一批人反对新民主主义；我们主张打日本，就一定要有另外一批人反对打日本；我们反对汪精卫，就一定要有一批人拥护汪精卫，这才算是发展个性。“这种发展个性，是我们坚决反对的。”毛泽东强调：“任何一项凡是我们要做的工作和事情中都有党性，也有个性。这种个性必须是与党性统一的。”

（12）理论工作问题。毛泽东重视理论工作，不仅要求加强理论学习，而且提出至少要读五本书，他向大家推荐的这五本书是：《共产党宣言》《社会主义从空想到科学的发展》《在民主革命中社会民主党的两个策略》《共产主义运动中的“左派”幼稚病》《联共（布）党史简明教程》。这五本书里马、恩、列、斯的都有了。“如果有五千人到一万人读过了，并且有大体的了解，那就很好，很有益处。”他还介绍了学习方法，“可以把这五本书装在干粮袋里，打完仗后，就读他一遍或者看他一两句，没有味道就放起来，有味道就多看几句，七看八看就看出味道来了。一年看不通看两年，如果两年看一遍，十年就可以看五遍，每看一遍在后面记上日子，某年某月某日看的。”同时还应经常注意报纸上刊登的外国党的宣言、纲领一类文章，看他们做些什么事情。对外国党和共产国际的经验，我们都要吸收。“过去共产国际对中国无产阶级、中国人民有很大的帮助，帮助中国无产阶级创造了中国共产党，有过很大的功劳，共产国际解散时我们党的决定上说到了这一点”。①

毛泽东还分析“教条主义是哪里来的”，是不是从马、恩、列、斯那里来的？毛泽东指出：马、恩、列、斯“经常在著作里提醒我们，说他们的学说是行动的指南，是武器，不是教条”。毛泽东认为，“人家讲的不是教条，我们读后变成了教条，这是因为我们没有读通，不会读”。毛泽东还批评：“许多人不重视理论工作，似乎这个工作不要紧”。这是不对的。

同时，毛泽东高度评价翻译工作：“没有搞翻译工作的我们就看不懂外国的书”，“如果不搞一点外国的东西，中国哪晓得什么是马列主义？”毛泽东还说：“中国历史上也有翻译工作，唐僧就是一个大翻译家，他取经回来后设翻译馆，就翻译佛经。”蔡元培说“鲁迅是一个既博览又很谦虚的人，翻译了许多外国文学家的作品；翻译的作品占了他的全集的一半”。所以，轻视翻译工作和对这个工作的动摇都是不对的。“他们翻译外国的书，很有功劳，即使一生一世只翻译了一本书，也是有功劳的”。别人不重视这个工作的思想，是不好的；做这个工作的同志自己对这个工作的认识也有动摇，这同样是不好的。有的人曾不止一次地要求改行，说做这个工作吃不开，要求做别的工作。“我们对搞翻译工作的、写理论文章的人要看得起，

---

① 中共中央文献研究室编：《毛泽东在七大的报告和讲话集》，中央文献出版社 1995 年版，第 226 页。

应多和他们谈谈。”不要轻视搞翻译的同志。[①]

（13）实事求是问题。实事求是是马克思主义的思想路线，也是毛泽东思想的精髓。毛泽东在七大政治报告的结论中强调，“我们的阵地只能一个一个地夺取，我们的力量只能一点一点地聚集，这是一个实事求是的问题”。党成立24年的经验证明：“想一手抓一个天下是抓不到的，土地是一寸一寸地争来的”。“我们的枪是一支一支地增加，地方是一小点一小点地扩大，然后合起来就壮大了，就可以夺取天下”。我们“是革命的现实主义，有理想的现实主义”。“我们要以科学的精神、革命的现实主义，切切实实、一点一滴、一个一个地夺取敌人的阵地，这样才是比较巩固的。”同时，“我们这次大会强调团结精神，就是要在一个原则下团结起来，在正确路线的基础上团结起来，是头脑清醒的团结，不是盲目的团结。”毛泽东多次讲愚公移山的故事，“就是要大家学习愚公的精神”，“把中国反革命的山挖掉！把日本帝国主义这个山挖掉！”

毛泽东的报告以高呼口号结束，这口号是：中国民族解放万岁！中国共产党万岁！中国共产党第七次全国代表大会万岁！

九、选举产生新的中央委员会

选举新一届的中央委员会，是党的全国代表大会的一项重要议程和任务。选举的目的，是要产生新一届的中央委员会作为全党的领导机关，作为大会闭会以后、两次大会之间的全党的最高领导机关，领导全党贯彻和落实党的纲领和任务。为此，就要按照“由能够保证实行大会路线的同志来组成中央委员会”[②]的标准和原则，选举产生新的中央委员会，使七大路线的贯彻有可靠的组织保障。还在1943年4月，六届中央委员、中央政治局候补委员关向应曾给毛泽东、党中央写信提出：“根据血的经验，我认为

---

① 中共中央文献研究室编：《毛泽东在七大的报告和讲话集》，中央文献出版社1995年版，第226—227页。

② 中共中央文献研究室编：《毛泽东在七大的报告和讲话集》，中央文献出版社1995年版，第159页。

七届中央委员会特别是中央政治局，必须选择那些在长期革命斗争中证明了他们是责任坚强和能够实际运用马列主义武器具体解决中国革命问题的同志担任之，应该选举毛泽东同志为总书记并兼中央军委的主席。全党全军应该像一个人一样紧密的团结在毛泽东同志所领导的中央周围。”[①] 这从一个侧面反映出党内对七大选举的重视和思考。

（一）大会选举的酝酿

1945 年 5 月 17 日，在刘少奇《关于修改党章的报告》之后，代表们在对党章草案进行讨论的同时，七大的第四项议程——选举中央委员会的工作就开始正式启动了。这天，七大主席团常委与各代表团主任联席会议在延安枣园召开，专门研究选举问题，主要是就中央委员名额的多少与提名方式进行讨论，中央委员名额是四十、五六十还是七十人？中央委员候选人的提名是由主席团提，代表团干事会提，还是各代表团的小组会提？

经过会议讨论，决定由任弼时、刘少奇、周恩来、彭真、李富春组成一个非正式的委员会，与各代表团主任商定一个中等人数的候选名单，并拟定选举条例。然后再由主席团将初步候选名单提出交各代表团讨论，提出足额名单进行选举。

5 月 19 日，中共七大主席团和各代表团主任又召开会议，通过了选举中央委员会条例草案，并决定印发各代表团讨论后，于 5 月 23 日提交大会通过。

5 月 22 日，在七大代表继续讨论政治、军事和修改党章报告的同一天，各代表团开始分小组对选举条例草案进行讨论，有的小组从当天上午 10 时便已开始，气氛十分热烈。讨论方式基本上是由一位同志（一般是组长）向大家逐条念选举条例草案，大家逐条评议、提出疑问、提出修改建议，有专人做记录。

讨论之后，有的小组将讨论结果归纳成几条意见上交给代表团；有的小组则直接上交讨论记录稿。而代表团在收到各小组意见后，整理后上报

① 中共中央党史研究室、中央档案馆编：《中国共产党第七次全国代表大会档案文献选编》，中共党史出版社 2015 年版，第 58 页。

七大主席团；大多数代表团则直接将小组讨论记录稿送交主席团。在讨论过程中，有的代表团还派代表到别的代表团旁听，甚至还有的小组同其他小组合在一起进行讨论。

代表在分组讨论新的选举条例草案时态度极其认真，气氛热烈，表达思想没有任何框框，涉及内容十分广泛，深入考虑到了一些技术细节。讨论完后，各小组和代表团尊重事实，客观地向上反映情况，是多数人的意见就说是多数人的意见，是少数人的意见就说是少数人的意见，使主席团能够了解代表们的真实意愿。收到各代表团分组讨论的这些具体意见后，主席团对选举条例草案进行了进一步的修改。

5 月 23 日，中共七大主席团和各代表团主任在杨家岭中央大礼堂继续举行会议。首先由任弼时向会议报告各代表团对选举中央委员会的意见：中央委员要少而精；有人提出不要照顾山头；还有人提到王明是否列入中央委员候选人名单等。毛泽东在听汇报后指出：少而精的思想是好的，但这是理想。山头是要照顾的。中央委员会不可能每个人都有各方面的知识。如何对待犯错误的人，过去八七会议不要陈独秀出席，后来又不选他，过去还有人主张所有犯错误的人都不要，这些都是不对的。现在拟的名单，形式上看很庞杂，实际上大不同。现在世界形势变了，党有了三个时期的经验，整风以来 25 个中央委员中起了很大变化。少而精只是一方面的真理，少不见得就很精，多一点也不见得就不精。就是说要照顾到山头，要照顾到犯错误的同志，不要一次就精得不得了，太精了就会脱离群众。[①] 会议决定请毛主席就选举问题在大会上讲一讲，同时通过了关于中共七大中央委员选举条例[②]。这就把代表们对选举问题的看法用条例、制度的办法统一起来，固化下来，便于大家遵循和执行。

5 月 24 日，毛泽东代表大会主席团在大会第 17 次会议上作了关于中央委员会选举方针的报告。毛泽东首先提出，“我们要选举一个全党的领导

① 中共中央文献研究室编：《毛泽东年谱》中卷，人民出版社、中央文献出版社 1993 年版，第 598—599 页。

② 中共中央文献研究室编：《任弼时年谱》，中央文献出版社 2004 年版，第 483 页。

机关，即在大会闭会以后、两次大会之间的全党的最高领导机关中央委员会。”采取什么标准和原则来进行选举呢？在各代表团讨论的基础上，“七大主席团认为应该采取这样的标准，就是要由能够保证实行大会路线的同志来组成中央委员会”，“采取这样一个原则比较好，比较恰当。这样一个原则，应该是我们选举中央委员会的原则”。①

毛泽东进一步说明，第七届中央委员会的组成，一部分是过去中央委员会的同志，一部分是许多过去不是中央委员的同志。也就是说，新的中央委员会要选进两批人。过去中央委员会的同志，人数并不很多。经过六大以来的 17 年，包括六届二中全会至六中全会的选举，剩下来的中央委员还有 25 人。毛泽东认为，这 25 人大部分应该继续选进中央委员会工作，因为他们有很多经验。同时，还应该选举大批过去不在中央委员会工作的同志，因为他们也有很多经验。因此，“新的中央委员会必须比过去老的中央委员会的 25 个人扩大，七大必须采取扩大中央委员会的政策。”这“对于我们党现在的情况、国内的情况、国际的情况都是适合的”。“如此才能够适应党的目前情况、将来的发展以及国际国内的形势。”②

新的中央委员会要扩大到什么规模？七大主席团考虑了很久，没有提出中央委员会确定的人数。毛泽东指出，我们要照顾各个方面，照顾新提拔的、知识比较多的、知识比较少的、代表各个地方的革命力量的，这个数目字要有多大呢？曾考虑过大、中、小三个方案。大的 100 人左右，中的 70 人左右，小的 30 人左右，在这三个方案中间，我们两头不要，取一个中间，就是 70 人左右。七大主席团认为这个比较好。

按照这样的标准和原则来设计新的中央委员会，又会产生出三个问题：一是对犯过错误的同志，应不应该选举？二是这次选举中央委员会要提拔许多过去不在中央委员会工作的同志到中央委员会来，要不要照顾各方

---

① 中共中央文献研究室编：《毛泽东在七大的报告和讲话集》，中央文献出版社 1995 年版，第 159—160 页。

② 中共中央文献研究室编：《毛泽东在七大的报告和讲话集》，中央文献出版社 1995 年版，第 160 页。

面？三是中央委员的资格和标准是能够执行大会的路线，这是重要的，但对他的能力要求如何？是不是要有各方面知识的人才选？还是有某一方面或者某些方面的知识的就可以选？在这三个问题，毛泽东用党的六大选举的历史教训，以及国际共产主义运动的经验，一一作了解释和说明。

毛泽东指出：犯过错误的同志不选，只是一种好的理想。但是，一个人在世界上哪有不犯错误的道理呢？过去我们图简单，爱方便，不愿意与有不同意见的人合作共事，这种情绪在我们党内还是相当地存在着的。六大没选陈独秀，六届四中全会没选李立三，这都不好，也没有保证我们党不犯错误，甚至犯更大的错误。因此，七大应该接受过去的经验，应该采取这样的选举方法和原则：犯过路线错误，但承认错误并决心改正错误的人，可以选。鉴于历史，为着将来，为着全国人民，为着全党，我们要采取现实主义的方针和原则，争取更多的人在我们的纲领下，和更多的人团结、合作。

要不要照顾各个方面？毛泽东指出：这就是所谓照顾山头的问题。主席团认为，要照顾才好。中国革命有许多山头，有许多部分，既有苏区也有白区，在苏区之内又有这个部分那个部分。抗战时期也有山头，就是说有许多抗日根据地，白区也有很多块，北方有，南方也有。这就是中国革命的实际，离开了这个实际，中国革命就看不见了。有山头不是坏事，坏的是山头主义，宗派主义。要消灭山头主义，就要认识山头，照顾山头，缩小山头，这是一个辩证法。七大以前的中央委员会没有反映各个方面的革命力量，是有缺点的。新的中央委员会应该在组织成分上反映这方面的情况，要成为一个缺陷最少的中央。这次选举要注意这个问题，使我们党能够反映各方面的革命力量。这样，我们的缺点就会少一些。

中央委员是不是要通晓各方面的知识的人？毛泽东指出：每一个中央委员应当都通晓各方面的知识，是一个很好的理想，是有道理的。但事实上，任何一个人都不可能通晓各方面的知识。我们的新的中央应该包罗各种人才，尽可能地照顾各个方面、各个部分、各个山头。对知识的要求也一样，要求尽可能地通晓的方面多一点。如果我们的中央有各方面的人，每一个人都通晓一方面或者有比较多的专长，选这样几十个人，那么这个中央就会比较完全。我们要从集体求完全，不是从个人求完全。现在比较完全，但过几年可能又不完全，这就要从对现实的学习中来求完全，选有学习精神的人进中央委员会。

总之，“中央委员会是我们党的领袖，全党都要拿眼睛来望着它。”“我们要慎重地选举，慎重地就职，这样才是好的态度。”“有许多同志要求不要当选中央委员，这种态度是好的。孔夫子讲过：‘临事而惧，好谋而成。’不要说什么革命没有胜利就是因为我没有当中央委员，这样说是不好的。”

如果“新的中央要包含这样一些同志：大批未犯过路线错误的同志，一批犯过路线错误而又改正错误的同志；大批有全国影响的同志，大批现在有地方影响、将来可能有全国影响的同志；一批通晓的方面比较多的同志，大批通晓的方面比较少的同志”。如果采取了主席团这样一个组织路线，“我们相信这个中央将是缺点比较更少的中央。这样一个中央委员会，就可以保证大会路线的实行，包括政治路线和组织路线。”[①]

针对一些同志的担心会不会产生中央太庞杂的问题、一批人难免要落伍问题和人数有限还要照顾各个方面势必使有些能力较强的同志不能当选产生不公平等问题，毛泽东作了耐心解释和说明。

庞杂与不庞杂，有性质上的区别。“对过去犯过错误、翻过筋斗的人，现在要以新的眼光去看，犯过错误是事实，但说现在还犯错误就不适当。”[②]所以不必害怕庞杂。“有些犯过路线错误的同志作了很好的自我批评，我们大会代表都一致地欢迎。在他们讲话的时候，就是希望在大会代表的帮助之下改正错误。我看这讲了一个真理，就是所谓‘一个好汉三个帮’，‘荷花虽好，还须绿叶扶持’，任何一个人也需要大家帮助的，互相批评，自我批评，大家帮助，才能进步，才能解决问题。因为要照顾各方面，就会

---

① 中共中央文献研究室编：《毛泽东在七大的报告和讲话集》，中央文献出版社 1995 年版，第 171—172 页。

② 中共中央文献研究室编：《毛泽东在七人的报告和讲话集》，中央文献出版社 1995 年版，第 174 页。

使得有些同志按他的能力、知识本来可以当选，但是没有被选上。这从一个侧面去看，是不公平的；但是从更大的方面看、从全面看，是公平的。”

毛泽东还强调指出：搞好选举是关系全党利害的，要对党、对人民有利，完全有利于党和人民。“这样，我们这次选举，就会选举出一个比较好的（当然是比较的）领导机关，作为指挥中国革命的工具。我们是马克思主义者，我们相信工具论。”“党是阶级斗争的工具，政府也是工具，党的中央委员会、党的领导机关，也是党的工具，都是阶级斗争的工具。我们党是阶级的领袖，中央是全党的领袖，我们都当作工具来看。”①

有许多同志不了解这个问题，认为自己是英雄，出来是干革命的，很有一番自豪。毛泽东认为，有一番自豪是对的，但应该是作为工具的一番自豪。我们是阶级使用的武器，我们阶级要胜利，就要选出先锋队来。群众是从实践中来选择他们的领导工具、他们的领导者。被选的人，如果自以为了不得，不是自觉地作工具，而以为“我是何等人物”！那就错了。

“我们党要使人民胜利，就要当工具，自觉地当工具。各个中央委员，各个领导机关都要有这样的认识。这是唯物主义的历史观，就是《国际歌》上所讲的”，“不是神仙，不是皇帝，更不是那些英雄豪杰，全靠自己救自己”②。自己救自己，就要选举党，选举工具。

（二）选举条例的讨论和通过

5 月 24 日，周恩来在大会上作关于选举条例草案的解释和说明。各代表团小组讨论选举条例草案时，提出的问题主要有候选人名单的产生，候选人的标准和名额，候选人与正式、候补中央委员的名额等。

周恩来解释后，仍有一些七大代表在现场以口头或递小条方式向主席团或主席团成员提问，以表达对选举的意见。这些意见包括：对中央委员的要求和了解往届中央委员的问题，各代表团预选是否需要向大会公布，

① 中共中央文献研究室编：《毛泽东在七大的报告和讲话集》，中央文献出版社 1995 年版，第 178 页。

② 《毛泽东文集》第 3 卷，人民出版社 1993 年版，第 374 页。

预选过程中候补代表的变动和更替，候选人与当选人数量的比例，关于正式委员与候补委员的比例和是否分开选举，中央委员和候补中央委员在选举过程中是否可以换位，当选者是否过半数，投票和选举结果不足额问题、监票人问题，选举中候补代表的权利和主席团的权限问题，对选举条例草案的具体意见，等等。

经过充分讨论后，大会通过了《中国共产党第七次全国代表大会关于选举新的中央委员会的条例》。条例共分 6 条，主要内容如下。

1. 由大会主席团提出本届应选中央委员及候补中央委员的名额于大会请求同意。

2. 大会通过中央委员及候补中央委员的名额后，主席团应提出初步候选名单，其人数超过原定名额三分之一，不分正式、候补，交各代表团会议讨论，并逐名介绍，进行预选。如各代表团会议对候选名单的任何人有不同意见，得提出新的候选人付讨论，如得该代表团多数同意，即应改变之。预选时，应行无记名投票，由各正式代表在此初步候选名单中，依照大会原定名额，分别正式、候补，预选出自己愿意选举之人，亦可改写在此初步候选名单以外的自己所愿意选举之人的姓名，但其总数只能少于不能超过原定正式与候补名额。预选毕，各代表团应记其票数，汇交主席团。

3. 主席团于收集各代表团所提意见后，即应根据各代表团预选票数和党内情况，依照大会原定名额，分别正式、候补，制定提交大会的候选名单，然后提交大会。

4. 主席团提出候选名单于大会后，大会须即进行讨论并加介绍。大会代表有权对整个候选名单中的任何人提出异议，并有权提出自己的候选名单或变更主席团提出的候选名单中任何人选。

5. 大会通过正式、候选名单后，应即依照正式与候补两项，分开先后，进行无记名投票选举。票选方法，应由主席团先将大会通过的候选名单印发给大会每位正式代表，由各人在候选名单上圈出自己所愿选举之人的姓名，但其总数均不得超过原定正式或候补名额，如有超过，则全票作废票论；如不足原定名额，则仍认为有效。

6. 大会票选结果经检查和计算后，即应依照大会通过的名额和大会出席正式代表过半数的票选最多数，依次向大会宣布新的中央委员和候补中央委员的当选，选举即告完成。[①]

按照大会选举条例，代表们便按 70 人的规模考虑中央委员会的候选名单，先进行小组酝酿。七大主席团也在准备预选名单。按选举条例第二条，要提出两次候选名单：第一次是预选名单，第二次是正式选举名单。在提候选名单时，毛泽东特别要求代表们注意没有到会的、不认识的同志，要听各代表团主任的介绍，以便更好地了解情况。

5 月 27 日，大会主席团和各代表团主任联席会议，提出了一个 94 人的中央委员会的预选名单，决定中央委员会由正式中央委员 45 名、候补中央委员 25 名组成。也就是说，从 94 人中选出 70 人为中央委员或候补中央委员[②]。之后，这份预选名单交由各代表团讨论。

6 月 2 日，七大主席团各代表团主任在枣园召开会议，听取各代表团对候选人意见的汇报并进行讨论。毛泽东指出：大家把想讲的话讲出来是好的。对有的同志不管怀疑的内容如何，可以怀疑，被怀疑的同志也有权申述。但是选举问题不是个人问题，要顾全大局。一些被选举人听到意见后，提出不做候选人行不行。

毛泽东指出：选不选自己，自己有自由。只有在自己选自己对党不利时就不选，否则就应自己画自己的圈。我就准备自己打自己的圈。对谁有意见，所有同志应把自己想讲的话彻底讲清楚好。历史证明，凡是原则性的问题，敷衍下去，不知哪一天就会出来的。彻底弄清楚，才有利于团结。会议决定，各代表团 6 月 5 日开大会进行预选，并将预选结果报告主席团。

（三）中央委员的选举

一切准备就绪之后，1945 年 6 月 9 日，中共七大举行第十九次会议，

① 中共中央党史研究室、中央档案馆编：《中国共产党第七次全国代表大会档案文献选编》，中共党史出版社 2015 年版，第 605 页。

② 刘树发主编：《陈毅年谱》上卷，人民出版社 1995 年版，第 443 页。

选举中央委员。任弼时担任这天会议的执行主席。按选举条例，中央委员与中央候补委员分成两次选举。投票从下午 3 时半开始。

代表们本着为党的事业人民的事业负责的精神，严肃地行使自己的权利，慎重地填写选票，坚持要把自己认为能贯彻七大政治路线的优秀干部选进中央委员会——在自己满意的候选人名字上画圈，在预留处庄重地写上自己认为应该当选为中央委员的人的名字，然后庄重地将选票投入票箱。

投票过程进行得非常顺利。在投票现场，只有大后方代表团的一位代表因墨水倒在选票上而另换了一张选票。

七大的 547 名正式代表中，有 533 人到场参加选举大会。没有到场的 14 人中，董必武因到美国出席旧金山会议不能到场；一人因事在选举后开票过程中才赶到，作为弃权；其余 12 人属因病或因亲属有病不能到会选举。为此，大会主席团派工作人员乘车送去选票，由本人选举。结果有 10 人投票，2 人弃权（1 个因病自己弃权，1 人因没被找到而作为弃权）。所以，实际参加投票者共 543 人，弃权者共 3 人，不能到者 1 人。

投票过程完成后，比预计时间提前半小时，主席团当即决定提前开箱计票。被漆成红色的木质票箱当场打开，箱中选票共 533 张。为加快计票速度，大会主席团决定分为 8 个组分别计票，然后汇总。

各代表团主任分任组长，所有选票大致平均分配：陕甘宁边区代表团、晋绥代表团、晋察冀代表团、晋冀鲁豫代表团各计 67 张选票，山东代表团、华中代表团、大后方代表团各计 66 张选票，中直军直代表团计 67 张，场内选票和场外的 10 张选票，共计 543 张，正好是当场收到的选票和送来的选票之总和。各组组长分别签字，负责领取和交还本组所承担计算任务的选票。

计票的过程是，首先是检查有无废票。结果 543 张选票均符合要求，唯有在 44 名以外填写愿选姓名中，发现有少数票只写有姓名而未在姓名之上打圈。经过检查委员会决定认为有效。计票时，一人唱票，二人分开计数，三人分别检查唱票和计数有无讹误。各组计算完毕后，将两人所计之数目对照有无差别；将投票人所选举之人的票数的总和与被选者得票数目之总和对照有无差别后，由组长签字送检查委员会。

检查委员会汇总8个组计票结果，也分唱票、计票和检查三个程序，将各组总数相加，并将被选者得票数目的总和22504票和投票者所选人数的总和22504对照无误，最后得出各被选人的票数。大会主席团的同志也参加了检查委员会的计算工作。

6月10日，大会召开第二十次会议，公布中央委员选举结果。首先，由任弼时作关于中央委员选举开票经过的报告。他既是大会秘书长也是这天的会议执行主席。他报告了参加投票的人数、检票的经过和选举的结果。在选举中得票者共有87人。按543票计，须有272票为过半数，从87名得票者中，有44人超过半数票，因此当选为正式中央委员。[①]

大会副秘书长李富春接着作关于正式中央委员选举结果的报告。选举中超过半数者共44人，得票最多的是满票即543张，最少的275票，弃权3票。当选者为：毛泽东、朱德、刘少奇、任弼时、林伯渠、林彪、董必武、陈云、徐向前、关向应、陈潭秋、高岗、李富春、饶漱石、李立三、罗荣桓、康生、彭真、王若飞、张云逸、贺龙、陈毅、周恩来、刘伯承、郑位三、张闻天、蔡畅、邓小平、陆定一、曾三、叶剑英、聂荣臻、彭德怀、邓子恢、吴玉章、林枫、滕代远、张鼎丞、李先念、徐特立、谭震林、薄一波、王明、秦邦宪。

七大的民主选举获得极大的成功。在以无记名投票方式选出的44名中央委员中，毛泽东等人的得票率是100%，周恩来是95.67%，最低的得票率为50.64%。6月19日，周恩来在七届一中全会上当选为13名政治局委员之一，和毛泽东、朱德、刘少奇、任弼时等5人当选为中央的五大书记之一，47岁的周恩来和刘少奇，成为新一届领导集体核心成员，当选为中央委员，新一届中央委员会由此产生。

---

① 中共中央党史研究室、中央档案馆编:《中国共产党第七次全国代表大会档案文献选编》，中共党史出版社2015年版，第607—608页。

（四）候补中央委员的选举

选举候补中央委员时，毛泽东首先讲话，着重阐述选举候补中央委员的重大意义。他指出："不要以为选的是候补中央委员，就可以马虎一些。候补中央委员的选举，意义也是很重大的，因为我们大会所要选出的候补中央委员名额不少，有三十四名；他们也参加中央的工作，参加中央委员会的会议，有发言权，可以提出意见；当正式中央委员出缺时，要由他们递补。如果八大推迟，不能如期召开的话，候补中央委员的作用就更大。所以，希望大家重视这个选举。"

接着，毛泽东专门讲到王稼祥的功过问题。因为在中央委员的预选名单中，只有时任中央军委副主席、中央宣传委员会副书记王稼祥一人未能当选。毛泽东指出：王稼祥同志是犯过错误的。但是，他是有功劳的。他的功劳主要有这样几件：他参加了二、三、四次反"围剿"战争，赞助过正确意见；长征一开始，就开始反对第三次"左"倾路线；在遵义会议和六中全会这两个关键的会议上都发挥了重要的作用；此后王稼祥在中央工作中也做了很多好事。他现在病中，他的病也是在第四次反"围剿"末期负伤而起的。毛泽东认为王稼祥是能够执行大会路线的。大会主席团把他作为候补中央委员的第一名候选人，希望大家选他。

毛泽东还提出，中央委员会中要有东北人当选才好。因为从我们党从中国革命的最近将来的前途看，东北是特别重要的。如果我们把现有的一切根据地都丢了，只要我们有了东北，那么中国革命就有巩固的基础。现在我们的基础是不巩固的，因为我们现在的根据地在经济上[①]还是手工业的，没有大工业，没有重工业，在地域上也没有连成一片。

毛泽东的报告结束后，大会进行选举候补中央委员的投票。提交大会选举的候补中央委员的候选名单是一份 35 人的名单。这是主席团根据各方面的情况对原名单作了一些调整的结果。一是将王稼祥放在候选名单的第

① 中共中央党史研究室、中央档案馆编：《中国共产党第七次全国代表大会档案文献选编》，中共党史出版社 2015 年版，第 608—610 页。

一名，二是增加了几位在前面 94 人的预选名单中没有的同志。

到会场参加候补中央委员的投票的代表为 531 人，在会场外投票的人数为 14 人，共计 545 人，弃权者 1 人，缺席者 1 人，没有废票。总票数为 545 张。投票进行非常顺利，仅用了 15 分钟即选举完毕，20 分钟后即开票。计票及检票方法同选举中央委员时相同。仍然分成 8 个组计票。

6 月 11 日，大会举行第二十一次会议，任弼时作候补中央委员选举开票经过及选举结果的报告，公布了候补中央委员的选举结果。全票数为 545，得票者共为 93 人，应有 273 票才算过半数，共有 33 人得过半数票，当选为候补中央委员。原候补名单 35 人中有 33 人当选。他们是：廖承志、王稼祥、陈伯达、黄克诚、王首道、黎玉、邓颖超、陈少敏、刘晓、谭政、程子华、刘长胜、粟裕、王震、宋任穷、张际春、云泽（乌兰夫）、赵振声（李葆华）、王维舟、万毅、古大存、曾镜冰、陈郁、马明芳、吕正操、罗瑞卿、刘子久、张宗逊、陈赓、王从吾、习仲勋、萧劲光、刘澜涛。①

这样，七大共选出正式、候补中央委员共 77 名。其中，中央委员 44 名，候补中央委员 33 人。77 人中，没有出席大会仍当选的有 28 人，其中中央委员 13 人、候补中央委员 15 人。

中共七大的选举过程，充分表现了在毛泽东领导下的党内高度民主高度集中的生动活泼的生活。“经过每个代表郑重讨论和以无记名投票选出来的新的中央委员会，乃是我党历史上最完善的一届中央委员会”②，为保证大会路线的完满实现提供了可靠的组织保证。毛泽东提醒当选的第七届中央委员们：当选不是当官，而是加重了为人民服务的责任，担负重大的领导责任③。

十、大会通过的各项决议

中共七大通过的各项决议主要有《关于代表资格的审查委员会报告的

---

① 中共中央党史研究室、中央档案馆编：《中国共产党第七次全国代表大会档案文献选编》，中共党史出版社 2015 年版，第 611—612 页。

② 《团结的大会 胜利的大会》，《解放日报》1945 年 6 月 14 日。

③ 中共中央文献研究室编：《邓颖超文集》，中央文献出版社 1993 年版，第 228 页。

决定》(1945 年 4 月 23 日)、《中国共产党第七次全国代表大会对于政治报告的决议案》(1945 年 5 月 31 日通过)、《关于军事问题的决议(草案)》、《关于以“七大”的名义召开中国革命死难烈士追悼大会的决定》(1945 年 5 月 31 日)、《中国共产党党章》(1945 年 6 月 11 日通过)。这比此前召开的几次代表大会的通过的决议都要少很多。

(一)通过政治报告的决议案

七大通过的政治报告的决议案，内容极为简洁明了。全文 52 个字：“大会完全同意毛泽东同志的政治报告《论联合政府》，并认为必须将报告所提出的任务，在全党的实际工作中予以实现。”[①] 这和此前的《关于代表资格的审查委员会报告的决定》“大会完全批准代表资格审查委员会关于本届大会代表资格审查的报告”和《关于以“七大”的名义召开中国革命死难烈士追悼大会的决定》“大会决定在大会闭幕后，在延安召开扩大的中国革命死难烈士追悼大会，以纪念三个革命时期死难的人民与党的烈士”[②] 一样，都是简明扼要的一句话。

(二)通过军事问题的决议(草案)

关于军事问题的决议(草案)首先表示：“大会听了朱德同志《论解放区战场》的报告，对于抗战八年来党中央的军事路线和我党在军事工作方面的伟大成绩，表示满意。大会认为，自六次大会以来，我党在军事工作方面，在毛泽东同志领导之下，在十七年的奋斗中，创造了一套完整的中国人民战争的军事理论，并且同人民一起，建立了八路军、新四军等这样巨大的武装力量。我党在军事工作方面的这些伟大成绩，乃是抗战胜利的保证，乃是实现独立、自由、民主、统一与富强的新中国的保证，乃是对

---

① 中央档案馆编:《建党以来重要文献选编(一九二一——一九四九)》第 22 册，中央文献出版社 2011 年版，第 528 页。

② 中共中央党史研究室、中央档案馆编:《中国共产党第七次全国代表大会档案文献选编》，中共党史出版社 2015 年版，第 615、617 页。

于民族对于人民的宝贵的贡献。”其中特别提到中国共产党人在毛泽东领导下，创造了一套完整的中国人民战争的军事理论和巨大的人民武装力量。

同时提出今后的任务。“为了打败侵略者，建设新中国，今后全党在军事工作方面的任务，在全国范围来说，应是与一切抗日友军团结起来，为改组国民党一党独裁的统帅部，成立在民主主义基础上的联合统帅部，团结全国军队，配合盟军打败日本侵略者。在沦陷区的军事任务，是组织地下军与争取伪军伪警反正。在解放区的军事任务，则是动员军队与人民，从各方面来准备大反攻，及准备战略上由以游击战为主到以运动战为主的转变。”

根据上述的军事工作任务，在不同区域的具体工作中必须注意以下几点：一是扩大解放区，缩小敌占区。二是扩大人民武装（消灭与瓦解敌伪军）。三是加强主力兵团、地方兵团与游击队民兵自卫军的训练。四是准备提高军事技术。五是全军在不妨碍战斗与训练条件下，厉行可能与必要的生产与节约，储蓄粮食与物资，准备大反攻的需要。六是加强优待抗属，抚恤伤亡，安置残废军人及退伍军人的工作。七是加强八路军新四军及其他人民军队的内部团结与外部团结，使官兵关系、军民关系、军政关系、军队中上下级关系、军队中军事工作、政治工作、后勤工作的关系、各部分军队的关系，完全融洽一致。八是八路军新四军应立帮助组织以本地人民的干部为领导的民兵与自卫军和以本地人民的干部为领导的地方部队与地方兵团。九是加强瓦解敌伪军的工作并坚持正确的对待俘虏的政策。

该决议（草案）特别对部队中的共产党员提出要求。“八路军新四军及其他人民武装中工作的共产党员，必须与军界的一切民主分子和军队，进行广泛的军内合作与军外合作。对于一切愿意与八路军新四军及其他人民军队合作，并不反对解放区的抗日友军，予以适当的协助。”①

① 中共中央党史研究室、中央档案馆编：《中国共产党第七次全国代表大会档案文献选编》，中共党史出版社 2015 年版，第 616—617 页。

（三）通过中国共产党党章

七大制定的新党章共 11 章 70 条。同六大党章 15 章 53 条相比，七大党章对原内容进行了一些合并，同时又新增了“奖励与处分”“党的地下组织”“党的监察机关”3 章，在章的数量上有所减少，但具体条目有所增加。七大党章的突出特点也是亮点是，第一次在具体条文前单独增写了总纲部分；第一次确立了毛泽东思想是党的指导思想；特别强调了党的群众路线；更加完善了党的民主集中制原则和制度；第一次规定了党员的权利和义务，等等。具体情况如下：

1. 增写了总纲部分

七大党章的一个突出优点和特点就是增加了党纲部分。七大党章的一个鲜明特征是，根据毛泽东“党的建设密切联系党的政治路线”的科学论断，在党章中增加反映党的政治路线的总纲部分，从而为党的自身建设规定了统一的奋斗目标和基本路线。七大党章第一次在条文之前增加的“总纲”部分，实际上是党的最简要的基本纲领。从此，党的纲领、党的思想路线和政治路线一并写入党章，并成为传统而坚持下来，使党的思想一致、政治一致和组织上、行动上的一致有了统一的制度保证。

刘少奇指出：“我们现在制订了党的总纲，加在党章前面。这就是我们党的基本纲领。这也是党章的组成部分，是党章的前提和总则。因此，凡是党员，都必须承认这个总纲，并以这个总纲作为自己一切活动的准则。我们党有了这个总纲，将更加促进全党的团结与统一。这个总纲，是概括我们党二十四年斗争的经验，并吸收了世界工人运动中最好的经验，也即是概括我党领袖毛泽东同志的思想而制订的。它用简要的文字，说明了我们党的性质与理论；说明了中国革命的性质、动力、任务和特点，以及我们党在中国革命中的基本方针和我们党所必需具备的条件；还说到了在我们党内不能容许机会主义存在；说到了党内的自我批评，党的群众路线和党的组织原则等。所有这些，在党章的总纲内都已提到。”

七大党章第一次在党章中明确规定了党的最高纲领和最低纲领，并且简要阐述了党的性质、奋斗目标和指导思想以及中国革命的性质、动力、任务和特点等基本问题，对于教育党员在提高思想水平的基础上增强执行党章的自觉性，以及更进一步增强全党的团结和统一，具有重要的意义。

2. 第一次确立了毛泽东思想是党的指导思想

七大通过的党章最重要的也是最根本的特点，是将毛泽东思想确立为党的指导思想。刘少奇指出："党章的总纲上确定以毛泽东思想作为我党一切工作的指针，在党章的条文上又规定：努力地领会马克思列宁主义、毛泽东思想的基础，是每一个共产党员的义务。这是我们这次修改的党章一个最大的历史特点。"①

3. 特别强调了党的群众路线

七大党章指出："中国共产党人必须具有全心全意为中国人民服务的精神，必须与工人群众、农民群众及其他革命人民建立广泛的联系，并经常注意巩固与扩大这种联系。每一个党员都必须理解党的利益与人民利益的一致性，对党负责与对人民负责的一致性。每一个党员都必须用心倾听人民群众的呼声和了解他们的迫切需要，并帮助他们组织起来，为实现他们的需要而斗争。每一个党员都必须决心向人民群众学习，同时以革命精神不疲倦地去教育人民群众，启发与提高人民群众的觉悟。中国共产党必须经常警戒自己脱离人民群众的危险性，必须经常注意防止和清洗自己内部的尾巴主义、命令主义、关门主义、官僚主义与军阀主义等脱离群众的错误倾向。"②

刘少奇指出："在党章的总纲上和条文上，都特别强调了党的群众路线，这也是这次修改党章的一个特点。"刘少奇重申和强调了毛泽东提出的"在一切工作中要采取群众路线"的重要观点，特别是毛泽东在七大上提出

① 《刘少奇选集》上卷，人民出版社 1981 年版，第 321—323 页。

② 中共中央文献研究室、中央档案馆编：《建党以来重要文献选编（一九二一——一九四九）》第 22 册，中央文献出版社 2011 年版，第 535 页。

的要根据群众路线去进行工作等一系列论述：我们共产党人与最广大的人民群众取得最密切的联系，是我们区别于任何其他政党的一个显著的标志。

“全心全意地为人民服务，一刻也不脱离群众；一切从人民的利益出发，而不是从个人或小集团的利益出发”；“共产党人的一切言论行动，必须以合乎最广大人民群众的最大利益，为最广大人民群众所拥护为最高标准”；“只要我们依靠人民，坚决地相信人民群众的创造力是无穷无尽的，因而信任人民，和人民打成一片”，我们就是不可战胜的。刘少奇强调：毛泽东的这些指示，都是极端重要的，每个同志都必须细心领会和切实执行。①

4. 新党章进一步完善党的民主集中制原则和制度

新党章对党的民主集中制原则的内容第一次作出明确规定，指出了实行民主集中制的基本条件，并根据民主与集中的辩证关系，充实和完善了若干具体条文规定。

七大党章规定：“党的各级领导机关由选举制产生”，“党的各级领导机关，凡能进行选举的地方，均须由选举产生之”，“党的各级领导机关向选举自己的党的组织作定期的工作报告”，“党的政策及各种问题，在未经决定以前，每个党员在党的组织内及党的会议上，均可自由地切实地进行讨论，发表自己的意见。但一经决议以后，即须服从，并须无条件地执行”，“党员个人服从所属党的组织，少数服从多数，下级组织服从上级组织，部分组织统一服从中央”②。

还规定了党的全国代表大会的职权，以及党在一个地方、一个县、一个城市、一个区的组织和工作规则；重新规定了党的监督机关的任务与职权。

这些规定，使党的民主集中制更加完善，党的集体领导制度、工作制度、党的纪律都有了很好的规范。

---

① 《刘少奇选集》上卷，人民出版社 1981 年版，第 342 页。

② 中共中央文献研究室、中央档案馆编：《建党以来重要文献选编（一九二一—一九四九）》第 22 册，中央文献出版社 2011 年版，第 539 页。

5. 七大党章第一次明确规定了党员的权利和义务

党员的四项权利是：（1）努力地提高自己的觉悟程度和领会马克思列宁主义、毛泽东思想的基础。（2）严格地遵守党纪，积极参加党内的政治生活和国内的革命运动，实际执行党的政策和党的组织的决议，和党内党外一切损害党的利益的现象进行斗争。（3）为人民群众服务，巩固党与人民群众的联系，了解并及时反映人民群众的需要，向人民群众解释党的政策。（4）模范地遵守革命政府和革命组织的纪律，精通自己的业务，在各种革命事业中起模范作用。

党员的四项义务是：（1）在党的会议或党的刊物上，参加关于党的政策的实施问题之自由的切实的讨论。（2）党内的选举权和被选举权。（3）向党的任何机关直至中央提出建议和声明。（4）在党的会议上批评党的任何工作人员①。另外，七大党章还恢复了六大党章取消了的关于党员候补期的规定。

七大党章关于党员权利和义务的一些规定，当时就得到《解放日报》的高度评价。如认为党员权利的第三项“为人民服务，巩固与群众的联系，及时反映群众的需要和要求，向非党群众解释党的政策”，党员义务中的第四项“在党的会议上批评党的任何工作人员”，“是具有伟大历史意义的规定”。七大党章关于党员义务的第三项规定，保证中国共产党排除教条主义的或经验主义的对人民的错误态度，不允许脱离人民。关于党员权利的第四条，乃是以法律的形式，确定党内的高度的民主。

七大党章还把学习与服从纪律规定为党员的义务，以保证高度的集中。高度的民主与高度的集中相结合，将是今后党内生活的特征，这对于中国共产党更进一步的团结与进步，将有极其重大的作用。②

---

① 中共中央文献研究室、中央档案馆编：《建党以来重要文献选编（一九二一——一九四九）》第22册，中央文献出版社2011年版，第561页。

② 《团结的大会　胜利的大会》，《解放日报》1945年6月14日。

6. 七大党章对党的基层组织有了更明确的规定

新党章对党的基层组织的组织范围、权利和任务等，首次作出了明确规定，提出了具体要求。七大党章指出："党的基础组织，是党的支部。在每一个工厂、矿山、农村、企业、街道、连队、机关、学校等等之内，凡有党员三人以上者，即成立党的支部组织。凡有党员不到三人者，则加入邻近之党的支部组织。"

"党的支部组织，须经县委或市委之批准。凡在党员数量比较多的处所，在党的支部委员会之下，得按自然的、居住的或工作的情况，划分小组。每组选举组长一人，必要时再选举副组长一人。凡有党员和候补党员超过五十人之乡村，或超过一百人之工厂、机关和学校，得成立党的总支部。在总支部下，按居住、车间、部门和班次，成立分支部。分支部享有普通支部的权利。"

"凡有党员及候补党员超过五百人以上之大乡镇、大工厂、机关和学校，得省委或边区党委之允许，得选举党的乡镇、工厂、机关、学校委员会。在委员会之下，按居住、车间、部门和班次，成立党的支部。"

"支部必须使人民群众与党密切结合起来。""支部的任务是：（一）在人民群众中进行宣传和组织工作，以实现党的主张和上级组织的各种决议。（二）经常注意并向上级机关反映人民群众的情绪和要求，关心人民群众之政治的、经济的、文化的生活。并组织人民群众来解决他们自己的各种问题。（三）吸收新党员，征收党费，审查与鉴定党员，对党员也行党的纪律。（四）教育党员，组织党员的学习"①。这些规定明确写进党章，对于党的基层组织的建设，具有十分重要的指导意义。

7. 新党章在组织系统名称方面，与六大党章有所不同。

新党章规定边区委员会与省委员会为同级党委；省（区）委员会之

---

① 中共中央文献研究室、中央档案馆编：《建党以来重要文献选编（一九二一——一九四九）》第22册，中央文献出版社2011年版，第449页。

下为地方委员会；党的基础组织由支部干事会改为支部委员会；在政府、工会、农会、合作社及其他群众组织领导机关中设立的党团改称党组等。1927年4月召开的五大在党章中提出了党在群众团体中设立党团以加强党的领导。1928年7月六大党章加以重申：在非党组织的各种代表大会和会议上及机关中，凡有党员三人以上者均成立党团。“其任务在于非党的组织中，加强党的影响，实行党的政策，并监督党员在非党组织中之工作。党团得选干事及书记进行日常工作”。“党团选举党团干事会，此干事会应得其所隶属之党部之批准。党团干事会在党团工作上，应对该级党部负责。”[①] 而七大党章的这些规定，使党团作为党的一项组织制度，更加完善和明确。

8. 七大党章在全党第一次设置了中央委员会主席一职

中央委员会主席同时还是中央政治局和中央书记处的主席。虽然七大党章把党的最高权力集中于主席一人，不利于坚持党的民主集中制和集体领导原则，对党的监察委员会的规定也存在缺陷。但是，它作为中国共产党第一部完全独立自主修改通过的党章，是一部具有鲜明中国特色的民主革命时期最完备的党章，也是一部保证党领导中华民族和中国人民获得革命胜利和解放的党章，是党成熟的一个重要标志。

党的制度是经过全党民主讨论通过的，它集中地体现了党的根本利益和意志，党的各级组织和全体党员都应自觉遵守和执行。加强党的制度建设，关键是要使党的各级组织和全体党员遵守和执行党的制度。

刘少奇指出：“共产党的纪律，是建筑在自觉基础上的，不可以把党的纪律变成机械的纪律，变成限制党员自动性与创造精神的所谓‘纪律’。应该使党员的纪律性与创造精神结合起来。”[②]

同时，新党章规定：“在党内不容许有离开党的纲领和党章的行为，不

---

① 中共中央文献研究室、中央档案馆编：《建党以来重要文献选编（一九二一——一九四九）》第5册，中央文献出版社2011年版，第481页。

② 《刘少奇选集》上卷，人民出版社1981年版，第368页。

能容许有破坏党纪、向党闹独立性、小组活动及阳奉阴违的两面行为。中国共产党必须经常注意清除自己队伍中破坏党的纲领和党章、党纪而不能改正的人出党。”[①] 党的七大对党章的修改，为党的制度建设构筑了较好的框架、奠定了良好的基础。

七大制定了一个较为完备的党章，充分反映了中国共产党在自身建设方面的进步。此前，由于党的幼稚和共产国际的某些错误指导，七大以前制定的党章和通过的某些党章修正案，带有较明显的照搬别国党经验或公式的色彩。七大独立自主地制定了一部反映毛泽东建党理论和中国共产党建设经验的新党章。七大党章对于规范全党行动，完成党所肩负的光荣使命，具有十分重要的意义。

十一、大会闭幕式

1945 年 6 月 11 日，七大举行闭幕式。任弼时首先报告候补中央委员选举开票经过及结果。然后介绍到会的新中央委员。第三项是通过《关于军事问题的决议（草案）》。第四项是通过《中国共产党党章》。第五项是决定以七大名义召开中国革命死难烈士追悼大会。第六项是由毛泽东致闭幕词。

毛泽东在闭幕词中对七大给予很高的评价，认为开了一个胜利的大会，团结的大会，达到了预期目的。大会做了三件事，一是决定了党的路线；二是通过了新党章；三是选举了党的领导机关——中央委员会。今后的任务就是领导全党实施党的路线。他还指出，代表们对三个报告发表了很好的意见。许多同志作了自我批评，从团结的目标出发，经过自我批评，达到了团结。这次大会是团结的模范，是自我批评的模范，又是党内民主的模范。毛泽东希望代表们回去以后坚决执行大会的路线，发扬愚公移山的精神，“下定决心，不怕牺牲，排除万难，去争取胜利”[②]。

---

① 中共中央文献研究室、中央档案馆编：《建党以来重要文献选编（一九二一——一九四九）》第 22 册，中央文献出版社 2011 年版，第 535 页。

② 中共中央文献研究室编：《毛泽东在七大的报告和讲话集》，中央文献出版社 1995 年版，第 234—235 页。

在闭幕式上，朱德、吴玉章、徐特立等相继发表演说，他们强调的一个共同的重要内容也是团结。朱德指出，全党要在大会制定的政治路线的基础上，更加紧密地团结起来，去争取胜利。吴玉章在会上发表讲话说，我们党的伟大的、空前的、有历史意义的第七次代表大会胜利地完成了它的工作。大会的三个报告，是我们建国、建军、建党三个很重要的文件。这些报告都是根据毛泽东的思想，就是以马克思主义的普遍真理同中国革命的具体实践相结合而发挥出来的。这种思想是毛泽东在很多年的经验中得出来的，这是我们革命中最伟大的收获，这是我们革命成功的基础。曾任毛泽东老师的徐特立也发表讲话指出：这次大会，是一个空前胜利的大会。大会的三个报告是我们争取胜利战斗的一个武器；是全面性的，比较带长期性的东西，是一直要执行到八大的。这是胜利的三个报告。

最后，全体代表高唱《国际歌》，彭德怀宣布七大闭幕。有七大代表在回忆中谈道，大会闭幕时，“团结起来到明天”的雄壮歌声响彻云霄。歌毕，彭德怀高声宣布：中国共产党第七次全国代表大会胜利闭幕。会场上响起了经久不息的掌声，人们都非常激动振奋地站在那里，不愿离去。

历时 50 天的七大，是中国共产党有史以来最盛大、最完满的一次全国代表大会。由于充分发扬民主，畅所欲言，会议的气氛始终是团结而热烈的，代表们的情绪始终是激动而高涨的。大会绘制了打败日本侵略者、夺取全国革命胜利的伟大蓝图，为全中国四亿五千万人民争取光明的前途制定了正确的路线、方针和政策。制定一条正确的政治路线，是七大的一个历史性贡献。这就是：“放手发动群众，壮大人民力量，在我党的领导下，打败日本侵略者，解放全国人民，建立一个新民主主义的中国。”以后的历史证明，这是中国共产党所以能够领导抗日军民取得抗日战争的胜利，之后又能打败国民党反动派，解放全中国，建立中华人民共和国，完成新民主主义革命的政治路线。而这条路线的实现，就是团结全国人民，通过贯彻落实七大确定的各项政策和战略部署加以落实。大会确定毛泽东思想在全党的指导地位，使全党达到空前的巩固和团结，从而使全党做好了胜利的准备。

附录：以七大名义召开中国革命死难烈士追悼大会

1945 年 6 月 11 日，中国共产党第七次全国代表大会在团结、胜利的气氛中圆满结束。在大会即将结束的时候，全体代表愈加怀念为中国革命流血牺牲的死难烈士：这一切是来之不易的，是我们党经历了挫折和失败后才得来的，是几十万共产党员、成百万的革命群众用鲜血换来的。正如毛泽东在七大预备会议上所指出的："这二十四年我们就是这样走的：七年是从建党到北伐战争，十年国内战争，八年抗日战争。我们党尝尽了艰难困苦，轰轰烈烈，英勇奋斗。从古以来，中国没有一个集团，像共产党一样，不惜牺牲一切，牺牲多少人，干这样的大事。"据不完全统计，从党创立到 1945 年共牺牲了 76 万人，其中共产党员 32 万人。

追悼烈士是继承烈士遗志、激励后人的有效方式。七大期间追悼中国革命死难烈士是大会期间的一项重要活动。早在 1937 年 5 月召开的中国共产党苏区代表会议开幕式上，就专门对革命烈士表示追悼，"纪念在各条战线上英勇牺牲了的战士、我们的最忠实的同志、中华民族的最优秀的儿女李大钊、陈延年、陈乔年、许白昊、赵世炎、罗亦农、王一飞、郭亮、夏明翰、彭湃、杨殷、颜昌颐、张太雷、苏兆征、王荷波、蔡和森、瞿秋白、恽代英、邓中夏、向警予（女）、刘华、汪寿华、方志敏、沈泽民、何叔衡、赵博生、董振堂、黄公略、黄更生、刘畴西、寻淮洲、唐在刚、陈寿昌、徐彦刚、林瑞笙、高詠生、严图阁、刘伯坚、贺昌、陈阿金、孙小保、傅维钰、黄励（女）、韦拔群、夏曦、陈香波、崔琪、鲁易、汤慕、朱勉之、谢子长、刘志丹、杨琪、杨森、刘天章、蔡申熙、王平章、甘济时、吴焕先、孙玉清等！纪念在国民党区域内，在苏维埃革命战争中，在满洲抗日战争中，在'一二八'上海战争中一切牺牲了的我们的最亲爱的同志们"①。

在日本侵略者即将被彻底打败，胜利的曙光即将来临之际，毛泽东清醒地看到，有利的形势下又潜伏着极大的危机，"我们现在还没有胜利，力

① 《张闻天选集》，人民出版社 1985 年版，第 145—146 页。

量还小，前面还有困难。”由于国民党继续实行法西斯独裁统治，由于它不是将重点放在反对日本侵略者方面，而是放在反人民方面，因此，即使日本侵略者被打败，中国仍然可能发生内战，仍然可能将中国拖回痛苦的黑暗之中。把中国建设成为一个独立、自由、民主、统一与富强的新国家的路还很长、很艰难。革命先烈们已尽了他们伟大的责任，他们还没完成的解放事业，就要由生者来承担。有死难烈士用鲜血燃起的四亿五千万劳苦大众的希望之火，有死难烈士的英雄主义，有七大的正确路线和以毛泽东为核心的党中央的坚强领导，全体七大代表深信：革命一定会取得胜利。悼念死难烈士、缅怀他们的丰功伟绩以激励全党和全国人民，成为全体代表的心声。

在七大的筹备过程中，就准备召开烈士追悼会。1945 年 3 月 24 日，朱德指出："七大会中有一议事日程，是向死难同志追悼"①。在此前后，许多七大代表和其他有关人员，回忆、提供死难烈士的英名和事迹，并送到在烈士追悼会上陈列。朱德阅读烈士孙炳文的妻子任锐来信及其所附的《孙炳文同志的简史》一文后，复函任锐："来信悉。炳文同志传，你写的很好，最亲切，我给以补充，请速寄烈士追悼会陈列。"并附如下补充材料："炳文同志革命意志坚强，以民族民主革命的锐志而走到无产阶级的战士，是一贯的革命精神。一生学而不厌，诲人不倦，深通历史及文学、哲学，最后在留学德国时，研究马列主义最有成果，并影响一批前进青年加入革命。平日生活最能刻苦自励，凡接近者均受其模范激励而有所振作。对敌人是疾恶如仇，有灭此朝食之慨，对同志是爱护备至，情同手足之感。"② 七大期间，根据七大代表和其他同志提供的回忆资料，汇集了《死难烈士英名录》、《军队烈士名录》和《烈士英名录》等留存。

5 月 19 日，七大主席团和各代表团主任联席会议决定：28 日以后举行中国革命死难烈士追悼大会。6 月 11 日，七大举行第 21 次会议即闭幕式，通过《关于以"七大"名义召开中国革命死难烈士追悼大会的决定》："在

① 中共中央文献研究室编：《朱德年谱》，人民出版社 1986 年版，第 270 页。
② 中共中央文献研究室编：《朱德年谱》，人民出版社 1986 年版，第 269—270 页。

大会闭幕后，在延安召开扩大的中国革命死难烈士追悼大会，以纪念三个革命时期死难的人民与党的烈士。”[①] 要求共产党员前仆后继，同时向死难烈士致哀。

经过紧张的筹备，6 月 17 日，中国革命死难烈士追悼大会在中央党校大礼堂举行。毛泽东、朱德、刘少奇、周恩来、任弼时等全体七大代表及延安各界代表参加了大会。会场布置得庄严肃穆，四周布满了七大代表、各解放区和延安各界的挽联、挽词和花圈。毛泽东主席的挽词是：死难烈士万岁。朱德总司令的挽词是：浩气长存。七大全体代表的挽词是：为人民而生，为人民而死，你们的事业永与人民同垂不朽；为胜利而来，为胜利而去，我们的任务是向胜利勇往直前。

追悼会宣布开始后，音乐队奏起低沉的哀乐，歌咏队唱起挽歌。随后开始公祭，由毛泽东主席主祭，朱德、刘少奇、周恩来、邢肇棠陪祭，全体代表肃立致敬。七大全体代表向死难烈士致祭文："为中国人民革命而死难的先烈们！你们是中华民族优秀的子孙，你们痛恨中国的衰弱，痛恨中国的黑暗，痛恨中国的落后，你们挺身起来，站在全体人民的前列，和侵略者战斗，和暴君战斗，和吃人的制度战斗，用了你们的心，尽了你们的力，流了你们的血。任何反革命的残暴武力挫折不了你们为民族、为人民解放而战斗的意志，任何反革命的利禄诱惑，打动不了你们为人民服务的心，你们永远向历史的前面看，冒着枪林弹雨，鞭扑屠杀，前仆后继，唤起人民的自我觉醒，引导中国历史走向光明。你们做了杀身成仁与劳瘁丧身的民众英雄，你们是永远不朽的了。”[②]

毛泽东在会上致悼词。他指出：今天中国共产党第七次全国代表大会的代表和延安人民的代表联合在这里开一个追悼大会，追悼几十年来中国革命队伍在各个战线上所牺牲的人。这些牺牲者，有几十万的共产党员、

① 中共中央文献研究室、中央档案馆编：《建党以来重要文献选编（一九二一——一九四九）》第 22 册，中央文献出版社 2011 年版，第 550 页。

② 中共中央文献研究室、中央档案馆编：《建党以来重要文献选编（一九二一——一九四九）》第 22 册，中央文献出版社 2011 年版，第 550—551 页。

成百万的革命民主主义者。他们中间，有做军事工作的同志，有做各方面民众运动的同志，有做政权工作的同志，有做党务工作的同志，有做技术工作的同志，从很高职位的到伙夫、马夫、战斗员、工人、农民都有。就是这样两部分人，共产主义者和革命民主主义者，团结起来同我们的敌人斗争。就是这样两部分人组成的队伍，开头是不大的，后来慢慢发展，到现在是相当大了。开头的路线、方针、政策、方法，都只是有一个方向，至于如何才能搞得更好、更正确，那是在长期奋斗中得到的，是从几十万的共产党员、成百万的革命民众的流血牺牲中得到的。

毛泽东指出，压在中国人民头上的两座大山，一座是帝国主义，一座是封建主义，他们束缚了我们生产力的发展，阻碍了中华民族的进步。从广东平英团开始，一直到太平天国革命、义和团运动、辛亥革命，中国人民进行了前赴后继的斗争。“中国共产党对革命从来没有发生过动摇，也只有共产党才能不动摇，彻底地干下去，不怕死多少人，不怕牺牲。从 1841 年平英团在广东起义反对英帝国主义起，到现在 1945 年已经有 104 年历史了”。“中国自有共产党以来，在 24 年里，单共产党人就死了几十万，革命民主主义者跟我们一道反对外国的和中国的反革命势力，也成百万地牺牲了。反动派为了消灭革命力量，就采取杀人的办法，以为屠杀会使革命者退却，可以停止或缩小中国的革命运动。他们是这样想的 ，也是这样做的。但一切却和他们的主观愿望相反，事实是他们杀人越厉害，革命队伍发展就越大。我讲这是成正比例的，是一条规律，一条不可抗拒的规律。”①

毛泽东回顾了大革命、土地革命和抗日战争时期，我党我军的发展历程，并借用《庄子》的一句话来表述：“其作始也简，其将毕也必巨”。②

毛泽东从反对帝国主义争取民族独立，反对封建主义争取人民自由幸福的高度，对中国近代历史上的民主革命者和死难的英雄们表示崇高的敬意。

---

① 中共中央党史研究室、中央档案馆编：《中国共产党第七次全国代表大会档案文献选编》，中共党史出版社 2015 年版，第 688—689 页。

② 《毛泽东文集》第 3 卷，人民出版社 1996 年版，第 434—435 页。

四年后，毛泽东在为天安门的“人民英雄纪念碑”题写的碑文中，把“不朽的人民英雄”追溯到1840年。他在碑文中写道：“由此上溯到一千八百四十年，从那时起，为了反对内外敌人，争取民族独立和人民自由幸福，在历次斗争中牺牲的人民英雄们永垂不朽！”

毛泽东在追悼大会讲话的最后指出：“烈士们是已经离开我们了，他们的责任交给了我们，我们要完成这个责任。”“我们党有清醒的头脑，有正确的路线、方针和政策，我们一定能胜利。我们有这样的信心，一定要把黑暗的中国从地球上除掉，建设一个光明的中国。”①

朱德、林伯渠、吴玉章、邢肇棠、贺连城等在大会上讲话。

中国革命死难烈士追悼大会决定，为纪念先烈，在延安市清凉山上建筑中国革命死难烈士纪念塔。随即，大会在哀乐声中结束。

在中国人民的解放事业中，无数优秀儿女在党的领导下前赴后继，英勇奋斗，献出了宝贵的生命。七大是中国共产党历史上唯一一次以党的全国代表大会名义举行追悼烈士的大会。大会专门作出决定召开这次追悼大会并由七大全体代表参加，以“追悼逝者、鼓舞生者”。这极大了鼓舞全党和全国人民的斗志，为夺取全国胜利英勇奋斗。

刘少奇在七大后，和全体七大代表参加了中国革命死难烈士追悼大会。他们为烈士题写的挽词，其中有一句是：“为胜利而来，为胜利而去，我们的任务是向胜利勇往直前”。“向胜利勇往直前”，也是刘少奇贯彻七大路线的真实写照。

---

① 《毛泽东文集》第3卷，人民出版社1996年版，第437页。

第四章　七大路线的传达、贯彻和发展

毛泽东在七大闭幕式上指出："我们宣传大会的路线，就是要使全党和全国人民建立起一个信心，即革命一定要胜利。"[①] 代表们广大党员在传达、学习、领会七大文件精神的基础上，以昂扬的斗志、饱满的热情，在夺取抗日战争最后胜利和在随后的全国解放战争中，密切结合斗争实际，积极贯彻大会提出的路线、方针、政策，落实大会提出的各项任务，最终实现了大会提出的奋斗目标。

一、传达贯彻七大精神

七大结束后，传达贯彻七大精神成为全党的一项重要任务。7月7日，中共中央发表纪念抗战八周年口号，号召："一切共产党员，要学习七大的文件，向群众宣传七大的主张，在实际工作中实现七大所提出的任务，时时刻刻牢记毛主席的指示：全心全意为人民服务，发展批评与自我批评，谦虚谨慎，不骄不躁，在党内和全体同志更好地团结起来，在党外和全国人民更好地团结起来，为完成解放中华民族的伟大任务而斗争！"[②] 中共七大选举产生的新一届中央委员会，对于形成党中央的集体领导核心，领导全党实现大会路线，发挥了不可替代的作用。

---

① 毛泽东：《论联合政府》（单行本），新华书店晋察冀分店1945年9月翻印，第87页。

② 中共中央党史研究室、中央档案馆编：《中国共产党第七次全国代表大会档案文献选编》，中共党史出版社2015年版，第726页。

（一）七届一中全会的召开

在七大选举产生的中央委员会，还必须召开七届一中全会，选举产生作为中央集体领导核心的中央政治局及党的领导人。这是要求全体中央委员参加的一次十分重要的会议。为此，毛泽东于1945年6月10日致电新当选的中央委员、当时还在抗日前线的北方局代理书记邓小平回延安开会。电报说："拟在最近举行一中全会，你在七大当选为中委，望接电即赶回总部，等美国飞机去太行时，就便乘机回延安开会。"①

6月13日，七大主席团常委召开会议，讨论研究召开七届一中全会的问题，决定召开的时间为6月18日，会议议程为：推举中共中央主席、政治局委员、书记处书记、正副秘书长；中共七大及六届七中全会委托七届一中全会处理的党章及《关于若干历史问题的决议》两文件等。还决定主席团常委经七大主席团向七届一中全会提出政治局委员，书记处书记，中共中央主席及政治局、书记处主席，正副秘书长名单。6月15日，七大主席团在枣园召开会议，各代表团主任列席。会议讨论准备中共七届一中全会的议程，决定推举毛泽东等13人组成中央政治局，推举毛泽东等5人组成中央书记处，推举毛泽东为中央委员会主席兼政治局、书记处主席。

6月19日，七届一中全会第一次会议在延安召开，确立了新中国成立后中国共产党的领导核心。这天的会议选举中央政治委员13人：毛泽东、朱德、刘少奇、周恩来、任弼时、陈云、康生、高岗、彭真、董必武、林伯渠、张闻天、彭德怀；选举毛泽东为中央委员会主席兼中央政治局、中央书记处主席。

选举书记处书记5人：毛泽东、朱德、刘少奇、周恩来、任弼时。这也是以后人们通常所说的五大书记。刘少奇在七大上以全票当选为中央委员，并当选为中央政治局委员、中央书记处书记。会议还选举任弼时为中

---

①　中共中央文献研究室编：《毛泽东年谱》中卷，人民出版社、中央文献出版社1993年版，第804页。

央委员会秘书长，李富春为中央委员会副秘书长。至此，中共中央新的领导核心正式形成。这就为七大精神的传达贯彻提供了坚强的组织保障。

（二）中共中央媒体对七大的宣传

还在大会召开过程中，1945 年 5 月 1 日至 6 月 21 日，中共中央机关报、延安《解放日报》先后发表两篇报道：《中国共产党举行第七次全国代表大会》《中国共产党第七次大会胜利闭幕》。

按照 6 月 26 日中共中央给各级党组织发出《中央关于发表七大文件的通知》，指出："一切七大文件（包括各种报告及党章）均须在报纸上发表，文件长的分段登载，或出特刊，使党员与党外人士均能阅读"。[①] 七大精神的传达，和中央媒体的工作分不开。1945 年 6 月 14 日，延安出版的中共中央机关报《解放日报》发表社论，醒目的标题是《团结的大会 胜利的大会》。这篇社论介绍了七大的进程，指出这次大会的四个历史性标志是：（1）全体一致通过了毛泽东的政治报告；（2）制定了人民军事路线的完整体系；（3）制定了新的党章；（4）毛泽东思想被全体一致承认为党的指导思想。社论认为："具有伟大历史意义的中国共产党第七次代表大会，是团结的大会，是准备胜利的大会"。从此，这篇以"团结的大会 胜利的大会"为标题的社论，将大会的地位和意义特别突出而深刻的烙在了人们的脑海中。

1945 年 6 月，延安的解放社印制了一本题为《七大文献》的小册子，32 开，177 页，其要目为：1. 中国共产党举行第七次全国代表大会；2. 大会开幕日负责同志致词；3. 大会胜利闭幕；4. 中共第七届中央委员会名单；5. 团结的大会胜利的大会。这第五部分实际就是对七大的历史地位和作用的解读。所以，由于新闻媒体恰如其分的宣传，使七大这次"团结的大会，胜利的大会"的知名度有了更大的提升。"团结的大会，胜利的大会"，几乎成为中国共产党成功召开党的代表大会的代名词。此后的一段

---

① 中共中央党史研究室、中央档案馆编：《中国共产党第七次全国代表大会档案文献选编》，中共党史出版社 2015 年版，第 726 页。

时间内，经常都可以看到把“团结的大会，胜利的大会”，作为一大特色和总体性评价，广泛运用于党的全国代表大会甚至其他重要会议。

（三）各地代表回到各地宣传贯彻七大精神

七大闭幕式上，毛泽东提出：“大会闭幕以后，很多同志将要回到自己的工作岗位上去，将要分赴各个战场。同志们到各地去，要宣传大会的路线，并经过全党同志向人民作广泛的解释。”[①] 代表们按照这希望和要求，朝气蓬勃地陆续奔赴各自的地区和工作岗位。他们怀着高昂的斗志和胜利的信心，传达、宣传、贯彻七大路线，开创了各项工作的新局面。

为实现七大路线，实现联合政府方针，刘少奇在 1945 年 8 月 6 日对到敌后工作的同志讲道：要正确地传达中共七大精神，宣传延安的好作风。在毛泽东赴重庆谈判期间，刘少奇代理中央主席职务，作出“向北发展、向南防御”的重要决策，后又担任中央工委书记，同朱德等转移到华北，负责中央委托的工作。刘少奇在西柏坡主持召开全国土地会议，制定《中国土地法大纲》，确定了解决中国土地问题的基本方针，进一步推动了解放区的土地改革运动。七届二中全会上，刘少奇参与制定夺取解放战争的彻底胜利及党的工作重心由乡村转向城市的重大战略决策……终于迎来了新中国的成立，七大路线取得了刘少奇在七大开幕式上所预祝的“伟大的成功”[②]。这中间无疑包含了刘少奇的贡献。刘少奇对七大给予了高度评价，认为毛泽东在七大的政治报告“对于如何动员与统一中国人民的一切力量，最后战胜日本侵略者，以及在战胜日本侵略者以后，如何建设一个独立、自由、民主、统一和富强的新中国，制订了全国人民和一切民主党派共同奋斗的伟大的纲领”[③]。在党的八大政治报告中，刘少奇也指出：七大的方针

① 中共中央文献研究室编：《毛泽东在七大的报告和讲话集》，中央文献出版社 1995 年版，第 234 页。

② 中共中央党史研究室、中央档案馆编：《中国共产党第七次全国代表大会档案文献选编》，中共党史出版社 2015 年版，第 166 页。

③ 中共中央党史研究室、中央档案馆编：《中国共产党第七次全国代表大会档案文献选编》，中共党史出版社 2015 年版，第 259 页。

“是要求国民党同全国民主力量成立联合政府”[①]。七大是中国共产党历史上的一座丰碑。刘少奇的贡献永远镌刻在这座丰碑之上。

七大代表、中央党校二部副主任安子文在七大闭幕后，用两天时间向干部和学员传达了七大精神。他在传达报告中，根据刘少奇在关于修改党章的报告中提出的观点，生动地阐述了毛泽东思想形成过程和基本内容，深刻地批判了王明的“左”倾错误。他还讲述了为什么全党要推选毛泽东当领袖的问题，指出领袖是在革命斗争的实践中产生的，不是自封的，中国革命的斗争实践证明，只有毛泽东思想才能把全党团结起来，领导全国人民把革命引向胜利。因此，全党就一致推选毛泽东作为自己的领袖。安子文要求大家要用毛泽东思想武装自己的头脑，确立全心全意为人民服务的思想[②]。

部队七大代表莫文骅回忆：“七大之后，代表们回到各自的战斗岗位，大家精神焕发，上下团结一致，坚决贯彻党的七大路线，终于赢得了抗日战争和解放战争的伟大胜利，建立了新中国。”代表方强回忆说：“会后代表们陆续回到原来的部队和地区，迅速将七大的会议精神进行传达、贯彻。中国革命的航船从此开始了新的航程。”七大代表对会议的传达，在帮助各地领会文件精神，抓住问题的实质，推动各地的学习宣传活动等方面，起了重要的作用。

（四）各地各级党组织对七大精神的传达

各地各级党组织根据中央的要求，认真传达七大精神。不论是中直、军直系统，还是各大区的党组织，都努力传达贯彻七大精神，为实现七大路线而奋斗。

1. 西北局、陕甘宁边区。1945 年 6 月 23 日，中共中央西北局发表关于学习七大文件的指示，为迎接我党伟大的 24 周年纪念，特决定从

① 中共中央党史和文献研究院、中央档案馆编：《建国以来刘少奇文稿》第 8 册（1956.1—1957.12），中央文献出版社 2018 年版，第 198 页。

② 陈野苹、韩劲草：《安子文传略》，山西人民出版社 1985 年版，第 52—53 页。

“七一”起县级以上的党员干部均应有组织地学习七大文件，学习目的在于深入七大路线的传达，给干部具体的马克思主义——毛泽东思想教育，进一步地改进干部的思想作风与工作，团结全党，实现七大路线。各单位的学习步骤、方法及组织领导等问题，均应由各级党委、军队政治机关、政府及民众团体中的党组，按当前工作情况订出计划并具体指导进行。提议：（1）学习时间暂定为6个月，开始学习《论联合政府》与《论解放区战场》的两个报告，接着再学习党章及刘少奇关于修改党章的报告，最后学习七中全会“关于若干历史问题的决议”及西北局关于边区党的历史问题的文件。学习时间的分配，可按各单位情况具体规定，不必强求一致，主要是在于使大多数同志真正了解文件的实质。（2）各学习单位均应研究过去整风学习经验，采取精细的与实际密切联系的方法，防止教条主义和形式主义倾向的发生，提倡精读、思考、漫谈与争辩学习，根据文件精神检查自己的思想与工作，及时总结与交换学习经验，利用报纸推动与带动学习，这一切方法均应以帮助干部弄清思想了解政策为目标。（3）区乡干部及一般农村党员，暂不组织学习七大文件，但应利用时间阅读或传达报纸上关于七大的重要报道与论文。边区群众报及各分区的报纸，均应选择毛主席《论联合政府》报告中的某些中心问题作通俗介绍与解释，以便于区乡干部了解及在群众中作宣传。（4）军队干部中的学习由联政另行计划①。

陕甘宁边区代表白茜回忆说：“会后，我满怀鼓舞、振奋之情回到陕甘宁边区妇联，很快召开了支部委员会，非正式地传达了会议精神，也讲了大会的过程和花絮。与七大代表们一样，妇联委员们个个兴奋不已。那时，因为七大刚刚闭幕，我们还要等西北局统一布置后，才开始正式传达、贯彻，但委员们已经在讨论如何用七大精神推动各方面工作了。记得主要议题是如何团结一切可以团结的力量。”七大代表白向银回忆：“陕甘宁边区的代表按中央的部署，立刻返回各自的单位。我连夜赶回华池县，及时传达七大会议精神，组织各级党组织认真学习讨论，并且在以后的具体工作

① 《解放日报》1945年6月29日。

中认真地贯彻执行。”

2. 华北各抗日根据地。晋察冀区的传达。据晋察冀军区的七大代表王宗槐回忆：“关于七大精神的传达贯彻，因为战争紧张，也不可能开大会。就是一般的开会，也只能分别传达，各个单位都要传达。我负责军区及军区各部队，各部门开会讲，到处开会时也讲。当时也不可能开很大的会，也没那么长的时间。”①

晋冀鲁豫区的传达。冀鲁豫分局、太岳等区运用宣传周的形式，向群众传达七大决议。太行区党委于5月25日发出关于学习《论联合政府》的指示。太岳区党委也曾发出学习《论联合政府》的指示。七大期间，在晋冀鲁豫的八路军代参谋长滕代远看到毛泽东《论联合政府》的手抄本，立即组织机关干部原文抄了一本，并派人将这个报告送往远离总部的平津情报站，还派人赴豫东向地下工作人员作口头传达②。

晋绥地区的传达。还在七大召开期间的5月8日，晋绥分局便致电各区党委各地委工委：七大是“关系我全党全国人民东方各民族解放之划时代的重大事件应普遍举行庆祝”，“立即动员全党全军及各种群众组织为迎接七大所给予我们的新的任务并准备坚决招待七大全体决议而奋斗”③。5月21日前后，晋绥分局分三处举行干部大会，以传达《论联合政府》报告为中心，由分局领导张稼夫、张平化分别传达毛泽东政治报告的要点。大家决心以全副精力学习与执行毛主席的报告及七大的各种决定。张稼夫同志在讲话中号召晋绥各界干部深刻钻研《论联合政府》这一伟大文献，学习其坚定的中国人民立场及一切从中国人民实际要求出发的精神，并指示：随学随问，随学随教，随学随用的三个要点④。

晋绥代表的严尚林回忆：大会闭幕后，我和其他几位同志赶回部队。

---

① 中共中央党史研究室第一研究部编：《七大代表忆七大》上册，上海人民出版社2006年版，第439页。

② 《滕代远传》，解放军出版社1990年版，第296—297页。

③ 中共中央党史研究室、中央档案馆编：《中国共产党第七次全国代表大会档案文献选编》，中共党史出版社2015年版，第723—724页。

④ 《解放日报》1945年6月7日。

我们集合部队，我把参加七大的情况传达了，特别是七大关于密切联系群众、加强团结、开展批评与自我批评的精神向部队作了传达。之后，我又在部队专门作了一次关于七大的报告，大家贯彻学习七大精神。

3. 山东抗日根据地。1945 年 7 月 1 日，中共山东分局和山东军区举行干部大会庆祝建党 24 周年和中共七大成功。山东分局书记罗荣桓在大会作《学习〈论联合政府〉是实现党的任务的首要任务》的报告，认为七大“在中国共产党历史上是最盛大的、最圆满的一次代表大会”。七大确立毛泽东思想为党的一切工作指导方针，选出了以毛泽东为首的新的中央委员会，“完成了具有伟大历史意义的工作”。

中共七大与国民党六大，是在延安和重庆几乎同时召开的两个大会。罗荣桓对两个大会进行了比较，认为是“两种完全不一样的大会，代表着早已存在的两条不同的路线，各自作出不同的结论。中共七大和解放区会议是代表着人民的路线，是新民主主义的”。为了实现七大的路线，全党要加强团结，改进作风。罗荣桓认为：“我们的前途是光明的，我们任务是巨大的，需要我们更加坚强地团结全党，更广泛地团结全中国人民，又必须实行毛泽东同志给我们指出的党的三大作风，即理论和实际相结合的作风和人民群众紧密地联系在一起的作风以及自我批评的作风。”罗荣桓要求山东军民要认真学习七大文件，为实现党的任务而奋斗。①

7 月 18 日，中共山东分局发出《关于学习七大文件的指示》，要求“深入的传达七大路线，使干部党员更加明确认识目前形势任务，逐渐领会七大所制定路线、纲领、方针、政策的根本精神与实质，领会毛泽东同志的根本思想，再进一步的团结党内党外，改进领导作风，以便更好的执行七大所给予的任务。”② 指示还要求：“县委和营以上干部在本年底以前专门学习《论联合政府》《解放区战场》两个文件。《党章》及刘少奇同志《修

① 《罗荣桓军事文选》，解放军出版社 1997 年版，第 349—355 页。

② 山东档案馆、山东社会科学院历史研究所合编：《山东革命历史档案资料选编》第 15 辑，山东人民出版社 1984 年版，第 153 页。

改党章的报告》七中全会关于若干历史问题的决定的学习时间以后再定。”①

4. 华中地区的传达贯彻。1945 年 6 月 13 日，华中局发出关于研究七大文件的指示，提出：“我党七大的各种文件，在华中全党全军内均应开展广泛深入的研究与讨论。其研究次序：一、政治报告；二、军事报告；三、其他党内文件。各区党委均应根据实际情况定出具体计划、即开始进行。”②7 月初，苏北开始学习七大文件，新四军第 3 师师长黄克诚亲自领导高级干部研究《论联合政府》，着重对执行各项具体政策的检讨与反省，再分开传达和组织阅读文件，根据毛主席报告改进缺点，把各项工作提高一步，来响应毛主席的号召，促进联合政府早日实现③。

张鼎丞从延安回到淮安的华中军区司令部作第一次报告，就谈在延安整风学习的感受：“我在延安几年，参加整风，感受最深的是：必须全心全意为人民服务，实事求是，从实际出发看待和处理问题。对个人来说，就要永远做一个对党对革命对人民事业忠诚老实的战士。革命一辈子，学习一辈子。学了几年，就学懂了四个字——忠诚老实。”④

10 月 31 日，出席七大回到华中的张鼎丞在华中局第二次扩大会议上传达七大精神。他曾谈到在延安学习、参加整风学习和七大所受的很深的教育。对毛泽东思想有两条印象最深，一条是“实事求是”，根据本国本地的实际情况运用马列主义确定方针政策；另一条是“放手发动群众”。后来传达七大精神时，也很强调“放手发动群众，壮大我党力量，在我党领导下，建立新民主主义的中国”。“这两条，对于我回华中苏北以后独立坚持原地斗争，确是非常重要的”⑤。他的传达报告包括：七大的方针问题、七大的路线政策、七大关于新民主主义的军队建设、七大关于党的建设问题、

① 中共中央党史研究室、中央档案馆编：《中国共产党第七次全国代表大会档案文献选编》，中共党史出版社 2015 年版，第 727 页。

② 中共中央党史研究室、中央档案馆编：《中国共产党第七次全国代表大会档案文献选编》，中共党史出版社 2015 年版，第 725 页。

③ 《解放日报》1945 年 7 月 6 日。

④ 《张鼎丞传》编纂委员会编：《回忆张鼎丞》，福建人民出版社 1991 年版，第 233 页。

⑤ 中共中央党史研究室第一研究部编：《七大代表忆七大》下册，上海人民出版社 2006 年版，第 1120 页。

党的若干历史问题、七大选举、七大经过与伟大成功、全党同志都要为实行七大决议精神而斗争等部分，对七大精神的传达内容丰富而翔实。

张鼎丞指出："七大要解决中华民族的彻底独立的胜利。抗战胜利，是民族胜利，民权自由，民生幸福，是否胜利，要解决。如抗战胜利，果实是落在国民党反动统治集团，还是归之于人民，两个可能性都存在。所以七大的胜利方针，是民族独立的彻底胜利，要民权自由，民生幸福同时胜利，果实落在人民身上。一切是为此方针奋斗，如何为这个胜利而奋斗，便是七大方针。要实现这个方针，便要全党思想、组织、政治、团结一致，进一步团结全国人民一致来实现它。"①

福建代表伍洪祥回忆："七大闭幕后，代表们分赴各个战场，回到各自的岗位，去宣传七大的路线。按照党中央的分派，我奉命奔赴华中战场，担任新四军第 8 纵队副政委。使命是非常明确的，就是执行七大路线，打败敌人，解放中国人民，建立新中国。"

5. 华南、西南地区的传达贯彻。在华南，广东等地党组织认真贯彻中央精神，传达七大文件。1945 年 7 月，中共广东省临委在罗浮山召开干部扩大会议，第一项议程就是传达党的七大精神和中共中央有关指示，深入学习、研究和贯彻党的七大决议；第二项议程是总结广东党组织抗战以来的工作经验和教训；第三项议程是建立广东党组织统一的领导机构，研究、部署确定今后的工作任务②。广东党组织还根据中央的精神，加强同国民党民主人士李济深的合作，派人向李济深传达了中共七大精神③。

来自广东的代表方朗被派往海外工作。她回忆说："东南亚华侨众多，我们借助在那里的亲戚关系，取得社会职业掩护，站下了脚跟。按照党交给的任务，将南撤至泰国、柬埔寨、印尼等地的武装干部和地下党员联系了起来，组织他们学习七大路线，按延安整风精神，检查、总结过去工作；

---

① 张鼎丞：《传达中国共产党第七次代表大会的精神》，1945 年 10 月 31 日。中共中央党史研究室、中央档案馆编：《中国共产党第七次全国代表大会档案文献选编》，中共党史出版社 2015 年版，第 729 页。

② 《中国共产党广东地方史》，广东人民出版社 1999 年版，第 560 页。

③ 《中国共产党广东地方史》，广东人民出版社 1999 年版，第 566 页。

协助当地侨党，对华侨进行爱国主义教育；开展经济工作，为尔后输送干部回国准备经费等等。”

在西南地区，各省的党组织先后召开会议，总结过去工作，研究如何贯彻执行党的七大精神。重庆《新华日报》全文发表了七大的政治报告《论联合政府》。新华日报馆还将《论联合政府》印成小册子发行。南方局还指示全体党员要认真学习、宣传。①

还在七大期间，周恩来就于1945年5月8日给在昆明的同志复电，说明“七大已开，毛主席报告在广播恐难收齐，已由美机带全稿至渝，望向渝办索取在昆翻印”。这里所说的毛主席报告即《论联合政府》，他还指示，“如条件成熟可在昆明集合民主同盟及文化界、教育界、经济界、妇女界、青年界、民主分子先成立地方性的民主统一委员会，并取得地方当局赞助，如未成熟则宜稍缓。”② 这都是周恩来宣传、落实七大精神，进一步做好大后方党的工作的筹划。

大后方代表江浩然回忆：“七大结束后，我在党的领导下，在国民党统治区做了一些工作，实际上也是在国民党统治区这个特殊的条件下贯彻执行七大的路线。我在地下工作中，按照七大的要求去做，发动群众，组织群众斗争，发展统一战线。我自己很欣慰，在为共产主义事业奋斗的过程中，经历了这么一段历史，我很高兴为实现我们党的路线作出了自己的努力。”③

（五）成立中国解放区人民代表会议筹备委员会

1945年3月15日，中共中央发出《关于国际国内形势及准备成立中国人民解放联合会的指示》，指出：中共在坚持联合政府的方针下，目前

① 南方局党史资料征集小组编：《南方局党史资料》大事记，重庆出版社1986年版，第289页。

② 中共中央党史研究室、中央档案馆编：《中国共产党第七次全国代表大会档案文献选编》，中共党史出版社2015年版，第724页。

③ 中共中央党史研究室第一研究部编：《七大代表忆七大》下册，上海人民出版社2006年版，第1313页。

着重于揭穿和反对蒋所要召开的国民大会之伪装的反动的实质。为此，中央拟于七次大会上向各解放区及全中国人民提议在延安召开全国各解放区人民代表会议，准备成立中国人民解放联合会。指示要求各中央局、中央分局及各区党委“于电到半月内经过各边区、各行政公署，召开各界人士座谈会，商谈这一解放区人民代表会议问题，尽量征求大家意见，以供中央参考”。指示首次对“中国人民解放联合会”的产生办法作了规定，即通过召开解放区人民代表会议的民主方式来成立。

4月24日，毛泽东在中共七大上公开表示：“我们的大会应向各解放区人民提议，尽可能迅速地在延安召开中国解放区人民代表会议，以便讨论统一各解放区的行动，加强各解放区的抗日工作，援助国民党统治区人民的抗日民主运动，援助沦陷区人民的地下军运动，促进全国人民的团结与联合政府的成立。”

5月19日，中共七大主席团召开专门会议，具体讨论了解放区人民代表会议问题，准备6月布置，7月选举，8月代表来延安，解放区人民代表会议的筹备工作正式提上日程。6月19日，中共七届一中全会的一项重要内容就是讨论“关于召开解放区人民代表会议问题”，对此，毛泽东在会上指出：“参加蒋介石召开的国民大会是危险的，故我们拒绝参加。”“我们的解放区人民代表会议则是稳当的、有利无弊的。”会议通过了《关于召开中国解放区人民代表会议及其筹备事项的决议》，决定6月底在延安召开筹备会议。

6月21日，陕甘宁边区政府委员会、边区参议会常驻委员会在延安召开边区各团体代表会议，商讨发起和筹备中国解放区人民代表会议事宜。会议通过了《致各解放区政府、参议会通电》：“解放区不仅是新中国的希望，且已成为独立、自由、民主的新中国的榜样。在这些解放区中，我们已经建立了或正在建立民选的各党各派及无党无派代表人物合作的民主政府，亦即地方性的联合政府。只是各解放区尚没有联合的组织，致使抗日工作的加强与抗日力量的统一，尚未达到应有的要求。自今年4月中国共产党领袖毛泽东先生向解放区人民提议从速在延安召开中国解放区人民代表会议后，各解放区人民闻悉之下，欢欣鼓舞，函电纷驰，一致要求立即召开是项会议。”会议还推定林伯渠、李鼎铭、高岗、谢觉哉、安文钦、马济川、贺连城、吴满有、王克温等9人为陕甘宁边区参加中国解放区人民代表会议筹备委员会的委员。

7月13日，中共中央、陕甘宁边区、晋绥解放区、晋察冀解放区、晋冀鲁豫解放区、山东解放区、华中东部各解放区、华南解放区、湘鄂赣解放区、鄂豫皖解放区、河南解放区、八路军总部、新四军军部以及解放区青年联合会筹备委员会、解放区妇女联合会筹备委员会、文艺界抗敌协会延安分会、东北救亡总会延安分会、蒙古文化促进会、回民文化协会、解放区新闻记者协会筹备委员会等26个单位的110名（代表人数为129名，8名尚在途中，11名请假）代表参加筹备会，毛泽东、朱德等中共中央领导人和1000多名来宾参加了开幕式。会上选出周恩来、林伯渠、续范亭、邢肇棠、李鼎铭等25人为常务委员。会议发出《中国解放区人民代表会议筹备委员会通电》，宣告中国解放区人民代表会议筹备委员会正式成立，决定解放区人民代表会议于11月在延安举行，并希望各地各团体选出的代表于11月12日以前到达延安。

解放区人民代表会议筹备委员会成立后，各解放区、各党派团体及军队等部门随即根据筹备会的决议规定，紧锣密鼓地开始了会议代表的推选工作。与此同时，中国共产党领导人也加紧了会议筹备工作，可见当时召开解放区人民代表会议，已成为中国共产党的一项中心政治工作。

由于日本投降，国共两党的谈判，“双十协定”的签订，政治协商会议的召开，时局发生了变化，解放区纲领草案没有公布，中国解放区人民代表会议也没有召开。但是，纲领草案的基本主张和规定的具体内容，在解放区得到了实行。解放区人民代表会议作为中国共产党提出的具有过渡性质的政权组织形式，反映了中共在抗战后期开始有组织独立政府的决心和步骤，也是毛泽东关于“人民代表大会”设想的初步尝试。①

① 张树军主编:《图文中国共产党抗战纪事》下，1941—1945，河北人民出版社2015年版，第1126页。

二、中国人民 14 年抗日战争终于取得胜利

1945 年上半年，世界反法西斯战争进入最后胜利阶段。苏军于 5 月 2 日攻克柏林。德军于 8 日签署投降书。7 月 26 日，中、美、英三国发表波茨坦公告，促令日本投降。8 月 6 日、9 日，美国先后在日本广岛、长崎各投下一枚原子弹。8 月 8 日，苏联发表对日作战宣言。9 日，苏军进入中国东北，大举进攻日本关东军。

此时，中国抗日战争进入全面反攻阶段。中国共产党领导人民军队发动夏季攻势作战，对日军占领的点线包围得越来越紧，打通了许多解放区之间的联系，在行动上取得主动地位，逐步实现由游击战向运动战的转变，为转入全面反攻创造了重要条件。沦陷区城市党组织积极开展瓦解日、伪军工作，组织地下军，准备发动武装起义，里应外合，配合反攻。而此时国民党军主要集中在西南、西北地区，日军在华北、华中占领的大部分城镇、交通要道大都处在共产党领导的敌后军民的包围中。因此，对日全面反攻的任务，也就主要由敌后根据地的人民军队来进行。8 月 9 日，毛泽东发表《对日寇的最后一战》的声明，朱德也连续发布命令，各抗日根据地军民向日、伪军发起猛烈的全面反攻，很快解放县以上城市达 150 余座。

8 月 15 日，日本天皇宣布无条件投降。9 月 2 日，在东京湾的美国巡洋舰密苏里号上，日本外相重光葵和日军参谋总长梅津美治郎分别代表天皇、日本政府和日本帝国大本营在投降书上签字。侵华日军 128 万人向中国投降。至此，中国抗日战争胜利结束，世界反法西斯战争也胜利结束。9 月 3 日成为中国人民抗日战争胜利纪念日。10 月 25 日，中国政府在台湾举行受降仪式。被日本占领 50 年之久的台湾以及澎湖列岛，重回祖国怀抱。

中国人民抗日战争是近代以来中国人民反抗外敌入侵持续时间最长、规模最大、牺牲最多的民族解放斗争，也是第一次取得完全胜利的民族解放战争。中国人民抗日战争的胜利，成为中华民族走向复兴的历史转折点，也对世界文明进步具有重大而深远的意义。中国人民在抗日战争中付出

了巨大的民族牺牲。据不完全统计，战争期间中国军民伤亡3500多万人；按1937年的比值折算，中国直接经济损失1000多亿美元，间接经济损失5000多亿美元。

中国抗战的历程表明，中国共产党及其领导下的人民抗日力量，是全民族利益最坚定的维护者，中国共产党是团结抗战的中流砥柱。党在敌后广泛发动、组织和武装以农民为主力的各阶层群众，开展敌后游击战，使日本侵略者陷于人民战争的汪洋大海之中。这是中国人民抗日战争取得完全胜利的决定性因素。八路军、新四军和其他人民抗日武装对敌作战12.5万余次，钳制和歼灭日军大量兵力，歼灭大部分伪军，敌后战场逐渐成为中国人民抗日战争的主战场。到抗战结束时，人民军队发展到约132万人，民兵发展到260余万人；中国共产党领导的抗日民主根据地即解放区已有19块，面积达到近100万平方公里，人口近1亿人。中国共产党在全国社会政治生活中所占的比重，和抗日战争前相比大大增加。这为在取得中国人民抗日战争伟大胜利基础上，最终取得新民主主义革命胜利，创造了前所未有的有利条件。中国人民在抗日战争的壮阔进程中孕育出伟大抗战精神，向世界展示了天下兴亡、匹夫有责的爱国情怀，视死如归、宁死不屈的民族气节，不畏强暴、血战到底的英雄气概，百折不挠、坚忍不拔的必胜信念。

中国人民以落后的武器装备打败了经济实力和军事装备远比自己强大的敌人，创造了半殖民地弱国打败帝国主义强国的奇迹。这一惊天动地的伟业，使中华民族一洗百年耻辱，在世界上有了新的形象。中华民族对世界反法西斯战争作出了重大贡献，使中国的国际地位有了很大的提高。这是中华民族由衰败走向振兴的重大转折点。

三、努力争取和平民主建立民主联合政府

抗日战争胜利后，中国面临着向何处去，建什么国的斗争。代表广大中国人民根本利益的中国共产党，力图经过和平的途径，建立民主联合政府，建设一个独立、民主、富强的新民主主义中国。而代表大地主大资产

阶级利益的国民党统治集团，企图抢夺抗战胜利果实，用内战的方式来剥夺抗日根据地人民已经取得的权利。这样势必会使中国回到抗战前半殖民地半封建国家的老路。一场关系中国是走向光明还是黑暗前途的决战，似不可避免。

蒋介石早已确定打内战的方针。在 1945 年 5 月国民党第六次全国代表大会上，蒋介石就公然叫嚣："今天的中心工作．在于消灭共产党。日本是我们国外的敌人，中共是我们国内的敌人！只有消灭中共，才能达成我们的任务。"① 但在当时的国内外形势下，蒋介石又不能不有所顾忌。因为 14 年抗日战争刚刚结束，要求和平是大势所趋，发动内战不得人心。人民渴望和平，美、苏、英三国不赞成中国发生内战。蒋介石要在内战中处于有利地位，也还需要时间。所以，蒋介石在积极准备内战的同时，表示愿意同共产党进行和平谈判。8 月 14 日、20 日、23 日他接连发出 3 封电报，邀请中共中央主席毛泽东到重庆进行和平谈判。

中国共产党对国内外局势和国民党的内战阴谋都有比较清醒的认识。毛泽东在 8 月 23 日中央政治局扩大会议上指出：现在情况是抗日战争的阶段已经结束，进入和平建设阶段。全世界、欧洲、东方都是如此。不能有第三次世界大战，这是肯定的。我们现在新的口号是：和平、民主、团结（过去是抗战、团结、进步）。和平是能取得的，因为苏美英需要和平，不赞成中国内战；中国人民需要和平。国民党也不能下决心打内战，因为它的摊子未摆好，兵力分散，内部矛盾，无论如何弱于日军加伪军，加上解放区的存在，我们不易被消灭，人民与国际反对内战，因此内战是可以避免与必须避免的。提出和平、民主、团结三大口号是有现实基础的。②

为了争取和实现和平、民主、团结，毛泽东偕周恩来、王若飞赴重庆同国民党当局进行谈判。1945 年 8 月 28 日，毛泽东乘坐的飞机抵达重庆，各界人士前往机场热烈欢迎，他们感受到了共产党人谋求和平的真诚愿望。

---

① 转引自王蔚、吴克斌著：《陈毅》，昆仑出版社 1999 年版，第 85 页。

② 中共中央文献研究室编：《毛泽东年谱》卜卷，人民出版社、中央文献出版社 1993 年版，第 10—11 页。

经过43天复杂而艰苦的谈判，国共两党经过协商，于10月10日正式签署会谈纪要，即双十协定。在协定中，国民党当局表示承认“和平建国的基本方针”，同意“长期合作，坚决避免内战，建设独立、自由和富强的新中国”；召开政治协商会议，等等。但在人民军队和解放区政权这两个根本问题上，双方未能达成协议。

重庆谈判期间，国民党重新秘密印发反共的《剿匪手本》，阎锡山出兵攻打山西上党地区的人民军队。刘伯承、邓小平指挥晋冀鲁豫部队取得上党战役胜利。让在重庆谈判的毛泽东取得更有利的地位。结果，双十协定刚签订，蒋介石便调集110万军队，分三路向华北解放区进攻，图谋打开进入东北的通道，进而占领整个东北。

共产党早已做好争取和平民主和反对内战的两手准备。国民党企图通过军事进攻来削弱和消灭人民革命力量，共产党就针锋相对，坚决进行自卫战争。对东北，中国共产党早就认识到其战略地位的重要。如果能够控制东北，中国共产党就可以形成不受国民党包围的战略基地，摆脱长期被四面包围的局面，还能利用东北雄厚的工业基础，为夺取全国胜利创造有利条件。因此，在苏联红军出兵中国东北后，中共中央立即抽调11万军队和2万名干部进入东北。此前，留在苏联境内的原东北抗日联军部队抽调指战员组成先遣小分队空降到东北各地执行战前侦察和配合苏军作战任务。中共中央确定“向北发展，向南防御”的战略方针。各解放区军民坚决反击国民党的军事进犯。为阻滞国民党军深入华北、进军东北，人民军队连续进行邯郸、平绥、津浦三个战役，共歼敌10万余人。

国民党的内战政策遭到渴望和平民主的中国人民的强烈愤慨和反对。广大爱国民主人士在重庆举行反内战大会，成立各界反内战联合会。昆明的青年学生集会反内战，举行了3万余人的总罢课。国民党派武装暴徒镇压学生，酿成12月1日学生伤亡的惨案。各地为声援昆明学生，形成了“反对内战，争取民主”的大规模的爱国民主运动。由抗战时期大后方民主人士组成的中国民主同盟和抗战后相继成立的中国民主建国会、中国民主促进会、九三学社等民主党派和无党派民主人士，积极参加反对内战斗争。

这使国民党当局在政治上处于被动地位。

在美国总统特使马歇尔的调停和国际舆论的压力下，国民党当局被迫同意共产党的建议，签订停战协定，召开政治协商会议。1946 年 1 月 10 日，中共代表同国民党政府正式签订停止国内冲突的协定。同日，双方下达停战令。10 日至 31 日，政治协商会议在重庆召开。国民党、共产党、民盟、青年党和无党派人士的 38 名代表出席会议。经过激烈斗争，政协会通过政府组织案、国民大会案、和平建国纲领、军事问题案、宪法草案案等五项协议。共产党和民盟为代表的中间派在反对内战和反对国民党一党专政等问题上有许多共同点，常常事先协商，采取联合行动。这也为以后共产党和民主党派的长期合作打下了很好的基础。

政协会通过的协议，要求实行民主政治，一定程度上冲破了国民党独裁统治，有利于和平建国，因而受到全国人民的欢迎。共产党真心诚意地希望实现国内和平，准备认真履行政协决议和为实现决议而奋斗。4 月 6 日，为向延安汇报有关工作，王若飞、秦邦宪、叶挺、邓发等乘坐美国飞机回延安却遭遇空难，飞机上全部人员无一生还。这是共产党人为争取和平民主做出的惨痛牺牲。与此同时，共产党也注意提高警惕，做好练兵、减租和生产三项中心工作。

代表大地主大资产阶级利益的国民党政权，经受不住也不能容忍任何的民主改革。在政协开会期间，国民党派人制造沧白堂事件，破坏政协协进会组织的演讲会。政协闭幕后，国民党特务又在较场口打伤许多民主人士，破坏重庆各界召开的庆祝政协成功大会。国民党的顽固派说政协协议是国民党的失败，蒋介石也对政协协议不满。彻底破坏和撕毁政协协议，对国民党来说只是时间问题。

四、适时实施战略转变开始全国解放战争

重庆谈判签订双十协定，召开政治协商会议后，得到美国大力支持的国民党，加紧部署全面内战。54 万国民党军被美国的飞机和军舰运送到内战前线，美国海军陆战队还帮助国民党接收沪、平、津等大中城市。国民

党在初步控制关内各大城市之后，又重点进攻东北，攻占山海关、锦州等地，进占沈阳，进攻四平，到1946年5月占领长春、吉林。1946年1月14日由东北人民自治军改名而来的东北民主联军奋起自卫，挫败国民党集团独占东北的狂妄计划，迫使国民党达成暂时休战协议。

1946年5月初，国民党政府宣布由抗战时期的陪都重庆还都南京。周恩来所率中共代表团也移到南京同国民党继续谈判，力争避免发生全面内战。但是，国民党反动派发动内战的决心已定，谈判无法取得进展。国民党区各阶层人民积极行动，试图制止内战，但上海人民团体联合会组织请愿团，6月23日在南京下关车站遭到国民党暴徒围殴，马叙伦等多人受伤。

全面内战的危险日益迫近。中共中央为了给自卫战争奠定牢固的群众基础，于5月4日发出改变解放区土地政策的指示，将抗战以来的“减租减息”政策，开始改为“耕者有其田”政策，支持广大农民群众获得土地的正当要求，进一步发动广大农民为巩固解放区而斗争。同时带领全党把主要注意力放在准备对付全面内战方面。6月中旬，中共中央分析时局形势后认为：蒋介石准备大打，我军必须战胜蒋军进攻，才能争取和平前途。中共代表团致函国民党，提议宣布东北长期停战，但被拒绝。共产党在被迫进行自卫战争时，仍努力避免全面内战，争取和平前途。

国民党在完成内战准备后，以1946年6月26日派出22万人进攻中原解放区为标志，向解放区发动了全面进攻，并扬言要在三五个月内消灭共产党领导的人民军队。全面内战爆发。中原军区主力2万多人由司令员李先念等率领，分路突围。部队先后杀出重围，但伤亡严重。

随后，国民党调集430万人的总兵力，向晋南、苏北、鲁西南、胶东、冀东、绥东、察南、热河、辽南等解放区展开大规模进攻。其之所以得意忘形，除了兵力占压倒优势，还拥有美国援助的大量新式武器。在严峻的形势面前，敢不敢以革命战争来迎击反革命战争？能不能在战争中打败国民党反动派？这是共产党人必须回答的两个问题。

根据对国内外形势、战争性质的清醒估计和科学分析，共产党人指出：

蒋介石的进攻不但必须打败，而且能够打败。毛泽东更是提出“一切反动派都是纸老虎”的著名论断，从根本上藐视敌人、敢于同敌人斗争，敢于夺取胜利的战略思想，增强了党、全军和全国人民的信心。根据七大路线，共产党制定了粉碎国民党强大军事进攻的各项方针政策，包括政治上放手发动群众，团结一切可能团结的力量，建立最广泛的人民民主统一战线；军事上要坚持集中优势兵力，各个歼灭敌人的作战原则；还要实行关于农村、城市和国民党军队工作等一系列正确政策。

共产党领导各解放区军民沉着应战。华中野战军主力在苏中地区七战七捷，歼敌5万余人。淮北、晋冀鲁豫、晋察冀、东北等战场传来捷报。山东莱芜战役中解放军歼敌5.6万人。解放军以8个月歼敌71万余人的战绩，挫败了国民党的全面进攻。

1946年10月11日，国民党侵占晋察冀解放区首府张家口后，公然撕毁关于国民大会应由改组后的各党派联合政府召集的政协协议，强行在南京召开其一手包办的“国民大会”。共产党和民盟拒绝出席。随后，周恩来结束国共谈判返回延安。1947年1月，美国宣布退出国共关系调停。3月，国民党强迫中共驻南京、上海、重庆的代表全部撤退。通过谈判争取和平的大门完全被国民党封死，第二次国共合作彻底破裂。

国民党军在对解放区全面进攻受挫的情况下，从1947年3月起改为重点进攻，调集45万兵力进攻山东，25万兵力进攻陕北。山东的华东野战军在陈毅、粟裕指挥下，于5月中旬在孟良崮战役中全歼国民党军精锐主力整编第74师3.2万余人，挫败了国民党军对山东解放区的重点进攻。在陕北，彭德怀领导西北野战部队两万余人节节抗击，经过6天激战，在掩护中共中央机关和群众安全转移后，于3月19日主动撤离延安。随后，又采用“蘑菇”战术与10倍于己之敌周旋。45天内，相继取得青化砭、羊马河、蟠龙镇三战三捷；而后转战西北方向，在沙家店战役中歼敌6000余人，初步改变西北战场的局势，为转入反攻奠定了基础。

此时，毛泽东、周恩来、任弼时率中共中央和人民解放军总部精干机关转战陕北，运筹帷幄，指挥全国各战场作战，极大地鼓舞了解放区军民的战斗意志和胜利信心。由刘少奇任书记，有朱德、董必武参加的中央工作委员会，前往华北进行中央委托的工作。以叶剑英为书记、杨尚昆为后方支队司令员的中央后方委员会，转移到晋西北统筹后方工作。

这期间，解放军在东北、热河、冀东、豫北、晋南开始对国民党军实施局部反攻，歼敌40余万人，收复和解放153座城市。国民党统治集团为了进行内战，大量出卖中国权益，进一步投靠在当时拥有世界头等经济实力和军事实力的美国。而美国也企图把中国变成它的势力范围，因此对国民党政府大加援助，包括派军事顾问团、海军陆战队等到中国。驻华美军在中国土地上横行霸道，胡作非为。1946年12月24日，美国兵在北平强奸一名中国女大学生，激起中国人民极大的民族义愤。一场声势浩大的抗议驻华美军暴行运动在全国掀起，有50万学生参加抗议活动，全国各阶层人民的广泛声援，很快发展成为配合武装斗争的第二条战线。

此时的国民党区的社会经济急剧恶化。官僚资本极度膨胀，大批民族工商业濒于倒闭。农业经济严重萎缩，饥民遍地。社会底层的广大民众生活陷入极端困境。1947年5月，反饥饿反内战运动在全国兴起。5月20日，京沪苏杭地区16所专科以上学校5000余名爱国学生，冲破宪警阻拦，在南京举行抢救教育危机联合大游行，并向国民参政会请愿。同日，北平学生举行反饥饿反内战大游行。全国各地爱国学生以罢课、游行等方式参加了这场史称“五二〇运动”的斗争。国民党区的人民运动迅速高涨。1947年，有20多个大中城市约320万工人罢工。在农村，广大农民反抗抓丁、征粮、征税。台湾人民为反抗国民党政府暴政举行“二二八”武装起义。蒋介石政府已处于内外交困之中。

五、解放区土地政策的适时改变

中国共产党在领导新民主主义革命的过程中，提出了反帝反封建，废除封建土地所有制的任务。抗战时期为争取地主参加抗战，共产党采取减租减息政策。打败日本侵略者，抗战胜利后，废除封建土地所有制的任务也就逐渐提上日程。

解放战争时期，在先后挫败国民党军的全面进攻和重点进攻后，使战争形势发生了有利于人民的变化。国民党军为摆脱困境，企图凭借军队数量和装备上的优势，将战火继续烧向解放区，进一步破坏和消耗解放区的人力物力，使人民解放战争难以持久。这种情况下，解放军不等在数量上占有优势，立刻转入全国性的进攻。

于是中共中央选择大别山区作为战略进攻的主要突击方向。1947 年 6 月 30 日夜，刘邓大军 12 万人强渡黄河，发起鲁西南战役，揭开人民解放战争战略进攻的序幕。与此同时，陈谢大军和陈粟大军在中央指挥下进入豫陕鄂边地区和豫皖苏平原。至此，三路大军都打到外线，形成“品”字形进攻阵势，直接威胁南京、武汉。在内线作战的西北野战军、华东野战军山东兵团、晋察冀野战军、晋冀鲁豫野战军太岳兵团等，也渐次转入反攻。东北民主联军连续发动秋季攻势和冬季攻势，歼敌 20 多万人。

这是中国人民的革命战争的一个新的历史转折点。“这是蒋介石的二十年反革命统治由发展到消灭的转折点。这是一百多年以来帝国主义在中国的统治由发展到消灭的转折点。”1947 年 10 月 10 日，中国人民解放军总部发表宣言，提出“打倒蒋介石，解放全中国”的口号。接着，中共中央在陕西米脂杨家沟召开十二月会议，制定了彻底打败蒋介石、夺取全国胜利的政治、军事、经济纲领及其方针政策。

会后，党中央集中全力，研究制定新形势下切合实际的土地改革、整党、工商业、新区工作政策，增强全党同志的政策和纪律观念，为迎接革命胜利创造了条件。在土地制度改革方面，为了进一步调动广大农民的革命和生产积极性，支援解放战争，就要废除封建性及半封建性剥削的土地制度。1947 年 7 月至 9 月，在刘少奇主持下，中共中央工作委员会在河北平山县西柏坡召开全国土地会议，制定《中国土地法大纲》，由中共中央批准公布。这个彻底的反封建的土地革命纲领的实施，使广大农民在经济上、政治上真正得到了翻身解放，也成为保证革命战争胜利的最基本的条件。

为了更加普遍深入地开展土地制度的改革，各解放区派出大批土改工作队，深入农村，发动群众，组织贫农团和农会，控诉地主，惩办恶霸，彻底平分地主土地，迅速形成土改热潮。为了使土改顺利进行，各解放区普遍开展以三查（查阶级、查思想、查作风）和三整（整顿组织、整顿思想、整顿作风）为内容的整党运动，通过党内党外结合的方法，解决农村基层党组织的思想作风和成分不纯问题。经过整党，农村基层党组织在思想上、政治上、组织上有很大的进步，密切了党和群众的关系，为土改和解放战争的胜利提供了重要的保证。

在土改运动迅猛发展的过程中，一些地区发生侵犯中农和民族工商业利益、对地主乱打乱杀等“左”的偏向。中央发现后采取坚决措施加以纠正，并明确规定土改工作的总路线总政策，即依靠贫农，团结中农，有步骤地、有分别地消灭封建剥削制度，发展农业生产。此后，土改运动逐步走上健康发展轨道。

各解放区的土改运动取得巨大成绩。到 1948 年秋，在 1 亿人口的地区消灭了封建的生产关系，长期遭受地主阶级残酷压迫和剥削的广大农民在政治上经济上翻了身，生产积极性大为高涨，大批青壮年加入人民军队和担负战争勤务，从而保证了人民解放战争的胜利。

六、抗日民族统一战线转变为人民民主统一战线

周恩来在七大专门总结过经验教训的抗日民族统一战线。抗日战争胜利后，统一战线仍然是中国共产党克敌制胜的法宝。但统一战线的对象、任务、内容等会有变化。这个统一战线是对抗日民族统一战线的继承和发展，但又有特点和区别。它的主要任务不是反抗外来侵略，而是推翻帝国主义、封建主义、官僚资本主义三座大山，解放中国人民，建立人民当家作主的民主政治，大力发展社会的经济文化，把中国建设成为一个繁荣昌盛的强大国家。在名称上也有不同，即由国共合作为基础的抗日民族统一战线，变为了人民民主统一战线。人民民主统一战线是以人民为主体，以实现人民民主，即人民当家作主为目标和宗旨的联合战线，是先为彻底完成新民主主义革命服务，后又为社会主义改造和社会主义建设事业服务的

统一战线。

为了彻底完成中国新民主主义革命的任务，毛泽东提出了建立人民民主统一战线的任务，这也是毛泽东统一战线思想的发展。随着中国人民解放战争转入战略进攻并取得节节胜利的形势日益明朗，共产党领导的国民党区人民反对国民党独裁统治的第二条战线有了新的发展。1947 年 10 月，杭州、南京、上海等城市的 10 余万学生掀起“反对非法逮捕、反对特务、反对屠杀青年”的斗争浪潮。1948 年初，上海、北平等地学生的反迫害斗争再次出现高潮。4 月，华北学生开展“反对迫害、保卫学联”的斗争，形成声势浩大的四月风暴。五六月间，全国兴起反对美国扶持日本军国主义的爱国运动。

一些曾经力图在国共之间走第三条道路的民主党派和无党派民主人士日益倾向于人民革命，积极参加反对国民党独裁统治的斗争，因而遭到国民党的仇视和残酷迫害。民盟中央领导人李公朴、闻一多、杜斌丞先后在昆明、西安被害，许多民盟成员被逮捕和绑架。1947 年 10 月，国民党当局宣布民盟为“非法团体”予以取缔。这使一些受过“中间路线”主张影响的民主党派和无党派民主人士更清楚地看清了中国共产党才真正代表了人民的利益。

中国共产党的团结争取和鼓励支持，促使各民主党派和许多民主人士的政治主张实现了历史性的转变。1948 年 1 月，民盟领导人沈钧儒等在香港召开民盟一届三中全会，恢复民盟总部，宣布要与中共“携手合作”。国民党民主派实行联合，在香港正式合组成立中国国民党革命委员会（简称民革），选举宋庆龄为名誉主席、李济深为主席，宣布“当前之革命任务为推翻蒋介石卖国独裁政权”。与此同时，中国民主建国会、中国民主促进会、中国农工民主党、九三学社、中国致公党、台湾民主自治同盟都明确表示参加新民主主义革命的立场。

正是在这样的背景下，中国共产党于 1948 年 4 月 30 日发出了著名的五一口号，号召召开没有反动分子参加的新的政治协商会议，筹备建立民主联合政府。各民主党派、民主阶层代表人士热烈响应，摆脱国民党的阻挠，通过各种渠道陆续进入解放区，在共产党的领导下参与筹备召开新政协、建立新中国的工作。人民民主统一战线的发展，奠定了中华人民共和国成立后中国共产党领导的多党合作和政治协商制度的基础，也成为中国人民民主专政国家制度的基础。

七、建立新中国，将中国的命运完全攥在人民手中

1948 年秋，中国人民解放战争进入夺取全国胜利的战略决战阶段。人民解放军由战争初期的 127 万人发展到 280 万人，其中野战军 149 万人。特别是经过全军新式整军运动，用诉旧社会和反动派给劳动人民造成痛苦的诉苦方法，进行三查、三整，即查阶级、查工作、查斗志；整顿组织、整顿思想、整顿作风，人民军队达到了政治上高度团结、生活上获得改善、军事上提高技术和战术的三大目的，战斗力进一步提高。解放区的面积扩展到 235 万平方公里，人口达 1.68 亿人。老解放区的土改运动基本完成，解放军的后方更加巩固。敌我力量对比已发生根本变化。

在解放军的强大攻势下，国民党军队的总兵力进一步减少到 365 万人，可用于第一线的兵力仅 174 万人，且士气低落，战斗力下降。它的五个战略集团即胡宗南、白崇禧、刘峙、傅作义、卫立煌集团被分割在西北、中原、华东、华北、东北五个战场上，相互间难以取得配合。

毛泽东为首的党中央科学地分析战争形势，正确把握战略决战的时机，连续组织了辽沈战役、淮海战役和平津战役。在东北，林彪、罗荣桓指挥东北野战军主力连同地方武装共 103 万人，在人民群众的支援下，向分割在锦州、长春、沈阳等孤立地区的 55 万国民党军发起辽沈战役，歼敌 47 万人，解放东北全境，使东北野战军成为一支强大的战略后备队，为解放平津和全华北创造了有利条件，而且使解放战争获得一个巩固的、具有一定工业基础的战略后方。

接着，由刘伯承、陈毅、邓小平、粟裕、谭震林组成以邓小平为书记的总前委，统一指挥华东野战军和中原野战军及部分地方武装约 60 余万人，发起规模巨大的淮海战役，历时 66 天，歼敌 55.5 万人。淮海战役消

灭了南线国民党军队的精锐主力，为解放军渡江作战，解放国民党反动统治的中心地带南京、上海创造了极为有利的条件。

淮海战役胜利进行之际，东北野战军根据中央军委和毛泽东的指示，提前结束休整挥师入关，和华北的人民解放军连同地方部队共约 100 万人，合力围歼国民党华北“剿总”总司令傅作义指挥的 50 多万国民党军队。人民解放军先是采取“围而不打”或“隔而不围”的办法，以神速动作完成对傅作义集团的分割包围，切断其南撤西逃之路。然后按“先打两头、后取中间”的顺序，连克新保安、张家口。1949 年 1 月 14 日，经 29 个小时激战，全歼守军 13 万余人，解放天津。北平 20 余万守敌在人民解放军严密包围下已完全陷于绝境，在傅作义率领下接受和平改编。1 月 31 日，北平和平解放。平津战役共歼灭和改编国民党军 52 万余人，基本上解放华北全境。绥远国民党军随后通电起义，接受改编。

三大战役的胜利，基本上消灭国民党赖以维持其反动统治的精锐部队，大大加快了解放战争在全国胜利的进程。三大战役后，国民党政府在长江以北的力量全线崩溃。蒋介石在各方面的压力下，于 1949 年元旦发表“求和”声明，并宣告下野，退居幕后。代“总统”李宗仁想争取喘息时间，阻止人民解放军渡江，确保长江以南各省，实行“划江而治”，所以在口头上表示愿以中共所提的条件为基础进行和平谈判，实际上却是想取代蒋介石，同共产党分庭抗礼。

中国共产党决心渡过长江，“将革命进行到底”。但为了早日结束战争，减少人民的痛苦，仍然愿意进行和平谈判。并提出了惩办战争罪犯、废除伪宪法和伪法统、改编一切反动军队等八项条件作为谈判基础。4 月 13 日，国共代表在北平举行正式谈判。15 日，周恩来将《国内和平协定最后修正案》送交张治中为首的国民党政府代表团，并限在 20 日前表明态度。国民党政府代表团一致同意接受这个和平协定，并派代表将协定带回南京。但国民党政府拒绝在和平协定上签字，和谈破裂。

于是，毛泽东、朱德于 4 月 21 日发布向全国进军命令，人民解放军向尚未解放的广大地区举行了规模空前的全面大进军。4 月 20 日夜至 21 日，人民解放军在西起九江东北湖口，东至江阴，长达500余公里的战线上发起渡江战役，彻底摧毁了国民党苦心经营的长江防线。4月23日占领南京，宣告了国民党反动统治的覆灭。

随后，解放军各路大军以秋风扫落叶之势，继续向中南、东南、西北、西南各省胜利进军，分别以战斗方式或和平方式，迅速解决残余敌人。5月，先后解放杭州、南昌、武汉、西安和中国最大的城市上海。7月上旬解放浙江全省（除舟山群岛外）。8月，攻克福州、兰州，湖南省和平解放。9月，在攻克西宁、银川之际，新疆省和平解放。九十月间，解放军在衡（阳）宝（庆）战役，重创国民党白崇禧军主力，然向广东、广西进军。至此，中国大陆大部分国土获得解放。

在军事上打击国民党军的同时，共产党和人民解放军还加紧政治争取工作，策动了大批国民党军政人员起义、投诚和接受和平改编，人数达到188万，占全国解放战争时期歼灭国民党军总数850多万的22%强，对促进解放战争的胜利起了重要作用。党的地下组织、秘密党员，爱国民主党派、民主人士参与了瓦解敌军工作，同时开展卓有成效的情报工作，及时准确地提供大量战略性、动向性的重要军政情报，为党的决策提供了重要依据。在解放军逼近各城市时，隐蔽战线上的同志尽力保护工厂、机关、学校和人民生命财产安全，配合了解放战争在全国的胜利。他们对中国革命的贡献不可磨灭。

中国人民解放战争以摧枯拉朽之势，摧毁了国民党的反动政权，基本上完成中国民主革命反帝反封建的历史任务。广大解放军指战员和人民群众为赢得这场战争，作出了巨大的牺牲，创造了无数可歌可泣的英雄业绩，涌现出董存瑞、刘胡兰这样的英雄人物。还有在延安参加了七大的代表在战斗中英勇牺牲。

在中国新民主主义革命即将取得全国胜利的前夜，中共中央1948年9月召开政治局扩大会议，为最后打败蒋介石、夺取革命在全国的胜利作了思想、政治、组织上的重要准备。

1949年3月，中共中央又在河北平山县西柏坡召开了七届二中全会，规定党在全国胜利后在政治、经济、外交方面应当采取的基本政策，指出中国由农业国转变为工业国、由新民主主义社会转变为社会主义社会的总的任务和主要途径。全会着重讨论和确定了党的工作重心由乡村转移到城市的问题。要求全党必须努力学会管理城市和建设城市，以恢复和发展生产为中心任务；在城市工作中，必须全心全意地依靠工人阶级，团结其他劳动群众，争取知识分子，争取一切可以同我们合作的人，尤其要坚持同党外民主人士长期合作的政策。

毛泽东在会上特别强调：在革命胜利后，“务必使同志们继续地保持谦虚、谨慎、不骄、不躁的作风，务必使同志们继续地保持艰苦奋斗的作风”。警惕资产阶级“糖衣炮弹”的攻击。这既是对全党的提醒和告诫，也是对共产党成为执政党后在作风建设方面的新要求。七届二中全会结束后，毛泽东等中央领导人与中央机关、人民解放军总部于 1949 年 3 月 25 日进驻北平。

推翻了国民党反动政权，筹建新中国的条件便已成熟。6 月 15 日，新政治协商会议筹备会第一次全体会议在北平召开，成立了以毛泽东为主任的筹备会常务委员会，负责起草共同纲领，拟定政府方案等，全面展开筹建新中国政权的工作。6 月 30 日，毛泽东发表文章总结中国革命的奋斗历程，指出：我们所要建立的是，工人阶级（经过共产党）领导的以工农联盟为基础的人民民主专政。资产阶级共和国的方案在中国是行不通的。毛泽东关于人民民主专政的思想，丰富和发展了马克思主义的国家学说，也发展了他的新民主主义理论，为人民政协制定共同纲领提供了指导，为即将成立的新中国作了政治理论准备。9 月 7 日，周恩来向政协代表说明，根据中国民族关系的历史和现状，中国共产党关于国家制度的基本主张之一是实行民族区域自治，而不是联邦制。

9 月 21 日，中国人民政治协商会议在北平隆重召开。人民政协是共产党领导的以工农联盟为基础的人民民主统一战线的组织形式。参加会议的，有中国共产党、各民主党派、无党派人士、各人民团体、人民解放军、各地区、各民族以及国外华侨的代表。在普选的全国人民代表大会召开前，人民政协全体会议代行全国人民代表大会的职权。毛泽东在开幕词中庄严地宣告:“占人类总数四分之一的中国人从此站立起来了。”

这次会议通过的《中国人民政治协商会议共同纲领》简称《共同纲领》,规定“中华人民共和国为新民主主义即人民民主主义的国家,实行工人阶级领导的、以工农联盟为基础的、团结各民主阶级和国内各民族的人民民主专政”。“人民行使国家政权的机关为各级人民代表大会和各级人民政府”;“各级政权机关一律实行民主集中制”。经济建设的根本方针是,“以公私兼顾、劳资两利、城乡互助、内外交流的政策,达到发展生产、繁荣经济之目的”;国家调剂国营经济、个体经济和私人资本主义经济等,“使各种社会经济成分在国营经济领导之下,分工合作,各得其所,以促进整个社会经济的发展”。同时规定,国内“各民族一律平等,实行团结互助,反对帝国主义和各民族内部的人民公敌,使中华人民共和国成为各民族友爱合作的大家庭”,“各少数民族聚居的地区,应实行民族的区域自治”。新中国外交政策的原则是,保障“国际的持久和平和各国人民间的友好合作,反对帝国主义的侵略政策和战争政策”。

《共同纲领》按照中国共产党始终坚持的民族独立、人民解放,国家富强、人民幸福的初心使命,体现了新民主主义革命胜利后新中国的宏伟建设蓝图,是中共七大提出的建立一个新中国的建国纲领。在全国人民代表大会制定宪法前,它具有临时宪法作用,成为全国各族人民共同遵守的大宪章。会议一致选举毛泽东为中央人民政府主席,朱德、刘少奇、宋庆龄、李济深、张澜、高岗为副主席,周恩来等56人为中央人民政府委员。会议决定新中国的国名为中华人民共和国;北平为新中国首都并改名为北京;采用公元纪年;以《义勇军进行曲》为代国歌,五星红旗为国旗。会议于9月30日胜利闭幕。当晚,在天安门广场举行人民英雄纪念碑奠基典礼。

一个新的中国即将诞生。它标志着中国共产党领导的新民主主义革命取得了伟大胜利。这一胜利,结束了100多年来帝国主义勾结封建统治者剥削压迫中国各族人民和内外战乱频繁、国家四分五裂的局面，实现了梦寐以求的民族解放和国家独立。中国人民从此站立起来，中华民族将以崭新的姿态屹立于世界民族之林。中国历史开始新的纪元。

这一胜利，是马克思主义的胜利，也是中共七大路线的胜利。中国共产党从建立的时候起，就以马克思主义理论作为自己的行动指南。毛泽东为代表的中国共产党人，创造性地运用马克思主义的基本原理，把它同中国革命的具体实践结合起来，形成了伟大的毛泽东思想，找到了夺取中国民主革命胜利的正确道路，获得了中国民主革命胜利的基本经验。中共七大将毛泽东思想第一次写进党章，作为党的指导思想，这对全国革命的胜利发挥了重要作用。

中国新民主主义革命的胜利，是继俄国十月社会主义革命和反法西斯世界大战之后世界历史上最重大的政治事件，是在一个人口占全人类近四分之一的大国取得的胜利。它冲破了帝国主义在东方的战线，极大地改变了世界政治力量的对比，给全世界处于被压迫被奴役的民族和人民以巨大的鼓舞，对国际格局和世界人民斗争的发展产生了深远影响。

八、新民主主义政策和“一化三改造”

1949 年 10 月 1 日，中华人民共和国中央人民政府成立。这天下午 2 时，中央人民政府委员会召开第一次会议，一致决议接受《共同纲领》为施政纲领，任命周恩来为中央人民政府政务院总理兼外交部部长，毛泽东为人民革命军事委员会主席，朱德为人民解放军总司令。下午 3 时，庆祝中华人民共和国中央人民政府成立典礼在北京天安门广场隆重举行。毛泽东宣告中央人民政府成立。之后，举行盛大阅兵仪式和群众游行。

中华人民共和国即一个新民主主义即人民民主主义的国家的成立，彻底结束了旧中国半殖民地半封建社会的历史，彻底结束了旧中国一盘散沙的局面，彻底废除了列强强加给中国的不平等条约和帝国主义在中国的一切特权，实现了中国从几千年封建专制政治向人民民主的伟大飞跃，实现了中国高度统一和各民族空前团结，中华民族发展进步从此开启新纪元。

中国共产党成为在全国范围执掌政权的党。

没收官僚资本是新民主主义革命的三大经济纲领之一。中国共产党在领导建立了新的国家政权后，很快在接管城市过程中没收官僚资本归国家所有，组建起了社会主义性质的国营经济，并使之成为整个国民经济的领导成分。这是从半殖民地半封建经济转变到新民主主义经济的重要步骤和关键所在。共产党在总结东北、华北接管城市经验的基础上，确定对官僚资本企业采取与对待旧政权不同的办法，即不打碎它们的机构，而是保持其原来的组织机构和生产系统，“原职、原薪、原制度”不变，先完整地接收下来，实行监督生产，然后逐步进行民主改革和生产改革，把官僚资本企业改造成为社会主义性质的国营企业。

中国共产党紧紧依靠人民群众，在新解放区进行土改，解放被封建土地制度束缚的生产力。1950 年 6 月 30 日《中华人民共和国土地改革法》公布施行。到 1952 年底，除一部分少数民族地区外，土地改革在中国大陆基本完成，封建土地所有制被彻底摧毁。这就为农村生产力的大解放、农村经济的大发展、农民生产积极性的大提高，为中国逐步实现社会主义工业化扫清了障碍。这是中国共产党领导中国人民反对封建主义斗争的历史性标志，它为新中国的经济恢复发展与社会进步奠定了基础。

从新中国成立时起，中国共产党牢记“两个务必”，按照七大路线，领导全国各族人民在一穷二白的基础上建设新的国家，由于旧中国长期受到列强的侵略掠夺，又由于封建专制统治者的腐朽无能，1949 年整个中国大陆的工农业总产值仅为 466 亿元人民币，人均 90 元人民币。经过三年奋斗，中国创造了经济发展的奇迹，迅速恢复了国民经济，1952 年中国的工农业总产值达到 810 亿元人民币。从 1953 开始，中国大陆开始实行中国历史上前所未有的第一个五年计划，中国的现代化进程加速。

与此同时，制定宪法和法制建设的各方面工作也在加紧进行。新中国成立时，因条件所限，全国人民代表大会的职权由中国人民政治协商会议代行。到 1952 年 9 月，全国政协第一届全体会议已经届满。因此，根据中共中央的提议，中央人民政府委员会于 1953 年 1 月通过《关于召开全国人民代表大会及地方各级人民代表大会的决议》，同时成立以毛泽东为主席的宪法起草委员会和以周恩来为主席的选举法起草委员会。这两个委员会都由共产党、各民主党派及其他各方面人士组成，具有广泛的代表性。经过1953年的第一次全国人口普查、选民登记、基层选举、召开地方各级人民代表大会、选举产生全国人民代表大会代表等一系列紧张有序的筹备，为第一届全国人民代表大会第一次会议的召开、审议通过《中华人民共和国宪法》做好了准备。

1953年12月，毛泽东带领宪法起草小组的几位成员，从北京来到杭州的西子湖畔，用两个多月的时间集中研究国内外各类宪法，起草了中华人民共和国宪法初稿，然后提交1954年9月在北京隆重举行的第一届全国人民代表大会第一次会议审议通过。

这部宪法进一步确立了中国社会主义社会的根本政治制度，明确规定："中华人民共和国是工人阶级领导的、以工农联盟为基础的人民民主国家。""中华人民共和国的一切权力属于人民。人民行使权力的机关是全国人民代表大会和地方各级人民代表大会。""全国人民代表大会、地方各级人民代表大会和其他国家机关，一律实行民主集中制。"

这部宪法还明确了中国向社会主义过渡的方向和途径，规定："中华人民共和国依靠国家机关和社会力量，通过社会主义工业化和社会主义改造，保证逐步消灭剥削制度，建立社会主义社会。"宪法还规定了公民的基本权利和义务，使中国人民的基本人权在新中国第一次获得了宪法的保障。

这部宪法体现了人民民主原则和社会主义原则，把中国人民行使当家作主权利的政治制度用根本大法的形式确定下来，并指明了为建立社会主义社会继续奋斗的正确道路。这部宪法既是中国人民100多年来为新中国诞生而英勇奋斗的历史经验的总结，也是中华人民共和国成立以来新的历史经验的总结。

新中国的制宪立制工作还体现在国家法制建设的方方面面。除了宪法这一根本大法，还制定了婚姻法、工会法、土地改革法等一批法律。有关国家机关的法律也有全国人民代表大会组织法、国务院组织法，以及人民法院组织法、人民检察院组织法、地方各级人民代表大会和地方各级人民委员会组织法等。随后还开始刑法、刑事诉讼法的起草及民法起草的准备。中国的社会主义法制建设有了一个新的开端。

1953 年，中国共产党根据国内经济、政治条件及国际形势的变化，正式提出了过渡时期的总路线，这就是："从中华人民共和国成立，到社会主义改造基本完成，这是一个过渡时期。党在这个过渡时期的总路线和总任务，是要在一个相当长的时期内，逐步实现国家的社会主义工业化，并逐步实现国家对农业、对手工业和对资本主义工商业的社会主义改造。这条总路线是照耀我们各项工作的灯塔，各项工作离开它，就要犯右倾或'左'倾的错误。"1954 年通过的《中华人民共和国宪法》，不仅肯定了中国共产党领导中国人民走过的新民主主义革命道路，而且用法律的形式把中国共产党在过渡时期的总路线作为全国人民在过渡时期的总任务确定下来。

党在过渡时期总路线也被称为"一化三改""一体两翼"的总路线。它的主体任务是逐步实现社会主义工业化。两翼分别是对个体农业、手工业的社会主义改造以及对资本主义工商业的社会主义改造。主体和两翼是不可分离的整体。采取社会主义工业化和社会主义改造同时并举的方针，动员全党全国人民为实现总路线规定的任务而奋斗，这是符合当时中国社会发展的要求，反映了历史的必然性。

1955 年夏季以后，农业合作化运动形成猛烈发展的群众性浪潮，手工业、资本主义工商业的社会主义改造也大大加快步伐。1956 年 1 月 15 日北京各界 20 多万人在天安门广场举行大会，庆祝北京市农业、手工业全部实现合作化和在全国第一个实现资本主义工商业的全行业公私合营。到年底，中国生产资料私有制的社会主义改造已基本完成。公有制占绝对优势的社会主义经济制度在中国已经初步建立起来。

历史证明，中共七大提出的"建设一个新民主主义新中国"的任务，终于得以完成。正如邓小平所说："所有这些一个接连一个的光辉的胜利，无可争辩地证明了党的第七次全国代表大会所规定的政治路线和七大以后党中央的政治领导的正确性；同时也无可争辩地证明了党的第七次全国代表大会所规定的组织路线和七大以后党中央的组织领导的正确性。”[①]

九、毛泽东思想在新的实践中继续丰富发展

毛泽东思想在解放战争时期继续得到发展。在敌强我弱的形势下，毛泽东提出“一切反动派都是纸老虎”[②]的战略思想，实行在战略上藐视一切敌人，在战术上重视一切敌人的战略方针。1947 年 12 月，中共中央在陕北米脂县杨家沟召开扩大会议，毛泽东在《目前形势和我们的任务》的书面报告中，深刻地分析国际国内形势，阐明了彻底打败蒋介石、夺取全国胜利的军事、经济、政治等方面的方针和政策。

在军事方面，提出了十大军事原则[③]，阐明了人民战争的战略战术思想的一系列重要问题。在经济方面，明确宣布新民主主义革命的三大经济纲领，即：没收封建阶级的土地归农民所有，没收垄断资本归新民主主义的国家所有，保护民族工商业，并且详细地阐明了实现这三大经济纲领的一系列具体政策。政治方面，重申《中国人民解放军宣言》中提出的党的最基本的政治纲领：“联合工农兵学商各被压迫阶级、各人民团体、各民主党派、各少数民族、各地华侨和其他爱国分子，组成民族统一战线，打倒蒋介石独裁政府，成立民主联合政府。”[④]

面对中国人民解放战争即将夺取全国政权的新形势、新情况，中共中央于 1948 年 9 月 8 日至 13 日在西柏坡召开政治局扩大会议，适时地强调加强党的集中统一领导，加强组织性纪律性，认真执行民主集中制，建立定期请示报告制度，健全党委制。毛泽东在随后为党中央起草了《关于健

① 《邓小平文选》第 1 卷，人民出版社 1994 年版，第 212 页。
② 《毛泽东选集》第 4 卷，人民出版社 1991 年版，第 1195 页。
③ 《毛泽东选集》第 4 卷，人民出版社 1991 年版，第 1247—1248 页。
④ 《毛泽东选集》第 4 卷，人民出版社 1991 年版，第 1253、1256 页。

全党委制》的决定中，首次明确界定了党委制的概念，指出党委制是保证集体领导，防止个人包办的党的重要制度，确立了党内重大问题的会议讨论和决定的原则、集体领导与个人分工负责的原则。这对加强党的纪律性，建立正常的党内民主生活意义重大，不仅使党的团结和统一达到了延安整风运动以来的历史新高度，而且切实保证了党的纲领、路线和各项方针政策的正确贯彻执行。

随后，毛泽东在明确规定党委会集体领导的方向和目标的基础上，又对如何健全党委制的原则加以细化，用形象生动的语言阐释了党委会的工作方法。这 12 条方法便是：党委书记要善于当“班长”；要把问题摆到桌面上来；“互通情报”；不懂的和不了解的东西要问下级；不要轻易表示赞成或反对；学会“弹钢琴”；要“抓紧”；胸中有“数”；“安民告示”；“精兵简政”；注意团结那些和自己意见不同的同志一道工作；力戒骄傲；划清两种界限。[①] 这 12 条工作方法，是中国共产党对领导工作经验的深刻总结，丰富了无产阶级政党的领导科学的内容。它的提出和贯彻，对于推动大批缺少工作经验的领导干部把握领导艺术，提高领导水平，有效地加强党的集体领导，推进工作，起到了极为重要的作用。

在中国革命取得全国胜利的前夕，在 1949 年 1 月的中央政治局会议上，毛泽东提出“不要使胜利冲昏自己的头脑”。在中共中央及时告诫全党同志警惕资产阶级“糖衣炮弹”的袭击，继续务必保持谦虚、谨慎、不骄、不躁的作风和艰苦奋斗的作风，保证了在新的历史条件下继续密切党同人民群众的血肉联系。

为纪念中国共产党成立 28 周年，毛泽东发表《论人民民主专政》一文。他总结中国革命的奋斗历程，指出：资产阶级共和国的方案在中国是行不通的，我们所要建立的是，工人阶级（经过共产党）领导的以工农联盟为基础的人民民主专政。毛泽东提出的人民民主专政思想，丰富发展了马克思主义的国家学说和他提出的新民主主义，为人民政协制定共同纲领

① 《毛泽东选集》第 4 卷，人民出版社 1991 年版，第 1440—1444 页。

提供了指导，也为即将成立的新中国作了政治理论准备。

毛泽东思想在中华人民共和国成立以后的革命和建设实践中继续发展。邓小平评价说："转入社会主义建设以后，毛泽东同志也有好文章、好思想。"[①]社会主义制度建立以后，对于如何建设社会主义，全党是缺乏足够的思想和理论准备的。从1956年初至这一年9月召开的党的八大前后，党中央和毛泽东根据马克思主义的基本原理同中国具体实际相结合的原则，总结中国自己的经验，借鉴别国的经验，在实践中进行了探索。其成果主要体现在八大提出的路线、方针和毛泽东《论十大关系》等著作提出的重要思想及党中央其他领导人提出的一些正确的思想主张上。邓小平曾经多次肯定中共八大提出的路线是正确的[②]。1956年4月毛泽东发表《论十大关系》的讲话，这是中国共产党比较系统地探索中国自己的建设社会主义道路的开始。

毛泽东在准备八大的召开和迎接大规模经济建设的过程中，在调查研究中形成了一些对中国社会主义建设有长远指导意义的思想。4月25日，毛泽东在中央政治局扩大会议上作《论十大关系》的报告，经会议讨论，得到政治局赞同后，5月2日又向最高国务会议作了报告。这个报告确定了一个基本方针，就是"尽量争取化消极因素为积极因素"，"努力把党内党外、国内国外的一切积极的因素，直接的、间接的积极因素，全部调动起来，把我国建设成为一个强大的社会主义国家。"

"十大关系"包括：重工业和轻工业、农业的关系，沿海工业和内地工业的关系，经济建设和国防建设的关系，国家、生产单位和生产者个人的关系，中央和地方的关系，汉族和少数民族的关系，党和非党的关系，革命和反革命的关系，是非关系，中国和外国的关系。"十大关系"涉及生产力和生产关系、经济基础和上层建筑各方面，但又不是平行并列的。它侧重于讨论经济问题，从经济工作各方面来调动各种积极因素。这是毛泽东思想在新的历史条件下重要的新发展。

---

① 《邓小平文选》第2卷，人民出版社1994年版，第296页。

② 《邓小平文选》第2卷，人民出版社1994年版，第296页。

在《论十大关系》提出前后，党中央在发展科学文化和进行经济建设方面形成并实施了一系列新方针，如在新形势下对知识分子的政策、“向现代科学进军”的任务和“百花齐放、百家争鸣”的方针。这些方针的提出，不仅为八大的召开作了重要准备，更对中国社会主义建设事业产生了重要而深远的影响。

1956年9月召开的中国共产党第八次全国代表大会，是党取得全国执政地位后召开的第一次全国代表大会。大会的目的和宗旨是，总结七大以来的经验，团结全党，团结国内外一切可以团结的力量，为建设伟大的社会主义中国而奋斗。出席会议的代表共1026人，代表全国1073万党员。50多个外国共产党、工人党代表团以及国内各民主党派和无党派民主人士的代表应邀参加大会。

毛泽东致开幕词，刘少奇代表中央委员会作政治报告，邓小平作关于修改党章的报告，周恩来作关于发展国民经济的第二个五年计划的建议的报告。朱德、陈云、董必武、彭德怀、李富春、薄一波等68位代表作大会发言，45位代表作书面发言。代表们解放思想，畅所欲言，对经济、政治、文化、科学、教育、外交、国防、法制、民族、统一战线、党的建设等各方面的工作提出许多富有建设性的意见，勇于探索的新风洋溢在大会的坦诚气氛中。

大会通过了各项报告和《中国共产党章程》《中国共产党第八次全国代表大会关于政治报告的决议》、关于发展国民经济的第二个五年计划的建议等文件，选举了第八届中央委员会，圆满完成了各项议程。以毛泽东的《论十大关系》和党的八大为标志，中国共产党探索中国自己的建设社会主义道路有了一个良好的开端。八大以后，党在经济、政治和科学文化各个领域继续探索，并取得初步成果，大规模的社会主义建设全面展开。

结束语　七大是党建立后民主革命时期极其重要的一次代表大会

七大是一次团结的大会，胜利的大会。七大的巨大历史作用和重要地位在于，它用马克思主义中国化的科学理论——毛泽东思想统一了全党的思想，通过民主选举，选出了毛泽东为核心的中国共产党的领导集体，以完善的组织路线团结全党，以优良的作风塑造党的形象，以正确的政治路线向中国革命指明了方向。因此，它是党建立后民主革命时期极其重要的一次代表大会。

一、用马克思主义中国化的科学理论统一全党思想

革命、建设都离不开科学理论的指导。中共七大是中国共产党成立后第一次将马克思主义中国化的成果毛泽东思想确定为党的指导思想的大会。这就为全党树起了一面理论的旗帜。中国共产党百年奋斗的历史证明，中国共产党要领导中国革命、建设和改革开放的伟大事业，必须不断实行党的理论创新，必须把马列主义与中国实际相结合，坚持解放思想，与时俱进。只有这样，才能使党永远走在时代的前列、永葆青春与活力。

中国共产党从一诞生就确立马克思主义为思想理论基础。这是共产党人在新文化运动、五四运动后各种新思想新思潮中作出的正确选择。在一个较长的时期内，中国的革命斗争都是在共产国际和苏联的指导下进行的。在这一过程中，共产国际曾给予许多正确的指导，这对于中国革命起了许多有益的作用，但也提出过不少错误的意见。由于中国共产党自身的理论

准备不足，革命实践经验不足，对待马克思主义尚缺乏科学态度，一些同志对共产国际的指示采取了教条主义的态度，因而不可避免地给中国革命造成了很大的损失。

以毛泽东为代表的中国共产党人，在同国际共产主义运动中和我们党内把马克思主义教条化、把共产国际决议和苏联经验神圣化作斗争的过程中[①]，“将人类最高智慧——马克思列宁主义的科学理论，创造地应用于中国这样的以农民为主要群众、以反帝反封建为直接任务而又地广人众、情况极复杂、斗争极困难的半封建半殖民地的大国，光辉地发展了列宁斯大林关于殖民地半殖民地问题的学说和斯大林关于中国革命问题的学说。”[②] 这是1945年4月通过的《关于若干历史问题的决议》对毛泽东思想形成的精辟阐释，也是当时全党的共识。

关于毛泽东思想的基本内容，刘少奇在中共七大上概括为：关于现代世界情况及中国国情的分析；关于新民主主义的理论和政策；关于解放农民的理论和政策；关于革命统一战线的理论和政策；关于革命战争的理论和政策；关于新民主主义共和国的理论和政策；关于革命根据地的理论和政策；关于党的建设的理论和政策；关于文化的理论和政策。[③] 这是毛泽东对党和人民作出的巨大理论贡献，这也是党的集体智慧的结晶，是党和人民战胜敌人的基本武器。

1981年6月党的十一届六中全会通过《关于建国以来党的若干历史问题的决议》，对毛泽东思想有专门阐述：“以毛泽东同志为主要代表的中国共产党人，根据马克思列宁主义的基本原理，把中国长期革命实践中的一系列独创性经验作了理论概括，形成了适合中国情况的科学指导思想，这就是马克思列宁主义普遍原理和中国革命具体实践相结合的产物——毛泽东思想。”毛泽东思想是在同国际共产主义运动中和我们党内把马克思主义

---

① 中共中央文献研究室：《关于建国以来若干历史问题的决议注释本》（修订），人民出版社1985年版，第47页。

② 《毛泽东选集》第3卷，人民出版社1991年版，第952—953页。

③ 《刘少奇选集》上卷，人民出版社1981年版，第335页。

教条化、把共产国际决议和苏联经验神圣化作斗争的过程中逐渐形成和发展起来的。毛泽东思想是马克思列宁主义在中国的运用和发展，是被实践证明了的关于中国革命的正确的理论原则和经验总结，是中国共产党集体智慧的结晶。[①]

邓小平在《决议》起草时指出："确立毛泽东同志的历史地位，坚持和发展毛泽东思想。这是最核心的一条。不仅今天，而且今后，我们都要高举毛泽东思想的旗帜"。[②]《决议》还指出：毛泽东思想作为科学的体系，具有多方面的内容。在以下几个方面，它以独创性的理论丰富和发展了马克思列宁主义，这些理论是：关于新民主主义革命理论，关于社会主义革命和社会主义建设理论，关于革命军队的建设和军事战略理论，关于政策和策略理论，关于思想政治工作和文化工作理论，关于党的建设理论。《决议》还指出：毛泽东思想的活的灵魂，是贯穿上述各个组成部分的马克思主义的立场、观点和方法，它们有三个基本方面，即实事求是、群众路线、独立自主[③]。

坚持科学理论的指导，就必须认识和领会毛泽东思想活的灵魂，坚持实事求是，一切从实际出发，坚持理论创新，将马克思主义的基本原理同不断变化的客观实际紧密地结合起来，在正确的思想路线引领下，进行伟大斗争，做好伟大工程，推进伟大事业，实现伟大梦想。中共七大提出的许多观点，特别是作为党的指导思想的毛泽东思想，影响极为深远，成为中国特色社会主义的重要理论源头。

邓小平 1978 年 5 月在讲到真理标准问题时强调："要讲实事求是是毛泽东思想的根本态度、根本观点、根本方法。""我们讲要继承和发扬毛主席为我们培育的优良传统，第一个就是实事求是。归根到底，这是涉及什么是马克思列宁主义，什么是毛泽东思想的问题。毛泽东思想最根本的最

① 中共中央文献研究室：《关于建国以来若干历史问题的决议注释本》（修订），人民出版社 1985 年版，第 47 页。

② 《邓小平文选》第 2 卷，人民出版社 1994 年版，第 291 页。

③ 中共中央文献研究室：《关于建国以来若干历史问题的决议注释本》（修订），人民出版社 1985 年版，第 47—55 页。

重要的东西就是实事求是。”[①] 这也是我们回顾中共七大历史必须牢记的党的优良传统。

二、以组织上完善的坚强领导核心团结全党

中共七大通过民主选举产生了以毛泽东为核心的领导集体，为执行七大路线提供了重要的组织保证。七大还总结领导根据地经验的和中国共产党局部执政的规律，强调在党内生活中必须坚持民主集中制，实行在民主基础上的集中和在集中指导下的民主。民主集中制原则，充分发扬民主精神，在党内造成了生动活泼的政治局面。同时强调党的纪律和看齐原则，加强党内的团结和统一。这对提高党组织的战斗力、应对各种复杂、困难局面，发挥了重要作用。

中国共产党自 1921 年成立到七大召开，已经走过了 24 年历史。这 24 年是中国共产党从小到大、由弱到强、由幼年转变为成熟的 24 年，也是党经过许多艰难曲折、克服自己队伍中的各种机会主义倾向和各种错误缺点、不断取得胜利的 24 年。中国共产党是按照马克思列宁主义建党理论组织起来的，具有统一完备组织体系的无产阶级政党。中国共产党成立后，强调着重从思想上建设党的同时，高度重视和加强党的组织建设。

中共一大党纲对党员的组织就有相应的规定，要求党要“把工农劳动者和士兵组织起来”。“凡有党员五人以上的地方，应成立委员会。”[②] 这说明，中国共产党从宣告成立起，就要求党自下而上，逐级建立组织。委员会便是党的组织模式。而关于地方委员会和中央执行委员会，还须“章程另订”或“细则另订”。以便更好地履行组织的职责。

中共二大设立了“组织”专章，明确规定：“凡有党员三人至五人均得成立一组，每组公推一人为组长，隶属地方支部”。这就是党小组和党支部

① 中共中央文献研究室编：《邓小平年谱（1975—1997）》（上），中央文献出版社 2004 年版，第 319 页。

② 中共中央文献研究室、中央档案馆编：《建党以来重要文献选编》第 1 册，中央文献出版社 2011 年版，第 1 页。

的由来。党的“各组组织，为本党组织系统、训练党员及党员活动之基本单位，凡党员皆必须加入。”这次大会还通过《关于共产党的组织章程决议案》，专门强调了党的群众性和纪律性问题。①

中共三大讨论和通过了关于中央执行委员会的组织章程，但关于地方执行委员会的组织章程还没有能够落实。可见，要对组织机构的活动加以精细化管理并非易事。1924 年 5 月，党中央召开扩大的执行委员会会议强调：党要加强对工人、农民、青年等革命运动的领导；党应把在产业工人中扩大党组织作为党的组织任务之一。

中共四大党章在“组织”一章中进一步规定：“各农村各工厂各铁路各矿山各兵营各学校等机关及其附近，凡有党员三人以上均得成立一支部，每支部公推书记一人或推三人组织干事会，隶属地方执行委员会，不满三人之处，设一通信员，属于附近之地方或直接属于中央。”② 党的支部成为党的基层组织。

五大党章对党的组织原则和组织制度作出了许多新规定，如将四大党章中的第二章“组织”，改为“党的建设”，这是在中国共产党的根本法规、组织大法上第一次明确提出党的建设概念并专章论述。该章第一条为“党部的指导原则为民主集中制”③。这也是中共党章中的第一次。在“党的中央机关”一章中还规定：中央委员会除选举正式中央委员一人为总书记外，还要选举“中央正式委员若干人组织中央政治局指导全国一切政治工作”。从此，中央政治局开始设立。

中共六大在党章中第一次提出“党的组织系统”概念，并重申和进一步阐述了民主集中制的组织原则。“下级党部与高级党部由党员大会、代表会议及全国大会选举之。”“各级党部对选举自己的党员，应作定期的报

① 中共中央文献研究室、中央档案馆编：《建党以来重要文献选编》第 1 册，中央文献出版社 2011 年版，第 165、162 页。

② 中共中央文献研究室、中央档案馆编：《建党以来重要文献选编》第 2 册，中央文献出版社 2011 年版，第 263 页。

③ 中共中央文献研究室、中央档案馆编：《建党以来重要文献选编》第 4 册，中央文献出版社 2011 年版，第 268 页。

告。”“下级党部一定要承认上级党部的决议，严守党纪，迅速且切实的执行共产国际执行委员会和党的指导机关之决议。”同时规定党的组织系统为：支部党员大会——支部干事会；区党员大会或区代表会议——区委；县或市代表会议——县或市委员会；特别区代表会议——特别区委员会；省代表大会——省委员会；全国代表大会——中央委员会。①

1935 年的遵义会议结束了“左”倾教条主义错误在中央的统治，事实上确立了毛泽东在党中央和红军的领导地位。随后，中国共产党克服了张国焘的分裂主义、王明全民族抗战初期的右倾机会主义，再经过 1938 年扩大的六届六中全会、1943 年政治局扩大会议，基本形成了以毛泽东为核心的中央领导集体。全国抗战期间，适应全国抗战的需要，中共中央要求各地党组织要大力发展，全国的党员人数也迅速增加。随后又强调党性教育，提高党员素质。特别是 1942 年开始的全党范围的整风运动，反对主观主义、宗派主义、党八股，党员的思想觉悟得到提高，政治理论水平也有很大进步。在此基础上选举产生的七大代表，标准也是具有信仰和威望、最能代表党员的优秀分子。他们选举产生的新一届中央委员会，也代表着全党的意志和愿望。

党的组织是党赖以存在和发展的基础，是实现党的领导和完成党的使命的根本保证。刘少奇在七大报告中明确指出，“无产阶级的力量，就在于组织”。“党的组织形式与工作方法，是依据党所处的内外环境和党的政治任务来决定的”，“我们党之所以是创造的马克思主义的政党，就是我们不仅在思想上、政治上从来不受任何死的公式所束缚，而且从来不把党的组织形式以至任何组织形式，看成是不可改变的死的公式，我们能够根据中国革命斗争发展的具体条件和新的政治任务以及我们在组织上积累起来的新的经验，来经常改进我们的组织形式与工作方法。”②

七大选举的结果，标志着以毛泽东为核心的新的中共中央领导集体正

① 中共中央文献研究室、中央档案馆编：《建党以来重要文献选编》第 5 册，中央文献出版社 2011 年版，第 472—473 页。

② 《刘少奇选集》上卷，人民出版社 1981 年版，第 358、316—317 页。

式形成。这个领导核心的形成是历史的选择，同时也是大会上广泛地听取各方面的意见，注意团结犯过错误的同志，注意照顾各个山头各个方面，注意选举的中央委员通晓一个方面或多几个方面的知识，最后选出了一批经过长期斗争考验、富有经验和工作能力强的同志组成的。这对实现党的路线纲领都是极为关键的。这使七大路线的贯彻有了可靠的组织保障，也为中国共产党由局部执政变为全国执政、创建新中国起到了奠基作用。

同时，中共七大总结建党以来的党建的历史经验，系统地提出了党的建设理论，全面修订了《中国共产党章程》，使党的建设更加系统化、制度化，这就为党的建设提供了新规范。这对中国共产党成为一个健全的坚强的马克思列宁主义的党，确定毛泽东思想为党的指导思想，树立理论和实际相结合的作风和人民群众紧密地联系在一起的作风以及自我批评的优良作风，在建立和建设新中国的过程中，更好地发挥党的组织的凝聚力和战斗力，发挥共产党员的先锋模范作用，提供了重要的保证。

中共七大在科学概括共产党成立 24 年来领导的革命斗争和自身建设的经验教训，并吸收世界工人运动中最好经验的基础上，明确提出“中国共产党在革命斗争中，必须努力使自己成为一切革命的群众组织及革命的国家组织之中坚”，并对毛泽东所说的党的建设伟大工程，从党的性质、党的纲领、党的宗旨、党的任务以及党的政治建设、思想建设、组织建设、作风建设、制度建设和纪律建设等作了深刻、完整的阐述，深化了对中国共产党产生、发展和自身建设规律的认识，明确提出了“毛泽东建党学说”“毛泽东建党路线”，标志着党的建设学说的成熟和进一步发展。正如邓小平所指出，我们党完整的建党学说是经过实践在延安整风时期建立起来的，“毛泽东同志对于建立一个什么样的党，党的指导思想是什么，党的作风是什么，都有完整的一套。”①

“中国共产党，是中国工人阶级的先进的有组织的部队，是它的阶级组织的最高形式。中国共产党代表中国民族与中国人民的利益。它在现阶段

① 《邓小平文选》第 2 卷，人民出版社 1994 年版，第 41 页。

为实现中国的新民主主义制度而奋斗。它的最终目的，是在中国实现共产主义制度。”[①] 这就旗帜鲜明地阐明了党的性质、党的宗旨和党的纲领，从理论上划清了中国共产党同形形色色非无产阶级政党的界限。

中国共产党在24年的革命历程中，根据革命任务的要求，结合艰苦卓绝的对敌斗争，把马克思列宁主义建党学说同中国革命斗争和党的建设实践相结合，不断加强党的自身建设，成功地解决了在中国这样一个工人阶级人数少又有很强的战斗力，农民和小资产阶级人数众多又是革命主力军的国度里，如何建设一个马克思主义的无产阶级政党，建立起一支团结统一、纪律严明、英勇善战的中国工人阶级的先锋队和中华民族先锋队的问题。

经过艰苦卓绝的英勇奋斗和流血牺牲：“我们的党，已经是一个全国范围的、广大群众性的党，是一个全国人民仰望的党”；“已经是一个在长期革命战争中锻炼过来，并已完全熟练了领导战争艺术的党”；“已经是一个领导着敌后九千五百万人民建立了强大革命根据地的党”；“已经是一个克服各种错误思想，经过整风，使全党在思想上、政治上、组织上空前团结和统一的党”；“我们的党，已经是一个全国范围的，广大群众性的，在思想上、政治上、组织上巩固的，有了自己领袖的马克思列宁主义的党。”[②] 正如刘少奇所指出：“这在中国全部解放事业中所起的作用，将是不可衡量的。”[③]

七大通过的历史决议指出：“党的各个时期既然规定了代表人民群众利益的政治路线，同时也就规定了服务于这一政治路线的联系党内党外群众的组织路线。”1929年古田会议通过的决议，“一方面把党的建设提到了思想原则和政治原则的高度，坚持无产阶级思想的领导，正确地进行了反对单纯军事观点、主观主义、个人主义、平均主义、流寇思想、盲动主义等

---

① 中央档案馆编：《中共中央文件选集》第15册，中共中央党校出版社1991年版，第115页。

② 《刘少奇选集》上卷，人民出版社1981年版，第318—320页。

③ 《刘少奇选集》上卷，人民出版社1981年版，第318—319页。

倾向的斗争，指出了这些倾向的根源、危害和纠正的办法；另一方面又坚持严格的民主集中制，既反对不正当地限制民主，也反对不正当地限制集中”。毛泽东也在《论联合政府》的报告中指出：“我们要把我们党的一切力量在民主集中制的组织和纪律的原则之下，坚强地团结起来。”① 这也是七大留下的重要启示。

党的事业必须要有勇于担当的坚强的领导核心。1945 年春是欧洲反法西斯战场和中国抗日战争即将胜利、中国面临两种命运两种前途的关键时刻。这时，中共七大与国民党六大几乎同时召开，分别代表了中国的两种势力，决定着中国未来的两种前途。中国共产党顺应时代潮流，站在时代的前列，代表了中国人民的根本利益和中国的前进方向，提出了中共七大的路线方针和政策。这充分反映中国共产党的政治上的成熟和勇于担当的自信。七大选举产生了以毛泽东为核心的坚强的领导集体，不仅完成了大会的重要议程，而且对党和人民的事业发展至关重要。

三、以优良的作风塑造党的形象

党的优良作风是党的先进性的集中表现，更是党的性质宗旨所决定。中共七大总结建党以来的党的建设的历史经验，系统地提出包括党的作风建设在内的党的建设理论，使党的建设更加系统化、制度化，这就为党树立理论和实际相结合的作风和人民群众紧密地联系在一起的作风以及自我批评的优良作风，在建立和建设新中国的过程中，更好地发挥党的组织的凝聚力和战斗力，发挥共产党员的先锋模范作用，提供了重要的保证。

毛泽东等共产党人总结党在长期斗争中形成的优良作风，多次阐述理论联系实际、密切联系群众、批评与自我批评、党内民主等作风。1929 年 12 月，毛泽东在古田会议决议中提出，要“用马克思主义的方法去作政治形势的分析和阶级势力的估量，以代替主观主义的分析和估量，以代替唯

---

① 中共中央文献研究室、中央档案馆编：《建党以来重要文献选编（一九二一——一九四九）》第 22 册，中央文献出版社 2011 年版，第 100、191 页。

心方法的分析和估量”[①]。1933 年 7 月 24 日，中共中央要求各地，为了最大限度地提高全体党员的积极性，必须“转变一切党内旧的官僚主义命令主义的作风”[②]，深入到群众中去，领导千百万工农群众完成党的伟大历史任务。

1937 年 5 月 8 日，毛泽东在延安召开的党的全国代表会议上指出：“我们党的组织要向全国发展，要自觉地造就成万数的干部，要有几百个最好的群众领袖。这些干部和领袖懂得马克思列宁主义，有政治远见，有工作能力，富于牺牲精神，能独立解决问题，在困难中不动摇，忠心耿耿地为民族、为阶级、为党而工作。党依靠着这些人而联系党员和群众，依靠着这些人对于群众的坚强领导而达到打倒敌人之目的。这些人不要自私自利，不要个人英雄主义和风头主义，不要懒惰和消极性，不要自高自大的宗派主义，他们是大公无私的民族的阶级的英雄，这就是共产党员、党的干部、党的领袖应该有的性格和作风”[③]。

全国抗日战争时期，毛泽东在延安领导全党普遍的整风运动，主要目的就是“整顿党的作风”，树立马克思主义的学风，反对宗派主义的党风和党八股的文风。毛泽东指出：“我们要使每个同志都懂得，如果作风不改变，不仅个人无成就，大则会使革命丧失前途。”[④] 延安整风运动紧紧抓住改造党员和干部的世界观这个根本，下大力气克服主观唯心主义，树立辩证唯物主义和历史唯物主义的世界观，反对党内存在的主观主义、宗派主义、党八股等歪风，使党的优良作风得到了进一步的发扬和升华。

毛泽东在七大上总结党的历史经验，明确地提出了中国共产党的三大作风，这就是理论和实践相结合、和人民群众紧密地联系在一起、自我批评的作风。毛泽东指出：“以马克思列宁主义的理论思想武装起来的中国共

---

① 中共中央文献研究室、中央档案馆编：《建党以来重要文献选编》第 6 册，中央文献出版社 2011 年版，第 732 页。

② 中共中央文献研究室、中央档案馆编：《建党以来重要文献选编》第 10 册，中央文献出版社 2011 年版，第 364 页。

③ 《毛泽东选集》第 1 卷，人民出版社 1991 年版，第 277 页。

④ 《毛泽东文集》第 3 卷，人民出版社 1993 年版，第 97 页。

产党，在中国人民中产生了新的工作作风，这主要的就是理论和实践相结合的作风，和人民群众紧密地联系在一起的作风以及自我批评的作风。”①

毛泽东还讲到共产党能够干大事，是因为共产党具有为人民利益不惜牺牲一切的斗争精神和英勇顽强作风。他指出：“这二十四年我们就是这样走的：七年是从建党到北伐战争，十年国内战争八年抗日战争。我们党尝尽了艰难困苦，轰轰烈烈，英勇奋斗。从古以来，中国没有一个集团，像共产党一样，不惜牺牲一切，牺牲多少人，干这样的大事。”②

党的作风是党的性质、宗旨和纲领的外在表现，是实现党的纲领和肩负任务的保证。中共七大不仅在选举代表、大会报告、中央委员会选举等过程中充分发扬民主，而且围绕党的作风建设提出了若干重要观点，对党的建设具有重要指导作用，对中国共产党在全国执政的条件下，继承和发扬党的优良作风，对全国各条战线、各项工作的开展，产生了深远的影响，打下了很好的基础。

把党风建设提到党的建设的重要位置，是中国共产党加强党的建设的重要经验。中共七大后，中国共产党理论和实际相结合的作风和人民群众紧密地联系在一起的作风以及自我批评的作风进一步发扬。七届二中全会上提出的全党同志务必继续地保持谦虚、谨慎、不骄、不躁的作风，务必继续地保持艰苦奋斗的作风，从此，“两个务必”成为中国共产党的作风建设的重要内容，并产生了深远影响。

四、以正确的政治路线为中国革命指明了方向

七大分析了中国历史发展的总趋势是中国将走向进步而不是走向反动，人民民主势力一定要胜利。这是任何人也阻止不了的。同时，七大把马克思列宁主义与中国实际相结合，分析中国革命发展的基本趋势，从而提出建立新中国的宏伟任务。

---

① 《毛泽东选集》第3卷，人民出版社1991年版，第1093—1094页。

② 中共中央文献研究室编：《毛泽东在七大的报告和讲话集》，中央文献出版社1995年版，第7页。

中国人民要求解放的斗争，从1840年抗击英国发动的侵略中国的鸦片战争算起，到中共七大召开时，已经有了105年的历史。在这100多年间，中国有很多很大的变化，最大的变化是：马克思列宁主义传入中国；中国工人阶级在五四运动中登上了历史舞台成为中国革命的领导阶级；马克思列宁主义同中国工人运动相结合，产生了中国工人阶级的先锋队——中国共产党。中国共产党确定了中国革命的纲领：要在中国建立社会主义社会和共产主义社会，首先要完成新民主主义革命，建立一个新民主主义社会。抗日战争就是中国共产党领导的新民主主义革命的一个重要阶段。这个事实决定了，中国社会不能停滞在殖民地、半殖民地半封建的社会，也不能走向资产阶级一个阶级统治的旧式的资本主义社会，而只能走向新民主主义的新社会。

中共七大召开时，中国已经有了一个拥有121万党员的强大的中国共产党，有了遍布全国19个省的近亿人口的强大的解放区，而且有全国人民的援助和得到国际人民的援助。虽然还有种种困难，但不是不可克服的。这样的历史条件，使中国“成为独立、自由、民主、统一、富强的中国之可能性，为近百年来、五四以来、有党以来所仅有”的[①]。中国共产党把握住了这个绝好的历史机遇，在七大提出了打败日本侵略者，建设一个新民主主义的新中国的光荣任务，这就为新中国的诞生吹响了嘹亮的号角。

中共七大总结党领导革命根据地特别是抗日民主根据地的经验，提出了新民主主义国家的政治、经济和文化纲领，从而为新民主主义新中国设计了完整的宏伟蓝图，包括新中国的政治框架和政权模式、经济结构、文化建设等，这不仅为新民主主义革命胜利后创建新中国提出了行动纲领，而且为建立新中国奠定了政策基础。

中共七大明确提出，党在现阶段的行动纲领是新民主主义。以新民主主义为行动纲领，就是说，以实现新民主主义的政治、经济、文化纲领为奋斗的目标。这是中国共产党在为解决中国现实问题而提出的纲领。朱德

① 中共中央文献研究室编：《毛泽东在七大的报告和讲话集》，中央文献出版社1995年版，第97页。

在讨论拟提交七大的毛泽东作的政治报告草案时发言说：这个政治报告草案是二十几年中国革命经验的结晶，比《新民主主义论》更发展了，是整个解决中国问题的纲领。

中共七大提出的政治纲领，实际上确立了新中国的政治框架和政权形式。这就是：推翻外来的民族压迫，废除国内的封建主义和法西斯主义的压迫，建立一个“以全国绝大多数人民为基础而在工人阶级领导之下的统一战线的民主联盟的国家制度”①；各民族一律平等，汉族帮助少数民族争取政治上、经济上、文化上的解放和发展，尊重少数民族的言语、文字、风俗、习惯和宗教信仰；外交的基本原则是保持世界和平，互相尊重国家的独立和平等地位，互相增进国家和人民的利益及友谊。

“新民主主义国家的政权形式，应该采取民主集中制，由各级人民代表大会决定大政方针，选举政府。它是民主的，又是集中的，就是说，在民主基础上的集中，在集中指导下的民主。只有这个制度，才既能表现广泛的民主，使各级人民代表大会有高度的权力；又能集中处理国事，使各级政府能集中地处理被各级人民代表大会所委托的一切事务，并保障人民的一切必要的民主活动。”②

中共七大还从实际出发，提出在国家制度方面实行两步走的设想：第一步，先建立一个民主的临时的联合政府，实行民主的改革，克服时局的严重危机，动员和统一全中国的抗日力量，打败日本侵略者。第二步是打败了日本侵略者以后，在广泛的民主基础上，召开国民代表大会，建立经过人民真正选举的正式联合政府。

七大设计了新中国的经济结构，提出了新中国经济建设的根本任务。中共七大提出，新民主主义社会的经济，将由国家经营、私人经营和合作社经营三方面构成，实行“耕者有其田”和“节制资本”的政策，不允许

---

① 中共中央文献研究室编：《毛泽东在七大的报告和讲话集》，中央文献出版社 1995 年版，第 50 页。

② 中共中央文献研究室、中央档案馆编：《建党以来重要文献选编》第 22 册，中央文献出版社 2011 年版，第 155 页。

私人资本操纵国计民生。新中国经济建设的根本任务，是解放生产力，发展生产力，实现中国的工业化和农业近代化。七大以后，毛泽东又进一步强调："我党工商业政策的任务，是发展生产，繁荣经济，公私兼顾，劳资两利。"① 如果提出了过高的劳动条件，重复过去历史上犯过的错误，致使生产降低，经济衰落，公私不能兼顾，劳资不能两利，就是极大的失败。这也关系到工人阶级的远大利益。

中共七大把是否有利于生产力的发展，作为判断中国一切政党政策及实践的好坏的标准。于此，七大依据社会发展的规律，从中国经济不发展的现实出发，特别提出了允许私人资本主义发展的主张。因为，在经济比较落后的中国，让私人资本主义经济在不能操纵国民生计的范围内获得发展的便利，有益于生产力的发展，有益于社会的进步。

七大规划了新中国的文化建设。中共七大提出建立的新民主主义中国，包括了新民主主义的文化，即民族的、科学的、大众的文化。这就需要有大批的人民的教育家和教师，人民的科学家、工程师、技师、医生、新闻工作者、著作家、文学家、艺术家和普通文化工作者。在新民主主义社会里，将尊重知识分子，把他们看作国家和社会的宝贵财富。对外国文化，是批判地吸收；对中国古代文化，是批判地接收。

中共七大闭幕以后，全党认真贯彻七大路线，各项工作出现崭新的局面，很快取得了抗日战争的伟大胜利，并且在不到5年的时间里，以势如破竹之势，推翻了压在中国人民头上的帝国主义、封建主义、官僚资本主义三座大山，取得了人民解放战争的胜利，实现了民族独立、人民解放，也实现了七大提出的建立一个新民主主义新中国的目标。按照中共七大为新中国设计的宏伟蓝图，中国共产党团结带领中国人民为新中国的独立、自由、民主、统一、富强，继续努力奋斗，进行社会主义革命，确立了社会主义基本制度，推进社会主义建设并且取得巨大的成就。

中国共产党第七次全国代表大会永载史册。

---

① 中共中央文献研究室、中央档案馆编：《建党以来重要文献选编》第25册，中央文献出版社2011年版，第78页。

后 记

中国共产党第七次全国代表大会的长期筹备、召开不容易，会后贯彻落实七大精神不容易，取得新民主主义在全国的胜利不容易。虽然自1945年大会召开以来，七大作为中国共产党成立以后在民主革命时期召开的最重要的一次全国代表大会就备受关注，有不少学者、研究者、爱好者付出心血和努力，已经有相当成果问世，但要想全面、完整、准确地反映这段历史也不是那么容易。

中共中央党史研究室和中央档案馆联合编纂出版的《中国共产党第七次全国代表大会档案文献选编》，第一次将大会的档案资料加以整理公开出版，其中不少内容为首次公开。笔者有幸参与这项工作，并为修订1991年出版的《中国共产党历史》上卷中有关抗日战争部分，收集、整理档案文献，采访健在的七大代表，才对大会有了更多的了解。在此过程中，在许多老同志如七大代表家属张延忠的帮助下，在原中共中央党史研究室副主任龚育之、石仲泉、李忠杰等领导同志的大力支持下，广泛征集资料，采访当事人、抢救资料，收集到245位七大代表的回忆录，出版了《中共七大代表忆七大》一书。许多代表回忆出席七大的情景时，激动心情溢于言表，许多细节鲜为人知。代表们提供的许多真实、生动的材料，不仅对我们修订《中国共产党历史》第一卷有很大帮助，而且对于深化民主革命时期中共党史的研究，也很有参考价值。同时出版的《中国共产党第七次全国代表大会代表名录》，收入参加大会的755名代表[①]和在会上当选中央

① 大会开幕后，晋冀鲁豫代表团的唐天际、张际春才赶到延安，加上原没有列入正式代表的关向应，所以为755人。其中，唐天际原为候补代表，替补为正式代表；张际春原来就是正式代表；关向应是上一届中央委员，也是参会的正式代表，因身体不好病重，原名额由其他同志替补，但后来考虑到不能因为生病就取消其资格，故也在此时列为正式代表。

委员、候补中央委员但未出席大会者的生平简介以及15名旁听代表的生平，共计798人。从最初得到一份七大代表名单，到逐个了解他们的生平事迹，最后经各地党史部门和亲友共同努力，经过修订，分为上、下卷由中央党史出版社和上海人民出版社出版。《中国共产党第七次全国代表大会研究》（90万字）一书，则是迄今为止篇幅最大、内容也极为丰富的专题性研究著述。不光有原中共中央党史研究室的研究人员，还有中共中央组织部党建研究所的领导和专家参加。还有在延安召开的纪念中共七大召开60周年学术研讨会，在全国范围征集论文，并精选了87篇论文，结集为书名《团结的大会 胜利的大会 纪念中共七大召开六十周年论文集》，由上海人民出版社出版，其中涉及了中共七大的筹备和召开、七大的历史贡献与伟大意义、七大和党的先进性建设、七大和抗日战争的胜利、七大胜利召开的原因等若干专题重要专题，集中反映了七大研究的重要成果。人民出版社出版的《中共七大轶事》一书，则是采用比较生动的文字写成，可读性和资料性较强，获得中共中央党史研究室的优秀图书奖。所有这些，形成了有关中共七大的系列成果即：档案文献、代表生平、专题研究、回忆文章、研究文章。因为同中共七大结缘，笔者曾撰稿宣传七大[①]，撰写毛泽东、刘少奇、周恩来、朱德、任弼时、邓小平、聂荣臻等和中共七大的文章。

感谢中共党史出版社社长吴江和陈海平主任的热情相约和鼓励，才有这本书的问世。本书采用最新公布的档案，广泛地收集文献资料，尽可能全面、完整而简要地反映中共七大筹备召开的全貌，同时着重说明中共七大的历史贡献，特别是第一次将毛泽东思想确立为党的指导思想并写进党章，选举产生毛泽东为核心的党中央领导集体，对中国共产党领导全国人民夺取新民主主义革命的胜利、为新中国奠基所发挥的重大作用。

毛泽东思想作为马克思主义中国化的第一个伟大飞跃产生的第一个理论成果，在中国共产党的历史上写下了辉煌的篇章。习近平同志指出："毛

① 李蓉：《中共七大与新中国的建立》，《光明日报》1999年10月8日；《为新中国奠基：中共七大纪实》，人民日报出版社2018年版。

泽东思想以独创性理论丰富和发展了马克思列宁主义。毛泽东思想教育了几代中国共产党人，它培养的大批骨干，不仅在新民主主义革命、社会主义革命、社会主义建设时期发挥了重要作用，也为新的历史时期开创和建设中国特色社会主义发挥了重要作用”，“我们将永远高举毛泽东思想的旗帜前进”。①

在实现中华民族伟大复兴的进程中，回顾中国共产党百年奋斗，艰辛成长壮大的曲折坎坷道路，认清确立毛泽东思想为全党的指导思想、选举形成以毛泽东为核心的坚强领导集体的重大意义、深远影响，对我们更紧密地团结在以习近平同志为核心的党中央周围，更好地为实现中华民族伟大复兴的中国梦而奋斗，具有极其重要的现实意义，提供了极为丰富的精神营养和强大的前进动力。

我们相信，随着档案资料的不断发掘和研究的深入，坚持实事求是原则的，同中共七大的历史地位、毛泽东思想的历史地位相称的新的研究成果，也会不断问世。一些有意无意地臆测和歪曲历史的说法，也将得到澄清和纠正。历史是最好的教科书和营养剂。历史发展中一些带规律性问题的认识和总结，可以为今天的人们提供借鉴和思考。这也是研究历史的目的所在。

敬请读者指正。

作　者

2022 年 2 月 20 日

---

① 习近平:《在纪念毛泽东同志诞辰 120 周年座谈会上的讲话》,《人民日报》2013 年 12 月 26 日。